KB263797

THE TRADING GAME

트레이딩 게임

게리 스티븐슨 지음

강인선 옮김

SIDEWAYS

백만장자를 꿈꾸는
춥고 배고픈 아이들에게
이 책을 바칩니다.

나는 나 자신을 위해 백만장자를 꿈꾸었고,
이제 그 아이들을 위해 나의 여정을 글로 옮겼습니다.

차례

"미친 세상에선 오로지 미친 사람만 제정신이다."

영화감독 구로사와 아키라(黑澤明)

"인생은 인생이고, 게임은 게임이다."

애니시의 할아버지

일러두기

1. 외래어 표기는 국립국어원의 표기법을 따랐지만, 일정 부분 예외는 있다. 예를 들어 호스티스
   (Hostess)는 현장감을 살리고자 일본어 사전의 발음을 기준으로 음차해 '호스테스'라고 표기했다.

2. 단행본은 겹낫표(『 』), 정기 간행물은 겹화살괄호(《 》), 영상과 노래 등은 홑화살괄호(〈 〉)로 표기
   했다.

3. 모든 각주는 옮긴이 주다. 금융 관련 용어, 영국 또는 일본의 현지 요소가 강한 용어 등은 부가
   설명을 각주 처리했다.

머리글

"자네에게 들려줄 이야기가 하나 있어."

식탁 너머에서 케일럽의 커다란 얼굴이 다가왔다. 그의 얼굴 아래엔 라멘 그릇 두 개가 놓여있었다. 케일럽의 그릇은 이미 비었고 내 그릇은 가득 찬 상태였다. 내 그릇에서 김이 모락모락 올라오더니 그의 빛나는 하얀 미소와 춤을 추듯 어우러졌다. 몸을 웅크린 채 의자 깊숙이 앉은 내겐 그릇에 꽂힌 젓가락이 그의 턱에 곧 닿을 것처럼 보였다. 케일럽의 미소가 더 짙어졌다.

"예전에 내가 알고 지낸 트레이더(trader, 주식, 채권, 통화 등 금융 상품 거래를 중개하거나 직접 거래하는 사람) 중에 정말, 정말 트레이딩을 잘하는 친구가 있었어. 도이치은행(Deutsche Bank)에서 일했는데 딱 자네처럼 젊고 똑똑했지."

케일럽의 두툼한 두 팔뚝이 위로 올라오더니 온기가 남은 빈 그릇을 감싸듯 식탁 위에 단단히 자리 잡았다. 꽉 맞잡은 양손이 내 얼굴에 닿을 듯했다. 그 손가락의 생김새는 아직도 내 기억에 선명히 남아있다.

생(生)소시지처럼 분홍색에 두껍고 둥글었으며 금방이라도 터질 것 같았다.

"정말 좋은 트레이더였어. 돈도 많이 벌고. 본인도 많이 벌었지만 도이치은행에도 굉장한 수익을 안겨줬어. 그야말로 앞길이 창창했지."

식당 안은 떠들썩했다. 그곳은 일본 대도시 뒷골목에서 흔히 볼 법한 구멍가게 같은 소박한 라멘집이 아니었다. 거대한 고층 건물의 6층에 있는, 건물에 걸맞게 엄청난 규모를 자랑하는 기업형 식당이었다. 넥타이를 느슨히 푼 회사원들이 상사들과 맥주잔을 부딪치며 농담을 주고받고, 몇몇 미국인 은행원들이 일본 샐러리맨처럼 보이는 사람들과 뒤섞여 엄청나게 큰 소리로 쉴 새 없이 떠들고 있었다. 그 속에서 나는 침묵했다. 커다란 얼굴이 식탁 건너편에서 어둠을 뚫고 나를 향해 다가오는 모습을 지켜보고만 있었다.

"그런데 이 젊은 친구, 뛰어난 트레이더였지만 심각한 문제가 하나 있었어. 치명적인 결함이라고나 할까. 그게 뭐냐 하면, 자기가 도망칠 수 있다고 생각했던 거야. 은행을 관둘 수 있다고 생각했다니까. 무슨 뜻인지 알지?"

케일럽은 덩치가 컸다. 이제까지의 설명으로 눈치챘겠지만 케일럽은 얼굴과 손가락만 큰 것이 아니라 모든 부위가 보통 사람보다 두 치수 정도는 더 커 보였다. 눈썹도 턱도 컸다. 머리칼도 지나치게 풍성하고 두꺼웠으며 색도 너무 짙었다. 무엇보다 그의 미소는 압도적이었다. 거대할 뿐만 아니라 새하얀 진줏빛처럼 느껴졌다. 그날은 더 심했다. 내게는 그의 입이 귀밑까지 찢어지다 못해 얼굴을 벗어난 것처럼 보일 정도였다. 그렇게 그의 미소는 『이상한 나라의 앨리스』에 나오는 체셔 고양이처럼 식당의 어둠 속에서 기묘히 빛나고 있었다.

"그래서 이 친구는 돈도 벌었으니 그만 떠나기로 했어. 업계를 떠나기로 한 거지. 멋진 생각이야. 어딘가에서 가정을 꾸릴 수도 있고…. 좋은 생각이야. 그런데 여기에 문제가 있었어. 도이치가 쉽게 보내주지 않았거든. 그 친구는 업계가 어떻게 돌아가는지 제대로 몰랐던 거지."

이 대화가 어디로 흘러갈지는 천재가 아니어도 알 수 있었다. 위장이 조금씩 뒤틀리는 기분이 들었다. 속이 메스껍기 시작했고 입안에서 뭔가 이상한 맛과 냄새가 느껴졌다. 피였을까? 그래도 나는 의자에 깊숙이 앉아 지켜보기만 했다. 케일럽은 여전히 웃고 있었으며 그 웃음은 시시각각으로 커져만 갔다.

"도이치는 그 친구의 거래 내역은 물론 채팅 기록과 이메일도 싹 다 조사했어. 오랫동안 그곳에서 일했으니 당연히 거래도 많이 했겠지. 그리고 도이치는 거기서 뭔가를 찾아냈어. 무슨 말인지 알지? 그가 하지 말아야 할 일을 했다는 사실, 소위 증거가 발견된 거야."

이제는 다리에 불이 붙은 듯한 기분이 들기 시작했다. 발이 뜨거워지면서 근질거리는 느낌이 점점 커져갔다. 그 타는 듯한 느낌. 하지만 나는 움직이지 않았다.

"뭐, 정당했다고는 할 수 없지만 도이치는 실제로 그 트레이더를 몇 가지 혐의로 법정에 세울 수 있었지. 솔직히 그 친구가 그렇게 나쁜 짓을 한 건 아니었어. 그래도 도이치가 몇 가지 정보를 이리저리 꿰맞추는 데 성공했거든. 소송은 몇 년간 계속됐어. 무슨 말인지 알지? 법정 안에서만이 아니라 법정 밖에서도 계속됐어. 진짜 악몽이었지. 그 젊은 트레이더, 그 훌륭한 트레이더는 결국 업계를 떠나지 못했고 가정도 꾸릴 수 없었어. 한창때 내내 법정에 있었으니까. 생각해 봐. 게리, 어떻게 됐을 것 같아? 어쨌든 도이치는 승소하지 못했지만 그 친구는 가진 돈을 모두 써버렸어. 변호사 비용으로 가진 돈 이상이 들었고 결국 파산했어. 모든 것을 잃었지."

불은 이제 온몸으로 퍼졌고 메스꺼움과 피 맛도 마찬가지였다. 그래도 나는 여전히 아무런 움직임 없이 케일럽의 얼굴을 바라보았다.

"게리, 내 말 듣고 있지? 내가 지금 무슨 말 하는지 알아듣겠어?"

크고 둥그런 얼굴이 더 가까이 다가왔다.

"게리. 난 네가 좋아. 네가 좋은 사람이라고 생각해. 그런데 좋은 사람에게도 나쁜 일이 일어날 때가 있거든. 그리고 곧 알게 되겠지만 우리는 네 삶을 상당히 어렵게 만들 수 있어."

그 순간 수많은 기억이 물밀듯이 쏟아졌다. 나는 그 기억들에 떠밀려 도쿄에서 수천 킬로미터 떨어진 이스트 런던의 일퍼드로 날아갔다. 그곳의 나는 열여덟 살이었다. 철로 옆 막다른 골목에서 축구공 위에 앉아 해리의 엄마가 암에 걸렸다는 이야기를 듣고 있었다. 그때 나는 무슨 말을 해야 할지 몰라 해리에게 위로의 말이랍시고 이렇게 말했다.

"우리, 축구 하러 갈까?"

또 다른 기억에서 나는 캄캄한 밤 골목길 벽에 기대선 채 새러번이 나를 찌르겠다고 위협하는 모습을 지켜보고 있었다. 그때 새러번은 손을 주머니에 넣고 있었다. 그 안에 진짜 칼이 있었을까? 모르겠다. 누군가에게 쫓겨 어느 집 뒤뜰 울타리를 뛰어넘은 기억도 떠올랐다. 그러다 친구 브래샙이 차에 치인 기억이 뒤따르고, 길바닥에 쓰러진 그 아이가 충격으로 온몸을 덜덜 떨던 모습도 기억났다. 그렇게 그 공동주택단지 거리에서 보고 겪은 어리석은 폭력, 피, 말도 안 되는 사건들이 모두 기억났다. 그리고 다음으로는 어린 시절 우리가 했던 유치한 짓, 내가 했던 약속, 내가 알던 사람들에 대한 기억이 밀려왔다. 밤중에 제이미와 함께

다층형 주차장의 지붕 위에 앉아 우리를 둘러싼 신축 고층 건물을 바라보던 기억, 그러다 제이미에게 나도 언젠가는 대단한 사람이 될 거라고 말하던 기억이 떠올랐다. 내가 꼭 그렇게 되겠다고 다짐하자 제이미는 달빛을 향해 담배 연기를 내뿜으며 나를 비웃었다. 하지만 제이미도 나와 마찬가지로 그 다짐이 실현되리라는 것을 알고 있었다.

그 기억을 마지막으로 불현듯 이런 생각이 들었다. 아니야, 여기서 끝낼 수 없어.

이 차갑고 거대한 식당에서는 아니야. 저 미소의 무게에 짓눌려 포기해서는 안 돼.

1부
위로 올라가기

1장

어떤 면에서 나는 트레이더가 될 운명을 타고났다.

내가 어린 시절을 보낸 거리의 끝에는 높은 벽에 둘러싸인 재활용 센터가 있었다. 그리고 안쪽으로 활처럼 휘어진 벽 앞에는 가로등과 전신주가 서로 4미터 간격으로 서있어서 전체적으로 완벽한 축구 골대의 형태를 이루고 있었다.

그 두 기둥 사이에서 큰 보폭으로 열 걸음쯤 물러나 위쪽을 바라보면, 저 멀리 카나리워프(Canary Wharf, 영국 런던 템스강 주변 도크랜드 지역에 있는 신도시)에서도 손꼽히게 높은 건물들의 불빛이 재활용 센터까지 흘러와서 벽 너머로 슬쩍 눈짓을 보내는 듯했다.

학교 수업을 마치면 나는 형이 물려준 교복을 입고 낡은 등교용 신발을 신은 채 그 즉석 골대 주변에서 싸구려 발포 고무로 만든 다 헤진 축구공을 차며 긴 저녁 시간을 보내곤 했다. 그리고 저녁을 먹으라는 엄마의 목소리가 들리면 고개를 돌려 초고층 건물들이 나를 향해 눈짓하는 모습을 바라보았다. 그 불빛은 뭐랄까, 새로운 삶을 의미하는 것 같았다.

내가 그 번쩍거리고 우뚝 솟은 자본주의의 신전들과 공유한 것은 이스트 런던의 도로만은 아니었다. 우리 사이에는 또 다른 것, 일종의 공유된 믿음도 있었다. 그것은 바로 돈에 관한 믿음, 욕망에 관한 믿음이었다.

나는 돈의 중요성, 그리고 우리가 가진 것이 많지 않다는 사실을 항상 뼈저리게 느꼈다. 내 가장 오래된 기억을 되살려 보면, 부모님이 나에게 1파운드짜리 동전을 주면서 에소(Esso) 주유소에 있는 편의점으로 레모네이드 심부름을 보낸 적이 있다. 그리고 나는 주유소로 가던 중에 어느 순간 그 1파운드 동전을 떨어뜨려 잃어버렸다. 몇 시간 동안 자동차 밑을 기고 하수구 바닥을 뒤지며 동전을 찾았지만 결국 눈물을 펑펑 흘리며 빈손으로 집에 돌아왔던 기억이 아직도 남아있다. 짐작건대 실제로는 30분밖에 되지 않았을 것이다. 하지만 어린아이에게 30분은 긴 시간이었고 게다가 1파운드는 무척 큰돈이었다.

그 이후 나는 평생에 걸쳐 진정 한순간이라도 돈에 대한 사랑을 잃어본 적이 없었던 것 같다. 지금 돌이켜 생각해 보면 그 감정에 사랑이라는 단어를 붙이는 게 적절한지는 잘 모르겠다. 특히 어렸을 때는 두려움에 더 가까웠던 듯싶다. 두려움이든 사랑이든 갈망이든, 아무튼 그 감정은 내가 성장하면서 점점 더 강해졌다. 나는 내가 갖지 못한 돈을 항상 쫓아다녔다. 열두 살에는 학교에서 1페니짜리 과자를 팔기 시작했고, 열세 살부터는 주급 13파운드를 받기 위해 1년에 364일 동안 신문 배달을 했다. 열여섯 살이 되자 훨씬 더 대담한 종류의 판매 사업을 벌였으며 더 많은 교칙 위반과 더 많은 수익이 뒤따랐다. 그렇더라도 그런 작은 수익은 결코 나의 최종 목표가 될 수 없었다. 나는 매일 저녁 해가 지고 나면 그 길 끝에 서서, 나를 내려다보며 눈짓하는 초고층 건물들을 바라보곤 했다.

그러나 나는 돈에 대한 사랑 말고는 여러 측면에서 트레이더가 될 자질을 타고나지 못했다. 그리고 그러한 측면들이 매우 중요한 요소라는 사실은 예나 지금이나 변하지 않았다.

왜냐하면 이스트 런던의 고층 건물들이 드리우는 그늘 밑에는 가로등과 자동차 주변에서 망가진 축구공을 차며 시간을 보내는 어리고 배고프고 야심 찬 소년들이 너무나 많기 때문이다. 그 소년들 대다수는 똑똑하고 열성적인 데다 커프스단추를 채운 와이셔츠에 넥타이를 매고 그 높고 빛나는 돈의 탑으로 걸어 들어갈 수만 있다면 온갖 희생을 감수할 것이다. 하지만 번쩍이는 건물에서도 가장 좋은 층에 자리 잡은 트레이딩 플로어(trading floor, 거래소, 은행, 또는 증권사 내에서 트레이더들이 주식, 통화, 채권 등 금융 상품이나 원자재를 거래하는 장소)에 들어서면, 그 건물이 한때 이스트 런던의 부둣가였던 지역 한가운데 세워졌음에도 이스트 런던에 속한 다른 지역, 그러니까 밀월, 보, 스테프니, 마일엔드, 섀드웰, 포플러 지역 토박이들의 억세고 자신감 넘치는 억양은 더 이상 들리지 않는다. 이것은 젊은이들이 매년 수백만 파운드를 벌어들이는 바로 그곳에서 내가 직접 경험하며 터득한 사실이다. 내가 트레이딩 플로어 중 한 곳에서 일하던 시절 내 억양을 듣고 어디 출신인지 물은 사람이 있었는데, 그는 옥스퍼드 대학교(University of Oxford)를 갓 졸업한 신입사원이었다.

카나리워프에 있는 씨티그룹 센터는 42층의 빌딩이다. 내가 입사했던 2006년 당시 건물 높이로는 영국에서 공동 2위였다. 2007년 어느 날 나는 빌딩 꼭대기 층에 올라가 보기로 했다. 그곳에서 보이는 경치가 어떤지, 거기에서 우리 집이 보이는지 확인하고 싶었다.

당시 꼭대기 층은 회의와 행사를 위해서만 사용됐다. 다시 말해 사용하지 않을 때는 전체 층이 완전히 비어있었다. 거기에는 마치 광활한 평야와 같은 공간이 펼쳐져 있었다. 바닥에는 무성한 초원처럼 푸른 양탄자가 깔려있었고 사방은 두꺼운 유리창으로 둘러싸여 있었다. 나는 발걸음 소리조차 나지 않는 양탄자를 미끄러지듯 가로질러 창가로 향했다. 창문에서 내가 살던 곳은 보이지 않았다. 그러니까 씨티그룹 센터의 42층에서는 이스트 런던이 안 보인다. 또 다른 금융그룹 본사인 HSBC 타워의 42층이 보일 뿐이다. 이스트 런던에서 자라나는 야심만만한 아이들은 자기 집에 그림자를 드리우는 마천루를 올려다보지만 정작 그 건물들은 아이들을 돌아보지 않는다. 초고층 건물들은 오직 서로를 바라보기 때문이다.

이 책은 그늘진 곳에서 축구를 하고 과자를 팔던 수많은 어린아이 가운데 어떻게 내가 씨티은행(Citibank) 트레이딩 플로어에 진입하게 되었는지에 관한 이야기를 담고 있다. 또한 내가 어떻게 씨티은행에서 전 세계 지점을 통틀어 가장 높은 수익을 내는 트레이더가 될 수 있었는지, 그 모든 영광을 누렸음에도 왜 씨티은행을 떠났는지에 관한 이야기도 담고 있다.

당시는 세계 경제가 절벽에서 미끄러져 여전히 추락하던 시기였으며, 그에 따라 내 정신 상태도 불안해지곤 했다(그 상황은 지금도 지속되고 있다). 그리고 그럴 때마다 내가 자신뿐만이 아니라 주변 사람들에게 못되게 군 것도 엄연한 사실이다. 이 주변 사람들, 즉 해리, 마법사, JB, 이외에도 이름을 밝히지 않은 많은 이들에게 그들의 이야기를 책에서 언급한 것에 대하여 여기에서 사과의 말을 전하고 싶다(아시다시피 여러분의 이야기를 하지 않고서는 내 이야기를 제대로 풀어낼 수 없었어요).

마지막으로, 우리가 술에 취한 십 대였을 때 마찬가지로 술에 취한 노인이었던 애니시의 할아버지에게 이 책을 바친다. 할아버지는 십 대였던 우리를 향해 자신이 잘 아는 유일한 영어 문장을 끝없이 중얼거렸다.

"인생은 인생이고 게임은 게임이다."

그 말의 뜻을 결국 알아내지는 못했지만, 난 우리가 언젠가는 그 뜻을
알아낼 수 있기를 지금도 기대하고 있다.

2장

트레이딩 플로어로 향하는 나의 여정은 LSE(London School of Economics, 런던 정경대)에서 시작되었다.

LSE는 사실 일반적인 대학이 아니다. 웅장하고 잎이 무성한 캠퍼스도 없고, 대학 건물은 지극히 평범한 사무용 건물로 위장한 채 런던 웨스트엔드의 어느 변두리 골목길에 은밀히 숨겨져 있다.

이렇듯 비교적 특별한 것 없는 환경적 요건을 갖고 있음에도 글로벌 엘리트들은 자기 자녀들을 이 대학으로 밀어 넣기 위해 놀랄 만한 열정을 쏟아붓는다. 러시아의 초부유층 올리가르히(oligarch),[1] 파키스탄 공군 사령관, 중국 공산당 중앙정치국 위원 등은 자기 아들, 딸, 조카를 런던 중심부의 이 평범한 골목길로 보낼 기회만 생기면 절대 놓치지 않았다. 그렇게 이 권력층의 후손들은 LSE에서 몇 년간 연립 방정식을 공부한 다음 고국으로 돌아가 권력을 물려받았으며 그 전에 글로벌 투자은행

---

1   그리스에서 유래한 용어로 원래는 소수자에 의한 정치 지배, 즉 과두제를 뜻했으나 현재는 1991년 소련이 붕괴한 후 부와 권력을 얻은 러시아 신흥 재벌과 관료들을 지칭하는 말로 쓰인다.

골드만삭스(Goldman Sachs)나 대형 회계법인 딜로이트(Deloitte) 등에서 몇 년간 경력을 쌓기도 했다.

2005년, 수학과 경제학을 공부하기 위해 대학에 들어섰을 때 나는 전형적인 LSE 학생이 아니었다. 3년 전 정확히 3파운드어치의 대마초를 팔았다는 이유로 고등학교에서 퇴학당한 전력이 있었으며, 그전에는 그라임 음악[2]에 빠져 크루를 만들어보려고도 했었다. 크루 활동을 위해 앞면에는 'MC 게리', 뒷면에는 크고 멋들어진 글씨체로 '창백한 시체들'이라고 적힌 후드 티셔츠도 제작했었다. 학기 첫날 나는 흰색과 파란색으로 색을 맞춘 후드 티셔츠와 운동복 바지를 입고 당시 힙합 마니아들에게 인기 있던 에코(Ecko) 운동화를 신은 채 학교에 갔다. 티셔츠의 앞면에는 흰색 바탕에 짙은 파란색 코뿔소가 새겨져 있었다. 입학하기 전만 해도 나는 LSE에 대해 별로 아는 게 없었다. 고등학교 시절 한 친구가 LSE 학위를 받으면 더 시티(The City of London 또는 'The City')[3]로 확실히 입성할 수 있다고 말해주었다. 그 정도면 LSE에 들어갈 동기로 충분했다.

예상대로 나는 LSE에 잘 맞지 않았다. 러시아 올리가르히는 값싼 이슬람식 프라이드치킨 가게에서 식사하지 않았고 싱가포르에서 온 학생들은 억양 때문에 내 말을 이해하지 못했다. 게다가 나는 돈을 절약하기

위해 부모님과 함께 살았는데 우리 집은 학교에서 동쪽으로 15킬로미터 넘게 떨어져 있었다. 이때 공식적인 첫 여자친구를 사귀면서 나는 그녀와 공원 벤치에서 술을 마시거나 집에서 빈둥거리며 시간을 보냈다. 집에 있다가 엄마가 퇴근해 돌아올 때면 나처럼 일퍼드 출신인 여자친구는 내 방 창문으로 몰래 빠져나가 철로를 건너서 집으로 돌아가곤 했다. 이렇게 1학년 때는 여자친구와 대부분 시간을 보내느라 학교에는 강의가 있을 때만 갔다.

그럼에도 나는 내 나름대로 LSE에서 좋은 성적을 거두기 위해 최선을 다했다. 나는 인맥도 없었고 더 시티에 관해 아는 것도 없었다. 키가 크지도 잘생기지도 않았고, 멋진 정장을 입지도 않았으며, 인맥을 넓히는 재주도 없었다. 내 이력서에서 그나마 인상 깊은 과외 활동을 꼽자면 그라임 래퍼로 별 볼 일 없는 경력을 쌓았다는 것과 이스트 런던의 외곽 지역 벡턴에 있는 DFS[4] 매장에서 2년 동안 전시용 쿠션을 부풀리는 일을 한 것밖에 없었다. 하지만 나에게는 수학이 있었다. 나는 어릴 때부터 내내 수학을 잘했기 때문에 내가 더 시티로 갈 수 있는 유일한 길이 수학이라고 생각했다. 다시 말해 내가 성공하는 길은 아랍 억만장자와 중국 기업가를 모두 제치면서 최우등으로 졸업하고 골드만삭스의 눈에 띌 수 있기를 신께 기도하는 방법밖에 없었다.

이 목표를 이루기 위한 내 계획은 비교적 단순했다. 모든 강의 시간에 맨 앞에 앉아 교수들과 강사들이 하는 말을 하나도 빠뜨리지 않고 이해하기 위해 노력했다.

---

4   소파가 주력 상품인 영국 중저가 가구 회사.

이 전략은 제법 효과적이었고 나는 1학년을 상당히 좋은 성적으로 마칠 수 있었다. 솔직히 말하자면 꽤 쉬운 일이었다. 나는 내 계획이 앞으로도 잘 진행되리라는 낙관적인 기대를 안고 여름 방학을 보냈다.

하지만 2학년이 되어 LSE로 돌아왔을 때 두 가지 상황이 눈에 띄게 달라졌다.

첫째, 느닷없이 그리고 유례없이 거의 모든 동급생이 철두철미하게 준비된 초보 은행가가 되어 나타났다. 모두가 카나리워프나 더 시티의 화려한 고층 건물의 일자리를 얻었다는 말은 아니다. 하지만 모든 학생이 마치 일자리를 얻은 것처럼 행동하기 시작했다. 적어도 내게는 예상치 못한 상황이었다. 학생들은 매주 수요일과 금요일에 금융 동아리 모임에 참석하기 시작했고, 월요일에는 투자 동아리와 함께하는 통합 모임에 참석해 인맥을 쌓았다. ABS(Asset Backed Securities, 자산 유동화 증권), IBD(Investment Banking Division, 투자 금융 부문), CDS(Credit Default Swap, 신용 부도 스와프), CDO(Collateralized Debt Obligation, 부채 담보부 증권), M&A(Mergers and Acquisitions, 인수 및 합병) 등 세 글자의 약어들로 이루어진 문장을 구사하기 시작했고, 세일즈 및 트레이딩(Sales and Trading)[5]과 증권화(Securitisation)에 대해 이야기했다. 또한 이해할 수 없는 이유를 대면서 정장을 차려입고 강의에 출석하기 시작했다. 얼마 지나지 않아 유명 투자은행인 골드만삭스, 도이치은행, JP모건(JP Morgan), 리먼브러더스(Lehman Brothers)의 인턴직

---

5   이 책은 대형 금융기관의 글로벌 시장 부문(Global Markets Division)에서 벌어지는 이야기를 다룬다. 세일즈 및 트레이딩은 글로벌 시장 부문의 핵심 부서로, 여기서 다양한 금융 상품의 판매와 매매가 이루어진다. 좀 더 세분하면 상품 판매를 담당하는 부서를 세일즈 데스크, 매매를 담당하는 부서를 트레이딩 데스크라고 부른다.

에 이미 합격한 학생들도 있다는 소문이 돌기 시작했다. 그 학생들은 예상대로 큰 키에 떡 벌어진 가슴을 지녔으며 머리칼은 항상 잘 정돈되어 있었고 정장을 입고 다녔다. 출신 국가가 어디인지는 모호하지만 집안이 부자라는 것은 확실한 집단이었다. 그중 몇 명은 심지어 정규직 일자리를 얻었다는 소문도 돌았다.

이제 모든 학생이 인턴직에 지원하기 시작했다. 다들 한두 개가 아니라 거의 스무 군데의 회사에 지원서를 보냈으며 그보다 더 많은 곳에 지원하는 학생도 있었다. 또한 통계학과인지 국제관계학과인지 출처는 불확실하지만, 어떤 학생이 면접에서 받은 질문이라는 이유로 여러 예상 질문이 학생들 사이에 떠돌기 시작했다. 면접관들이 버지니아주에 대머리가 몇 명이 있느냐는 질문을 할 것이라는 예측이 신뢰할 만한 주장으로 받아들여졌으며, 한 학생이 면접에서 5초 안에 49 곱하기 49를 답해야 했다는 소문을 들었을 때는 모두들 2,401이라는 숫자를 부지런히 기록해 두었다. 이렇듯 캠퍼스의 예측할 수 없는 영역에서 이해할 수 없을 정도로 긴 대기 행렬이 자연스럽게 형성되었다. 물론 그 줄에 있던 학생 대부분은 자신의 노력이 결실을 보리라는 확신에 차있진 않았을 것이다. 하지만 그 기다림이 끝날 때쯤 누군가는 인턴 자리를 얻었을 수도 있다. 적어도 함께 줄을 서며 인맥을 쌓을 기회는 생겼을지도 모른다. 실제로, 계산기로 무장한 학생 20명 정도가 도서관 컴퓨터 앞에 모여 숫자와 알파벳 글자를 외치며 모건스탠리(Morgan Stanley)의 온라인 수리 시험을 함께 푸는 모습이 목격되기도 했다.

내 주변 학생들의 태도, 전략, 우선순위가 완전히 바뀌었지만 나는 그런 변화에 어떻게 반응해야 할지 도무지 알 수가 없었다. 많은 학생이 인맥 쌓기, 구직, 금융계의 언어와 약어 학습에 더 많은 시간과 기운을

트레이딩 게임

쏟기 위해 아예 강의에 결석하기 시작했다. 단순히 수업에 출석하고 강의 자료를 완전히 이해하는, 지금까지 성공적으로 보였던 내 전략이 고통스러울 정도로 불충분하고 순진하게 느껴졌다.

당혹스러워진 나는 1학년 때 어울려 다녔던 몇 안 되는 친구 중 한 명인 마틱에게 찾아가 조언을 구했다. 슬로베니아계이지만 영국에서 자란 마틱은 수학과 수업을 함께 들으며 친해진 친구였다. 잘생기고 키도 큰 마틱은 다른 학생들처럼 완벽한 정장을 입지는 않았지만 눈에 띄게 단정해져 있었다. 마틱은 금융 동아리의 회원이었으며 약어를 사용하고 행사에도 참석했다. 인턴 지원서를 작성하고 면접도 보러 다녔다.

내가 여름 방학 동안 대체 무슨 일이 있었길래 학생들 사이에 그런 놀라운 변화가 생겼는지 묻자 마틱은 이렇게 대답했다.

"게리, 그게 무슨 말이야? 너 몰라? 2학년은 곧 인턴십이야!"

마틱이 이때 내게 했던 설명에 따르면 이 세계의 작동 방식은 다음과 같다. 실제 현실과는 다를 수도 있지만 어쨌든 마틱의 설명을 여기에 그대로 옮겨보겠다.

LSE의 모든 학생은 골드만삭스에서 일하고 싶어 한다. 그게 아니면 도이치은행, 아니면 모건스탠리, 아니면 JP모건, 아니면 UBS에서 일하고 싶어 한다.

LSE만이 아니라 임페리얼 칼리지 런던(Imperial College London) 학생들도 전부 그렇다. 워릭 대학교(University of Warwick) 학생들은 물론이고 그 외에 노팅엄 대학교(University of Nottingham), 더럼 대학교(Durham University), 배스 대학교(University of Bath)의 학생들도 당연히 다들 같은 바람을 갖고 있다. 맨체스터 대학교(University of Manchester)와 버밍엄 대학교(University of Birmingham)에 다니는 학생들도 모두 그런 곳에서 일하고 싶어 하지만 그들에게는 기회가 주어지지 않는다. 물론 업계에 인맥이 있다면 가능하다. 옥스퍼드 대학교와 케임브리지 대학교(University of Cambridge)에서도 일부 학생은 그런 곳에서 일하고 싶어 한다. 적어도 일할 필요가 없을 만큼 부유하지 않은 학생들은 그렇다.

하지만 일자리는 그 모든 지원자를 소화할 만큼 충분하지 않다. 사실 턱없이 모자란다. 그뿐만 아니라 대형 금융기관에 들어간다고 해서 모든 일자리가 질적인 면에서 동등하지도 않다. 가장 좋은 일자리는 세일즈와 트레이딩이다. 근무 시간 면에서도 가장 좋고(하루에 12시간만 일하면 되고 주말에도 쉴 수 있다) 본인 능력만 되면 가장 빠른 시간 안에 돈을 벌 수 있다. 이 부서에 들어가지 못하면 IBD나 M&A 같은 부서에서 일주일에 100시간씩 영혼이 나갈 때까지, 아니 영혼이 나간 뒤에도 일해야 한다. 거기에도 못 들어가면 소위 '컨설팅' 분야에서 일해야 한다.

당시 나는 컨설팅에 관해 그야말로 전혀 몰랐기 때문에 마틱의 어조로 짐작건대 컨설팅이란 더러운 변기 청소처럼 그리 유쾌하지 않은 일로 느껴졌다.

인맥이 없다면 인턴십을 거치지 않고 일자리를 얻을 방법은 없다. 그리고 인턴 일을 할 수 있는 유일한 시간은 **지금**뿐이다. 2학년을 마치고 인턴을 하지 못하면 3학년을 마치고 해야 한다. 그러면 문제가 발생한다. 인턴십을 마치고 나면 인턴의 50퍼센트가 그로부터 1년 후에 정규직 일자리를 제안받는데, 3학년을 마친 뒤에 인턴을 한다면 꼬박 1년 동안 실업 상태를 견뎌야만 한다. 하지만 이것도 이론에 불과하다. 왜냐하면 3학년의 끝자락에 있는 학생을 인턴으로 고용할 투자은행은 없기 때문이다. 다시 말해 투자은행들은 해당 학생이 2학년 때 이미 모든 인턴십에서 떨어졌다는 사실을 알고 있으며, 그렇듯 모두에게 거절당한 인턴을 채용할 투자은행은 어디에도 없다는 뜻이다.

"그게 다야. 성공하거나 실패하거나, 또는 성공하거나 죽거나, 둘 중 하나야. 네 미래가 지금 결정되는 거지. 수학과 경제학은 잊어. 그 대신 CDS가 뭔지 알아야 해. M&A가 뭐지? IBD는? 게리, 어떻게 그걸 모를 수 있어? 그걸 모르는 사람은 아무도 없다고! 그리고 지원서를 보내야 해. 인턴십은 말이야, 말도 안 되게 많은 사람이 지원해. 게다가 넌 인맥도 없잖아. 그나마 한 자리라도 얻으려면 엄청나게 많은 지원서를 보내는 수밖에 없어. 적어도 은행 30개 정도에는 지원해야 할 거야. 지금까지 몇 군데 지원했어? 하나도 안 했다고?!"

'하나도 안 했어'가 내 대답이었다. 혼란스러웠다.

나는 수학을 잘했다. 경제학도 잘했다. 하지만 이 세 글자의 약어로 이루어진 새로운 세계에 대해서는 아는 것이 없었다. 나는 어린 시절 학교 선생님들이 해주셨던 말, 열심히 공부해서 시험을 잘 보면 좋은 직장을 얻게 된다는 그 말을 믿어왔다. 나는 멍청이였다. 바보였다.

마틱은 약간 극성스러울 때도 있지만 친절한 친구였고 나를 불쌍히 여겼다. 마틱은 '투자은행에서 일자리를 얻는 방법'이라는 제목의 금융 동아리 행사에 나를 데려갔다.

행사는 LSE에서 손꼽히게 크고 밝고 오래된 강당에서 열렸으며 많은 사람이 전직 투자은행가의 강연을 듣기 위해 강당으로 모여들었다. 강연자는 가는 줄무늬 정장을 입고 머리는 깔끔히 올백으로 넘겼으며 키가 컸다. 월스트리트를 소재로 한 할리우드 영화에 나오는 단역 배우가 현재는 잠시 배우 일을 쉬면서 강연을 하러 다니는 것 같았다.

강연은 열심히 일해야 한다는 주제를 두고 배우가 의식의 흐름대로 독백을 이어가는 모노드라마 같았다. 모든 문장은 어디서인가 들어본 듯한데 여전히 **확실한** 의미는 알 수 없는 단어와 약어로 점철되어 있어서 마치 고등학교 시절 반쯤 배우다 만 외국어를 듣는 듯했다. 강연자는 무대를 가로지르며 쉬지 않고 빠르게 이리저리 움직였고 엄청나게 열정적으로 말했다. 강연자가 의도했는지는 잘 모르겠지만 강연에서 내가 얻은 교훈은 아주 간단했다. 눈에 보이는 자료와 정보는 다 읽고, 모든 약어의 뜻을 외우고, 모든 사람과 인맥을 형성하고, 일자리엔 다 지원하고, 끊임없이 일하고, 잠은 자지 마라. 나는 강연장을 나서면서 완전히 우울해졌다.

마틱은 실망했지만 나는 인턴직 지원을 포기했다. 마틱만큼은 아니어도 나도 약간은 실망했다. 하지만 어쩔 수가 없었다. 나는 약어 외우기를 잘한 적이 한 번도 없었다. 그런 식의 암기는 내 영혼을 감당할 수 없는 무게로 짓눌렀다. 게다가 지원 과정의 첫 단계는 이력서와 자기소개서였다. 나 말고 다른 사람들은 모두 유치원 때부터 이력서와 자기소개서를 준비한 것 같았다. 다들 사하라 사막을 건넜거나 청소년을 위한 유엔 프로그램에서 리더를 맡았으며 그것도 아니면 로열 앨버트 홀에서 빌어먹을 오보에를 연주했다. 그 반면 내 이력서에는 6년간 신문을 배달했고 1년간 그라임 래퍼로 실패를 거듭했으며 2년간 벡턴의 하수처리장 옆 소파 가게에서 쿠션을 부풀린 경력밖에 없었다. 그 상황에서 어딘가에 지원해 봤자 무슨 소용이 있었을까?

그때 나를 구원해 준 것이 바로 두 번째 변화였다. 첫 번째와 마찬가지로 내게는 예상할 수도 없었고 도무지 이해도 안 가는 변화였다. 2학년이 되어 학교로 돌아왔을 때 사람들이 갑자기 나를 아는 체하기 시작했다. 내 평생 한 번도 어울린 적 없는 학생들, 가끔은 정장을 입은 학생들까지 도서관에서 내게 다가와 말을 걸기 시작했다. 한번은 한 중국인 학생이 복도를 걸어가던 나를 가로막더니 화난 표정으로 약 10초 동안 위아래로 훑어본 후 아무 말 없이 그냥 가버린 적도 있었다. 또 한번은 유럽에서 온 여학생이 내게 같이 공부하자고 청하기까지 했다. 그 여학생은 출신 국가를 가늠할 수 없는 소위 국제적인 억양을 구사했고 헤어스타일은 환상적이었으며 키도 컸다. 그 모든 일들 중에서 상식적으로 말이 되는 건 하나도 없었다.

혼란스러운 마음에 나는 친구이자 동급생인 사가르 말데에게 이 기이한 상황에 관해 물어보았다. 사가르는 키가 크고 깡마른 케냐 출신 인도인이었다. 그는 놀라울 정도로 화려한 억양을 구사했으며 아버지는 동아프리카 비누 산업을 독점하고 있었다.

"당연하잖아!"

사가르가 어이없다는 듯 소리쳤다.

"다들 네가 시험을 얼마나 잘 봤는지 알게 된 거지."

사가르의 대답을 듣고 나서도 나는 그 수수께끼 같은 상황을 제대로 이해할 수 없었다. 내 시험 성적은 좋았지만 내가 아는 한 외부에 공개되지 않았고, 게다가 최고 성적과도 거리가 멀었다. 가까운 예로 사가르도 나보다 훨씬 좋은 성적을 냈다.

내가 의문을 제기하자 사가르가 친절하게도 곧이곧은 이유를 설명해주었다.

"게리, 네 말이 맞아. 그런데 아무도 네가 그렇게 잘할 거라고 기대하지 않았거든."

사가르는 멋진 아이였고 우리는 여전히 좋은 친구이지만 그 순간 나는 진심으로 충격을 받았다. 나는 항상 수학을 잘했다. 끝내주게 잘했다. 내가 기억하는 한 아주 오래전부터 그랬다. 초등학교 때부터 모든 사람이 내가 수학을 잘한다는 사실을 알았고 고등학교 때도 마찬가지였다. 가끔 경시대회에 나가면 대개 우승을 차지했다. 선생님, 가족, 친구들 모두가 내 수학 실력을 당연하게 여겼고, 나도 마찬가지였다. 내 수학 실력에 질투하는 사람은 있을지언정 놀라는 사람은 아무도 없었다.

하지만 나는 사가르의 무심한 말을 듣고 처음으로 무언가를, 전에는 한 번도 생각해 본 적이 없었던 무언가를 깨달았다. 부자는 가난한 사람을 멍청하다고 생각한다. 나는 그 사실을 그때야 알게 되었다. LSE의 1학년 경제학 강의는 학생이 천 명 이상 출석하는 엄청난 규모였다. 그 강의에서 나는 운동복을 입고 나이키 배낭을 멘 채 언제나 맨 앞줄에 앉아 독특한 이스트 런던 억양으로 질문을 던졌었다. 그런 행동이 부유한 학생들에게 나라는 존재를 재미는 좀 있지만 위협적이지 않은 상대로 각인시켰던 것이 분명했다. 그런데 내 1학년 성적이 상황을 완전히 뒤바꿔 놓은 것이다.

나는 잠시 머리를 굴리면서 이 사실에 어떻게 대처할지 스스로에게 질문했다. 그리고 바로 그 순간, 운동복을 입은 우리 같은 애들이 모두 멍청한 것은 아니라는 사실을 보여주겠다고 결심했다. 맞다. 나는 CDS가 뭔지는 몰랐지만 필요하다면 수학은 할 수 있었다. 보여주는 거야. 그래, 저들한테 본때를 보여주자. 우리가 뭘 할 수 있는지 보여주는 거야.

그렇게 나는 다른 학생들이 37개 투자은행에 지원하는 동안 내가 경제학, 특히 수학을 얼마나 잘하는지를 최대한 많은 사람에게 좀 지나치다 싶을 정도로 보여주기 시작했다. 나는 생애 처음으로 수업 시간 이외에도 공부했으며 강사들에게 전보다 훨씬 많은 질문을 던지고 그들이 실수하면 이의를 제기했다. 솔직히 말해서 그런 노력이 장차 내가 일자리를 얻는 데 도움이 될지, 된다면 얼마나 될지 전혀 알지 못했지만 그 부분은 더 이상 깊이 생각하지 않기로 했다. 난 단지 저들에게 자신들이 우리보다 더 뛰어나지 않다는 것을 일깨워 주고 싶었다. 왜냐고? 그게 사실이니까.

그러던 어느 날 이상한 일이 일어났다. 그날도 여느 때처럼 도서관에 있는 나에게 누군가가 천천히 다가왔다. 검은 머리칼을 덥수룩이 기르고 깡마른 몸에 대충 정장을 걸친 남자가 뭇사람보다 족히 15센티미터는 더 커 보이는 키를 스스로 감당하기 힘든 듯 흐느적거리며 천천히 걸어왔다. 그 사람은 영국 북동부 그림즈비 출신의 루크 블랙우드였고, 알고 보니 수학과 한 해 선배였다.

"네가 게리야?"

루크가 물었고 나는 그렇다고 대답했다.

"저기, 씨티은행에서 다음 주에 대회가 하나 열려. 대회 이름은 '트레이딩 게임(The Trading Game)'이지만 기본적으로 수학 게임이거든. 다음 주 예선전에서 이기면 전국 대회에 나갈 수 있고, 거기서 우승하면 씨티은행에서 인턴으로 일할 수 있대. 듣기로는 수학을 꽤 잘한다며? 꼭 나가봐."

그날 처음 나를 만났는데도 루크는 내 옆에 앉아 대회 날짜와 시간을 알려주고 게임 규칙도 간략히 설명해 주었다. 나는 트레이딩에 대해 아무것도 몰랐지만, 루크가 말한 대로 대회에 참가하기 위해 트레이딩을 알 필요는 없었다. 트레이딩 게임은 기본적으로 비교적 간단한 수학 게임이었다. 루크는 게임 규칙을 설명해 준 뒤 그냥 일어나서 가버렸다. 나는 깜박이는 컴퓨터 불빛과 반쯤 풀다 만 수학 숙제가 담긴 A4 용지를 앞에 둔 채 그대로 그 자리에 앉아있었다.

이유는 알 수 없지만(어쩌면 당시 내가 너무 자신만만하고 거만했기 때문인지도 모르겠다) 나는 그 자리에서 내가 게임에서 이길 거라고 확신했다. 나는 CDS, CDO, ABS에 관해서는 아무것도 몰랐지만 게임과 수학에 관해서는 잘 알고 있었다. 나에게 '트레이딩 게임'은 최종적으로 더 시티로 갈 수 있는 통로, 입구에서 아무도 그 빌어먹을 오보에 연주 경력을 요구하지 않는 유일한 통로로 보였다. 마침내 내 앞에 나타난 공평한 경기장이자 진정한 경쟁의 장이며 게다가 내가 이길 수 있는 게임이었다. 나는 교과서를 치우고 수학 숙제를 중단했다. 그리고 스프레드시트를 열어 게임의 공식을 수학적으로 정리하고 계산하기 시작했다.

루크와 대화를 나누고 이삼일 정도 지났을 때 드디어 트레이딩 게임의 예선전이 열렸다. 내게는 두 번째 금융 행사였다. 아직은 온화한 기운이 감도는 가을 저녁, 이렇다 할 공고나 홍보가 없었는데도(어쨌든 내가 본 적은 없다) LSE의 대형 건물 중 한 곳에 꽤 긴 줄이 늘어서 있었다. LSE의 금융 동아리 행사에서 흔히 보이는 유형의 줄이었다. 그 줄에는 국적은 모르겠지만 말투와 옷차림에서 엄청난 부자라는 사실을 알 수 있는 학생들이 대다수였고, 거기엔 중국인과 러시아인, 파키스탄인도 섞여있었다.

그날 그곳에서 나는 그 부자 외국인들보다 우위에 있었고, 거기 도착하기 전부터 그 사실을 알고 있었다. 나는 그곳에 가기 전 게임 규칙에 대한 설명을 들었지만 그들은 그런 기회를 얻지 못했다. 누군가는 공정하지 않다고 할 수 있지만 원래 인생은 그런 거다. 그들이 이제껏 살면서 들었을 수많은 규칙에 대한 설명을 나는 결코 들은 적도 없었고 앞으로도 들을 수 없다는 것은 부정할 수 없는 사실이다. 그런데 그날만은 난생처음 내가 그들보다 우위에 서있다는 느낌이 들었다. 줄이 서서히 건물 안으로 움직일수록 손끝과 발끝에서 전율이 느껴졌다.

성공에 목마른 젊은 트레이더 지망생들의 줄이 건물 안쪽 깊숙한 곳을 향해 움직이더니 전에 한 번도 와본 적 없는 대형 강당으로 흘러 들어갔다. 높은 천장에 창문이 없는 구조의 강당에서 참가자들은 5명씩 짝이 되어 각각 다른 탁자에 배치되었다. 강당 앞쪽에는 덩치 큰 남자가 대형 차트 앞에서 진줏빛 이를 드러내고 활짝 웃으며 서있었다. 그 남자가 살면서 처음으로 본 트레이더였기 때문에 그때 나는 트레이더란 다들 그렇게 생겼을 것이라고 생각했다.

우리가 자리에 앉자 남자는 규칙을 설명하기 시작했다. 나는 이미 규칙을 알고 있었기 때문에 설명을 듣는 대신 그가 말하는 모습을 천천히 관찰했다. 그는 무게감 있는 발걸음으로 천천히 강당 안을 거닐었다. 그리고 환한 미소를 띤 채 반짝이는 눈으로 학생 한 명 한 명과 시선을 맞추며 모두를 둘러보았다. 촛불에서 연기가 퍼져나가듯 그는 자기가 내뿜는 자신감으로 강당을 메워갔다. 그 자신감에는 유리병에 담긴 흑설탕 시럽처럼 무겁고 끈적끈적한 어둠과 선명하게 빛나는 밝음이 공존하고 있었으며, 그 유리병엔 크고 끝이 보이지 않는 진줏빛 하얀 미소가 드리워져 있었다. 그의 어둡고 끈적끈적한 자신감을 보며 내가 자라난 곳, 일퍼드가 떠올랐다. 학창 시절 잘나가던 아이들, 이제 마약상이 되어 약 한 봉지를 팔 때마다 10파운드로 100파운드를 버는 친구들에게도 그런 어두운 자신감이 있었다. 그런데 둘 사이엔 큰 차이가 있었다. 그날 강당을 메운 자신감에는 일퍼드에서 한 번도 본 적 없는 깊이가 있었다. LSE에 입학한 후에야 내 눈에 보이기 시작한 그 자신감은 오늘뿐만 아니라 내일도 승리하는 사람, 자신이 패배할 리가 없다는 것을 아는 사람의 자신감이었다. 그리고 트레이딩에 관해 아무것도 몰랐던 그 초기 단계에서도 나는 그러한 자신감을 내 운명으로 느꼈다.

하지만 그 전에 먼저 해야 할 일이 있었다. 지금 눈앞에는 내가 이겨야 할 경쟁자들이 있었다.

그런데 어떻게 해야 경쟁자들을 이길 수 있을까? 당연히 먼저 게임을 이해해야 한다.

'트레이딩 게임'은 일종의 모의 트레이딩 게임이었지만 사실 숫자 게임이었다.

게임에서는 특별 제작된 카드 한 벌을 사용했으며 각 카드에는 숫자가 적혀있었다. 카드는 숫자 1부터 15까지 15장, 여기에 -10과 20이 적힌 카드가 더해져 총 17장이었다. 게임이 시작되면 진행자가 참가자에게 카드를 1장씩 나눠주고 그다음 추가로 탁자 중앙에 카드 3장을 올려놓았다. 여기서 탁자 위에 놓인 3장은 앞면이 아래로 향해있어 참가자는 해당 숫자를 볼 수 없었다. 즉, 참가자 5명이 각 1장씩 가지고 있는 카드와 탁자 위에 놓인 카드 3장을 더해 게임당 카드 8장이 사용되고, 참가자들은 이 카드 8장에 적힌 숫자의 총합에 대해 서로 베팅하는 방식으로 게임이 진행됐다.

간단히 말해 총 가치가 카드 8장에 쓰인 숫자의 총합인 자산을 매매한다고 생각하면 된다. 참가자는 특정 정보(자신의 카드)만 가지고 있으며 게임이 진행됨에 따라 더 많은 정보(탁자 중앙의 카드)가 드러난다. 참가자가 가진 카드의 숫자가 높다면(예를 들어 15나 20), 해당 참가자는 자산의 가치, 즉 카드의 총합이 상당히 클 것이라는 내부 정보를 보유하게 된다. 따라서 참가자는 카드 총합이 클 것이라는 예측하에 '매수' 베팅을 해야 한다. 반면에 -10처럼 낮은 카드를 가지고 있다면 총합이 작을 것

트레이딩 게임

이라는 예측하에 '매도' 베팅을 해야 하고, 6이나 7처럼 어중간한 카드를 가지고 있다면 자신만의 전략을 세우거나 뭔가 다른 방법을 찾아야 한다.

이러한 베팅 시스템 덕분에 이 게임은 이름 그대로 '트레이딩 게임'이 될 수 있었다. 다시 말해 이 게임은 트레이더들이 시장에서 베팅하는 방식, 즉 양방향 시장(two-way markets)[6]의 핵심인 가격 제시(price-making)와 가격 수용(price-taking)을 기반으로 설계됐다.

구체적인 게임 설명으로 들어가기 전, 먼저 금융 시장에서 트레이딩이 어떻게 진행되는지 간략히 살펴보자. 여기 무언가를 사거나 팔고 싶어 하는 연기금이나 헤지 펀드, 또는 대기업 같은 대형 고객이 있다. 매매의 대상은 말 그대로 무엇이든 될 수 있지만 여기서는 고객이 1,000만 파운드를 사고 싶어 한다고 가정하자. 일반적으로 고객은 은행에 전화를 걸어 "안녕하세요, 1,000만 파운드를 사려고 하는데요."라고 말하지 않는다. 이렇게 하지 않는 이유는 두 가지다.

첫째, 고객이 파운드를 사고 싶어 한다는 것을 안다면 트레이더가 은

---

6   양방향 시장은 매수자와 매도자가 모두 적극적으로 참여하는 시장을 말하며, 시장 조성자(market maker, 또는 가격 제시자price maker로도 불린다)가 상품의 매수호가(bid price, 매수하고자 하는 최고가)와 매도호가(offer price/ask price, 매도하고자 하는 최저가)를 모두 제시한다. 이런 호가 방식을 양방향 호가 또는 양방향 고시(two-way quotation 또는 two-way quote)라 하고 이때 제시되는 가격을 양방향 가격(two-way price)이라 한다. 금융 시장의 경우, 주로 은행들이 시장 조성자로서 가격을 제시하며 그 외 시장 참가자, 즉 시장 가격에 영향을 미치지 못하는 헤지 펀드, 기업 등이 제시된 가격을 수용하는 가격 수용자 역할을 한다.

행 고시 환율을 올릴 수 있다.

둘째, 심지어 트레이더는 고객에게 더 높은 환율에 파운드를 팔기 위해 외환시장에서 재빨리 파운드를 사들여 시장 환율을 상승시키려 할 수도 있다. 이런 행태를 선행매매(front-running)라고 한다. 선행매매는 대부분 국가와 시장에서 불법으로 규정되어 있지만 여전히 자주 발생하고 있다.

분명히 말해두지만, 누구든 최종 호가를 받기 전까지는 트레이더에게 매매 방향을 절대 알려주어서는 안 된다. 따라서 위에서 말한 피해를 당하지 않으려면 매매 방향을 언급하지 않고 "안녕하세요, 1,000만 파운드 호가 부탁해요."라고 말해야 한다.

이렇게 말하면 트레이더는 (이론적으로는) 고객이 사고 싶은지 팔고 싶은지 알 수 없다. 그리고 통상적으로 고객에게 **두 가지** 환율을 제시해야 한다. 하나는 고객이 파운드를 **팔 수 있는** 환율(매수 환율, 풀어 쓰면 은행 매수 환율)이고 다른 하나는 **살 수 있는** 환율(매도 환율)이다. 이때 제시되는 환율, 즉 가격을 양방향 가격(two-way price)이라고 하며, 거의 모든 대형 금융 시장이 이 양방향 가격을 통해 작동한다. 공항 환전소를 생각해 보면 쉽게 이해할 수 있을 것이다. 환전소 역시 달러 대비 파운드의 매수 환율과 매도 환율, 즉 두 가지 환율을 모두 고시한다. 물론 환전소가 파운드를 매수하는 가격(매수 환율)은 매도하는 가격(매도 환율)보다 언제나 훨씬 낮다. 따라서 구조적으로 고객은 낮은 가격인 매수 환율에 파운드를 매도해야 하고 높은 가격인 매도 환율에 매수해야 한다. 이런 식으로 환전소가 돈을 벌고, 트레이더들도 똑같은 방식으로 돈을 번다.

씨티은행의 '트레이딩 게임'도 같은 방식으로 작동했다. 참가자는 언제든지 다른 참가자에게 호가를 요청할 수 있고, 요청받은 참가자는 스프레드(spread)[7] 2를 더한 양방향 가격을 제시해야 했다.

이제 상상력을 발휘해 게임에 참여한 한 LSE 학생을 머리에 그려보자. 젊고, 돈을 갈망하고, 트레이더가 되고 싶은 이 학생은 중국 공산당 중앙정치국 위원인 아버지가 런던의 최고급 재단사에게서 비싼 돈을 주고 산 양복을 입고 탁자에 앉아있다. 큰 체격에 매우 자신감 넘치는 한 남자가 단순한 수학 게임처럼 보이는 게임의 규칙을 간략히 설명하자, 파란 코뿔소가 그려진 흰색 후드티를 입은 왜소한 남학생이 이 중국인 학생을 돌아보며 매우 적극적으로 그리고 거의 알아들을 수 없는 억양으로 이렇게 묻는다.

"당신 호가는 얼마죠?"

이때 이 중국인 학생은 어떻게 대응할까?

경제학, 수학, 통계학에 정통한 대다수 LSE 학생이 이 질문에 어떻게 대응할지는 뻔하다. 먼저 손에 든 카드와 전체 카드를 보고 간단한 통계를 적용해 카드에 적힌 숫자 총합의 기댓값을 계산할 것이다. 수학적으로 전혀 어려운 계산이 아니다. 카드 17장에 적힌 숫자의 평균은 약 7.65이다(카드 숫자의 총합/카드 장수, 130/17). 여기서 게임당 카드 총 8장이 사용되므로 카드의 평균 총합은 약 61.18이 된다(7.65×8). 학생은 카드 8장 중 자신이 손에 쥔 한 장을 볼 수 있으므로 그 카드의 숫자가 특별히 높거나 낮으면 그에 따라 이 평균 총합을 올리거나 내려서 조정해야 한다. 예를 들어 카드의 숫자가 20이라면 평균 총합의 기댓값은 68이 된다. 20이 7.65보다 12.35가 많으므로 기댓값이 61.18에서 73.53이 될 것

---

7   매수가와 매도가의 차이.

으로 예상하는 사람도 있을 수 있지만, 자신이 20을 가지고 있다는 것은 다른 사람이 20을 갖고 있지 않다는 것을 의미하므로 기댓값은 약 7만큼만 증가한 68이 된다(정확히는 68.1={(130-20)/16}×7+20). 카드의 숫자가 -10이라면 기댓값은 51(정확히는 51.25=[{130-(-10)}/16]×7+(-10))이 된다.

보다시피 간단한 계산이라서 어렵지 않게 할 수 있다. 당연히 그날 탁자에 있던 참가자들도 모두 할 수 있었다.

하지만 이 상황에서 이런 수학적 접근은 멍청한 짓이다. 이제 그 이유를 설명하겠다.

당시 나는 1년 동안 LSE에서 수학, 경제학, 금융을 공부한 상태였다. 1년간의 경험으로 나는 LSE 학생들이 사고하는 방식을 꿰뚫고 있었다. 그래서 그들이 게임을 어떻게 풀어나갈지도 알 수 있었다. 이제 실제 게임 상황으로 들어가 보자. 나와 같은 탁자에 있는 한 참가자가 20을 손에 쥐고 곧바로 호가 67-69를 제시한다(위 계산에서 설명했듯 그의 기댓값은 68이고, 이를 중간값으로 스프레드 2를 적용하면 호가는 67-69가 된다). 이때 -10을 쥔 다른 참가자는 50-52를 호가한다. 이 상황에서 나는 뭘 해야 할까?

우선 나는 한 명이 -10을, 다른 한 명이 20을 가지고 있다는 사실을 금세 파악할 수 있다. 두 참가자가 첫 호가를 통해 본인의 카드가 정확히 무엇인지 알려주었기 때문이다. 하지만 여기서 중요한 사실은 따로 있다. 나는 50-52를 호가한 참가자를 상대로 총합이 52보다 높을 것이라는 예측에 베팅하고 그다음 67-69를 부른 참가자에게 가서 총합이 67보다 낮을 것이라는 예측에 베팅할 수 있다. 간단히 말해 첫 번째 참가자의 매도호가 52에 사고 두 번째 참가자의 매수호가 67에 팔 수 있다. 이 두 베팅은 거래 즉시 상계되고 나는 15를 벌게 된다. 카드 8장의 실

트레이딩 게임

제 총합에 상관없이 완전히 무위험 이익인 15를 획득한 것이다.[8] 그러고 나서 이런 무위험 거래를 반복하면 된다.

이쯤 되면 똑똑한 참가자들은 내가 순식간에 이익을 챙겼다는 것을 알아챌 수 있다. 다시 말해 다른 참가자가 67에 사고자 하는 것을 52에 판다는 것이 얼마나 어리석은 짓인지 인식할 수 있다. 참가자들이 똑똑하다면 코뿔소 후드티를 입은 왜소한 남학생이 짧은 시간 안에 호가를 15번 요청한 뒤 이미 100이라는 이익을 확보했으며 이 모든 상황을 예측했음을 깨달을 것이다. 그리고 이제 자신의 전략을 수정해야 한다고 생각할 것이다.

하지만 이런 유형의 학생들, LSE에서 경제학을 공부하고 금융 동아리 행사에 참석하는 학생들은 똑똑하지 않다. 아니, 그들은 다른 의미로 똑똑하다. 계산기를 똑소리 나게 잘 다루고 스프레드시트를 능숙히 사용한다. 그들에게 멋진 넥타이와 포도주 한 잔을 주고 도이치은행의 채용 담당자와 한방에 들어갈 기회를 주면 그들은 누구보다 재기 넘치는 대화를 나눌 것이다. 하지만 이스트 런던 출신의 남학생과 카드 게임을 하게 된다면, 속사포처럼 말하는 그 남학생이 게임을 이해하는 데 이미 사흘을 썼다면 그들은 한 시간쯤 지나 뒤늦게서야 자신이 게임에서 지고 있다는 것을 깨달을 것이다.

그렇게 나는 경쟁에서 완승했다. 낮은 가격에 사서 높은 가격에 팔고, 높게 판 뒤 낮게 사고, 다시 낮게 사서 높게 팔았다. 말도 안 되는 일이었다. 다른 참가자들은 계산기에서 거의 고개를 들지 않았다. 그들이

---

8   여기서 저자가 한 트레이딩은 차익거래 또는 재정거래(Arbitrage transaction)에 해당한다. 차익거래에 관한 자세한 설명은 3부 3장에서 확인할 수 있다.

그렇게 기댓값을 계산하는 동안 나는 점수를 봉투에 마구 주워 담고 있었다.

이 게임은 단순한 수학 게임일 뿐이지만 이를 통해 시장에 대한 몇 가지 흥미로운 사실을 알 수 있다.

첫째, 트레이더는 자산의 가격을 정해놓지 않는다. 트레이더는 어떤 자산의 가치가 60으로 추정되더라도 남들이 50에 판다면 59에 사겠다고 제안하지 않는다. 남들이 50에 판다면 50-52를 최고 호가로 제시해야 한다. 50에 팔겠다는 사람이 있는데 51에 사겠다고 제안할 이유도 없다. 여기서 또 다른 사실을 유추할 수 있다. 그것은 바로 트레이더라면 **자신이** 생각하는 가격보다 **나머지 시장 참가자들**이 생각하는 가격을 따라야 한다는 것이다.

둘째, 따라서 트레이더 10명에게 가격을 묻는다고 해서 각기 다른 가격 10개를 받을 가능성은 매우 낮다. 다시 말해 호가는 모두 비슷한 가격으로 수렴한다. 트레이더 10명 전원이 자산의 실제 가치에 대해 서로 완전히 다른 견해를 가지고 있다고 해도 마찬가지다.

셋째, 자신이 지금 뭘 하고 있는지 도통 감이 잡히지 않을 때 누군가 대단히 유능하고 돈을 많이 버는 것처럼 보인다면 그 사람을 따라 해야 한다.

넷째, 대부분의 금융 시장은 바로 위 세 번째 사실을 주요 원동력으로 삼아 움직이고 있다.

트레이딩 게임의 예선전은 공정한 경쟁이 아니었다. 내가 이미 사흘 전에 들은 게임의 규칙을 나머지 참가자는 당일에야 들었기 때문이다.

                                    트레이딩 게임

그 차이 덕분에 나는 그날 게임에서 이기고 결국 나를 백만장자로 만들어줄 일자리를 얻을 수 있었다. 다시 말하지만 공정하지 않았다. 나도 알고 있다. 하지만 솔직히 나는 신경 쓰지 않는다. 강당에 있던 나머지 참가자들은 아빠가 백만장자였기 때문에 백만장자가 되었다. 아빠가 트레이더였기 때문에 결국 트레이더가 된 사람도 있다. 우리 아빠는 우체국에서 일했고 나는 집에 수학 숙제를 할 책상조차 없었다. 따라서 우리 같은 사람은 아무리 작은 기회라도 놓치지 말고 최대한 이용해야 한다. 경기가 끝나고 나는 강당 앞쪽에 있던 트레이더에게 다가가 그의 커다란 손을 잡았다.

"잘했어요. 본선에서 봅시다."

"감사합니다. 그때 뵐게요."

예선전이 끝난 후 전국 대회인 본선까지 3주 정도가 남아있었고 나는 그 3주간 강의에 거의 출석하지 않았다. 마틱도 예선을 통과했다. 나는 모든 친구에게 게임 규칙을 알려주고 도서관의 방 한 칸에 틀어박혀 3주 동안 친구들과 계속 게임만 했다. 함께 할 사람을 찾을 수 없을 때면 게임에 관한 스프레드시트를 만들고 거기서 도출된 모든 변수를 외웠다. 나에게 트레이딩 게임은 씨티은행의 누군가가 고안한 바보 같은 숫자 게임일 뿐이었다. 마침내 본선 대회가 열리는 날 나는 그 게임에 한해서는 세계 최고의 전문가가 된 듯한 기분이 들었다.

본선은 씨티그룹 센터에서 치러졌다. 2006년 당시 씨티그룹 센터는 높이로는 영국에서 세 손가락 안에 드는 건물이었으며 HSBC 타워, 그리고 카나리워프 타워 꼭대기의 반짝이는 피라미드 돔과 함께 완벽한 삼각형 형태를 이루며 우뚝 솟아있었다. 내가 멀리 일퍼드에서, 우리 집길 끝에 있는 가로등 기둥과 전신주 사이에 서서 바라보던 바로 그 건물들에 입성할 날이 눈앞으로 다가왔다. 운명 같았다. 하지만 그 건물들이 실제로 운명이 되려면 나는 여전히 승리해야 했다.

온화했던 초가을 날씨가 본선 대회가 열린 날에는 어느덧 추운 초겨울처럼 바뀌어 있었다. 나는 검푸른색 체크무늬 셔츠를 입고 파란색과 노란색이 섞인, 폭이 넓은 넥타이를 맸다. DFS에서 쿠션을 부풀릴 때 착용했던 셔츠와 넥타이였다. 카나리워프로 가기 위해 LSE를 출발할 때는 이미 날이 어두워지고 있었다. 주빌리선(Jubilee Line)[9] 열차는 매일 아침에 내 방 옆을 지나가는 열차와는 완전히 달랐다. 가속하거나 감속할 때면 소용돌이치듯 점점 크게 윙윙거리는 소리를 냈다. 예전에는 없던 새로운 소리이자 첨단 기술을 상징하는 소리였다. 그리고 내게는 그 소음이 돈을 향해 가는 소리처럼 들렸다.

대회는 건물 상층부 중 한 곳에서 열렸다. 겨울 저녁 그 높이에서 런던을 내려다보면 엄청나게 많은 창문과 가로등 불빛밖에 보이지 않는다. 어렸을 때부터 매일 올려다보던 건물이었으니 평소 같았으면 창문을 통해 우리 집이 보이는지 확인해야겠다고 생각했을지도 모르겠다. 하지만 나는 거기에 구경하러 간 것이 아니었다. 그때 내 머릿속은 숫자로 가득 차있었다. 사실 집을 찾는 걸 시도했더라도 어느 창문에서 집이 보이는지 방향도 쉽게 가늠하지 못했을 것이다.

게임이 시작되기 전 샴페인과 카나페가 제공되는 간단한 환영 파티가

---

9   노스웨스트 런던 근교의 스탠모어역과 이스트 런던의 스트랫퍼드역을 잇는 지하철 노선으로, 노선 자체는 1979년에 개통되었으며 카나리워프역을 비롯한 몇몇 역은 1999년에 완공되었다.

트레이딩 게임

있었다. 나는 카나페도 먹지 않았고(카나페가 뭔지도 몰랐다), 샴페인도 마시지 않았다. 다른 참가자들은 파티에 참석한 트레이더들과 어울리며 함께 웃고 있었다. CDO에 관해 대화하는 듯했지만 나는 대화에 참여하지도, 대화를 귀담아들으려고도 하지 않았다. 그곳에서 나는 오직 숫자만 생각했다. 본선에는 LSE, 옥스퍼드, 케임브리지, 더럼, 워릭 등 5개 대학에서 각각 5명씩, 총 25명이 참가했다(씨티은행에 그 외의 다른 대학은 중요하지 않았던 것 같다). 결과적으로 나는 총 24명과 경쟁해야 했고 이 중 LSE에서 선발된 참가자들 전원과는 예선전에서 이미 한 차례 이상 게임을 치른 상태였다. 나는 자신감에 차있었다.

참가자들이 정해진 탁자에 자리를 잡자 LSE 예선에서 보았던 덩치 큰 트레이더가 예의 그 미소를 지으며 동기 부여를 위한 몇 가지 말을 전했다. 그리고 그동안 나는 같은 탁자에 있는 경쟁자들을 평가했다. 본선에서는 완전히 다른 전략을 구사해야 했다. 여기 있는 참가자는 모두 이 게임을 경험했고 예선을 통과할 만큼 잘 해냈다. 적어도 나머지 참가자들과 다른 가격을 부르는 것이 얼마나 바보짓인지는 알 만큼 똑똑했다. 이제 낮은 가격에 사서 높은 가격에 판다는 단순한 전략으로는 쉽게 돈을 벌 수 없었다.

하지만 그 사실, 다른 사람과 동떨어진 가격을 부르는 것이 어리석은 일임을 참가자들이 알고 있다는 사실은 새로운 기회를 만들어냈다. 나는 혹독한 연습 게임을 통해 참가자들이 약간의 차이만 있을 뿐 자신의 호가를 주변 호가에 맞추려는 의지가 매우 강하다는 것을 알게 되었다. 쉽게 말해, 대다수의 참가자는 주변 호가를 귀담아듣고 거기에 맞춰 자신의 가격을 조정했다. 그렇기에 이런 행동 양식을 잘 이용하면 아주 큰 소리로 가격을 외치는 것만으로도 다른 참가자들의 가격을 조정할 수 있었다. 구체적으로 예를 들면, 이 게임은 실제 시장과 매우 비슷한 무한 경쟁 방식, 아무런 규칙이 없는 자유 시장 방식으로 진행되었기 때문에 가격이 62-64 수준에 있을 때 58-60을 큰 소리로 외치기만 해도 종종 그 수준으로 가격을 낮출 수 있었다. 또는 게임이 시작되자마자 큰 소리로 원하는 가격대를 외쳐도 같은 효과를 볼 수 있었다.

이 사실을 토대로 나는 새로운 전략을 세웠다. 첫째, 손에 높은 숫자의 카드가 들어온다면 낮은 호가로 게임을 시작한다. 이는 비교적 간단한 블러핑, 즉 전반적인 호가를 낮추기 위해 내가 낮은 숫자를 가지고 있다고 암시하는 전략으로, 이렇게 하면 다른 사람들이 내가 제시한 낮은 가격을 기준으로 호가하게 되고 결국 나는 그들을 상대로 낮은 가격에 매수를 실행할 수 있다. 물론 다른 참가자들이 내가 블러핑을 하고 있다는 것을 알아채고 나한테 낮은 가격에 사서 높은 가격에 팔 가능성도 있다. 하지만 나는 몇 주 전 친구 사가르 말데가 가르쳐준 사실, 부자는 가난한 사람을 멍청하다고 생각한다는 사실을 믿기로 했다. 그래서 게임이 시작되자마자 나와 닮은 외모와 말투를 지닌 사람이 지나치게 낮아 보이는 가격을 큰 소리로 외치면 다른 참가자들은 그 사람이 복잡한 블러핑을 구사한다고 해석하는 것이 아니라 자기 패를 쉽게 드러내는 숙맥이라고 생각할 가능성이 훨씬 크다고 판단했다.

둘째, 다른 참가자들의 전략과 손에 들고 있는 카드를 알아내기 위해 끊임없이 호가를 요청한다. 이 단계에서 나는 LSE에서 온 참가자들에게 얻은 또 다른 정보를 활용했다. 정보에 따르면 대부분의 참가자가 경연에서 승리하리라는 기대감 없이 인맥을 쌓을 기회를 잡기 위해 본선 대회에 참가했다. 그러므로 그들은 상대적으로 단순한 전략, 즉 높은 숫자를 가지고 있을 때는 평균보다 약간 높게, 낮은 숫자를 가지고 있을 때는 약간 낮게 호가를 하는 전략을 사용할 가능성이 상당히 컸다. 자신의 패를 노출하지 않기 위해 모호한 가격을 말하는 참가자들도 있었지만, 그런 경우는 드물었다. 게다가 블러핑을 하는 참가자는 더더욱 드물었다. 알다시피 참가자들은 경제학도일 뿐 포커 선수가 아니었다.

여기서 중요한 점은 오늘날 경제학자들이 위대한 전략가나 포커 선수가 아니라 궁극적으로 수학자라는 사실이다. 이 사실을 증명하듯 다른 학생들은 계산기를 사용해 게임을 했고, 나는 그들이 계산기를 두드리는 동안 그들의 귀를 현혹하고 눈을 관찰했다. 큰 소리로 블러핑을 하고 나서 다른 참가자들이 얼마나 똑똑한지, 얼마나 복잡한 전략을 구사하는지, 어떤 카드를 쥐고 있는지 빠르게 가늠했으며, 평가가 끝나면 매수할지(총합이 높을 것이라는 데 베팅할지) 또는 매도할지(총합이 낮을 것이라는 데 베팅할지)를 결정했다. 매수를 결정했다면 큰 소리로 낮은 호가를 외쳐 가격을 낮춘 뒤 그 낮아진 가격으로 다른 참가자들에게서 적극적으로 매수했다. 매도를 결정했다면 그 반대의 행동을 취했다.

이 전략은 완벽히 효과적이었고 나는 다섯 번의 게임을 마친 후 마침내 결승전에 진출했다. 이제 남은 참가자는 다섯 명이었으며 그중에 한 명만이 인턴으로 일할 수 있었다. 나쁘지 않은 확률이었다.

우리 다섯 명이 중앙에 있는 탁자로 이동하자 탈락한 경쟁자들이 카나페를 손에 쥐고 모여들었다.

이번에도 나는 먼저 경쟁자들의 각을 재보았다. 그들 대부분은 결승전에 오르기 전 이미 게임에서 한 번씩은 만났던 상대였다. 그들은 가격 움직임을 빠르게 파악했으며 이 게임과 관련된 수학적 지식에 정통한 실력자였다. 하지만 그들 중 누구도 블러핑을 하거나 블러핑을 간파할 만큼 똑똑하지는 않았다. 나는 여기서도 내가 이길 확률이 높다고 생각했다.

카드가 돌려졌고 내게 주어진 카드는 -10이었다. 좋은 카드다. -10은 평균에서 가장 먼 카드다. 즉, 전체 게임을 바꿀 수 있는 잠재력이 가장 큰 카드였다. 물론 그 힘은 내가 이 카드를 가졌다는 사실을 남들이 알아채지 못할 때만 유지될 수 있다. 사람들이 알게 되면 즉시 호가를 낮추기 시작할 것이고 나는 이 게임에서 이익을 얻을 수 없게 된다. 여기서 트레이딩의 또 다른 일반적 규칙을 알 수 있다. 트레이더는 자신의 판단이 맞았다고 해서 반드시 돈을 버는 것이 아니다. 자신이 맞았을 때 남들이 틀려야만 돈을 벌 수 있다.

나는 이전의 전략을 고수하여 게임이 시작되자마자 높은 호가를 외쳤다. 이런 식으로 게임 내내 모든 호가를 높게 유지할 수 있다면, 즉 시장 가격을 높게 형성할 수 있다면 나는 계속해서 높은 가격에 매도를 실행하고 -10 카드로 최대의 이익을 챙길 수 있었다.

하지만 놀랍게도 우선권을 가진 참가자가 높은 호가에도 나에게 매도하지 않았다. 이번에는 내가 그에게 호가를 요청했다. 그의 호가는 나보다 훨씬 높았다. 이로써 그가 높은 숫자를 갖고 있음이 분명해졌다.

나는 나머지 세 참가자에게도 호가를 요청했다. 모두 높은 호가를 제시했다. 모두가 꽤 높은 숫자를 가진 듯했다. 다시 말해 내가 가진 -10을 제외한 나머지 카드의 총합이 높다는 뜻이다. 따라서 매도로 이익을 내려면 시장 가격을 더 밀어 올려야 했다. 나는 점점 더 높은 가격을 점점 더 큰 소리로 외치기 시작했다. 마침내 사람들이 나에게 매도하기 시작했다. 그 시점에서 나는 시장 가격을 조금 더 높일 수 있었고 그 후로는 부지런히 매도하기 시작했다. 이런 높은 시장 가격에, 그리고 -10을 가지고 있는 상황에서 손해를 보는 것은 불가능에 가까웠다. 내 전략은 공격적인 매수자인 양 높은 가격을 큰 소리로 외쳐 시장을 밀어 올리다가

트레이딩 게임

다른 참가자의 호가가 높아지면 실제로는 그 호가에 매도를 실행하는 것이었다. 게임이 진행되면서 발생하는 혼란과 소음 속에서 다른 참가자들은 자신의 호가로 누가 사고파는지조차 파악할 수 없었겠지만, 나는 계속해서 높은 호가를 반복해 시장 가격에 강력한 영향을 미칠 수 있었다.

나는 최종 총합이 현재 형성된 가격보다 훨씬 낮을 것으로 확신하면서 매도를 계속했다. 마침내 탁자 중앙에 놓인 카드 세 장 중 첫 번째 카드가 공개되었고 숫자는 13이었다.

나에게 유리한 숫자는 아니었다. 13은 전체 카드의 평균인 7.65보다 상당히 높아서 이 카드로 인해 나의 기댓값이 약 3만큼, 정확히는 51.25({130 − (−10)}/16×7+(−10))에서 53.8({130−(−10)−13}/15×6+(−10)+13)로 2.55만큼 증가했다. 내 득점표에 이미 상당히 많은 매도 계약이 쌓여있었기 때문에 좋은 소식은 아니었다. 하지만 나는 아무도 모르는 −10짜리 카드를 손에 쥐고 있었고 현재 가격은 기댓값보다 여전히 높았다. 수학적 측면에서 모든 상황이 내게 유리했다. 나는 오히려 그 기회를 이용해 가격을 더 끌어올렸고 계속 매도했다.

두 번째 카드를 펼칠 때쯤에는 득점표 두 장이 매도 베팅으로 가득 차 있었다. 두 번째 카드는 14였다.

그 시점에서 의심해야 했지만, 나는 그러지 않았다. 게다가 그런 고민을 할 겨를이 없었다. 카드의 총합이 낮아야 했다. 그렇지 않으면 내 경력이 하수구로 처박힐 판이었다. 그리고 총합이 낮지 않더라도 그 사실이 나를 막을 수는 없었다. 나는 가격을 더 끌어올렸고 거기에 맞춰 훨씬 더 높아진 호가에 훨씬 더 공격적으로 매도했다. 게임이 끝날 때쯤 나는 매도 베팅 약 300개를 실행한 상태였다.

탁자 위에 남아있던 마지막 카드가 공개됐다. 20이었다. 나머지 참가자 네 명의 카드도 공개되었고 숫자는 각각 10, 11, 12, 15였다. 불가능한 일이었다. 내가 가진 -10을 제외한 나머지 카드 7장이 전체 17장 카드 가운데 높은 순서대로 7장, 즉 10, 11, 12, 13, 14, 15, 20에 해당했다. 이런 일이 우연히 일어날 확률은 1만 1,440분의 1, 0.0087퍼센트에 불과하다. 게임은 조작됐다.

이런 상황에서는 어떻게 대처해야 할까? 잠시지만 피가 차갑게 식는 것만 같았다. 지켜보던 사람들은 이 상황에 열광했다. 물론 내 경쟁자들도 기뻐했다. 내가 엄청나게 많이 매도했기 때문에 나머지 참가자들의 득점표는 아니나 다를까 줄줄이 매수로 채워져 있었다. 가격을 밀어 올리는 데 성공했지만 결국 쓸데없는 짓이었다. 누가 게임을 조작했을까? 왜 그랬을까? 이것은 무슨 의미일까?

트레이더들과 다른 씨티은행 직원들이 방 뒤쪽에 모여 점수를 계산하기 시작하자 결승전 참가자들도 자리에서 일어나 사람들 속으로 섞여 들어갔다.

마틱이 다가와 내 어깨에 손을 얹고 말했다.

"속상하겠다. 운이 나빴어. 그래도 최선을 다했잖아."

마틱에게 뭐라고 대답했는지는 기억나지 않는다. 아무런 말을 안 했을지도 모르겠다.

처음 5분간은 마치 꿈꾸듯 방 안의 모든 것이 뒤섞여 녹아내리는 것처럼 보였다. 내 손에 샴페인 잔이 들려있었는데 샴페인 방울이 난데없이 솟구쳐 공중으로 끝없이 날아오르는 것 같았다. 도대체 무슨 일이 일어난 걸까? 누가 이런 짓을 한 걸까? 왜 나를 속였을까?

잠시 후 그 덩치 큰 트레이더가 방 한가운데의 무리 속으로 성큼성큼

 트레이딩 게임

걸어 들어왔다. 거대한 존재감에 사람들이 순식간에 입을 다물었고, 그의 주변에 저절로 공간이 만들어졌다.

"오늘 게임에 참여했던 여러분 모두에게 감사드립니다."

그가 소리쳤고, 그 미국인 특유의 커다란 목소리가 나를 현실로 돌아오게 했다.

"점수 계산이 끝났으니 승자를 알려드리겠습니다."

다른 사람의 점수는 정확히 기억나지 않지만, 내 점수는 확실히 -1,000보다 더 낮았다. 좋은 점수는 전혀 아니었다. 그렇지만 솔직히 말해 별로 기분 나쁘지 않았다. 다들 알다시피 슛을 하지 않으면 득점도 할 수 없다. 적어도 나는 슛을 했고 후회는 없었다.

모든 점수를 불러준 후 트레이더가 승자를 발표했다. 그런데 내 이름을 불렀다. 내가 이겼다. 내가 승자였다.

나는 멍한 상태로 앞으로 나아갔다.

트레이더가 나와 악수를 한 후 청중을 향해 말했다.

"이전 게임에서 게리의 점수가 나머지 참가자보다 월등했기 때문에 우리는 그를 시험해 보기로 했습니다. 모든 상황이 자신에게 불리하게 돌아갈 때 어떻게 반응하는지 보고 싶어서 게임을 조작했죠. 압박감 속에서도 자신의 전략을 밀고 나가는지 아니면 포기하는지 알아야만 했습니다. 게리, 자네는 포기하지 않고 밀고 나갔고 우리가 기대한 모습을 보여줬어. 훌륭했어."

트레이더가 다시 한번 커다란 손을 내밀었고 나는 그 손을 잡았다.

"내 이름은 케일럽 저크먼이야. 다음에는 트레이딩 데스크에서 보자고."

그날 밤은 추웠지만 나는 친구들과 함께 공원으로 가서 술을 마셨다.

너무 취해 무슨 일이 있었는지 잘 기억나지 않지만 한 가지 기억은 선명히 남아있다. 무슨 이유인지 나는 속도를 내어 달렸고 그 바람에 차가운 공기가 얼굴을 스쳐 지나갔다. 그리고 한 친구의 어깨를 움켜잡으며 큰 소리로 외쳤다.

"난 백만장자가 될 거야! 난 부자가 될 거라고!"

나는 친구의 얼굴에 대고 소리를 질렀고 친구는 웃고 있었다.

2007년 3월 초, 아직 겨울 기운이 완연한 어느 아침 나는 해가 뜨기도 전에 잠에서 깼다.

우리 집에는 샤워기가 없었다. 그 대신 지금도 인터넷에서 6파운드에 살 수 있는 작은 고무호스가 있었다. 나는 호스를 수도꼭지에 꽂고 이른 아침이면 더 차갑고 딱딱해지는 플라스틱 욕조에 앉아 몸을 씻었다. 샤워를 마치기도 전에 아빠가 욕실 문을 두드렸다. 아빠도 일찍 일을 시작했다.

나는 DFS 시절의 셔츠와 넥타이를 다시 꺼냈다. 검푸른색 셔츠를 입고 파란색과 노란색이 섞인, 폭이 넓은 넥타이를 맸다. 거기에 넥스트(Next)[10] 에서 산 몸에 맞지 않는 싸구려 검정 양복으로 옷차림을 마무리하고 머리에 헤어 젤을 발랐다. 그리고 집을 나섰다. 밖은 아직 어두웠다.

우리 집은 일퍼드에 있었지만 가장 가까운 역은 세븐킹스였다. 내가 역에 도착했을 때 해가 뜨기 전 아침 일찍 출근하는 통근자들은 모두 어

---

10   영국의 중저가 의류 및 잡화 브랜드.

둠 속에 서서 추위에 몸을 떨며 열차를 기다리고 있었다. 숨 쉴 때마다 하얀 입김이 공기 중에 번져나갔다. 나는 내 방을 지나치는 바로 그 열차에 올라탔다. 열차를 타고 가면서 내 방 창문을 찾아보려 했지만 놓치고 말았다.

스트랫퍼드역에서 주빌리선으로 갈아탔다. 다시 예의 빙글빙글 도는 듯한 윙윙거리는 소리가 났고 열차는 이제 지하로 내려가 카나리워프로 향했다. 2007년 3월 그날 아직 스무 살이던 나에게 그 소리는 단순한 소음이 아니었다. 그 소리는 가슴 벅찬 미래를 알리는 신호음이었다.

열차가 카나리워프역에 도착했다. 당시 그 근방의 역들은 모두 신축이었고 그중에서도 카나리워프역은 특히 크고 내부 공간도 넓었다. 천장도 믿기 어려울 정도로 높아서 마치 거대한 지하 성당 같았다. 열차에서 내려 승강장을 따라 걷는 승객들은 누가 봐도 모두 은행원임을 알 수 있었다. 그들은 이름 모를 값비싼 머리 모양을 하고 이름 모를 값비싼 셔츠를 입고서 역을 가로질러 출구를 향해 길게 줄지어 나아갔다. 나도 그 줄에 끼어들어 그들과 함께 나아갔다.

역에서 빠져나와 씨티그룹 센터 쪽으로 몸을 돌리자 건물의 모습이 눈에 들어왔다. 암회색 강철과 유리로 된 42층짜리 고층 건물이 여명 속에서 서서히 모습을 드러냈다. 카나리워프의 중앙에서 삼각형을 이루며 서있는 고층 건물 세 채 중에 씨티그룹 센터는 삼각형의 아래쪽 꼭짓점에 자리 잡고 있으며, 당시에는 건물 꼭대기에 커다란 씨티그룹 로고와 빨간색으로 빛나는 작은 우산이 걸려있었다. 그리고 왜 그런지는 몰라도 겨울에는 건물 꼭대기에서 아침저녁으로 짙은 흰색 수증기가 뿜어져 나왔다. 카나리워프역의 대형 에스컬레이터 네 대는 거대한 유리 돔 아래에 조성된 지하철 출구 공간으로 바로 연결된다. 이 에스컬레이터를 타고 햇빛이 그대로 쏟아지는 유리 돔 밑으로 들어설 때면 마치 우주 선에 탑승하는 듯한 기분이 들었다. 역을 빠져나오면 사방이 탁 트인 넓은 광장으로 들어선다. 광장에는 나무와 물도 있지만 그보다는 회색의 거대한 금속 기둥들, 고층 건물들이 훨씬 더 많았다. 그 높이 솟은 기둥들은 남색 구름을 향해 끊임없이 희뿌연 수증기를 뿜어냈다.

나는 광장을 가로질러 건물로 향했다. 고층 건물 사이로 바람이 휘몰아쳐서 넓고 따뜻하고 밝은 조명이 비치는 씨티그룹 센터의 로비에 도착했을 때는 그곳이 마치 안식처처럼 느껴졌다. 세련된 가구, 화려한 추상화 등 로비에 있는 모든 것이 비싸 보였으며 직원들은 놀라울 정도로 말쑥한 옷차림을 하고 있었다. 안내 직원이 나를 소파로 안내했다. 안내 직원의 말투도, 소파도 마치 구름처럼 부드러웠다. 나는 소파에 앉아 넥타이를 고쳐 맸다.

조금 뒤 스테퍼니라는 친절해 보이는 여성이 나타나 나에게 방문객 출입증을 건넸다. 스테퍼니를 따라 보안 검색대를 통과한 다음 복도 모퉁이를 돌았더니 온통 에스컬레이터와 유리로 뒤덮인, 세상에서 제일 클 것 같은 거대한 실내 중정이 나타났다. 신축 건물이어서인지 중정은 내 머리 위로 족히 20층 높이의 지붕까지 뻥 뚫려있었고 나는 1층에서도 건물 내부를 한눈에 파악할 수 있었다. 중정 양옆으로는 층마다 조명이 밝게 켜진 커다란 사무실들이 있었고, 사무실 벽면은 내가 올려다본 그 크고 높고 넓은, 뻥 뚫린 공간을 바로 내다볼 수 있도록 모두 두꺼운 유리로 되어있었다. 여기에 유리와 금속으로 만들어진 발코니 겸 보행로가 중간중간 뻗어 나와 공간을 가로질러 양쪽 사무실들을 연결하고 있었다. 당시에는 몰랐지만, 그로부터 불과 1년도 채 되지 않았던 과거에 한 직원이 그 중앙 공간으로 뛰어내려 자살한 사건이 있었다. 그 직원은 건물 밖으로 나가지 않고 발코니에서 바로 20층 아래로 뛰어내렸다. 트레이더 중에는 발코니로 나가 추락 현장을 내려다본 사람도 있었다고 한다(그러고 나서 다들 아무 일도 없었다는 듯이 하던 일을 계속했을 것이다).

올라가는 에스컬레이터를 세 번 갈아탄 후 스테퍼니는 나를 3층의 유리 보행로로 안내했다. 보행로 끝 거대한 유리문에는 '채권 및 이자율 트레이딩 플로어(Fixed Income Trading Floor)'라는 문구가 흰색으로 선명히 새겨져 있었다. 그때는 그 문구가 내게 별 의미 없이 다가왔지만 나는 그곳에서 내 인생의 4년이라는 시간을 보내게 된다.

트레이딩 플로어 자체는 그냥 거대한 사무실이다. 문으로 들어서면 왼쪽, 오른쪽, 앞쪽 등 모든 방향으로 50미터가량 되는 공간이 펼쳐진다. 내가 그곳에 들어섰을 때 제일 먼저 눈에 들어온 것은 모니터였다. 트레이더들 앞에는 각각 여덟 개, 아홉 개, 열 개, 심지어 열두 개의 모니터가 정사각형이나 직사각형 모양의 벽을 이루며 설치되어 있었다. 트레이더들은 고개를 위로 또는 좌우로 돌려가며 자신을 벽처럼 둘러싼 모니터들을 바라보았다.

트레이더들은 자신들의 머리 위 천장에 매달려 있는 직선형 조명처럼 앞뒤로 줄지어 앉아 각자 자신의 모니터 쪽으로 몸을 기울이고 있었다. 사무실 바깥쪽 벽은 바닥에서 천장까지 전체가 창으로 이루어져 있었지만 내가 서있는 위치, 출입문 바로 안쪽에서는 그 창문들이 멀게만 느껴졌다. 천장에는 직사각형의 검은색 디지털 전광판이 일정한 간격으로 매달려 있었으며 각 전광판에는 런던, 뉴욕, 시드니, 도쿄 등 전 세계 여러 도시의 현재 시각이 나오고 있었다. 트레이더들의 모니터 벽 아래에는 약 1미터 길이의 크고 무거운 검은색 기기가 있었다. 스피커 박스라 불리는 이 기기는 버튼, 다이얼, 스위치로 뒤덮여 있다. 지금부터 한

트레이딩 게임

두 시간만 지나면 이 스피커 박스에서 띠링, 삑, 삐빅 같은 신호음과 숫자를 외치는 목소리 등 다양한 소음이 흘러나오기 시작하고 그 소음은 점점 커지면서 급기야 방을 가득 채울 것이다. 하지만 오전 7시 30분경 내가 서있는 곳에서는 이상할 정도로 아무 소음도 들리지 않았다. 그나마 가장 큰 소리가 천장에 매달린 직선형 조명에서 들려오는 윙 하는 소리였으며 다음으로 큰 소음은 나지막이 들려오는 사람들의 목소리였다.

스테퍼니가 나를 데리고 출입문에서 오른쪽으로 조금 이동하다가 왼쪽으로 방향을 틀어 트레이더들이 줄지어 앉은 책상들 사이 통로 중 하나로 들어섰다. 이제 스테퍼니는 트레이딩 플로어의 중심부를 향해 걸어가고 있었고 나는 그 뒤를 따라가며 서로 등을 맞대고 길게 줄지어 앉아있는 트레이더들을 좀 더 가까이 볼 수 있었다. 흰색 셔츠, 흰색 셔츠, 옅은 분홍색 셔츠, 흰색 셔츠…. 그렇게 나는 트레이더들이 어떤 옷을 입는지를 알게 됐다.

우리는 트레이딩 플로어 안에서 좀 더 시끄러운 구역으로 이동했다. 그곳에서 들리던 전자 신호음과 경고음, 사람들의 웃음소리, 숫자를 외치는 고함 등 서로 어울리지 않는 다양한 선율들이 결국 내 인생의 음악이 되었다. 소음이 커지기 시작하자 나는 주위를 둘러보았고 스테퍼니는 그곳에 있는 책상 중 하나를 향해 빠르게 걸어갔다.

우리는 트레이더들 사이 좁은 공간을 비집으며 목표를 향해 곧장 나아갔다. 소음이 점점 크게 들리고 트레이더들 앞 모니터에서 번쩍이는 다양한 색깔의 숫자들이 보이기 시작했다. 그렇게 우리는 트레이딩 플로어의 맨 뒤쪽 구석에 있는 책상, 커다란 창문 바로 앞에 있는 책상에 도착했다. 창문 밖으로 지하철역, 광장의 나무들과 물, 그리고 이제 막 떠오르기 시작하는 태양이 보였다.

스테퍼니는 걸음을 멈추고 무릎을 살짝 구부리더니 무지막지하게 큰 트레이더의 등에 기대어 아주 부드럽게 그의 귀에 무언가를 속삭였다.

트레이더가 팔을 책상 모서리에 대고 밀면서 일어서자 그의 의자가 50센티미터 넘게 뒤로 물러나 빙그르르 돌기 시작했다. 그는 이제 나와 창문 사이에 거대한 벽처럼 우뚝 서있었다. 창문으로 들어오는 햇빛을 등지고 있어 특유의 크고 환한 미소가 거의 보이지 않았지만 나는 그가 케일럽이라는 것을 단박에 알아차렸고 내게로 다가온 그의 커다란 손을 다시 한번 잡았다.

"안녕, 게리. STIRT 데스크에 온 걸 환영해."

스테퍼니는 벌써 가버렸다. 가는 모습을 보지는 못했지만 확실히 사라졌다. 그리고 나는 케일럽이 드리운 그림자 속에서 눈을 가늘게 뜬 채 서있었다.

케일럽은 내 어깨에 묵직한 손을 얹고서 나를 창가에서 트레이딩 플로어의 중앙 통로로 다시 데려갔다. STIRT 데스크 소속 트레이더는 총 열 명이었고 우리가 걸어가는 통로의 양쪽에 줄지어 앉아있었다. 케일럽은 지나가면서 트레이더들을 한 명씩 가리켰다.

"이쪽은 빌, 파운드 담당이야. 여기 JB는 오지, 키위와 엔을 거래하고, 이쪽은 휠리인데 스캔디즈 담당이야."

나는 그 짧은 설명 대부분을 전혀 이해하지 못했다.

그리고 내가 지나갈 때 호명된 트레이더 중 누구도 내게 말을 걸지 않았다. 두 명은 자기 이름이 들리자 거의 본능적으로 고개를 돌렸지만 재빨리 원래 자세로 돌아갔다. 다들 각종 기기에서 흘러나오는 번쩍이는 불빛과 소리에 완전히 집중하고 있었다. 어떤 사람은 두껍고 무거운 갈색 수화기에 얼굴을 파묻고 있었고 또 어떤 사람은 커다란 스피커 박스에 대고 숫자를 외치고 있었다.

케일럽은 줄 맨 끝에 멈춰 섰다. 거기에는 한 남자가 몸을 반쯤 중앙 통로로 기울인 채 앉아있었다. 그의 자리와 나머지 트레이더들의 자리 사이에는 두 영역을 구분하듯 빈자리 하나가 있었다. 지금 생각해 보면 아직은 소년에 더 가까웠던 그 남자가 트레이딩 세계에서 내 생애 첫 직속 선배가 될 사람이었다.

"스누피!"

케일럽이 큰 소리로 부르자 남자가 화들짝 고개를 돌리더니 벌떡 일어나 바지 앞부분에 손을 닦았다. 다행히 언뜻 봐도 나보다 5센티미터 남짓밖에 크지 않은 평범한 체구였다. 스누피는 나와 악수하며 자신을 소개했다. 연신 미소를 짓고 고개도 끄덕였다. 알고 보니 그의 본명은 스누피가 아니라 선딥이었다. 이유는 모르겠지만 스누피는 나와 인사한 뒤 케일럽과도 악수했다. 이번에도 내내 미소 지으며 고개를 끄덕였다.

케일럽은 스테퍼니만큼이나 빠르게 사라졌고 나는 거기에 남겨졌다. 이제 나와 스누피만 남았다. 그리고 스누피 역시 나한테 어떤 지침이나 지시도 주지 않고 아주 빠르게 멀어져 자신의 모니터 벽 안쪽으로 사라졌다. 나는 STIRT 데스크 끝에 홀로 서있었다. 무엇을 해야 하는지, 사실 어디에 앉아야 할지도 정확히 모른 채 그냥 서있었다.

하지만 괜찮았다. 이미 들은 이야기였다. 일종의 경고라고나 할까. 이 것은 이른바 아무것도 없는 '무(無)'의 기간이다. 나는 파키스탄 금융 동아리 회원들에게서 이에 관해 들었다. 정확히 말하면 그들이 LSE 도서관에 떼로 모여 지원서를 작성하면서 이 기간에 관해 떠드는 것을 우연히 들었다. 그들의 이야기에 따르면 지원서 35장을 작성하고 자기소개서 35통을 쓰고 약어 약 100개를 외우고 20번에서 30번 정도 면접을 본 후 마침내 인생 첫 트레이딩 플로어에 입성해 첫 인턴십을 시작하게 되면, 다들 첫 소속 데스크에서 자신도 100만 달러를 벌리라는 기대감으로 열정이 타오르지만 현실에서는… 아무것도 주어지지 않는다. 오늘 해야 할 일이 없을 수도 있고, 명확한 지침도 없다. 고정 업무도 없다. 그리고 지금 내 경우처럼 자기 자리가 없을 때도 많다. 인턴에게는 일을 주지 않는다. 할 일을 찾아내는 것이 인턴의 일이다. 그러니까 트레이딩 플로어에서는 다들 스스로 알아서 자신의 가치를 증명해야 한다.

스누피의 왼쪽에 컴퓨터와 모니터 등 장비 일체가 갖춰진 빈자리가 있었지만 이미 주인이 있는 자리일 수 있겠다는 생각이 들었다. 그래서 아무도 보지 않을 때 트레이딩 플로어의 다른 곳에 있는 빈 의자를 밀어서 스누피의 오른쪽에 있는 작은 서랍장 앞으로 옮겨 왔다. 이 위치에서 중앙 통로 쪽으로 몸을 반쯤 기울이면 필요한 모든 것을 볼 수 있었다. 앞으로는 스누피의 모니터, 왼쪽으로는 트레이더들의 책상이 보였다. 그렇게 트레이더들을 주시하다가 누군가 바쁘지 않을 때를 절묘하게 알아차리는 것이 내 일이었다. 그래야 슬쩍 다가가서 그들에게 말을 걸 수 있었다. 서랍장을 일종의 임시 책상으로 사용할 수도 있었다. 나는 가방에서 메모지 한 장을 꺼내 작은 도표를 그리고 그 안에 트레이더들의 이름, 역할, 책상 위치 등 기억나는 내용을 모두 적어 넣었다. 스누피에게 완성된 도표를 보여주며 내용이 맞는지 물어보자 스누피가 재미있다는 듯 훑어보더니 몇 군데를 수정했다. 나는 그 수정본을 서랍장에 올려놓고 새 메모지에 그대로 옮겨 적었다. 그리고 그 메모지를 접어 주머니에 넣었다.

스누피는 누가 봐도 데스크의 막내였다. 기껏해야 나보다 서너 살 많아 보였고 다른 트레이더보단 적어도 일고여덟 살은 어려 보였다. 나는 몇 번 그의 곁눈질이 닿을 만한 거리까지 조심스레 접근해 무슨 일을 하고 있는지 물어보려 했지만 그럴 때마다 그는 멋쩍게 웃으며 손바닥으로 나를 밀쳐냈다. 남의 숙제를 베끼다 들킨 소년 같았다. 나는 금세 그를 좋아하게 되었다. 하지만 내 미래가 그의 손에 달리지 않은 것은 분명했다. 우리 둘 다 그 사실을 알고 있을뿐더러 그는 내가 그 사실을 알고 있다는 것도 알고 있었다.

나는 더 큰 물고기를 찾아야 했다.

나는 왼쪽으로 고개를 돌려 STIRT 데스크를 바라보았다.

경험 없는 어린 내 눈에도 그들은 곧 무너져 내릴 오합지졸처럼 보였다. 내 자리에서 가장 먼 모퉁이 자리, 케일럽 뒤쪽의 창가 옆자리에는 체구가 작은 한 중년 남자가 있었다. 영화 〈반지의 제왕〉의 호빗족을 닮은 남자는 기우뚱거리는 의자에 가뜩이나 작고 동글동글한 몸을 잔뜩 웅크린 채 앉아있었다. 그는 귀와 왼쪽 어깨 사이에 커다란 갈색 수화기를 단단히 고정하고 백발의 머리를 왼쪽으로 꺾은 채 맹렬히 자판을 두드리는 중이었다. 몸의 방향은 책상에서 살짝 벗어나 창을 향해있었고, 뭔가를 들킬까 봐 경계하는 사람처럼 가끔 다른 트레이더들을 의심스러운 눈초리로 힐끗 돌아보기도 했다. 또 다른 중년 남자는 완벽한 대머리에 불그스름한 얼굴을 지녔으며 키도 덩치도 컸다. 앉지 않고 서있었는데 분홍 셔츠의 밑단 한쪽이 삐져나와 이리저리 펄럭거렸다. 그는 컴퓨터에 몸을 기댄 채 호주인 특유의 느린 말투로 모니터를 향해 고함치고 욕설을 내뱉었다. 내 자리에서 왼쪽으로 세 번째 자리에는 까무잡잡한 피부의 이탈리아 남자가 앉아있었다. 그는 구겨졌지만 비싸 보이는 셔츠를 입고서 밤을 꼬박 새운 듯한 몰골로 헤드셋에 대고 폭소를 터뜨렸다. 트레이딩 게임을 진행할 때 그토록 노련하고 비단처럼 부드러우며 매력적이었던 케일럽조차 여기서는 더 나이 들어 보이고 덜 세련돼

    트레이딩 게임

보였다. 헐렁한 미국식 정장을 입은 그는 나긋나긋한 말투로 누군가와 통화하고 있었다.

사실 내가 트레이딩 플로어에 온 것은 이번이 처음이 아니었다. 트레이딩 게임 우승으로 나는 1주짜리 인턴십을 두 번 할 수 있는 혜택을 받았고 이번이 그중 두 번째 인턴십이었다. 이제 새로운 게임이 시작됐다. 이 2주짜리 인턴십을 여름 인턴십으로 바꾸고 그것을 다시 정규직으로 바꿔야 했다. 지난 12월 나는 신용 트레이딩 데스크(Credit Trading Desk),[11] 그로부터 약 1년 10개월 후 세계 경제를 뒤흔들게 되는 바로 그 데스크에서 첫 번째 인턴십을 받았다. 물론 당시 나는 세계 경제의 종말이 임박했다는 사실을 몰랐다. 그로부터 3개월이 지나 STIRT 데스크의 가장자리에 앉아있을 때도 그 사실을 눈치채지 못한 것은 마찬가지였다. 나는 그저 STIRT가 실제로 무엇을 의미하는지, 그리고 STIRT 트레이더들이 방 반대편에 있는 신용 트레이더들과 왜 이렇게 다른지 궁금해하고 있었다.

신용 트레이더들은 LSE 학생들과 비슷했다. 세련되고, 뻣뻣하고, 획일적이고, 매끈했다. 반면에 STIRT 트레이더들은 그렇지 않았다. 그들에겐 억양이 있었다. 국적과 고향을 알 수 있는 진짜 억양이었다. 나는 그 점이 좋았다. 왜 그렇게 다른지 이유도 궁금했다.

하지만 지금은 그런 사회학적 분석을 할 때가 아니었다. 시간이 쉼 없

---

11   신용(credit)을 기반으로 한 상품들, 즉 CDS, CDO, ABS 등 신용 파생 상품을 거래하는 부서이다. 외환, 이자율 등과 달리 국내에서 흔한 부서 및 업무가 아니어서 이렇다 할 한국어 명칭은 없다. 업계에서는 음차한 용어인 크레디트 데스크를 주로 사용한다.

이 흘러가고 있었다. 목표물을 정해야 했다.

다행히 선택은 너무도 쉬웠다. 트레이더들은 대부분 모니터와 전화기에 완전히 정신이 팔린 상태였지만 분홍 셔츠 차림의 남자, 그러니까 대머리에 붉은 얼굴을 가진 남자만은 유독 활발히 움직였다. 스피커 박스에 농담 몇 마디를 쏟아낸 후 모니터 벽 너머로 다른 팀의 트레이더들에게 내가 이해할 수 없는 무언가에 대해 큰 소리로 이야기하고 갑자기 다른 트레이더들의 등을 한 대 때리기도 했다. 항상 서있었고 항상 움직였다. 방해받고 싶어 안달 난 사람처럼 보였다. 나는 주머니에서 종이를 꺼내 확인했다.

'JB. 오지, 키위, 엔.'

이 문구가 무슨 뜻인지는 몰랐지만 상관없었다.

JB의 오른쪽 뒤로 다가가 그의 곁눈질이 닿을 만한 거리에 조심스레 섰다. 그는 떠들고 움직이느라 바빠서 나를 알아차리지 못하는 것 같았다. 나는 조금 더 가까이 갔다.

"JB."

JB는 갑자기 모든 행동을 멈추고 사냥감을 발견한 사냥꾼처럼 모니터 너머 먼 곳을 5, 6초 정도 뚫어지게 응시했다. 그러더니 갑자기 고개를 내가 서있는 오른쪽으로, 그리고 왼쪽으로, 다시 오른쪽으로 홱홱 돌렸다. 솔직히 말해서 그가 장난을 치는 것인지, 정말 나를 보지 못하는 것인지 분간이 안 갔다. 그 와중에도 JB 말고 모니터에서 시선을 돌리는 사람은 아무도 없었다.

"JB."

내가 다시 부르자 JB가 천천히 시선을 내려 나를 보았다. 나는 JB를 올려다보았고 JB는 나를 내려다보았다.

　　　　　　　　　　　　　　　　　　트레이딩 게임

"안녕하세요, 제 이름은 게리예요."

나는 약간 말을 더듬으며 손을 내밀었다.

JB가 내 손을 바라보았다. 당황스러울 만큼 오래 바라보았다. 그리고 다시 내 얼굴로 시선을 돌렸다. 손을 그대로 내민 상태로 나도 다시 JB 를 바라보았다. 이유는 모르겠지만 JB는 나를 발견한 뒤부터 내내 충격 을 받은 듯한 표정을 짓고 있었다.

그런데 갑자기 환히 웃더니 내 손을 잡고 팔이 떨어져라 악수를 했다.

"당연히 알고 있지, 반가워! 그런데 그 죽이는 넥타이는 도대체 어디 서 구한 거야?"

나는 내 넥타이를 내려다보았다. 파란색 바탕에 노란색 줄무늬가 있 는 폭이 넓은 넥타이였다. JB의 손이 여전히 내 손을 쥐어짜고 있었다.

"어, 잘 모르겠지만 넥스트에서 샀을 거예요."

JB가 가까이 오라는 손짓을 했고 나는 그 손짓을 내 의자를 가져오라 는 신호로 이해했다. 그래서 의자를 가져와 그의 책상 서랍장 옆에 자리 를 잡고 몸을 기울여 모니터들을 들여다보았다. 당시 나에게는 그 번쩍 이는 선과 숫자들이 그저 경마장의 전광판처럼 보였다(나중에 알고 보니 그 모니터 중 적어도 하나는 실제로 경마와 관련되어 있었다).

내가 옆에 앉자 JB는 번쩍이는 숫자들에 금세 흥미를 잃고 내 쪽으로 몸을 반쯤 돌렸다. 그리고 그 자세로 왼쪽 어깨 너머의 컴퓨터에 대고 소리를 질러대는 한편, 오른쪽 어깨 너머로 짬짬이 나를 보며 놀랄 만큼 사적인 이야기를 물어봤다. JB는 내가 어디 출신인지, 현재 STIRT 데스 크에서 도대체 뭘 하고 있는지 알고 싶어 했다. 어떤 축구팀을 응원하는 지 궁금해했고 내 옷의 출처에도 놀라운 관심을 보였다.

당시 나는 JB의 이런 행동을 이해할 수 없었다. 이전에 신용 데스크에서 한 일이라고는 지루한 스프레드시트 작업을 하거나 CDS에 관한 지나치게 어려운 설명을 듣는 것이 거의 전부였다. 거기서는 아무도 내 넥타이를 어디서 샀는지 묻지 않았다. 그리고 6년 동안 트레이딩 플로어에서 일한 덕분에 이제야 나는 JB(본명은 조니 블랙스톤이다)의 질문이 실제로 대단히 타당했다는 사실을 알게 됐다. 일반적으로 갓 스무 살이 된 아이들이 트레이딩 플로어에 입성하는 것은 불가능하다. 특히 나 같은 옷차림, 부모가 업무 경험이나 쌓으라고 동네 부동산 중개업소에 보낸 것 같은 옷차림을 한 경우는 거의 없다. 스무 살짜리 아이가 트레이딩 플로어에 나타난다면 부모가 트레이딩 플로어에 강력한 영향력을 지녔다는 뜻이며, 그런 사람들은 나와 외모는 물론 말투도 완전히 달랐다. JB는 내가 재미있고 흥미로웠던 것 같다. 돌이켜 보면 나라도 그랬을 것 같다.

JB는 내가 일퍼드 출신임을 알고 난 후, 정확히 말하면 일퍼드가 한때 에식스의 일부였다는 것을 알고 난 후 매우 기뻐했다. JB의 여자친구도 에식스 사람이었고, 뭘 중개하는 브로커인지는 정확히 모르겠지만 그의 브로커(broker)[12]도 에식스 출신이 대부분이었다. JB는 자신의 스피커 박스에 장착된 무수히 많은 스위치 중 하나를 켜고 이름 모를 누군가에게 일퍼드에 가본 적이 있는지 물었다. 선술집에 있던 상대방은 이스트 런던 특유의 코크니 억양으로 고래고래 소리를 질렀다.

---

12   주식, 채권, 통화 등 금융 상품의 매수자와 매도자를 연결해 거래를 체결하고 그 대가로 수수료를 받는 개인 또는 회사. 여기서는 중개 회사에 소속된 직원을 의미한다.

                                                          트레이딩 게임

“아, 일퍼드, 어릴 때 일퍼드 펠레이즈(Ilford Palais)[13]에 자주 갔었지. 하지만 지금은 거기도 완전히 바뀌었어. 다 변했어.”

JB는 내가 레이턴 오리엔트(Leyton Orient)[14]를 응원한다는 사실을 알고 더욱 기뻐했다.

“오리엔트!”

JB는 난생처음 ‘오’를 발음하는 사람처럼 첫 글자에 엄청난 강세를 주며 소리쳤다. 그리고 남은 인턴십 기간 내내 나를 오리엔트라고 불렀다.

JB는 자신의 이력을 전부 들려주었다. 억양만 들어서는 바로 어제까지 단 하루도 호주를 벗어난 적 없는 사람 같았지만 JB는 20여 년 전 옥스퍼드 대학에서 법학을 공부하기 위해 호주에서 영국으로 이주했다. 법학을 싫어했던 그는 학교를 중퇴한 후 프로 럭비 선수로 활동했으며 그다음 브로커 일을 하다가 트레이딩의 세계로 들어섰다고 했다. 물론 이러한 이력은 선형 대수학을 공부하면서 지원서 35장을 작성하고 자기소개서 35통을 쓰는 전통적인 LSE식 경로는 아니었다. 여기서 뭔가 좀 의심이 싹텄지만 말했다시피 나에게는 그런 것을 따져볼 시간이 없었다. JB는 마침내 STIRT가 무엇을 의미하는지, 즉 단기 이자율 트레이딩(Short Term Interest Rates Trading)이 무엇인지 설명해 주었다. 이로써 내 궁금증의 상당 부분이 해소됐다.

JB는 내가 트레이딩 게임을 통해 인턴십을 따냈다는 사실을 알고 한 번 더 기뻐했다. 그리고 이를 기점으로 트레이딩과 그 안에서 자신이 걸

---

13   일퍼드 최초의 영화관으로 시작해 이후 댄스홀로, 1960년대에는 디스코장으로 인기를 누렸다. 2007년 철거되었고 현재는 그 자리에 아파트가 들어섰다.

14   영국 프로축구 3부 리그 팀 중 하나.

어온 길에 관해 긴 독백을 늘어놓기 시작했다. 그렇지만 이번에도 나는 이야기의 많은 부분을 이해하지 못했다. 그는 내게 그래프를 보여주고 많은 이야기를 들려주었다. 나는 JB의 눈과 그래프를 번갈아 쳐다보고 간간이 먼 곳을 응시하며 생각에 잠기기도 했다. 눈을 가늘게 뜨며 숙고한다는 인상을 주려고 노력했다. 그러면서 설명을 못 알아듣고 있는 티가 나지는 않을지 걱정했다.

내가 트레이딩 세계에서 경험을 쌓기 시작할 때 많은 시간이 이렇게 채워졌다는 사실은 대단히 중요하다. 나는 트레이더들의 말을 경청하고, 알아들은 척 고개를 끄덕이고, 깊이 생각하는 표정을 꾸며냈지만 실제로는 아무것도 이해하지 못했다. 정말로 당시 나는 이해가 부족했던 정도가 아니라 아예 하나도 이해하지 못했다. 게다가 그 사실이 고통스러울 정도로 티가 났을 텐데 어째서 아무도 내 가식적인 행동을 눈치채지 못하는지 도무지 이해할 수 없었다. 하지만 15년 동안 금융과 경제 분야에서 경험을 쌓은 지금은 그 이유를 알고 있다. 왜냐고? 모든 사람이 그렇게 해왔고, 현재도 그렇게 하고 있기 때문이다.

어쨌든 JB가 고개를 끄덕이는 내 행동에 열렬히 반응한 점에 미루어 봤을 때 내가 그 방면에 재능이 있었던 것은 틀림없다. 우리는 급속도로 친해졌다. (당시에 나는 단순히 그가 정말 좋은 사람이고 어쩌면 내가 진짜 매력적인 사람일지도 모른다고 생각했다. 하지만 그것은 나의 착각이었다. 이 대화를 나눈 지 15년 후, JB는 중독 회복 프로그램 12단계 중 9단계를 수행하기 위해 템스강이 내려다보이는 오래된 술집에서 나를 만났다. 그는 이때 나에게 왜 그렇게 빨리 다가왔는지, 그리고 왜 그렇게 빠른 속도로 말했는지를 설명해 주었다.)

두 시간 정도 열정 넘치는 대화를 나눈 후 JB는 이제 나를 다른 사람에게 넘겨줄 때가 됐다고 판단했던 것 같다. 그는 의자를 돌려 중앙 통로를 막고서는 바로 등 뒤에 앉은 트레이더의 이름을 지나치게 큰 목소리로 불렀다.

"루퍼트!"

루퍼트는 몸을 약간 떨더니 몇 초 후 의자를 아주 천천히 돌려 우리를 마주 보았다.

"루퍼트, 이 친구는 개저[15]야. 오리엔트 팬이지."

나는 재까닥 일어서서 루퍼트에게 손을 내밀어 악수를 청했다.

루퍼트는 내 악수를 받지 않고 대신 나를 한 번 천천히 훑어보았다. 지금이라면 사회적으로 용납되지 않을 태도였다. 루퍼트는 자리에 앉아있었고 나는 손을 내민 채 서있었다. 그는 아주 천천히 나를 머리부터 발끝까지 정밀 검사라도 하듯 뜯어보았다. 그리고 잠시 멈추고 뭔가 생각하는 듯하더니 이번에는 나를 발끝에서 시작해 머리까지 죽 훑어보았다.

또다시 잠시 가만히 있다가 이번에는 자기 책상 쪽으로 몸을 돌렸다. 그리고 서랍장의 한 칸을 열고 명함을 꺼내더니 천천히 자리에서 일어나 뒤돌아서 그 명함을 내 손에 쥐여주었다.

나는 명함을 보았다. 명함에는 '루퍼트 홉하우스, 유로 이자율 트레이딩 팀장'이라고 적혀있었다.

나는 고개를 들어 명함 위쪽으로 보이는 루퍼트의 얼굴을 쳐다봤다.

그제야 루퍼트가 나에게 손을 내밀었다.

---

15   영국식 별명으로 게리를 친근히 부를 때 사용한다.

"내 이름은 루퍼트 홉하우스고, 유로 이자율 트레이딩의 책임자야."

"안녕하세요, 게리라고 합니다. 만나서 반갑습니다."

인사를 건네는 동안 내 손가락 관절 마디마디가 루퍼트의 손안에서 박살 나고 있었다.

한편 루퍼트가 나를 훑어볼 때 나도 그의 얼굴을 한참 들여다보았다. 아기처럼 동그란 얼굴형에 어울리지 않게 표정이 이상할 정도로 근엄했다. 얼굴 자체는 잘생겼다고 할 수 있었지만 전체적으로 봤을 때는 살집이 부자연스러울 정도로 많았다. 나이는 30대 초반으로 보였으며 멋지게 빗어 넘긴 갈색 앞머리 아래에는 두꺼운 검은 뿔테 안경이 눈을 감싸고 있었다. 루퍼트는, 전체적으로 뭐랄까, 어느 날 갑자기 여섯 살짜리 자식을 기숙학교에 맡겼다가 스물한 살이 되어서야 데리러 오는, 그런 부모를 둔 사람 같았다(나중에 알고 보니 내 짐작이 사실과 크게 다르지 않았다). 몸에는 근육만큼 살도 많아서 그는 태어나서부터 평생 호의호식한 사람의 전형적인 몸매를 갖고 있었다. 섭취한 영양분을 다 사용할 길이 없어 몸이 안간힘을 쓰는 것 같았다. 비싼 셔츠의 솔기가 몸을 감당하지 못해 곧 터질 것만 같았다. 체격만 보면 언제든지 폭력을 행사할 수 있는 사람으로 보였다.

루퍼트는 아무 말 없이 자기 책상 쪽으로 돌아섰고 JB는 화장실 쪽으로 사라졌다. 나는 이것을 내가 루퍼트 옆에 앉아야 한다는 뜻으로 받아들였다. 따라서 의자 방향을 돌리고 거기에 앉아 루퍼트의 어깨 너머를 바라보았다.

몸짓, 눈짓, 태도 등 그의 비언어적인 표현은 내 존재를 반기지 않았지만 어쨌든 루퍼트는 자리에 앉자마자 자신이 하는 일에 대해 중얼거리기 시작했다. 당시 상황을 고려할 때 그 독백은 현실적으로 나를 향해 있었던 게 틀림없었다. 루퍼트가 나를 쳐다보지 않으면 고개를 끄덕여 봤자 아무 소용이 없었다. 그래서 이번에는 무작위로 메모하기와 몸을 앞으로 숙여 모니터 화면 보기를 번갈아 하기로 했다.

본인이 이미 두 번 이상 밝혔듯이 루퍼트는 유로 이자율 상품을 거래하는 선임 트레이더였다. 유로는 STIRT 데스크에서 거래하는 통화 가운데 단연코 가장 중요하고 비중이 큰 통화였고, 선임 트레이더인 루퍼트와 보조 트레이더인 호 응우옌 이렇게 두 사람이 딱 반반은 아니지만 공동 운용하고 있었다. 루퍼트는 쳐다보지도 않고 응우옌을 향해 손짓했고 나는 몸을 돌려 응우옌을 바라봤다. 응우옌이라는 베트남 이름에서 LSE의 부자 외국인 유형이 아닐까 싶었는데, 예상과는 달랐다. 그는 나를 돌아보더니 활짝 웃으며 이렇게 말했다.

"안녕, 친구. 난 홍고라고 부르면 돼."

알고 보니 그는 영국 북동부 노리치 출신이었다.

유로 FX 스와프 트레이딩은 엄청난 거래량과 상당한 위험을 수반했다. 그뿐만 아니라 담당 트레이더들은 유럽의 모든 대형 은행과 끊임없이 소통해야 했다. 나는 그 시점에서야 이 데스크의 주거래 상품이 FX 스와프라는 것을 알게 됐다. 다만 FX 스와프가 정확히 무엇인지는 여전히 모르는 상태였다.

루퍼트가 자신의 모니터 화면 중 하나를 가리켰을 때 거기에는 단어와 숫자가 무작위로 나열된 긴 목록이 있었다. 이제는 그것이 거래 기록, 즉 그날 트레이더가 한 모든 거래를 항목별로 정리한 목록이라는 것을 알고 있지만 당시에 나는 아무것도 모른 채 고개를 끄덕이고 무작위로 숫자 몇 개를 골라 메모장에 적기만 했다.

루퍼트는 여전히 나를 한 번도 쳐다보지 않았다. 그렇게 완전히 비인격적인 의사소통 방식을 부분적으로 옹호하자면 그와 홍고, 특히 홍고는 솔직히 JB보다 훨씬 바빠 보였다. 데스크의 다른 트레이더들이 자주 두 사람을 향해 숫자와 단어를 외쳤으며 두 사람은 그 발언에 대해 일일이 숙고하고 소화하고 대답해야 하는 듯했다. 다양한 모니터와 스피커 박스에서 일정 간격으로 울리는 삐빅 하는 신호음에도 두 사람은 일일이 응답해야 하는 것처럼 보였다.

루퍼트는 약 30분에 걸쳐 자신의 트레이딩 철학을 짧고 체계적으로 설명했다. 긴 단어 목록과 색색의 숫자를 예로 든 루퍼트의 설명이 JB의 설명보다 더 이해하기 쉬웠던 것은 아니지만, 두 사람의 방식은 근본적으로 달랐다. JB가 열정적이고 감정적이었다면 루퍼트는 강박적일 만큼 정확했다. 두 사람의 설명을 듣고 누가 더 뛰어난 트레이더인지는 알 수 없었지만 술집에서 누가 더 많은 친구를 사귀었을지는 짐작할 수 있었다.

마침내 루퍼트의 설명이 끝났을 때, 안타깝게도 나는 설명을 듣기 전보다 FX 스와프가 뭔지 더 헷갈렸다.

루퍼트는 나에 관해 아무것도 묻지 않았다. 이미 다 알고 있었기 때문이다. 적어도 내가 JB에게 말한 모든 정보를 이미 알고 있었다. 다소 당황스러운 일이었다. 나는 루퍼트가, 아니 정말로 누군가가 내가 하는 이야기를 듣고 있으리라고는 생각조차 못 했다. 책상 위 스피커 박스에서 온갖 소음과 목소리가 끊임없이 흘러나오는데 루퍼트가 그 와중에도 내 목소리를 알아들을 수 있었다니 그저 놀라울 따름이었다.

어쨌든 나에 관한 세부 정보를 알고 있는 것으로 추정컨대 루퍼트가 내가 하는 이야기를 들었다는 것은 확실했다. 그가 추가로 알고 싶은 정보가 하나 있긴 있었다. 그것은 바로 내가 어떤 고등학교에 다녔느냐였다. 고등학교는 내 경력에 잠재적 위험 요소였다. 나는 마약을 판매하다가 상위 5퍼센트의 학생이 다니는 특수고등학교에서 퇴학당했고, 내가 특수고에서 일반고로 옮겨 갔다는 사실은 내 이력서에 명백히 적혀 있었다. 그리고 케일럽과 마찬가지로 아마 루퍼트도 언제든지 그 이력서를 볼 수 있었을 것이다. 하지만 나는 이 질문을 예상하고 확실히 대비해 둔 상태였다. 나는 대학에 일반고 학생 할당제가 있다는 말을 듣고 일반고에 가기 위해 특수고를 그만뒀다고 루퍼트에게 설명했다. 루퍼트의 표정은 거의 변화가 없었지만 내 설명에 만족했다는 것은 알 수 있었다. 굳게 다문 입가에서 영국인 특유의 절제된 미소가 조용한 음악처럼 희미하게 흘러나왔다.

학교 이야기가 끝나자 루퍼트는 자신이 정말 묻고 싶어 했던 질문으로 넘어갔다. 그리고 그때 처음으로 나를 바라보았다. 그는 명함을 꺼냈던 서랍장의 맨 위 서랍을 열더니 트레이딩 게임용 카드 한 벌을 꺼냈다. 그리고 카드를 책상의 내 바로 앞쪽에 올려놓고 올빼미처럼 목만 움직여 고개를 돌리더니 내 눈을 쳐다보았다.

"트레이딩 게임에서 어떻게 이겼는지 설명해 봐."

그 이상한 목 움직임과 나를 향한 갑작스러운 시선에 허를 찔려 나는 순간적으로 말문을 잃었다. 하지만 금세 마음을 가라앉히고 내가 어떻게 이겼는지 재빨리 설명했다. 내 전략은 간단했다. 나는 상대방의 수준에 따라 전략을 달리해서 약한 참가자는 단순한 차익거래로 이겼으며, 좀 더 수준 높은 참가자 역시 대부분은 블러핑에 취약했기에 공격적인 호가로 그들의 평정심을 무너뜨렸다. 내가 설명하는 내내 루퍼트는 미동도 없이 나를 지켜보았다. 컴퓨터에서 신호음이 울렸지만 루퍼트는 무시했고 홍고가 그 대신 응답했다. 그때 문득 루퍼트가 모종의 이유로 경청과 무시라는 양극단 말고는 그 사이의 미묘한 표현 방식은 깡그리 잊어버린 게 아닐까 하는 생각이 들었다. 그로부터 1년 후 루퍼트는 나를 난데없이 라스베이거스로 데려갔다. 그리고 열 가지 질문만으로 여자가 자신과 잠자리할지 말지 확실히 알 수 있다는 이야기를 들려주었다. 하지만 그 열 가지 질문이 정확히 무엇인지는 알려주지 않았다.

트레이딩 게임에 대한 설명이 끝나자 루퍼트는 고개를 정면으로 돌리고 마치 컴퓨터에서 한 번도 눈길을 뗀 적이 없다는 듯 다시 업무를 시작했다. 우리 둘 사이에 무거운 침묵이 내려앉았다. 그때 나는 루퍼트의 왼편 서랍장, 그러니깐 루퍼트 바로 옆자리 이름 모를 트레이더 소유의 서랍장 위에 어색하게 걸터앉아 있었다. 주변 사람들이 거기에 별 반응을 보이지 않는 바람에 안 그래도 우스꽝스러운 자세와 위치가 더욱 눈에 띄었다.

마침 점심시간이 가까워지고 있어서 나는 어떻게든 어색함을 달래기 위해 다시금 루퍼트가 곁눈질로 볼 수 있을 만한 거리까지 접근한 뒤 이렇게 말했다.

"어, 혹시… 제가… 점심을 사다 드릴까요?"

루퍼트가 이 질문에는 실제로 몸을 움직여 반응했다. 한쪽 눈썹을 치켜올리며 아까보다 훨씬 더 자연스럽게 몸 전체를 돌리더니 주머니에서 지갑을 꺼내 현금 50파운드를 건넸다.

"그래."

그리고 케일럽, 홍고, JB의 점심도 사 오라고 했다.

솔직히 나는 그의 반응에 꽤 안심이 됐다. DFS에서 영업 사원들의 점심 심부름을 자주 하기도 했고 이렇게 하면 사람들에게 쉽게 얼굴을 알

트레이딩 게임

리면서 호감을 살 수 있을 것 같았다. 나는 재빨리 돌아다니며 주문을 받고 트레이딩 플로어에서 미끄러지듯 빠져나왔다.

카나리워프의 마천루들은 거대한 지하 쇼핑센터로 서로 연결되어 있어서 어떤 면에서는 어마어마한 건물 한 채라고 할 수 있다. 나는 지하로 내려가 인공조명이 켜진 넓고 긴 통로를 걸어갔다. 그렇게 테이크아웃 식당에서 또 다른 테이크아웃 식당으로 걸어가는 동안 점점 균형감각이 돌아오는 기분이 느껴졌다. 루퍼트와 대화를 나눌 때, 그것을 대화라고 부를 수 있을지 모르겠지만, 폐에서 공기가 사라지는 것처럼 호흡 곤란을 겪었기 때문이다.

나는 서둘러 트레이딩 플로어로 돌아가 트레이더들이 주문한 점심을 각자의 책상 위에 말없이 올려놓았다. 루퍼트의 책상에는 점심과 잔돈을 함께 올려놓았다. 10파운드짜리 지폐를 먼저 놓고 그 위에 동전 몇 개를 쌓아 올렸다.

루퍼트는 홱 고개를 돌려 동전을 쳐다보았다. 동전이 바닥으로 떨어지는 소리를 들었을 때 사람들이 본능적으로 보이는 바로 그 반응이었다.

"이게 뭐지?"

"어… 잔돈인데요."

루퍼트는 더 이상 아무 말도 하지 않고 어떤 움직임도 보이지 않았다. 그저 동전만 응시하고 있었다. 원하는 답이 아닌가 싶어 다른 답을 제시했다.

"어… 11파운드 74페니 남았어요."

나는 루퍼트에게 정확한 잔돈을 돌려주기 위해 총 점심값을 미리 계산해 두었었다. 그래서 세어보지 않아도 잔돈이 11파운드 74페니라는 것을 알고 있었다.

루퍼트는 맨 위 서랍을 열고 잔돈을 책상 가장자리까지 죽 끌고 가 서랍 속으로 떨어뜨렸다. 그러고 나서 대단한 비밀이라도 털어놓을 듯 내쪽으로 고개를 돌리더니, 당시 상황과 조금도 어울리지 않는 강렬한 눈빛으로 나를 쳐다보며 이렇게 말했다.

"우리 데스크에서 잔돈은 심부름한 사람 거야."

나는 살면서 그런 말을 들어본 적이 없었다.

그 후 며칠은 비슷하게 흘러갔다. 아침에 일어나 차가운 욕조에서 고무호스로 샤워하고 누구보다 이른 시간에 출근했다(사실 날이 갈수록 점점 더 일찍 출근했는데 이유는 곧 설명하겠다). 케일럽이 결국 그런 나를 불쌍히 여겨 복잡하지만 궁극적으로는 무의미한 스프레드시트 작업을 맡겼고, 그 덕분에 나는 스프레드시트의 행을 어떤 색으로 채울지 궁리하며 아침 시간을 보낼 수 있었다. 그렇게 오전의 바쁜 시간대가 지나가면 루퍼트와 JB 중 나를 좀 더 반기는 쪽의 옆으로 가서 자리를 잡았다. 물론 언제나 더 환대하는 사람은 JB였지만 나는 이제 루퍼트의 미묘한 기분을 가늠할 수 있었다. 백만장자들의 세계로 들어가려면 궁극적으로 이 둘에게 깊은 인상을 남겨야 했기에 나는 두 사람의 성향을 파악하는 데 최선을 다했다.

JB는 쉬웠다. JB는 사람들이 자기 이야기를 경청하고 농담에 웃어주기를 바랐는데, 솔직히 말해서 대부분 재미있는 이야기라 나로서는 어려울 일이 없었다. 그리고 JB는 내가 이스트 런던에서 보낸 어린 시절의 이야기, 그러니까 DFS에서 쿠션을 부풀린 이야기, 아빠와 눈을 맞으며 오리엔트 경기를 관람한 이야기, 그 경기에서 오리엔트가 대거넘 앤 레드브리지(Dagenham & Red-bridge)를 맞아 결국 0 대 0 동점을 기록한 이야기를 듣고 싶어 했다. 루퍼트는 JB보다는 더 어려웠지만 나는 곧 루퍼트가 내가 무언가를 틀렸을 때 가장 좋아한다는 것을 깨달았다. 더 정확히 말한다면, 루퍼트가 좋아했던 것은 내가 틀리는 것뿐만 아니라 그에 더해 내가 잘못을 완전히 그리고 철저히 인정하고 거리낌 없이 최선을 다해 사과한 다음, 마음을 다잡고 더 나은 사람이 되겠다고 굳게 다짐하며 의연히 먼 곳을 응시하는 모습이었다. 루퍼트가 어찌나 좋아하는지 나는 결국 그 모습을 더 자주 보이기 위해 무언가를 맞추기보다 더 많이 틀리기로 결심했다.

이렇게 오전 시간을 보낸 다음에는 데스크의 모든 트레이더에게서 점심 주문을 받았다. 첫날에 실행했던 점심 전략이 아주 잘 먹힌 결과였다. 트레이더들은 각자 다른 식당의 음식을 주문했다. 모든 사람의 주문이 맞는지 확인하고 음식을 사서 사무실로 가져오는 것은 사실 대단한 일이 아니다. 하지만 이 대단치 않은 일로 내가 기본적인 업무 능력을 갖추고 신뢰할 만한 사람임을 보여줄 수 있었다. 나는 지금까지도 점심 심부름이 그 주에 내가 STIRT 데스크에서 한 가장 중요한 업무였다고 확신한다. 처음에는 잔돈을 다 가지라는 루퍼트의 명령을 따르기가 망설여졌지만 그 명령 방식이 워낙 강렬했기 때문에 어쩔 수 없이 따르기로 했다. 이틀 후 케일럽이 내 쪽을 향해 왜 점심값이 점점 많이 들고 잔돈도 안 돌아오느냐며 불평하듯 말했지만, 그는 그 말을 하면서 나를 마치 자기 맏아들이라도 되는 것처럼 바라보았다. 그 모습을 보며 나는 내가 한 일이 정확한 이유는 몰라도 어쨌든 잘한 일이었다는 것을 알게 됐다. 하루에 20파운드 정도를 공돈으로 챙기는데 그게 잘한 일이라니, 그때 이 데스크가 좀 이상한 사람들의 집합소라는 생각도 들었다.

일상에서 나누는 대화를 통해 나는 트레이더들이 데스크에서 각자 어떤 위치를 차지하고 있는지 가닥을 잡을 수 있었다. 내가 들은 정보를 종합해 보면 케일럽은 올해 스물여덟 살이고 트레이딩 플로어 사상 최연소 상무이사였으며(상무이사가 뭘 하는 것인지 전혀 몰랐지만 대단한 직책이라는 것은 분명했다) 씨티은행 도쿄 데스크에서 성공적인 경력을 쌓은 후 최근에 런던 데스크 책임자로 옮겨 왔다. 모퉁이에 앉아있는 백발의 빌은 리버풀 출신으로 몇 년 전에 핼리팩스은행(Halifax)에서 큰돈을 받고 영입됐지만 기대했던 결과를 보여주지 못하고 있었다. 그 사실은 루퍼트에게 엄청난 실망감과 기쁨을 동시에 안겨주었다. 또한 빌은 데스크의 나머지 트레이더들과 달리 대학에 다닌 적이 없으며 그래서인지 다른 사람과 어울리지 않고 조용히 혼자만의 시간을 보냈다.

오후가 되면(대개는 오전보다 훨씬 조용하다) 케일럽이 내가 있는 모퉁이 자리로 와서 스프레드시트에 어떤 수식과 어떤 인상적인 색이 더해졌는지 검토하고 내가 적용한 공식에 대해 의견을 제시했다. 케일럽은 데스크의 트레이더 중 전공 면에서는 나와 가장 비슷한 배경을 가지고 있었다. 미국 스탠퍼드 대학교(Stanford University)에서 경제학 학위를 받았으며 수학, 숫자, 공식이 포함된 문장을 구사했다. 하지만 그런 단어를 사용한다고 해서 그의 매력이 줄어드는 일은 없었다. 케일럽은 내가 STIRT 데스크의 금융 상품이 어떻게 작동하는지, 즉 상품 간의 논리적, 수학적 관계와 그 이면에 있는 이론은 무엇인지 빠르게 이해하기를 바랐다. 학교에서 배운 것이 처음으로 쓸모 있게 느껴지는 순간이었다. 또한 케일럽은 데스크에서 유일하게 나의 이해한 척하는 표정을 꿰뚫어 보는 것 같았다. 왠지 케일럽은 상대방이 무엇을 알고 무엇을 모르는지 **다 알고 있는 듯한** 느낌을 주었다. 과장이 아니라 누구든지 그를 만나면 나와 같은 느낌을 받을 것이다.

케일럽 말고도 내가 아무것도 이해하지 못하고 있다는 것을 간파한 트레이더가 한 명 더 있었다. 바로 스누피였다. 스누피는 일반적인 졸업생 취업 프로그램(graduate scheme)[16]을 거치지 않고 트레이더가 된 특수한 경우였다. 스누피는 컴퓨터 프로그래머로 고용되었다가 케일럽의 눈에 띄어 남들보다 훨씬 빠르게 트레이더가 되었다. 그래서인지 술을 사려는 미성년자처럼 늘 어색하고 긴장한 듯한 분위기를 풍겼다. 스누피는 금융이나 경제학을 전공하지 않았고 트레이딩 플로어에서 일한 지도 얼마 되지 않았다. 그 결과, 아무것도 모르면서 가식적으로 고개를 끄덕이는 행태에 아직 물들지 않은 상태였고 그런 나의 모습을 보자마자 당연히 내가 아무것도 모른다는 것을 알아채고 말았다. 그리고 다행히 스누피 역시 나처럼 아무것도 몰랐다.

우리 둘, 스누피와 내가 비슷한 환경에서 성장하지 않았다는 것은 너무도 분명했다. 스누피는 잉글랜드 남동부에 있는 옥스퍼드셔의 목가적인 시골 어딘가, 근처에는 골프장이 있고 옆집에는 장차 영국 총리가 되는 데이비드 캐머런(David Cameron)이 사는 그런 세계, 나와는 동떨어진 세계에서 자라났다. 스누피는 열일곱 세대에 걸쳐 지역에서 신망받는 의사를 배출한 부유한 가문의 후손이었다. 그가 굶주린 채 잠자리에 든 적이 단 한 번도 없었으리라는 것은 누가 봐도 알 수 있었다. 이러한 차이가 있었음에도 우리는 만나자마자 끈끈한 유대감을 형성했다. 나는 스누피가 아무것도 모른다는 것을 알았고, 스누피는 내가 아무것도 모른다는 사실을 알았다. 나는 스누피가, 스누피는 내가 그곳의 다른 사람

---

16 주로 대기업이나 정부 기관이 대학 졸업생을 대상으로 1~3년간 진행하는 직무 관련 교육 및 훈련 프로그램이다.

들과 다르다는 것을 알았다. 그리고 우리가 완전히 미친 사람들에 둘러싸여 있고 그 미치광이들에게 우리가 다르다는 사실을 들키면 안 된다는 것을 본능적으로 알고 있었다. 우리는 보물섬으로 향하는 해적선의 밀항자였고 목적지에 도착할 때까지 침착함을 유지해야 했다. 버티기만 하면 그 미치광이들보다 먼저 보물을 찾을 수도 있었다.

우리 둘의 자리는 다른 트레이더들과 약간 떨어져 있었다. 첫날이 끝날 무렵 나는 스누피에게 JB와 루퍼트 옆에 꽤 오래 있었지만 두 사람의 말을 거의 알아듣지 못했다고 털어놓았다.

"게리, 잘 들어."

스누피가 그 모퉁이 자리에서 무슨 음모라도 꾸미는 듯 몸을 숙이고 조용히 말했다.

"그 부분은 걱정할 필요 없어. 다들 똑같거든. 저쪽에 있는 저 사람 보이지?"

스누피가 엄지손가락으로 자기 왼쪽 어깨 너머를 가리켰다. 그쪽에는 까무잡잡한 피부에 낮고 굵은 목소리를 가진 이탈리아 남자가 있었다.

"저 사람, 이름이 로렌초 디 루카인데 내가 이제껏 만난 사람 중에 가장 멍청해. 하는 일이라고는 여자들과 놀아나는 것밖에 없고 영어도 할 줄 몰라. 며칠 전에는 세 시간이나 지각해서 케일럽이 왜 늦었느냐고 물었거든. 그러니까 그냥 어깨를 으쓱하더니 스웨덴 새해라서 늦었다고 하는 거야. 로렌초는 정말 바보야. 그런데도 데스크에서 수백만 달러의 수익을 올리고 있다니까. 로렌초가 할 수 있다면 누구나 할 수 있어. 그러니까 걱정하지 마. 우리도 할 수 있어."

나는 로렌초를 쳐다봤다. 로렌초는 꽤 잘생겼지만 자세히 보니 조금 멍청해 보이는 것도 같았다. 그는 여전히 헤드셋 속 누군가와 이탈리아

                              트레이딩 게임

어로 대화하며 웃고 있었다. 스누피의 말이 왠지 그럴듯하다는 생각이 들었다.

스누피가 이야기를 이어갔다.

"그리고 JB와 루퍼트에게서는 배울 게 없어. 두 사람은 자기가 뭘 하는지도 모르거든. 진짜 뭔가를 배우고 싶으면 빌과 이야기해야 해."

빌, 또 그 이름이다. 나는 빌을 유심히 바라보았다. 빌은 여전히 호빗처럼, 동그란 공처럼 의자에 앉아 어깨와 귀 사이에 커다란 갈색 수화기를 끼운 채 창밖을 내다보고 있었다. 모두가 빌을 언급했지만 나는 그에게 말을 걸기는커녕 다가가지도 못했다. 다가갈 때마다 털을 핥다가 걸린 고양이처럼 고개를 획 돌려버리는 바람에 재빨리 방향을 틀 수밖에 없었다.

좋아요, 빌. 기대하세요. 나는 빌에게 접근하기 위한 계획을 세웠다.

빌은 커피를 많이 마셨다. 스누피에게 빌이 어떤 커피를 마시는지 묻자 카푸치노라고 알려줬다. 다음 날 아침 빌이 오기 전 그의 책상에 카푸치노를 놓아두기 위해 나는 아침 6시 30분에 사무실로 들어섰다. 하지만 빌은 이미 자리에 있었다. 그 시간 데스크에서 유일하게 출근한 사람이었다. 빌은 몸을 작게 웅크리고 불도 켜지 않은 채 홀로 앉아있었다. 제기랄, 이 사람은 대체 몇 시에 출근하는 거지? 그나마 빌은 아직 커피를 마시지 않은 상태였고 전화기를 들고 있지도 않았다. 나는 빌에게 다가가 내가 커피를 사다 줘도 될지 물어보았다. 빌은 나를 돌아보지는 않았지만 자기 사원증을 책상에 탕 하고 내려놓으며 이렇게 말했다.

"그래, 그렇게 해. 그리고 네 거도 한 잔 사."

나는 사원증을 집어 들었다. 트레이딩 플로어에 있는 작은 커피숍에 가면 이 사원증으로 음료를 살 수 있었다. 사원증에는 빌의 작고 찡그린 얼굴과 '윌리엄 더글러스 앤서니 게리 토머스'라는 본명이 나와있었다.

다음 날인 수요일, 나는 5시 45분에 사무실로 들어섰다. 다행히 빌은 아직 출근 전이었다. 나는 카푸치노를 한 잔 사서 빌의 책상 위에 올려놓았다. 6시 5분이 지나도 빌이 오지 않았다. 커피가 식었을 게 분명했다. 나는 그 커피를 버리고 새로 한 잔 사서 가져다 놓았다. 6시 15분경에 한 번 더 그렇게 했고 다행히 이번에는 곧바로 빌이 사무실로 들어왔다. 나는 빌이 자리에 앉는지 그리고 커피를 발견하는지 지켜보지 않았다. 정확히 말하면 내가 그의 반응을 확인하는 모습을 그에게 보이고 싶지 않았다. 잠시 후 빌이 자리에 앉았는지 강한 리버풀 억양으로 이렇게 소리쳤다.

"고마워, 친구."

그때 나는 깜짝 놀란 척 고개를 돌리고는 아마 이렇게 대답했던 것 같다.

"아, 빌, 괜찮아요. 별것도 아닌데요, 뭐."

다음 날 나는 6시에 출근했고 전날과 같은 행동을 했다.

그다음 날인 금요일, 인턴십 마지막 날에 빌은 카푸치노를 손에 들고 사무실로 들어섰다. 그리고 지나가며 내 책상에 카푸치노를 내려놓았다.

"고마웠어, 친구. 돌아왔을 때는 내 옆에 앉도록 해."

드디어 그의 곁에 갈 수 있게 되었다.

빌에 관한 사소한 일화가 하나 더 있다. 이 이야기를 들으면 빌이 어떤 사람인지 좀 더 알 수 있을뿐더러 내가 왜 그토록 빌에게 좋은 인상을 주고 싶어 했는지를 이해할 수 있을 것이다.

빌은 파운드 트레이더로 영국 경제 동향을 모니터링하는 것이 주 업무 중 하나였다. 그리고 내가 데스크에 온 둘째 날, 그러니까 화요일 아침에 영국의 중요한 경제 수치 하나가 발표될 예정이었다. 인플레이션에 관련되었던 것 같은데 정확한 이름은 기억나지 않는다.

수치가 발표되기 직전 옆 데스크(당시에는 몰랐지만 트레이딩 데스크가 아니라 세일즈 데스크였다) 사람들이 음악을 틀어놓고 웃고 춤추며 즐거운 시간을 보내고 있었다. 흔히 있던 일이었다.

그런데 그때 나와 비슷한 체구의 빌이, 트레이딩 플로어에 있는 거인들의 평균 키보다 족히 20센티미터는 작은 빌이 자리에서 벌떡 일어나 옆 데스크로 걸어가더니 음악 소리를 줄여달라고 요청했다.

옆 데스크 사람들은 소리를 줄였고 빌은 다시 자리에 앉아 매처럼 화면을 뚫어지게 들여다보며 발표를 기다렸다. 발표가 지연되었던가, 아무튼 수치에 뭔가 문제가 생겼던 것 같다. 몇 분 후 음악 소리가 다시 커지자 빌이 옆 데스크로 가서 이번에는 조금 더 단호히 소리를 줄여달라고 요청했다.

소리는 줄어들었고, 빌은 다시 집중하고 기다렸다.

몇 분 후 음악 소리가 다시 커졌다. 빌은 더 이상 자리에서 일어나지 않았다. 옆 데스크는 정확히 빌의 바로 맞은편에 있었다. 즉, 세일즈[17]의 책상과 빌의 책상은 서로 마주 보며 붙어있었지만 두 개의 거대한 모니터 벽으로 분리된 상태였다. 그리고 그 모든 모니터에서 나온 전선들은 양측 책상의 정중앙에 설치된 구멍 하나에 모여들었다. 음악이 재생되는 스피커의 전선도 마찬가지였다.

빌은 아무 말도 하지 않았다. 그저 책상 서랍을 열고 가위를 꺼내 스

피커에 연결된 선들을 잘라버렸다. 너무도 아무렇지 않게, 눈 하나 깜짝하지 않고 잘랐다. 빌의 시선이 모니터에서 거의 떨어지지 않았기 때문에 그가 방금 움직이기는 했는지 의심이 갈 정도였다.

물론 음악은 즉시 멈추었고, 시간이 좀 걸렸지만 결국 세일즈 측에서 무슨 일이 일어났는지 알게 됐다. 그리고 당시 세일즈 데스크 책임자였던 아치볼드 퀴글리가 싸울 듯이 소리 지르며 쏜살같이 책상을 돌아 다가왔다(퀴글리는 금발의 영국 남자로 덩치도 크고 코도 컸으며 나는 듣도 보도 못한 초상류층 출신이었다).

그때 상황을 알아차린 케일럽이 자리에서 벌떡 일어나 재빨리 가로막았다. 퀴글리는 이제 케일럽의 얼굴 바로 앞에서 소리를 질러댔다.

그 와중에 빌은 눈도 깜박하지 않고 화면만 응시했다.

그리고 나는 빌이 끝내주게 멋지다고 생각했다.

인턴 마지막 날 루퍼트와 케일럽이 나를 위해 깜짝 선물을 준비했다.

두 사람은 내 점심 심부름 여정을 더 복잡하게 만드는 데서 일종의 기이한 쾌감을 느끼는 듯했다. 예를 들어 단품 요리 여러 개를 서로 멀리 떨어진 식당에서 사 오라고 하거나 음식에 특별한 요청 사항을 더하기도 했다. 트레이딩 플로어 여기저기 흩어져 있는 자기 친구들의 점심을 사 오라고 할 때도 있었다. 그럴 때면 두 사람이 그 친구라는 사람들을 알기나 하는지 의심이 들기도 했다. 두 사람은 내가 제대로 해낼 수 있는지 시험하려고 했던 것 같다(점심 심부름이 인턴십 기간에 했던 다른 업무에 비하면 그나마 좀 어려운 일이기는 했지만, 나는 성공적으로 시험에 통과했다). 그보다는 그냥 내가 진땀 빼는 모습을 보는 것이 즐거웠을는지도 모르겠다.

금요일 10시 30분에 케일럽이 나를 부르더니 이렇게 말했다.

"오늘 내가 트레이딩 플로어 전체에 점심을 사려고 해."

케일럽은 별일 아니란 듯이 말했지만 트레이딩 플로어는 엄청나게 큰 곳이었다.

여기서 케일럽은 내가 당황하기를 바랐겠지만(한눈에 봐도 알 수 있었다) 나는 당황하지 않았다. 나는 그의 눈을 똑바로 바라보며 이렇게 말했다.

"네, 문제없어요."

케일럽이 내 대답을 듣고 무척 기뻐했다.

어마어마한 임무였다. 혼자서는 완수할 수 없을 업무였다. 케일럽이 그날 점심값으로 낸 금액이 분명 수천 파운드는 됐을 것이다. 나는 트레이딩 플로어의 각 데스크로 가서 상황을 설명했다. 각 데스크의 막내 직원에게서 도움을 받으려면 책임자들을 설득해야 했다. 임무를 제대로 진행하기 위한 유일한 방법이었다. 그렇지만 결과적으로 일부 데스크만 설득할 수 있었고, 나는 혼자서 햄버거 100개 이상을 배달해야 했다. 돌이켜 보면 그 임무에는 일정 부분 내게 창피를 주려는 의도도 있었던 것 같다. 하지만 솔직히 나는 전혀 신경 쓰지 않았다. 2년 전만 해도 나는 1년에 364일 동안 매일 아침 7시에 신문을 배달하며 주급 12파운드를 받았다. 나는 주급이 13파운드에서 12파운드로 삭감된 날을 아직도 생생히 기억하고 있다. 어느 날 신문 배달을 마치고 나서 걸려온 전화를 받았더니 배급소장이 주급을 삭감하겠다고 통보했다. 비싼 일요판 신문을 엉뚱한 집에 배달하고 그날 일당을 모두 날린 적도 있었다. 그런데 이 사람들은 점심을 배달하는 대가로 내게 일주일 동안 700파운드를 주었다. 무엇보다 내가 백만장자가 될 수 있느냐 없느냐는 이들의 손에 달려 있었다. 점심 심부름이 아니라 화장실 청소를 시켰어도 나는 마다하지 않았을 것이다.

내가 해야 할 햄버거 배달을 마쳤을 때는 오후 두 시가 다 되어있었다. 나는 기진맥진한 상태로 통로 쪽으로 반쯤 몸을 기울인 채 자리에 앉아있었다. 루퍼트와 케일럽이 둘 다 의자를 90도로 돌려 컴퓨터 대신 나를 쳐다보고 있었지만 나는 두 사람을 일부러 못 본 척했다.

"이봐, 개저!"

케일럽이 큰 소리로 나를 불렀다. 케일럽의 자리와 내 자리는 데스크에서 가장 멀리 떨어져 있었다.

케일럽을 보려 몸을 돌리자 그의 환한 미소가 루퍼트의 어깨 너머로 얼핏 보였다. 두 사람 다 의자에 등을 기대고 있었다.

"여권 있어?"

나는 여권이 있었다. 2년 전 A 레벨[18]에 합격한 후 친구들과 스페인 테네리페섬으로 기념 여행을 떠나면서 여권을 만들었다. 거기서 우리는 섬 전역을 돌아다니며 마시고 토하기를 반복했다.

"집에 가서 가져와. 스키 타러 가자."

나는 스트랫퍼드역으로 향하는 지하철 안에서 아빠에게 문자를 보냈다.

'제 여권 어디 있어요?'

'안방 침대 아래 서랍에 있다.'

아빠가 대답했다.

말한 대로 서랍 안의 아빠 속옷 아래 여권이 있었다.

스키를 타러 가면 실제로 산꼭대기까지 올라간다는 사실을 다른 사람

---

18   A-level, 영국 대입 준비생들이 보통 18세 때 치르는 과목별 상급 시험으로 영국의
      수능이라 할 수 있다.

트레이딩 게임

들은 알고 있을까? 그리고 산 정상에 오르면 눈 덮인 주변 산들이 모두 보인다는 것도 알고 있을까? 나는 몰랐지만, 그 사람들에게 스키를 타러 간다는 말은 그런 것이었다. 그것이 그들의 일상이었다.

엄마에게서 문자가 왔다.

'그러면 그 일자리를 얻었다는 뜻이니?'

'잘 모르겠어요. 아마 그럴걸요.'

그러자 엄마가 이제부터 생활비를 내라고 했다.

2부

너도 좀 해볼래?

3월 그 주, 인턴을 했던 그 주에 나는 STIRT 데스크에서 여름 인턴십을 약속받았다. 그리고 내가 여름에 다시 나타났을 때 사람들은 이미 내가 누군지 다들 알고 있었다. 모두에게 나는 트레이딩 플로어 전체에 햄버거를 돌렸던 아이로 통했다. 그 사소한 장난으로 케일럽이 나를 원한다는 것을 모든 사람이 알게 되었고, 케일럽이 나를 원했기 때문에 모두가 나를 원하게 되었다. 그리고 신용 트레이딩 데스크가 나를 데려가려고 밀어붙이자 케일럽이 나를 전보다 더 원하게 되었다. 나는 여전히 누가 무엇을 하는지도 모르는데 모두가 나를 차지하려 했다. 더 정확히 말하면 내가 아무것도 모른다는 사실을 신경 쓰는 사람이 아무도 없었다. 일종의 '투기 거품(speculative bubble)'[1]이었다. 가만히 앉아서 충분히 시간을 갖고 이러한 상황을 생각해 보라. 그럼 비트코인이 어떻게 작동하는지도 이해할 수 있을 것이다.

트레이딩 플로어에는 모든 과정을 관통하는 선이 있었다. 나에게는

---

[1] 자산의 기본 가치보다 투기와 투자자의 지나친 낙관론 때문에 자산 가격이 급격히 크게 상승하고 결국 붕괴하는 현상.

그 선이 명확히 보였다. 나는 앞으로 전개될 단계를 본능적으로 알 수 있었다. 나는 이미 기말시험을 박살 냈기 때문에 이제 여름 인턴십을 맹렬히 공격할 차례였다. 거기서 정규직을 얻어내고, 1년 후 대학을 졸업하면 일을 시작하고, 그렇게 시작해서 세계 최고의 트레이더가 되면 언젠가는 백만장자가 될 수 있을 것이었다. 다만 이 계획에는 몇 가지 세부 사항이 빠져있었다. 예를 들어, 나는 트레이딩을 어떻게 해야 하는지 몰랐다. 하지만 그 사실이 나를 막을 수는 없었다. 다음 단계로 나아가기 위해 나는 그해 내내 미친 듯이 질주했다.

그해 여름 나는 경쟁이란 경쟁은 다 이기기 위해 모든 것을 쏟아부었다. 인턴 기간에 트레이딩 경기가 세 번 열렸고 나는 세 번 다 승리했다. 트레이딩 경기에는 모두 작은 속임수가 숨어있었고 그 속임수를 알아내어 활용하면 승리할 수 있었다. 그 경기들은 결국 게임에 불과했다. 그 외에도 연설 경연이 있었고 나는 거기서도 승리했다. 연설 경연에 대해서는 딱히 할 이야기가 없다. 굳이 이유를 찾자면, 나는 정말 경쟁심이 강한 아이였던 것 같다.

마틱도 씨티은행에서 인턴 자리를 얻었다. 트레이딩 게임의 결선에서 누군가와 공모했음이 분명했다. 마틱은 그런 면에서 탁월했다. 마틱은 인턴 기간 내내 '신용 구조화 데스크(Credit Structuring Desk)'[2]로 알려진, 최첨단 미래형 거대 스프레드시트 작성 데스크에서 커피와 각성제에

---

2   고객을 위해 필요에 맞는 신용 관련 금융 상품을 설계하고 신용 관련 문제에 대한 해결책을 제시하는 부서로 이 데스크에서 CDS, CDO 등 신용 파생 상품을 설계하면 세일즈 데스크가 그 상품을 고객에게 판매한다. 종종 세일즈와 트레이더 사이에서 중간 역할을 한다.

취해있었다. 그 당시 신용 데스크는 세상의 신이었다. 마틱은 인턴 기간 내내 집에 거의 돌아가지 않았다. 각성제에 절어 온종일 스프레드시트 작업을 하고 밤에는 일하던 책상 밑에서 잤으며 새벽 5시경에 알람을 맞춰놓고 누가 들어오기 전에 일어났다. 마틱이 밤새 사무실에 있었다는 사실을 아는 사람은 아무도 없었을 것이다. 마틱은 인턴십이 끝날 무렵 정규직을 제안받았지만 케임브리지에서 컴퓨터 과학 석사 과정을 밟기 위해 그 제안을 거절했다. 그러더니 이듬해 여름 다시 인턴으로 돌아왔다. 세상에는 항상 이렇게 미친 사람들이 있는 것 같다.

모두가 퇴근한 저녁이면 나는 마틱이 스프레드시트 작업을 하는 동안 그 옆에 가서 함께 앉아있곤 했다. 마틱은 덩치도 크고 체력도 좋았으나 당시에는 마우스와 키보드를 오가는 손이 살짝 떨렸고 눈빛도 피곤함에 지쳐 이리저리 흔들렸다.

그러던 어느 날 나는 마틱에게 모든 사람이 나를 원하는 이 드문 상황을 어떻게 활용해야 할지 물어보았다.

마틱의 생각은 분명했다.

"STIRT 데스크에서 일하지 마."

마틱은 STIRT 트레이더들을 80년대에 갇혀있는 시대착오적 사람들이라고 불렀다. 여기까지는 별로 신경 쓰이지 않았지만 마틱의 다음 말은 무시할 수가 없었다.

"FX 트레이더들은 돈을 벌 수가 없어."

'FX'는 '외환'을 뜻하고 'STIRT'는 '단기 이자율 트레이딩'을 뜻하지만 어떤 이유에서인지 STIRT 데스크는 외환 부서에 속한다. 플로어의 천재들, 즉 신용 트레이더들 사이에서는 FX 트레이더가 멍청하며 그들의 역할이 곧 컴퓨터로 대체될 것이라는 의견이 지배적이었다. 미래는 없었다. 신용 트레이더들은 말 그대로 FX 트레이더들을 원숭이라고 불렀고 FX 트레이더들은 그 별명을 기꺼이 받아들였다. 하지만 이보다 더 위험하고 치명적인 것은 FX 트레이더들이 돈을 못 번다는 낙인이었다. 그 끔찍한 비난이 내가 걱정한 유일한 부분이었다.

어쨌든 마틱의 충고에도 나는 그때 이미 마음을 정했던 것 같다(내가 왜 그런 결정을 했는지 사실 나도 명확한 이유를 모르겠다).

대화가 끝나면 나는 마틱에게 커피나 에너지 드링크를 건넨 후 퇴근했고 마틱은 바닥에서 잠을 잤다.

인턴십이 끝날 무렵 예상대로 나는 씨티은행의 졸업생 취업 프로그램에서 정규직을 제안받았다(당연한 결과였다). 그리고 마지막 해를 마무리하기 위해 LSE로 돌아간 후에도 나를 향한 STIRT 트레이더들의 관심은 지속됐다. 그들은 하나같이 자신이 10대에 불운한 부상을 입지 않았다면, 또는 운명의 장난이 아니었다면 프로축구 선수가 될 수 있었을 것이라 믿고 있었고, 내가 등장하면서 마침내 정식 축구 경기에 필요한 인원을 확보할 수 있어서 기뻐했다. 선수 수가 아무리 부족해도 일퍼드의 동네 친구들은 공짜로 경기도 하고 맥주도 마실 수 있다고 하면 언제든지 달려왔다. 축구 덕분에 나는 인턴십이 끝나고도 매주 STIRT 트레이더 대부분을 만날 수 있었다. 최고의 선수는 홍고와 뜻밖에도 빌이었다. 빌은 작고 동그란 배를 덜렁거리며 날쌔게 뛰어다녔다. 루퍼트는 늘 내 뒤를 쫓아다녔다. 그의 으르렁거리는 소리가 귓가에서 떠나질 않았다.

내게 특히 관심을 보인 사람은 케일럽과 루퍼트였고 두 사람은 그해 내내 나를 향해 여러 신호를 보내왔다. 당시 나는 두 사람이 서로 협력하고 있다고 생각했지만 얼마 지나지 않아 두 사람이 서로를 싫어했다

트레이딩 게임

는 것을 알게 됐다. 그러니까 그 신호들은 경쟁 입찰에 더 가까웠다.

루퍼트는 나와 내 동네 친구들에게 자기 아파트의 페인트칠을 맡겼다. 루퍼트의 아파트는 사우스웨스트 런던의 중상류층 거주지인 클래펌에 있었다. 예나 지금이나 나는 페인트칠에는 경험도 재주도 없지만 루퍼트가 일당으로 각자에게 100파운드를 주겠다는데 마다할 이유가 없었다. 루퍼트는 50파운드짜리 지폐로 일당을 주었고 나는 그 지폐를 어디에서도 쓸 수 없었다. 잡화점에서 로션을 사보려고 했지만 그런 고액 지폐는 받아주질 않아서 결국 포기할 수밖에 없었다. 루퍼트의 아파트는 엄청나게 컸다. 3개 층으로 이루어져 있었고 1층 전체를 개인 영화관으로 사용하고 있었다. 그리고 욕실을 제외하면 아파트 전체에 문이라고는 없었다. 문 대신 벽이 회전했다. 루퍼트는 이미 흰색인 아파트를 무광택 흰색으로 칠해달라고 했다. 이해는 잘 되지 않았지만 자기 돈 자기 맘대로 쓴다는데 내가 신경 쓸 일은 아니었다.

케일럽은 4월 무렵 나를 씨티그룹 센터로 불러들이더니 유리 벽으로 둘러싸인 작은 사무실로 데려갔다. 그 사무실에서는 부두 건너편 건물들이 한눈에 들어왔다. 건너편 건물들에도 유리 벽으로 둘러싸인 사무실이 층층이 자리 잡고 있었다.

요즘 대형 투자은행에서 일자리 제의를 받으면 대개는 자신이 맡을 업무를 모르는 상태에서 입사한다. 즉, 실제 업무가 정해지기 전 소위 졸업생 취업 프로그램을 먼저 거쳐야 한다. 일정 기간 건물 꼭대기 층에 있는 몇몇 부서에서 배우는 사람이든 가르치는 사람이든 그 누구도 신경 쓰지 않는 말도 안 되는 것들을 배워야 한다. 그런 다음 트레이딩 플로어의 여러 데스크를 돌며 거기에 있는 누군가가 일자리를 주길 바라며 꼬박 1년 반을 보내게 된다.

케일럽은 내가 그런 과정을 거치지 않고 데스크에서 바로 시작할 수 있다고 말했다. 그리고 내가 STIRT 데스크의 밝지 않은 전망을 이미 알고 있다고 생각해서였는지 다음 두 가지를 약속했다. 첫째, 원할 때 시작할 수 있다. 둘째, 원한다면 첫날부터 트레이딩을 시작할 수 있다. 이 말은 데스크 손익 명세표의 한 줄에 내 이름이 올라가고 이름 옆에 명확한 숫자가 표시된다는 의미였다. 이것이 바로 트레이더가 돈을 버는 방식이다. 이름 옆에 표시된 명확한 숫자를 근거로 성과급을 받는 것이다. 그리고 그 한 줄을 얻는 데 보통은 몇 년이 걸린다.

이것이 내가 마틱의 조언에도 STIRT 데스크를 선택한 이유일지도 모른다. 스물한 살짜리 풋내기의 자만심 때문에 난 손익 명세표의 한 줄을 받기만 하면 은행에서 가장 큰 수익을 낼 수 있으리라 생각했던 것 같다. 결과적으로 그 예감은 맞기도 했고 틀리기도 했다. 어쩌면 빌의 리버풀 억양과 JB의 럭비 이야기 때문에 STIRT 데스크를 선택했을지도 모른다. 루퍼트 집에서 본 개인 영화관과 회전하는 벽 때문일 수도 있다. 혹은 4월의 어느 화창한 오후 작은 유리 상자 안에서 활짝 웃으며 나를 바라보던 케일럽의 눈빛, 창문 너머로 보이는 부두의 물처럼 반짝이던 그 눈빛 때문일 수도 있다.

LSE에서 치를 마지막 시험은 'MA303: 동역학 시스템의 혼돈 현상'이었고 시험 일자는 2008년 6월 26일 목요일이었다. 나는 케일럽에게 6월 30일 월요일부터 일을 시작하겠다고 말했다. 주말에 바지와 셔츠만 사면 되니까 준비 시간은 그 정도면 충분했다.

케일럽과 대화를 나눈 후에는 루퍼트가 나를 LA와 라스베이거스로 데려갔다. 그때 함께했던 트레이더 중 한 명이 리무진에서 코피를 흘렸

트레이딩 게임

다. 배우 카먼 일렉트라(Carmen Electra)의 생일 파티에 가는 길이었다. 나는 고도 때문인가 싶어 화장지를 건넸지만 그는 받지 않았다. 그때 나는 H&M[3]에서 20파운드를 주고 산 회색 조끼를 입고 있었다.

이후에는 시험 공부를 했다.

그리고 마침내 트레이딩 플로어에 정식으로 입성했다. 2008년 6월 30일, 대학에서 마지막 시험을 치른 지 겨우 나흘 만이었다. 스물한 살의 나는 삭발을 하고 톱맨(Topman)[4]에서 산 앞코가 뾰족한 구두를 신고서, 더 시티 전체에서 가장 젊은 트레이더가 되어 트레이딩 플로어로 들어섰다. 머리를 밀어버린 이유는 정확히 기억나지 않는다. 그때는 그냥 그래야 한다고 생각했던 것 같다.

그로부터 1년 반 전 나는 신용 데스크에서 첫 인턴십을 마치며 그동안 받았던 명함을 모두 모아 명함 주인들에게 일일이 감사 이메일을 보냈다. 그러면서 장차 내 경력에 도움이 될 만한 조언을 구하고 읽을거리도 추천해 달라고 부탁했다.

그중에서 클라키라는 이름의, 매서운 눈빛을 지닌 중년의 영국인이 다음과 같은 짧고 퉁명스러운 답장을 보내왔다.

게리, 만나서 반가웠어. 그런데 성급히 트레이딩 플로어에 들어올 필요는 없어. 먼저 시간을 갖고, 세상을 보고, 젊음을 즐겨. 일단 트레이딩 플로어에 들어오면 절대 나갈 수 없으니까.

---

3   중저가 의류 브랜드.

4   중저가 남성 패션 브랜드.

행운이 함께 하길,

클라키.

지금 보니 매우 현명한 조언이었지만 당시 나는 클라키의 말을 귀담아듣지 않았다. 나는 왜 그 조언을 받아들이지 않았을까?

스물한 살 적의 나로 돌아가 생각해 보면 이유는 단 하나다. 나는 돈에 굶주렸다. 오랫동안 굶주렸었다. 망가진 매트리스에서 자야 한다면 누구라도 그랬을 것이다. 누군가는 내 말을 이해할 것이다.

은행을 털려고 마음먹었는데 눈앞에 은행 금고문이 열려있다면 어떻게 할까? 그래도 기다릴 사람이 있을까?

게다가 돈이 없으면 세상으로 나아갈 수도 없다. 돈이 없는데 어떻게 여행을 가고 세상을 경험할 수 있을까?

젠장, 다 쓸데없는 말이다. 그냥 그때 기회가 왔고 나는 기회를 잡았을 뿐이다.

출근 첫날부터 나는 모든 상황이 달라지리라는 것을 이미 알고 있었다. 사람들에게 좋은 인상을 주어서, 예를 들어 햄버거 심부름을 해서 일자리를 얻는다는 전략은 더 이상 통하지 않았다. 이제 내 이름 옆에는 손익을 적는 줄이 생겼다. 거기에 **내** 돈이 적힐 것이다. **나를 위한** 돈이었다.

그러면 이제 뭘 해야 할까? 나는 다음과 같이 이중 공격 계획을 세웠다.

1. 트레이딩하는 법을 배운다.
2. 내 장부를 가진다.

보다시피 매우 단순한 계획이다. 그런데 여기서 장부란 무엇일까?

STIRT 데스크의 트레이더는 다들 FX 스와프를 거래한다. 이 단계에서 FX 스와프가 뭔지 모르더라도 걱정할 필요 없다. 나도 잘 몰랐다. 모든 통화로 FX 스와프 거래가 가능하다는 사실만 알면 된다. STIRT 데스크는 총 10개 통화를 운용했다. 무소불위의 통화인 미국 달러(USD)를 기준으로 유로(EUR), 영국 파운드(GBP), 스위스 프랑(CHF), 일본 엔(JPY), 호주 달러(AUD), 뉴질랜드 달러(NZD), 캐나다 달러(CAD), 그리고 스칸디나비아의 3개 통화, 즉 스웨덴 크로나(SEK), 노르웨이 크로네(NOK), 덴마크 크로네(DKK) 등 총 10개 통화를 거래했다.

트레이더들은 각자 한 개 이상의 통화를 맡았다. 말했다시피 루퍼트는 홍고와 공동 운용하는 유로 장부의 선임 트레이더였고, 빌은 파운드 장부를 운용했다. 케일럽은 스위스 프랑 장부를, JB는 오지(Ozzie, 호주 달러, 즉 AUD를 부르는 별칭), 키위(Kiwi, 뉴질랜드 달러, 즉 NZD의 별칭), 엔 장부를 운용했다.

그렇다면 장부가 왜 그렇게 중요할까?

장부가 중요한 이유는 특정 통화의 장부를 맡게 되면 해당 통화를 매개로 한 모든 거래, 특히 모든 고객 거래가 곧장 장부 주인에게 오기 때문이다. 그러면 고객 거래를 총괄한다는 것은 또 왜 그렇게 좋은 것일까?

여기서 트레이딩 게임에서 배운 것을 되짚어 보자. 참가자는 언제든 다른 참가자에게 호가를 요청할 수 있고 상대방은 스프레드 2를 더한 호가를 제시해야 했다. 이때 상대방이 '67-69'를 호가한다면 이는 67에 사거나 69에 판다는 뜻이었다. 이제 그 게임에 더 큰 스프레드를 기꺼이 지급할 외부 고객들이 많이 들어왔다고 상상해 보자. 그래서 그 고객에게 스프레드 4를 더한 '66-70', 즉 66에 사거나 70에 판다는 호가를 제시할 수 있다고 가정해 보자(실제 시장도 일정 정도는 이런 식으로 움직인다). 이런 일이 실제 일어난다면, 다시 말해 외부 고객에게서 자산을 66에 매수할 수 있다면, 매수한 것을 곧장 다른 참가자에게 67에 팔아 1이라는 즉각적이고 보장된 이익을 챙길 수 있다. 위험을 조금 더 오래 감수할 용의가 있다면 68이나 69에 매수할 사람을 찾을 수도 있다. 그러면 이익이 두 배, 심지어 세 배로 늘어날 수 있다. 이것이 바로 장부를 가져야만 하는 이유이다. 장부를 관리하면 이렇듯 시장 가격보다 불리한 가격에 기꺼이 거래하려는 고객을 다수 확보할 수 있다. 따라서 거의 보장된 수익이 뒤따르며, 이는 두말할 필요 없이 매우 좋은 일이다. 참고로 신용카드 회사도 고객이 해외여행을 갈 때마다 외화 거래를 빌미로 이와 똑같은 짓을 한다.

이 시점에서 누군가는 왜 고객들이 시장 가격보다 불리한 가격임에도 거래하려 하는지 의문이 들 수 있다. 매우 좋은 질문이다. 솔직히 스물한 살의 나는 그런 질문을 할 생각조차 못 했었다. 어쨌든 걱정하지 마시라. 그 질문에는 나중에 상세히 답할 테니 일단 자기 장부를 가지기까지 어떤 과정을 거치는지 들여다보자.

장부를 가지게 되면 고객 거래에서 발생하는 공짜 수익을 누릴 수 있지만 그 이면에는 언제든 호가를 제시해야 한다는 의미가 포함되어 있다. 스위스 프랑이든, 호주 달러든, 운용하는 장부가 무엇이든 간에 트레이더는 고객이 언제 FX 스와프가 필요할지 절대 알 수 없다. 씨티은행의 경우 24시간 호가 서비스를 제공했기 때문에(뉴욕, 시드니, 도쿄에도 데스크가 있었다) 트레이더가 화장실에서 볼일을 보거나 라스베이거스에 있다면 누군가가 대신 호가를 제시해야 했다. 따라서 데스크의 모든 트레이더에게는 자리를 비우거나 업무를 수행할 수 없을 때 자기 대신 호가

할 파트너가 배정되었다(나중에 살펴보겠지만 다른 사람보다 더 자주 이런 일이 발생하는 트레이더들이 있다).

이런 파트너 트레이더는 커버 트레이더(cover trader)라고 불리며 데스크에서 중요한 임무를 수행했다. 장부를 맡은 트레이더가 자리를 비웠을 때 커버 트레이더가 호가를 하고 체결된 거래는 그대로 장부에 기록되어, 관련 손익도 커버 트레이더가 아니라 원래 트레이더에게 돌아갔다. 따라서 커버 트레이더 업무는 상대적으로 젊고 경험이 짧은 트레이더의 경력에도 매우 중요한 부분을 차지했다. 커버 트레이더는 데스크에 있는 선임 트레이더들에게 수익을 안겨줄 수 있으며(물론 손실을 안겨줄 수도 있다) 그렇게 트레이더로서 자신의 능력을 증명하면 자기 장부를 요구할 수 있었다. 커버 트레이더가 일을 꽤 잘하거나 심지어 수익성이 매우 높으면 선임 트레이더들은 자리를 비울 때마다 그를 차지하려고 서로 다투기도 했다. 이쯤 되면 자기 장부를 가질 다음 순번은 그 커버 트레이더라는 것을 모든 사람이 인식한다. 심지어 데스크 책임자는 모퉁이에 자리한 백발의 트레이더가 피곤함에 찌든 채 혼자 장부 세 개를 책임질 필요가 없다고 생각할 수도 있다.

하지만 신입을 커버 트레이더로 원하는 사람은 없다. 신입은 위험하다. 신입은 데스크의 자산이 아니라 부채이다. 따라서 경험이 없는 트레이더는 먼저 누군가의 신뢰를 얻어야 한다. 바로 이 지점에서 앞서 말한 두 가지 목표가 합쳐진다. 다시 말해 누군가의 신뢰를 얻고 자신이 훌륭한 커버 트레이더임을 증명하면, 그리고 운이 좋다면 선배 트레이더들이 트레이딩하는 방법을 가르쳐줄 수도 있다.

자, 이제 목표 달성에 도움이 될 만한 상대를 찾아야 한다. 먼저 내 앞에 놓인 선택지를 한 명씩 분석해 보자.

첫째, 빌이 있다. 쉬운 선택지다. 빌은 이미 내 안에서 일종의 전설로 자리 잡았고 (내가 신뢰하는) 스누피에게도 가장 똑똑하다고 인정받은 트레이더이다. 그뿐만 아니라 나와 마찬가지로 영국인이고 키가 작았으며 상류층 얼간이도 아니다. 우리는 공통점이 무척이나 많다. 같이 일한다면 정말 잘 될 수 있을 것 같다. 하지만 문제가 있다. 내가 정식으로 출근했을 때 이미 스누피가 빌의 옆자리로 옮긴 상태였다. 스누피는 나보다 1년 반 정도 먼저 데스크에 합류한 선배다. 내가 그 자리를 차지하기는 어려울 것 같다.

다음으로 확실한 선택지는 루퍼트와 JB다. 나는 두 사람에게 좋은 인상을 남겼고 둘 다 나와 함께 일하고 싶어 하는 것 같다. 두 사람 중 누구와 일하더라도 잘 지낼 수 있겠지만 문제가 좀 있다. 그냥 딱 봐도 두 사람 다 제정신은 아닌 듯싶다. 먼저 JB에 관해 이야기하자면, JB는 좋은 사람이다. 그 점은 의심의 여지가 없다. 지금까지 나는 그의 인생사를 모두 들었고 그와 맥주도 여러 번 마셨다. 알다시피 나는 여름 인턴십 때 이미 5주 동안 이 데스크에 있었다. 문제는 JB가 시속 백만 킬로미터로 말하고 내가 그의 말을, 그것이 트레이딩에 관한 것이든 아니든, 하나도 이해하지 못한다는 것이다. 이런 이유로 JB는 나에게 최고의 멘토는 아닐 수 있다. 그뿐만 아니라 프랑켄슈타인의 괴물처럼 생긴 젊은 트레이더가 뉴욕에서 날아와 JB 바로 옆에 앉아있다. 그 자리도 이미 누군가 채간 것이다.

이제 루퍼트만 남았다. 이 선택지 역시 긍정적인 측면은 어느 정도 각이 나온 상태다. 첫째, 루퍼트가 나를 라스베이거스로 데려갔다. 둘째, 내가 그의 침실을 페인트칠했다. 이 정도면 앞으로 돈독한 우정을 쌓을 수 있다는 좋은 징조이지 않을까? 게다가 루퍼트는 홍고와 유로 장부를 공유하고 있지만 홍고는 이미 30대다. 신입 트레이더를 위한 자리 하나 정도는 더 있을 듯하다. 마지막으로, 루퍼트는 데스크에서 가장 중요하고 비중이 큰 유로 장부의 선임 트레이더이니 뛰어난 트레이더임은 틀림없다. 트레이딩 방식도 합리적이고 정도를 벗어나지 않으니 내가 기초를 다지기에 좋은 교본이 될 수 있을 것 같다. 부정적인 측면은 루퍼트가 사이코패스일지도 모른다는 것이다. 나는 이미 그와 꽤 많은 시간을 함께 보냈기 때문에 이 단점이 분명히 위험으로 작용하리라는 것을 잘 알고 있다. 하지만 다들 알다시피 세상에 완벽한 사람은 없다.

물론 케일럽도 있었다. 케일럽은 항상 선택지에 있었다. 하지만 케일럽은 데스크의 대장이다. 나는 선생님의 편애를 받는 그런 눈꼴사나운 학생이 되고 싶지는 않았다.

그래서 나는 루퍼트를 선택했다. 아니, 루퍼트가 나를 선택했다고 해야 할 것 같다.

스누피가 창가에 있는 빌의 옆으로 옮기면서 나는 창문에서 멀리 떨어진 스누피의 예전 자리, 통로 쪽으로 반쯤 튀어나온 그 모퉁이 자리에 앉게 됐다. 왼쪽 자리가 비어있었기 때문에 내 자리는 자연스럽게 다른 트레이더들과 약간 떨어져 있었다. 그 옆자리를 계속 비워두었던 정확한 이유는 지금도 잘 모르겠다. 어쩌면 그런 자리 배치를 통해 나에게, 그전에는 스누피에게 데스크의 막내는 자신의 위치를 잊지 말아야 한다는 것을 물리적으로 상기시키려 했을 수도 있다. 그 빈자리 왼쪽에는 루퍼트가 있었다. 출근 첫날 루퍼트는 오전 내내 나를 완전히 없는 사람 취급했다.

나는 그날 오후 두 시가 되어서야 점심을 먹었다. 그리고 돌아왔을 때는 루퍼트가 내 옆자리의 회전의자에 앉아 의자를 좌우로 돌리고 있었다. 그 모습을 보고 내심 걱정이 되기는 했으나 애써 아무렇지 않은 척 자리에 앉아 모니터를 바라봤다. 하지만 루퍼트의 크고 둥근 무릎이 양쪽 다 똑바로 내 쪽을 향해있었기 때문에 그를 더 이상 무시하기가 어려웠다.

"어디 갔다 왔어?"

나는 완벽히 차분하고 자연스럽게 루퍼트를 돌아보았다. 루퍼트는 손으로 주황색 형광 고무공을 쥐어짜고 있었다.

"아, 점심 먹고 왔어요."

"뭐 먹었어?"

루퍼트는 내가 미처 말을 끝맺기도 전에 재빨리 다음 질문을 던졌다.

"어, 소시지… 콩… 토마토, 그런 거 먹었어요."

"어디서 먹었지?"

"어… 아래층 구내식당에서 먹었습니다."

루퍼트는 우리가 처음 만났을 때 했던 행동을 다시 시작했다. 나를 아무 말 없이 지나치게 오래 바라보았다. 그 불편한 분위기를 누구라도 함께 나누었으면 좋았겠지만, 거기에는 우리 둘밖에 없어서 나 혼자 모든 것을 감당해야 했다.

"나는 이 데스크에서 12년 동안 일하면서 구내식당에는 한 번도 가본 적이 없어. 우리는, 밥을, 자기 자리에서, 먹지."

그러고 나서도 루퍼트는 아주 오래도록 나를 바라보았다. 나는 무슨 말을 해야 할지 도무지 감이 잡히지 않았다.

이 일이 있기 불과 두 달 전 나와 루퍼트는 LA의 한 수영장 옆에 함께 서있었다. 봄기운이 완연한 저녁이었고 우리는 래퍼 제이지(Jay-Z)가 개최한 파티에 참석 중이었다. 그 파티에서 루퍼트는 노란 비키니를 입은 어떤 예쁜 여자에게 띠가 무엇인지 물었다. 참고로 루퍼트와 나는 둘 다 호랑이띠다.

그 여자의 띠가 무엇이었는지는 기억나지 않는다.

나는 상황이 달라졌다는 것을 깨달았다.

'좋아, 이렇게 할 거라는 거지? 그러면 나도 거기에 맞게 행동하지, 뭐.'

이런 사건은 단발성이 아니었다. 처음 며칠 동안 내가 내 컴퓨터에 소프트웨어 프로그램을 설치하거나 인도 벵갈루루에 있는 지미 존이라는 남자와 통화를 하며 대부분의 시간을 보낼 때 루퍼트에게는 새로운 버릇이 하나 생겼다. 루퍼트는 뒤에서 갑자기 내 양쪽 어깨를 꽉 움켜쥐고 이렇게 소리쳤다.

"영국 소비자 신뢰 지수(UK Consumer Confidence)[5]가 얼마야???"

"미국 서비스업 PMI(Purchasing Managers' Index, 구매 관리자 지수)[6]는 얼마야??"

내가 알기로 이제까지는 이럴 때 모른다고 하는 것이 정답이었지만 너무 안타깝게도 루퍼트는 그 대답을 더 이상 좋아하지 않았다.

"게리, 그러면 안 돼! 너는 이제 트레이더야! 다 알아야 한다고!"

이 상황은 몇 가지 이유로 나에게 고통스럽게 다가왔다. 첫째, 인턴

---

5   영국 소비자가 12개월 후의 전체 경제 상황과 개인 재정 상황에 대해 얼마나 낙관적으로 전망하는지를 측정하는 경제 지표로 향후 소비자들의 소비를 비롯한 주요한 경제적 의사 결정에 직접적인 영향을 미친다.

6   서비스업과 제조업 구매 담당자들을 상대로 한 설문 조사를 기반으로 계산되며 산업 건전성을 보여주는 중요한 경제 지표로 활용된다.

기간 내내 '모르겠어요' 전략으로 경이로운 성공을 거두었기에 나에게는 그 전략을 떠나보내는 것이 다리 한쪽을 잃는 것처럼 느껴졌다. 둘째, 나는 PMI 수치뿐만 아니라 PMI가 무엇의 약자인지도 몰랐다. 세 글자로 된 약어는 늘 내 약점이었다. 한번은 여느 때처럼 장거리 통화 중이던 나를 루퍼트가 말 그대로 움켜쥐고 의자에서 강제로 일으킨 적이 있었다. 그때 나는 겁에 질린 나머지 검증되지 않은 새로운 전략을 시도해 버렸다.

"47.1입니다!"

새로운 전략은 추측이었다.

이 전략에 대한 루퍼트의 반응은 정당한 분노라고밖에 달리 표현할 말이 없다. 지금 돌이켜 봐도, 47.1이 틀렸을 뿐만 아니라 제멋대로 만들어낸 숫자라는 점을 고려한다면(이 둘은 어떤 상황에서도 결코 좋은 조합이 될 수 없다) 당연히 그럴 만했다는 생각이 든다.

그 후 나는 내 정신 건강을 위해 두 가지 일을 했다.

첫째, 몰래 스누피에게 가서 PMI가 정확히 무엇인지, 특정 날짜의 정확한 PMI 수치를 알려면 어떻게 해야 하는지 물어보았다.

스누피가 나에게 '경제 지표 달력(Economic Release Calendar)'이라는 것을 보여줬다. 경제 지표 달력에는 전 세계에서 발표되는 모든 경제 지표의 목록과 정확한 발표 시간이 날짜별로 표기되어 있었다. 매일 발표되는 지표의 수는 엄청나서 50에서 60개가 넘는 날이 허다했다. 다만 특정 국가와 관련된 지표들은 일반적으로 한꺼번에 발표되기 때문에 발표 자체는 보통 하루 서너 개의 주요 시간대에 집중되어 있었다. 그때부터 나는 매일 아침 지표가 발표되는 시간을 가장 먼저 확인하고 내 작은 노키아 전화기가 발표 5분 전에 울리도록 알람을 설정했다. 그 후로 나는 절대 수치를 틀리지 않았고 몇 주 뒤에는 루퍼트에게 더 이상 어깨를 잡히지 않게 되었다. 안도감이 들었다. 그 후로도 3년 동안 주말을 제외한 매일 한결같이 알람을 설정했다. 그렇게 3년이 지났을 때 나는 지표 발표 따위에 더 이상 신경 쓰지 않았으며 감히 나를 움켜잡으려 하는 사람도 없었다.

오랜 시간이 지났지만 지금도 노트북 앞에 앉아있다가 집중이 안 될 때면 나도 모르게 그 달력을 펼치곤 한다. 이 글을 쓰고 있는 현재, 영국 생산자 물가 상승률이 오전 7시에 발표됐다. 22.6퍼센트였다. 꽤 높은 수치다.

지표 발표 건을 해결한 뒤 나는 결심했다. 내게 다른 선택지가 있다면, 그것이 어떤 선택지든 상관없이 앞으로 루퍼트에게서 트레이딩을 배우지는 않겠다고. 그것이 내가 정신 건강을 위해 감행했던 두 번째 일이다.

2장

그렇게 해서 나는 결국 슈펭글러에게서 트레이딩을 배우게 됐다.

시어도어 바너비 슈펭글러 3세는 바보라는 표현 말고는 더 나은 단어가 떠오르지 않는 사람이었다.

정확히 말한다면 그냥 바보는 아니었다. 슈펭글러는 서번트 증후군 환자, 즉 똑똑한 바보에 가까웠다.

슈펭글러는 멘토로서 내 첫 번째 선택지가 아니었다. 두 번째도, 세 번째도 아니었다.

루퍼트에게서 탈출하기로 결심하고 난 후 나는 제일 먼저 빌 옆에 앉을 기회가 있을지 타진해 보았다. 빌을 설득해 거래를 입력하는 일을 일부 맡게 되었지만 시작 첫 주에 거래 한 건을 잘못 입력하는 실수를 저지르고 말았다. 빌은 자기 자리에서, 그 구석진 자리에서 넓디넓은 트레이딩 플로어의 족히 중간 지점까지 들리도록 고래고래 소리를 질렀다.

"이 등신 새끼야! 너 때문에 4,000파운드를 잃었어!"

4,000파운드는 우리 아빠 월급의 두 배에 상당하는 금액이었다. 나는 야단맞은 개처럼 꼬리를 다리 사이에 끼운 채 모퉁이에 있는 내 마지막 안식처로 돌아갔다. 그리고 데스크에 왔던 첫날 그랬던 것처럼 의자를

밀어서 JB 옆으로 가져갔다.

하지만 이제 JB 옆에는 새로운 존재, 큰 사각형 두상의 슈펭글러가 있었다.

슈펭글러는 시트콤 〈몬스터 가족(The Munsters)〉에 나오는 허먼 몬스터, 프랑켄슈타인의 괴물을 본뜬 그 등장인물과 완전히 판박이였다. 내가 정규직으로서 데스크에 첫발을 들여놓은 그 순간 제일 먼저 눈에 들어온 사람이 슈펭글러였다. 슈펭글러는 그때도 JB 옆에서 우스꽝스러운 표정을 지으며 머리를 연신 까닥거리고 있었다. 지난 겨울 케일럽은 트레이더 세 명을 해고했다. 나는 슈펭글러가 그 트레이더들의 대체 인력으로 영입된, 일종의 떠오르는 유망주일 것이라 짐작했었다.

하지만 곧 그렇지 않다는 것을 알게 됐다.

실제 내막은 이러했다. 뉴욕 STIRT 데스크는 1년여 전 졸업생 취업 프로그램을 통해 슈펭글러를 채용했지만 그 즉시 자신들이 중대한 판단 착오를 저질렀다는 것을 깨달았다. 그리고 케일럽을 어떻게 설득했는지 슈펭글러를 런던으로 떠넘기는 데 성공한 것이다. 케일럽이 그 저주받은 선물의 대가로 무엇을 얻었는지 나로서는 영원히 알 수 없겠지만 부디 좋은 것이었기를 진정으로 바라본다.

그렇다면 슈펭글러의 어떤 면이 그렇게 별로였을까?

슈펭글러는 거대한 느림보였다. 몸은 커다란 머핀처럼 생겼으며 걸음걸이는 곧 넘어질 듯 휘청거렸다. 슈펭글러는 매일 아침 정확히 7시 29분, 공식적인 지각으로 기록되기 1분 전에 허겁지겁 출근했다. 그리고 의자에 무너지듯 앉자마자 스피커 박스의 스위치 중 하나를 올리고 브로커의 이름을 큰 소리로 부르며 요란스레 인사를 건넸다. 브로커의 이름은 평범한 그랜트, 밀스, 조녀선 등이었지만 슈펭글러는 이름 끝에 늘

모음 'ㅣ'를 붙여 이렇게 불렀다.

"안녕하세요, 그랜티!"

"안녕하세요, 밀시!"

"안녕하세요, 조너서니!"

슈펭글러는 요하네스버그인지 케이프타운인지 확실치 않지만 아무튼 그 비슷한 곳 출신이었고, 그래선지 그는 항상 누구도 이해할 수 없는 억양으로 말했다.

그리고 에식스나 이스트 런던에서 반평생을 살았을 브로커들 역시 그들만의 독특한 억양으로 늘 다음과 같이 대답했다.

"안녕하세요, 슈펭글러! 이 미치광이(또는 매력덩어리, 말썽꾸러기로도 불렀다), 괜찮아요? 어젯밤은 정말 끝내줬어요! 집에 무사히 들어갔어요?"

슈펭글러 옆에 앉기 시작한 지 얼마 되지 않았을 때였다. 어느 아침 나는 그가 지난밤 집에 무사히 들어가지 않았다는 사실을 알게 됐다. 그는 택시 안에서 오줌을 쌌다. 내가 그 사실을 알 수 있었던 것은 슈펭글러가 브로커에게 아주 솔직히(그것도 아주 즐겁게) 털어놓았기 때문이다. 내가 듣기에 브로커는 슈펭글러의 이야기를 아주 재미있어했다. 놀라웠다. 나에게는 그 이야기가 꽤 역겨웠기 때문이다. 그때 JB가 어깨너머로 슈펭글러를 힐끗 쳐다보았고 나는 나만 그런 것이 아니라는 것을 알 수 있었다.

슈펭글러가 어느 브로커에게 그 이야기를 했는지는 기억나지 않는다. 아마 그랜티였을 것이다. 하지만 그것은 별로 중요하지 않았다. 왜냐하면 슈펭글러가 총 30여 분에 걸쳐, 스위치를 바꿔가며 브로커 일곱 명에게 같은 이야기를 토씨 하나 바꾸지 않고 똑같이 했기 때문이다. 모든 브로커가 박장대소했다. 평소에 잘 웃지 않던 덴마크인 브로커 세 명마저 웃음을 터뜨렸다(참고로 셋 다 이름이 카르스텐이었다). 그렇게 나는 브로커들이 웃어주는 대가로 돈을 받는다는 것을 알게 됐다.

이 형편없는 개인위생에 관한 이야기 말고도 슈펭글러가 저지른 경범죄는 더 있었다. 슈펭글러는 나를 웃기기 위해 강박적으로, 끊임없이, 끝없이 끔찍한 농담을 했다. 부적절한 농담, 용납할 수 없는 농담에 JB가 매번 슈펭글러를 나무랐지만 슈펭글러의 행동을 진정시키는 데는 전혀 도움이 되지 않았다. 그 철없는 소년은 오히려 경멸을 즐기는 것 같았다. JB가 꾸짖을 때마다 슈펭글러의 얼굴은 불편한 듯 찡그려졌지만 평소 흐릿했던 눈에는 반짝거리는 무언가, 미소 같은 무언가가 떠오르곤 했다.

반유대주의적 농담을 할 때도 있었다. 3미터도 떨어지지 않은 곳에 자신의 급여 결정권을 가진 유대인 보스가 앉아있는 상황에서 하기에는 대단히 어리석은 행동이었다. 한번은 케일럽이 바로 등 뒤를 지나가고 있는데 그런 농담을 한 적도 있었다. 그 말을 듣자마자 케일럽은 슈펭글러의 의자를 꽉 움켜잡아 180도 회전시켰다. 그리고 아무 말 없이 슈펭글러를 내려다보았다. 슈펭글러는 자기보다 겨우 세 살 많은 남자의 얼굴을 올려다보며 그의 눈을 응시한 채 입을 움찔거렸다. 뭔가 말하려고 애쓰는 듯했지만 입에서는 아무런 말도 나오지 않았고 결국 입술의 움직임마저 완전히 멈춰버렸다. 조금 더 있으면 엄지손가락을 빨 것 같았다. 두 사람은 15초 정도 그렇게 가만히 있었다. 그러다 케일럽이 깊은 한숨을 내쉬고는 슈펭글러의 의자를 다시 돌려놓았다. 그리고 이렇게 중얼거리며 사라졌다.

"이 망할 등신아, 네가 무슨 짓을 하고 있는지 생각 좀 해라."

슈펭글러가 별로인 점은 더 있었다. 슈펭글러는 쉴 새 없이 엉덩이를 닭적였으며 햄버거를 먹을 때는 무서운 속도로 삼키듯 먹어치웠다. 하지만 그보다 더 기억에 남는 것은 슈펭글러와 어머니의 통화였다. 하루에 한 번, 정확히 오후 3시에 슈펭글러의 어머니에게서 전화가 왔다. 그리고 두 사람은, 이유는 알 수 없지만, 벨기에 북부에서나 쓰는 플라망어로 정확히 한 시간 동안 통화를 했다. 그때가 생각날 때면 나는 내가 플라망어를 할 수 없다는 사실에 여전히 감사하는 마음이 든다.

그런데 정말 황당하겠지만, 사실 나는 슈펭글러를 꽤 좋아했다.

왜냐고?

아마 슈펭글러가 아주 뛰어난 트레이더였기 때문이 아닐까.

슈펭글러와 JB 옆에 앉은 지 한 주 반쯤 지났을 때 루퍼트가 몸을 돌려 내 어깨에 두툼한 손을 얹곤 이렇게 말했다.

"오늘 같이 가서 브로커하고 점심이나 먹자."

나는 전에도 브로커를 만난 적이 있다. 라스베이거스에서도, 스키를 타러 갔을 때도 브로커들이 있었다. 하지만 브로커들과 점심을 먹은 적은 없었다. 그리고 루퍼트와 나, 단둘이서 브로커를 만난 적도 없었다.

지하철을 탔으면 더 빨랐겠지만 우리는 택시를 타고 도심으로 향했다. 택시가 교통 체증을 뚫고 나아가는 동안 루퍼트는 앞쪽을 향한 좌석 전체를 점령한 채 편안히 앉아있었고 나는 그 맞은편의 뒤쪽을 향한 작은 접이식 의자에 걸터앉아 있었다.

내가 초조해 보였는지 루퍼트가 갑자기 내게 물었다.

"긴장돼?"

나는 괜찮다고 대답했고 루퍼트는 일본 음식을 먹어본 적 있느냐고 물었다. 한 번도 먹어본 적 없다고 솔직히 대답하자 루퍼트가 다시 물었다.

"젓가락을 사용할 줄 몰라서 그러는 거야?"

루퍼트에게서 처음으로 그런 표정을 보았다. 진심 어린 형제애나 부성애에서 나올 듯한 걱정스러운 표정이 얼굴을 스쳐갔다.

루퍼트는 비싸 보이는 갈색 가방을 바닥에 내려놓고 볼펜 두 자루를 꺼내더니 이렇게 말했다.

"잘 봐. 새끼손가락과 약지를 이렇게 모았지."

그리고 두툼한 손가락 두 개를 구부리고 나에게 보여주었다.

"이렇게 하면 두 손가락이 살짝 접혀. 보이지? 그리고 젓가락 한 짝을 약지 위에, 그리고 검지와 엄지가 이어진 부분에 이렇게 올려놓는 거야."

루퍼트가 볼펜 한 자루를 말한 위치에 올려놓았다.

"이렇게 하면 엄지 끝부분, 그리고 중지와 검지로 나머지 젓가락 한 짝을 잡을 수 있어."

이번에는 손가락 세 개를 움직이면서 말했다.

"그런 다음 이렇게 젓가락 두 개로 음식을 집으면 돼."

그리고 나서 볼펜 두 자루의 끝부분으로 내 왼손 살을 꼬집었다.

"자, 한번 해봐."

그가 나에게 볼펜을 건넸다.

나는 가르쳐준 대로 해봤지만 볼펜 두 자루를 모두 바닥에 떨어뜨리고 말았다. 루퍼트가 미소 지었다.

사실 내가 긴장했던 진짜 이유는 점심 가격이 얼마나 할지 전혀 몰랐기 때문이었다. 식당 이름도 전에 들어본 적 없는 일본식이었는데, 철자를 모르니 미리 가격을 검색해 볼 수도 없었다(검색했더라도 물론 크게 도움이 되지는 않았을 것이다). 출발하기 전 나는 ATM기에 가서 내 일간 인출 한도인 200파운드를 전부 찾았다. 이제 지갑에는 원래 있던 돈 40파운드를 합쳐 총 240파운드가 있었지만 그 돈으로도 충분하지 않을까 봐 불안했다.

나는 바닥에서 펜 두 자루를 주워 루퍼트에게 돌려주었다.

루퍼트는 펜을 다시 가방에 넣고 나서 좌석에 등을 기댄 채 한숨을 내쉬며 팔짱을 꼈다.

"브로커 때문이라면 걱정할 필요 없어. 그 사람들은 그냥 브로커야. 브로커가 되지 못했다면 버스 운전사나 했겠지."

나는 지금까지도 루퍼트가 가르쳐준 방식으로 젓가락을 잡는다.

그런데 브로커란 어떤 사람들일까?

브로커와 트레이더라는 용어를 구분 없이 사용하는 사람들도 종종 있지만 사실 브로커와 트레이더의 세계는 상당히 다르다. 트레이딩이 뭔지도 몰랐던 당시 내 눈에도 차이가 확연했다. 브로커는 거의 다 에식스나 이스트 런던 출신이었지만, 트레이딩 플로어에서는, 그곳이 이스트 런던에 자리 잡고 있음에도 그런 억양이 전혀 들리지 않았다.

루퍼트가 아주 간결하게 표현했듯 사실 브로커와 트레이더 사이에는 언어적 차이 그 이상의 것이 있었다. 2008년이 되자 소위 엘리트 대학에서 학위를 받지 않고는 트레이딩 플로어에 오르는 것이 거의 불가능해졌다. STIRT 데스크에서도 나를 포함한 모든 트레이더가 명문대 출신이었고 빌만이 예외적 존재였다. 이에 비해 브로커의 대다수는 대학 문턱을 넘어본 적도 없었다.

책상 위 스피커 박스에서 튀어나오는 브로커들의 목소리에는 이스트 런던 토박이들의 코크니 억양이 두드러졌다. 그들이 정겨운 음색으로 리듬을 타듯 쉴 새 없이 숫자를 외칠 때면 나는 재래 청과물 시장을 떠올리곤 했다. 딸기 2킬로그램에 1파운드, 유로 3개월에 4.3-4.6. 런던의 트레이딩 플로어를 떠난 지 거의 10년이 지난 지금 브로커들의 목소리에 아직도 그렇게 코크니 억양이 배어있을지 궁금하다. 그러기를 바라는 한편 지금은 그런 모습이 사라지지 않았을지 두려운 마음도 든다.

브로커는 은행을 위해 일하지 않는다. 브로커는 중개 회사라고 불리는 저들만의 카르텔을 위해 일하며, 그들이 하는 일은 정확히 말하자면 트레이더들 사이를 연결하는 것이다. 다시 말해 트레이더가 거래를 하고 브로커는 그저 트레이더들을 연결하기만 하면 된다. 바로 여기에 중요한 의미가 숨어있다. 거래에 문제가 생기면 브로커는 아무런 위험도 감수하지 않고, 오직 트레이더만 위험을 감수한다는 것이다. 이런 점에서 브로커는 부동산 중개인과 비슷하다. 브로커는 거래당 수수료를 받는다. 따라서 거래가 이익이 나든 손실이 나든 상관하지 않는다. 그저 트레이더가 더욱더 많이 거래하기를 바랄 뿐이다.

이론적으로는 브로커를 이용하면 거래 상대방에게 자신의 존재를 알리지 않고도 무언가를 살 수 있다. 즉, 씨티은행 같은 거물급 시장 참가자가 시장을 움직이지 않으면서 무언가를 매수하고 싶다면 브로커를 이용하는 것이 효과적일 수 있다. 예를 들어 트레이더가 자신이 사고 싶은 것을 36에 매수하고 싶다면 브로커에게 그렇게 말하면 된다. 그 즉시 브로커는 더 시티에 있는 모든 스피커 박스에 대고 "36에 매수, 36에 매수, 36에 매수"라고 외치기 시작할 것이고 일이 잘되면 그 가격에 매도하고 싶어 하는 사람을 찾아낼 것이다. 이렇게 하면 매수자가 누구인지 아무도 모르는 상태에서 거래를 체결할 수 있다. 이것은 분명 장점이다. 씨티은행이 매수자라는 사실을 누군가 알게 된다면 거래가 이루어지기 전에 시장 가격을 밀어 올릴 수도 있기 때문이다.

하지만 이것도 어디까지나 이론에 불과하다. 현실은 어떨까?

현실에서 브로커가 하는 일은… 트레이더들과 비싼 점심을 먹는 것이다.

이야기가 잠시 샛길로 빠졌다. 이제 루퍼트와 탔던 택시로 돌아가 보자. 마침내 택시가 센트럴 런던의 어느 고급 식당 앞에 멈춰 섰다. 식당이름을 알려주고 싶지만 전혀 모르겠다. 기억이 안 나는 것이 아니라 그때도 몰랐다.

내가 알려줄 수 있는 정보는 그곳이 일식당이었다는 것뿐이다. 거기에는 작지만 나무랄 데 없는 대기실이 있었으며, 낮임에도 무척 어두웠던 그 대기실에서는 완벽해 보이는 여종업원이 티끌 하나 없이 깔끔한 옷차림을 하고 흠잡을 데 없는 태도로 우리를 반겨주었다. 나는 그 모든 완벽함에 정신이 반쯤 나간 상태로 종업원의 안내에 따라 계단을 올라가(어쩌면 내려갔을 수도 있다) 드넓은 식사 공간으로 들어섰다. 식사 공간은 커다란 창문으로 빛이 쏟아져 들어와 환하면서도, 가구가 모두 검은색이어서인지 기묘하게 어두웠다.

아직 정오가 안 된 시간이라 식탁은 대부분 텅 비어있었다. 칠흑처럼 검은 식탁은 거대할 뿐만 아니라 완벽한 원형이어서 마치 외계에서 온 물건 같았다. 여종업원이 우리를 데리고 그 크고 널찍한 식사 공간을 완전히 통과하기까지는 꽤 시간이 걸렸다. 마침내 유리병으로 둘러싸인 모퉁이를 돌았더니 외딴 공간이 나타났다. 거기에는 이제껏 보았던 식탁 중 가장 크고 가장 검은 식탁이 놓여있었다. 그리고 바로 옆 통창으로는 눈부신 햇살이 쏟아지듯 들어와 식탁을 완전히 점령하고, 식탁 저편 어깨를 맞대고 앉은 브로커 세 명의 얼굴에 선명한 명암을 드리우고 있었다.

우리가 들어서자 세 사람은 동시에 일어나 우리 둘과 악수하기 위해 후다닥 달려왔다.

나는 세 사람의 각을 재보았다. 한 명은 젊었다. 어딘가 서투르고 어색해 보였다. 중년의 브로커는 뱀처럼 매끈하고 유혹적으로 보였다. 마지막으로, 가장 연장자인 브로커는 적어도 예순은 된 것 같았다. 머리칼은 완전히 백발이었으며 머리는 평생 하루도 빠짐없이 성장을 계속한 듯 엄청나게 컸다.

그중에서 가장 연장자인 브로커, 그 머리 큰 브로커가 믿기 어려울 정도로 낮고 굵은 목소리로 나에게 자신을 소개했다.

"안녕하세요, 빅헤드라고 합니다."

물론 'ㅎ' 발음은 거의 들리지 않았다. 빅헤드 역시 이스트 런던 토박이임이 틀림없었다.

일련의 악수와 자기소개가 끝난 후에는 거대한 원형 식탁에 누가 봐도 자연스러운 조합으로 둘러앉기 위해 다섯 명이 우왕좌왕하는 모습이 펼쳐졌다. 쉽지 않은 일이었다. 결국 나는 루퍼트와 좀 떨어진 자리, 식탁 반대편의 빅헤드 옆에 앉게 됐다. 나는 그 자리가 마음에 들었다. 빅헤드의 짙은 코크니 억양, 놀랍도록 하얗고 풍성한 머리칼, 엄청나게 큰 머리, 이 모든 것이 돌아가신 할아버지와 똑 닮아서 마음이 편해졌다. 덤으로 루퍼트 옆에서도 벗어났다. 대화는 강물이 바다로 흘러가듯 한 방향으로, 브로커들에게서 루퍼트로 흘러갔다. 그 점도 마음에 들었다. 나는 무슨 말이라도 해야 한다는 부담감을 덜고 사람들을 관찰하기 시작했다.

빅헤드는 가장 연장자였지만 대화를 주도하지는 않았다. 대화는 중년의 브로커가 주도했다. 그의 이름은 티머시 트와이넘이었다. 티머시 역시 머리칼이 풍성했지만 빅헤드와 달리 칠흑처럼 검었다. 대화는 나무랄 데 없이 매끄럽게 이어졌다. 꿀처럼 달콤했고 잠시 멈추거나 화제가 끊어지는 일도 없었다. 가끔은 극적 효과를 위해 의도적으로 빈틈을 남겨두기도 했는데 그 빈틈은 빅헤드가 내는 극저음의 목소리로 곧 채워졌다. 티머시와 루퍼트 사이에 앉은 젊은 브로커는 아무 말도 하지 않았다. 테니스 시합이라도 관람하듯 둘 사이에서 고개를 번갈아 좌우로 움직이고 쉴 새 없이 끄덕였다. 매우 열정적으로 끄덕였다. 가끔은 얼굴을 뒤로 크게 젖히고 킥킥거리며 웃기도 했다.

그럴 때면 나도 따라 웃었지만 좀 더 점잖게 웃었다. 루퍼트는 단 한 번도 웃지 않았다.

백포도주와 함께 아주 큰 접시에 담긴 사시미가 나왔다. 당시 나는 사시미가 뭔지 몰랐다. 내 눈에는 사시미가 밥을 뺀 스시로 보였다. 루퍼트는 나에게 스시보다 사시미가 건강에 더 좋고 사시미를 먹으면 살이 찌지 않는다고 설명했다(우리 사이에 거리가 꽤 있어서 조금 힘겹게 설명했다). 나는 눈으로 접시의 크기를 확인하고 루퍼트의 덩치도 가늠한 다음 힘차게 고개를 끄덕였다. 그리고 식탁 가운데로 손을 뻗어 더없이 깨끗한 젓가락을 이용해 연한 분홍빛 생선 조각 하나를 집어서 내 접시에 옮겨 담아보려 했다.

백포도주가 빠르게 줄어들었다. 나는 포도주를 좋아하지 않았지만 예의상 마실 수밖에 없었다. 식당 안에는 깊은 음색의 분위기 있는 음악이 흘러나오고 있었다(나중에야 알게 됐지만 런던의 고급 식당에 가면 거의 어디서나 이와 비슷한 이름 모를 음악을 들을 수 있었다). 시간이 지나면서 음악, 포도주, 대화가 하나로 뒤엉키기 시작했고 어느덧 사람들이 말하는 단어를 거의 알아

　　　　　　　　　　　　　　　　　　트레이딩 게임

들을 수 없게 되었다. 그래도 괜찮았다. 나는 아무것도 말할 필요가 없었다. 식탁 쪽으로 몸을 숙이며 진지한 표정으로 사람들을 응시하고 이따금 먼 곳을 바라보며 고개를 끄덕이기만 하면 됐다. 루퍼트에게서 배운 젓가락 기술도 사용해 보려 했지만 생선 세 조각은 식탁 위에, 다른 한 조각은 바닥에 떨어뜨렸을 뿐 먹는 데는 실패했다.

꽤 오랜 시간이 지나 두 번째 요리가 도착했다. 나는 이 두 번째 요리를 꽤 간절히 기다렸다. 그때 나는 이미 상당히 취했을 뿐 아니라 첫 번째 요리를 공략하는 데 몇 가지 기술적 문제에 봉착해 있었다. 첫 번째 요리는 너무 미끄럽고 아주 멀리 떨어져 있었다.

하지만 불행히도 두 번째 요리 역시 쉽지 않았다. 극도로 큰 접시에 생닭과 생쇠고기 말고는 아무것도 없었다. 생닭은 먹을 수 없다는 사실, 적어도 안전한 먹거리는 아니라는 사실을 모르는 사람은 없을 것이다. 나도 마찬가지였다. 하지만 불과 한 시간 전까지만 해도 나는 날생선에 대해 비슷한 확신이 있었고 결과적으로 그 확신은 명백히 잘못된 것으로 판명됐다. 나는 다른 사람들이 어떻게 하는지 보려고 몇 분을 기다렸지만 다들 모건스탠리의 유로 트레이더에 관해 이야기하느라 정신이 팔린 상태였다. 결국 나는 포기하고 손을 뻗어 생닭 한 조각을 젓가락 사이에 끼워 넣었다. 그리고 처음으로 음식을 내 접시로 옮겨 담는 데 성공했다. 그리고 먹었다. 정말 역겨웠다.

너무나 역겨워서 이 일본식 식습관에 의문을 제기할 수밖에 없었다. 나는 마치 양할아버지라도 생긴 듯 혼자 내적 친밀감을 빠르게 쌓아가고 있던 빅헤드 쪽으로 몸을 기울였다.

그리고 탁자 아래에서 손가락으로 그를 살짝 찔렀다.

빅헤드가 몸을 돌려 대단한 음모라도 꾸미듯 내게 몸을 기울였다.

"이 생닭, 좀… 역겹지 않아요?"

빅헤드가 포도주를 꽤 많이 마셔 약간 상기된 얼굴로 의아하다는 듯 나를 쳐다봤다. 그러더니 소고기와 닭고기가 담긴 커다란 접시를 보고 다시 몸을 돌려 나를 바라봤다.

"저 닭을 먹었어요?"

상당히 당황한 듯한 표정이었다.

"저 빌어먹을 생닭요? 네, 당연히 먹었죠."

젠장, 이런 상황에서 먹는 거 말고 뭘 해야 하는 거지?

빅헤드가 특유의 저음으로 크게 웃더니 자리에서 일어났다. 그리고 식탁 상판의 일부분을 한쪽으로 치웠다. 아무도 말해주지 않는데, 그 밑에 젠장맞을 그릴이 통째로 있을 줄 누가 알았겠는가? 빅헤드가 한참 동안 웃음을 멈추지 않았지만 이유를 아는 사람은 아무도 없었다. 빅헤드는 내가 방금 생닭을 먹었다는 사실을 아무에게도 말하지 않았다. 솔직히, 고마웠다.

두 시간에 걸친 식사가 끝날 때까지 아무도 돈을 내지 않았다.

정확히 말하면 계산은 분명 끝난 듯한데 누가 돈을 냈는지는 보지 못했다. 확실한 것은 나는 돈을 내지 않았다는 것뿐이었다. 나에게 돈을 내라고 하는 사람도 없었다.

그러고 나서 우리는 모두 술에 취한 상태로 사무실로 돌아가 일을 했다.

당시에 나는 이 점심이 어떤 결과를 가져올지 제대로 알지 못했다.

루퍼트가 나를 데리고 나가자 이를 기점으로 슈펭글러도 갑자기 움직이기 시작했다.

슈펭글러의 특이점을 이야기하자면, 그는 외톨이였다. 외톨이가 아니

   트레이딩 게임

라면 직장에서 매일 한 시간씩 엄마와, 그것도 플라망어로 전화 통화를 할 리가 없다. 혹시나 직장에 그런 동료가 있다면 그 사람이 괜찮은지 반드시 확인해야 한다. 슈펭글러는 엄마에게서도 고향에서도 멀리 떨어져 있었으며 친구를 사귀는 방법도 몰랐다.

하지만 런던에 있는 대형 투자은행의 트레이더라면 어떤 면에서는 친구를 사귀지 않아도 된다. 그런 사람과 친구로 지내는 대가로 돈을 받는 사람들이 있기 때문이다. 그 사람들이 바로 브로커이다. 게다가 이제 슈펭글러에게는 내가 있었다. 슈펭글러는 그 사실에 무척 기뻐했다.

그런 이유로 슈펭글러도 나를 점심 접대에 데려갔다. 루퍼트와 내가 처음 점심을 먹은 지 불과 이틀 만이었다. 스누피가 스칸디나비아 장부를 대신 봐주기로 해서(당시 스칸디나비아는 슈펭글러의 장부였다) 슈펭글러와 나는 택시를 타고 이번에는 스테이크를 먹으러 갔다.

택시 안에서 슈펭글러는 나에게 스테이크 먹는 법 대신(가르쳐주었다면 솔직히 도움이 되었을 것 같다) 우리가 만날 브로커 세 명과 트레이더 한 명에 대해 자세히 알려주었다. 그 네 사람이 스웨덴 크로나 FX 스와프 시장에서 어떤 역할을 하는지도 설명해 주었다. 슈펭글러는 나와 단둘이 있을 때면 크로나 FX 스와프 시장과 그 시장에 몸담은 사람들에 관한 이야기만 했다. 나에게도 더할 나위 없는 주제였다. 그날 택시에서 들은 인물 정보를 정리하면 다음과 같다.

1. **그랜티**: 까무잡잡함, 중년, 매력적, 크로나 FX 스와프 브로킹 데스크 책임자.
2. **존시**: 대머리, 상당히 나이가 많음, 자기비하적, 세 번째 이혼을 앞둔 것으로 미루어봤을 때 더 이상 이 일을 해서는 안 됨.

3. **버스헤드**: 젊음, 리버풀 출신, 크로나 FX 브로커, 그의 이름 역시 머리 크기와 색깔 때문에 붙여짐.

4. **사이먼 창**: 젊음, HSBC의 떠오르는 크로나 트레이더, 아주 똑똑하고, 어마어마하게 튼실한 종아리를 가지고 있음, 홍콩 출신, 사람들은 그를 '제트 리'라고 부르고 본인도 그렇게 불리는 것에 개의치 않음.

이 점심 접대 자리에 스웨덴 사람이 단 한 명도 없다는 사실은 중요하지 않았다. 그날부터 1년 6개월도 채 지나지 않아 나는 스웨덴에서 평생 단 하루도 지낸 적 없지만 크로나 FX 스와프의 선임 트레이더가 되었다.

식당은 더 시티의 한복판 깊숙한 곳, 수많은 구불구불한 골목길을 지나 그 끝자락에 숨어있었다. 입구에 들어서자마자 만나게 되는 식사 공간도 동굴처럼 땅속 깊숙이 자리 잡고 있었다. 커다란 식당에는 햇빛이 전혀 들어오지 않았다. 분명 전등이 켜져있었을 테지만 무척 흐릿하고 어둑해서 내 기억으로는 촛불을 켜놓은 것 같았다. 이런 조명 덕에 한낮의 식사임에도 초현실적이면서 비밀스러운 분위기가 감돌았다.

식탁으로 다가가자 함께 앉아있는 네 남자가 보였다. 나는 사전에 들었던 설명과 그 남자들의 실제 모습을 맞춰보기 시작했다. 그중에서 특히 버스헤드는 구면이었다(버스헤드라는 별명에 걸맞게 그의 머리는 런던 버스처럼 크고 빨간색이었다). 슈펭글러는 몰랐겠지만 버스헤드는 루퍼트와 내가 라스베이거스에 갔을 때 동행했다.

내가 브로커들을 발견하자마자 브로커들도 우리를 알아보았다. 슈펭글러가 다가오는 것을 보고 브로커들은 자리에서 일어나 환호하고, 소리치고, 울부짖고, 손뼉을 치고, 열광했다. 전혀 예상치 못한 환대였다. 은행 사람들이 평소 슈펭글러에게 보이는 반응과는 천지 차이였다. 내가 당황해서 돌아보았을 때 슈펭글러는 얼굴을 찡그리며 웃고 있었다. 어쩌나 활짝 웃는지 프랑켄슈타인의 괴물처럼 기괴한 얼굴이 금방이라도 터질 것 같았다. 그리고 그 어색한 미소 아래에서 슈펭글러의 얼굴이 발갛게 달아오르기 시작했다.

그날 점심 식사에서는 인상 깊은 일이 몇 가지 있었다.

무엇보다 라스베이거스에서 나와 사흘을 함께 보낸 버스헤드가 나를 안다는 말을 전혀 하지 않았다.

나는 버스헤드를 알뿐더러, 그를 좋아했다. 사실 나는 버스헤드를 꽤 잘 안다고 할 수 있었다. 한번은 LA의 한 나이트클럽 밖에서 새벽 3시에 그와 우연히 만난 적이 있었다. 당시 술에 잔뜩 취해있던 그는 정차한 차에 다가가더니 차 안에 있는 여자에게 창문을 내려달라 손짓했고, 여자가 친절하게도 창문을 내리자 그 보답으로 여자의 얼굴에 대고 "당신 차는 빌어먹을 똥 덩어리야!"라고 소리쳤다. 그리고 아무 일도 없었다는 듯 길가 덤불에 오줌을 갈겼다. 나중에 알고 봤더니 차 안에 있던 여자는 할리우드 스타 린지 로언(Lindsay Lohan)의 친구였다.

버스헤드는 여자가 누구인지 전혀 몰랐다. 그냥 그 차가 싫었을 뿐이었다.

나는 그 일로 우리 사이에 유대감이 형성되었다고 생각했다. 우리가 비슷한 배경을 가지고 있다는 사실 때문에 더욱 그랬다. 하지만 내가 자리에 앉는 순간 버스헤드가 나를 바라봤고 나는 그 눈길이 무엇을 의미하는지 바로 알아차렸다. 그때는 그때고 지금은 지금이다. 그리고 나는 본능적으로 그가 맞다는 것을 깨달았다.

슈펭글러를 향한 격한 환영 다음에는 족히 10분 동안 다소 과격한 농담과 욕설이 이어졌다. 그 시간 내내 슈펭글러는 어린 신부처럼 얼굴에 홍조를 띤 채 고개를 숙이고 있었다. 어색한 듯 몸을 꼼지락대며 미소를 짓고 킥킥 웃기도 했다. 슈펭글러는 그 순간을 사랑했다. 누가 봐도 알 수 있었다.

일련의 환영 절차가 끝나자 그들은 진짜 대화를 시작했다. 주제는 크로나 FX 스와프와 적포도주였다. 슈펭글러는 이 두 가지를 광적으로 좋아했다. 나는 지금까지 슈펭글러보다 크로나 FX 스와프에 대해 더 많이 알거나 적포도주를 더 많이 마시는 사람을 본 적이 없다.

슈펭글러와 사이먼 창은 둘 다 진지할 뿐만 아니라 마치 기계처럼 지칠 줄을 몰랐다. 두 사람이 FX 스와프에 이야기하기 시작하자 대화가 끊이지 않았다. 나는 여전히 FX 스와프가 무엇인지 잘 몰랐기 때문에 대화에 참여하지 않았다. 그 대신 식탁 맞은편에 앉아 두 사람을 관찰했고 둘의 눈빛에서 열정과 사랑을 발견했다. 두 사람은 9월 말에 사흘간 시장 가격이 하락했던 이유에 관해 이야기했다. 단순한 호가 실수였는지, 아니면 자신들이 모르는 무언가가 있고 그 무언가를 한델스은행(Handelsbanken, 시가 총액 기준 스웨덴에서 두 번째로 큰 은행) 본점의 잉마르는 알고 있었을지 궁금해했다. 스웨덴 중앙은행이 10월에 또 저녁 만찬을 개최할지, 그렇다면 어떤 트레이더들이 초대받을지 알고 싶어 했다. DNB은행(DNB ASA, 시가 총액 기준 노르웨이에서 제일 큰 은행) 코펜하겐 지점에 있는 안데르스는 어떻게 지내는지, 알코올 중독 문제는 어떻게 되어가고 있는지, 아내와는 잘 지내고 있는지 궁금해했다.

두 사람은 광적이었다. 말 그대로 모든 것을 알고 싶어 했다. 나는 그들이 하는 이야기를 거의 이해하지 못했지만 그들처럼 모든 것이 알고 싶었다. 그래서 보고 또 보고, 듣고 또 들었다. 시간이 흐르고 종업원이 접시를 가져왔다가 가져가고 포도주병이 끊임없이 나오는 동안 나는 문득 JB의 왼쪽 어깨 뒤이자 슈펭글러의 오른쪽 어깨 뒤, 어쩔 수 없이 선택한 그 자리가 어쩌면 그렇게 나쁜 자리는 아닐지도 모른다는 생각이 들기 시작했다.

나는 내내 거의 아무 말도 하지 않았다. 슈펭글러와 사이먼의 광기가 자리를 가득 채우고 있었기에 그럴 필요가 없었다. 처음에는 슈펭글러와 같은 속도로 포도주를 마셔보려고 했지만 그가 첫 석 잔을 들이마시는 속도를 보고 그 생각은 일찌감치 접어버렸다. 그렇게 속도에 신경 쓸 필요도 없었고, 구경꾼에 불과했지만 내 나름대로 대화에 몰두하느라 결과적으로 나는 술을 전혀 마시지 않고 있었다.

나는 한 시간 넘게 슈펭글러와 사이먼을 지켜보았다. 스테이크 접시도 이미 오래전에 식탁에서 치워졌다. 그때 처음으로 슈펭글러가 커다란 얼굴을 내 쪽으로 내밀며 특유의 찡그린 미소를 지었다. 슈펭글러는 포도주에 물들어 끔찍한 보라색으로 변한 치아를 드러내며 남아프리카공화국 억양이 그대로 묻어나는, 느리고 율동적이면서 툭툭 끊어지는 말투로 이렇게 말했다.

"게리… 이거 아주 비싼… 포도주인데… 너… 안 마시네."

그리고 나는 그 상황에서 할 수 있는 유일한 행동을 했다. 고개를 돌려 잔을 바라보다 집어 들었다. 그리고 슈펭글러를 향해 잔을 살짝 기울이고 나서 술을 조금 마셨다. 그다음 잔을 다시 내려놓고 고개를 돌려 보라색으로 빛나는 그의 얼굴을 향해 미소 지으며 이렇게 말했다.

"슈펭글러, 맛있네요. 정말 맛있어요."

그 후로 술자리는 기하급수적으로 늘어났다. 그리고 일종의 반비례

법칙이 적용되면서, 나는 선택권이 있다면 선택하지 않았을 트레이더들과 더 자주 술을 마시게 됐다.

슈펭글러와 루퍼트는 적어도 일주일에 한 번은 나를 (물론 따로) 데리고 나갔고, 두 사람의 행동 양식은 각자의 특성을 반영해 형태만 달랐을 뿐 점점 더 끔찍해졌다.

브로커의 점심 접대는 저녁 접대가 되었다. 슈펭글러의 행동거지는 낮보다 저녁 시간에 훨씬 나빴으며 치아는 훨씬 더 진한 보랏빛으로 물들었다. 에식스 출신의 열아홉을 갓 넘긴 브로커가 있었는데, 슈펭글러는 술에 취하면 그 어린 브로커의 등을 발로 차며 이렇게 소리치곤 했다.

"야! 잔챙이, 술 더 가져와!"

그럴 때면 그 브로커는 슈펭글러 대신 나를 쳐다봤다. 자기 또래인 나를 보며 동의를 구하는 듯한 진지한 표정을 지었다. 그는 웃지 않았고 나도 웃지 않았다. 내가 할 수 있는 일이라고는 그의 강렬하고 엄숙한 시선을 마주하려고 애쓰는 것, 그리고 최선을 다해 그에 상응하는 엄숙한 시선을 되돌려 주는 것뿐이었다. 그러고 나서 우리는 마주 보며 고개를 끄덕였다.

루퍼트는 자기 집이 있는 클래펌으로 나를 데려갔다. 클래펌과 일퍼드는 지리적 측면만이 아니라 여러 면에서 런던의 극과 극에 있었다.

클래펌에서 집으로 가려면 몇 시간이 걸렸으며 너무 늦어 막차를 놓치기라도 하면 루퍼트가 택시비를 내줘야 했다. 이래저래 클래펌에 가기 싫었지만 루퍼트가 자기 친구들을 만날 때면 나를 꼭 보여주고 싶어 했기 때문에 피할 방법이 없었다.

루퍼트의 친구들은 모두 비싸 보이는 머리 모양을 하고 있었으며 갓

다림질한 멋진 셔츠에는 각자의 이름이 새겨져 있었다. 반면에 나는 톱맨에서 산 셔츠를 입었다. '다림질 필요 없음'이라는 표시를 확인한 후 구매한 셔츠였다. 루퍼트의 친구들은 나를 '사나이 게리'라고 부르기 시작했고 나는 그 별명에 걸맞게 원래보다 조금 더 강한 코크니 억양으로 말하기 시작했다.

그 친구 중 한 명은 라스베이거스 여행을 같이했던, 그때 리무진에서 코피를 흘렸던 바로 그 사람이었다. 이름이 피피 홀로웨이인가 뭔가 하는 사람이었는데 골드만삭스의 트레이더였으며 우리가 술자리를 할 때면 빠지지 않고 참석했다. 어느 날 루퍼트의 집에서 변장 파티가 열렸고 나는 루퍼트의 허락을 받고 동네 친구 해리도 파티에 데려갔다. 나는 로빈 복장을, 해리는 배트맨 복장을 하고 갔다(우리가 코카인을 섭취하는 사람을 실제로 본 것은 그때가 처음이었다). 그리고 그날 피피가 나에게 자기 여자친구를 소개했다.

여자는 당연히 아름다웠다. 도자기같이 창백하고 매끈한 피부를 지녔으며 요정으로 변장했는지 하얀 옷을 입고 있었다. 나는 라스베이거스에서 피피가 어떤 짓을 했는지 모두 본 뒤라서 무척 충격을 받았다. 그에게 여자친구가 있으리라고는 생각조차 하지 못했다. 도자기 인형 같은 여자의 모습을 보면서 왠지 안쓰러운 감정도 들었다. 하지만 여자는 행복해 보였고 웃고 있었다. 내가 할 수 있는 일은 아무것도 없었다. 나는 미소를 지으며 손을 내밀었고 우리는 악수했다.

"안녕하세요. 저는 게리예요. 네, 저도 만나서 반가워요."

오랫동안 대화를 나누지는 않았지만 나는 궁금증을 참지 못하고 여자에게 피피와 얼마나 오래 사귀었는지 물어보았다. 알고 보니 두 사람은 몇 년째 사귀고 있었다.

언제부터인가 루퍼트와 슈펭글러만이 아니라 모든 트레이더가 나를 데리고 다니기 시작했다. JB는 브로커들과 항상 선술집에서 술을 마셨고 내가 원할 때면 언제든 그 자리에 함께할 수 있었다. 거기에는 홍고도 오고 스누피도 왔으며 케일럽이 올 때도 있었다. 스누피도 브로커와 만날 일이 있으면 기회가 있을 때마다 나를 데려갔다. 스누피는 비싼 음식만 먹을 수 있다면 항상 만족해했다. 나는 스누피와 같이 있으면 안정감을 느꼈기 때문에 언제나 즐겁게 스누피를 따라갔다. 그리고 매주 수요일 우리는 함께 나가서 축구를 했고 내 친구 해리도 언제나 같이했다. 해리 말고도 다른 친구들이나 브로커들이 함께할 때도 있었다. 그리고 경기가 끝나고 나면 다 같이 맥주를 마시러 갔다.

브로커들과 어울리다 보면 같은 브로커가 다른 장소에서 다른 트레이더와 함께 있는 모습을 자주 목격하게 된다. 나에게는 그런 상황이 매우 흥미로웠다. 예를 들어 버스헤드는 스캔디즈, 즉 스칸디나비아 통화 담당이라서 슈펭글러의 브로커였다. 하지만 나와 루퍼트, 그리고 다른 은행의 유로 트레이더들과 함께 라스베이거스에 갔었다. 존시는 슈펭글러와 점심을 같이 먹었지만 사실 캐나다 달러 담당이었다. 따라서 스누피의 브로커였고 종종 스누피와 점심을 먹었다. 내 양할아버지 빅헤드는 루퍼트와 함께 점심을 먹었지만 실제로는 파운드 브로커, 즉 빌의 브로커였다.

여기서 한 가지 더 흥미로운 점이 있었다. 브로커들은 단순히 다른 트레이더의 접대 자리에 참석하는 것에 그치지 않고 매번 **사람 자체**가 완전히 달라졌다. 라스베이거스에서 나와 함께했던 버스헤드, 유명 인사의 자동차 취향을 모욕했던 버스헤드는 슈펭글러와 함께 스테이크를 먹던 버스헤드와는 완전히 딴판이었다. 사시미로 루퍼트를 꾀어냈던 빅헤드는 강변의 오래된 선술집에서 빌과 술을 마시는 빅헤드와는 전혀 달랐다. 루퍼트와 같이 있을 때 브로커들은 절제하고 진지했으며 도이치은행의 유로 트레이더를 신랄하고 냉소적으로, 가혹히 헐뜯었다. 슈펭글러와 있을 때는 거칠고 쉽게 흥분하고 욕설을 내뱉었으며 금융 시장과 슈펭글러에 관해서만 이야기했다. JB와 있을 때는 럭비 이야기를 했으며, 스누피와 있을 때는 골프와 음식 이야기만 했다. 브로커들은 카멜레온 같아서 목소리마저 달라졌다. 그리고 각 트레이더가 무엇을 원하는지 정확히 알고 있는 듯했다. 슈펭글러는 적포도주를 곁들인 정찬을 즐긴 뒤 나이트클럽에 가고 싶어 했고, 루퍼트는 비싼 일식당과 고급 술집을 좋아했다. 케일럽은 귀빈석과 샴페인이 제공되는 최고급 스포츠 행사를 좋아했다. 빌은 선술집에서 점심을 먹으며 템스강을 바라보는 것을 좋아했다. 브로커들은 트레이더가 무엇을 원하는지, 어디에 가고 싶은지 절대 묻지 않았다. 대기를 통해 정보를 흡수하듯 묻지 않고도 그냥 다 알고 있었다.

한 브로커가 나에게 코카인을 권한 적이 있었다. 딱 한 번이었다. 나는 거절했고, 이후로 코카인을 권한 사람은 단 한 명도 없었다. 혹시 내 이름을 단 공유 파일이 있었던 것은 아닐까? 그리고 코카인을 거절한 사실을 그 파일에 기록해 놓은 것은 아닐까? 그렇다면 그 파일에는 또 어떤 내용이 있었을까?

3장

루퍼트와 저녁 시간을 함께 보내는 빈도수가 점점 잦아지고 술자리가 끝나는 시간도 점점 늦어졌다. 일이 터질 수밖에 없는 상황이었다. 나는 젊었지만 한낱 인간이었으며 여전히 매일 아침 6시 30분에 출근했다.

슈펭글러가 밤 9시만 되면 정신없이 취해버리는 것이 그나마 다행이었다. 나는 아무 말 없이 집에 가서 푹 잘 수 있었고 슈펭글러는 내가 갔다는 사실조차 눈치채지 못했다. 하지만 루퍼트와 나가면 그럴 수가 없었다. 루퍼트는 술을 마시고 또 마셔도 절대 술에 취하지 않았다. 시간이 아무리 늦어도 내가 어디 있는지 살피고 있었다. 그야말로 모든 것이 그의 감시하에 있었다. 나는 그가 가라고 해야 집에 갈 수 있었다.

어느 저녁 그날도 클래펌 어딘가에 있는 고급 술집에서 사시미와 모히토로 배를 잔뜩 채우고 나니(그날 술자리에는 티머시 트와이넘이 함께했고 피피 홀로웨이는 다른 약속이 있었다) 막차 시간이 가까워지고 있었다. 나는 항상 막차 시간에 맞춰 자리를 뜨려고 노력했다. 그 시간에 출발하면 택시비를 아낄 수 있어서인지 루퍼트가 더 쉽게 나를 놓아주었다.

하지만 그날은 그렇지 않았다.

"더 있다가 가. 택시 잡아줄게."

그리고 나는 결국 택시를 타지 못했다.

시간이 흐르면서 '택시 잡아줄게'는 '우리 집에서 자고 가'가 되었고, 그 말은 새벽 4시까지 술을 마신다는 의미였다. 다시 말하지만 나는 6시 30분에 일을 시작했다.

새벽 5시 10분 알람이 울렸을 때 나는 거대한 영화관의 거대한 소파에서 자고 있었다. 일어나자마자 속이 울렁거렸지만 루퍼트의 영화관에 토사물을 쏟아낸다면 목숨이 위태로워질 것 같았다. 그래서 어떻게든 참아냈다. 다행히 지하철에서도 토하지 않고 무사히 사무실에 도착했다.

그리고 거기까지가 한계였다.

7시 45분이 되자 나는 영화에서 그려지는 전형적인 월스트리트 은행원처럼 화장실에 처박혀 어젯밤에 먹은 사시미를 전부 변기에 쏟아냈다. 그렇게 30분쯤 지나 비틀거리며 자리로 돌아왔을 때 내 상태가 너무 안 좋아 보였는지 케일럽이 곧장 나를 집으로 돌려보냈다. 화난 것 같지는 않았고 내가 화장실에서 돌아오자마자 그냥 걸어와서 내 어깨에 손을 얹고 단 한 마디, '집에 가'라고 했다.

나도 그 결정이 맞다고 생각해서 집으로 돌아갔다.

여기까지는 별로 문제 될 일이 없었다. 진짜 문제는 다음 날 일어났다.

나는 전날 실수를 만회하려고 데스크에서 가장 일찍 오전 6시경에 출근했다.

늘 그렇듯 그다음으로 출근한 사람은 빌이었다. 한 손에 카푸치노를 든 빌은 아무 말 없이 내 옆을 지나갔다. 내 목덜미를 한 번 꼬집고는 그냥 웃으면서 지나갔다. 이미 설명했듯 내 자리는 데스크의 맨 끝에 있었다. 그래서 트레이더들은 출근할 때면 반드시 나를 지나쳐야 했고 그럴 때마다 나에게 가벼운 장난을 쳤다. 케일럽은 그날따라 기분이 더 좋아

보였고 내 옆을 지나면서 이렇게 말했다.

"개저! 어제 무슨 일이 있었던 거야? 오늘은 좀 괜찮아? 루퍼트가 그런 거야?"

케일럽이 대답을 바란다기보다 놀리듯 말했기 때문에 나는 그냥 웃었고 그 질문을 조금도 심각하게 생각하지 않았다. 그리고 5분 후에 루퍼트가 들어왔다.

"안녕, 루퍼트."

케일럽이 모니터를 응시한 채 고개도 돌리지 않고 루퍼트를 불렀다.

"게리가 오늘 출근해서 당신이 그랬다던데."

케일럽이 그랬듯 나도 고개를 돌릴 필요가 없었다. 루퍼트의 반응을 확인하기 위해 굳이 그의 얼굴을 마주할 필요가 없었다. 나는 그 대신 온 정신을 집중해 정면을 바라보았다.

5분가량 아무 일도 일어나지 않았다. 데스크에는 입도 뻥끗하는 사람이 없었고 나는 다른 어떤 곳도 보지 않고 모든 근육을 총동원해 정면 모니터만 뚫어지게 바라보았다. 당시 내 왼쪽 자리는 여전히 비어있었고 그 빈자리 바로 왼쪽에 루퍼트의 책상이 있었다. 고개를 조금만 옆으로 돌려도 나를 노려보는 루퍼트와 마주하게 되리라는 확신이 들었다.

6, 7분 정도 지났을까. 목을 긁는 듯한 낮은 신음이 들리기 시작했다. 나는 엄청난 노력을 기울여 그 소리를 무시했다. 하지만 신음은 점점 커지더니 더 선명하고 확실한 으르렁거리는 소리로 바뀌었다(그로부터 몇 년 후 교토의 산사에서 멧돼지를 맞닥뜨린 적이 있는데 녀석도 이와 매우 비슷한 소리를 냈다). 그 소리 역시 무시하기 어려웠지만 길은 이미 정해졌다는 생각이 들었다. 인제 와서 고개를 돌려 루퍼트를 마주해 봤자 상황은 더 나빠질 수밖에 없었다. 게다가 으르렁거리는 소리를 들은 사람이 나 하나만은 아

닐 텐데 다들 아무런 말도 하지 않았다. 그래서 나는 자리에 앉아 매우 진지하게 그리고 의도적으로 정면을 바라보았다. 진땀까지 흘려가며 어떤 반응도 보이지 않으려고 안간힘을 썼다.

그때 무언가를 내리치는 소리가 났다. 주먹으로 내리치는 쿵 소리 한 번, 무언가를 부수는 듯한 탕 소리 한 번, 그리고 더 큰 쿵 소리 두 번과 이어지는 쾅 소리 두 번. 그 소리에도 반응하지 않는 것은 인간이라면 불가능했다. 그 물리적 폭력의 다음 대상이 나일 수도 있다는 생각이 본능적으로 밀려왔고 나는 왼쪽으로 고개를 돌려 루퍼트를 바라보았다.

루퍼트는 커다란 두 손을 책상 위에 쭉 펼치고 팔꿈치를 직각으로 구부리고 있었다. 상체는 반쯤 들어 올려 앞으로 숙인 채, 머리는 모니터를 바라보는 대신 오른쪽으로 돌려 우리 사이의 빈자리를 향해 쑥 내밀고 있었다. 결과적으로 이제 우리 둘의 얼굴은 서로 50센티미터 남짓밖에 떨어져 있지 않았다. 그는 미친개처럼 으르렁거리며 이를 갈았다. 트레이더들의 책상 아래에는 작은 문이 두 개 있었는데 문 안에는 컴퓨터 본체가 들어있었다. 루퍼트가 발로 그 문을 미친 듯이 차고 있음이 분명했다. 간헐적으로 그의 몸이 움찔거렸고 그럴 때마다 발치에서 무언가 부서지는 듯한 요란한 소리가 들려왔다. 분명 그 소리는 책상 밑의 문이 그 뒤 금속 받침대와 부딪히고 튕겨 나오며 발생하는 충돌음이었다.

길게 표현했지만 사실 그 모든 상황은 한눈에 들어왔다. 그리고 그 순간 나는 어찌할 바를 몰라 얼어붙은 상태에 빠지고 말았다. 그 광경은 그야말로 굉장했다. 너무 놀라워서 눈을 뗄 수가 없었다.

나는 어린 시절 몇 번 곤경에 빠진 적이 있었다. 몇 차례에 불과했지만 정말로 위험한 사람들과 얽힌 적도 있었고 그러면서 지인들이 중상을 입기도 했다. 나는 위협받는 것이 어떤 것인지 잘 알고 있었다. 하지만 이제껏 나를 향해 개처럼 이를 가는 사람과 맞닥뜨린 적은 없었다.

나는 다시 모니터로 고개를 돌려야 한다고 생각했지만 그 모습에서 눈을 뗄 수가 없었다. 루퍼트는 내 눈길을 알아채고 잽싸게 고개를 돌리더니 나를 보며 약 20초 동안 이를 갈았다. 루퍼트의 몸은 팽팽하다 못해 경련이 일 것 같았다. 자칫하면 분홍 셔츠라는 우리를 뚫고 짐승처럼 나에게 달려들 것 같았다. 하지만 아무 일도 일어나지 않았고 우리 사이에 개입하는 사람도 없었다.

그러다 20초간 펼쳐졌던 광기 어리고 경이로운 순간이 갑자기 막을 내렸다. 나는 재빨리 정신을 되찾았다. 내가 거기, 바로 그곳에 온 이유를 상기했다. 그리고 자제력을 잃어 허우적거리는, 늑대와 다름없는 남자를 바라보는 것은 미친 짓이라는 사실을 깨달았다. 나는 다시 모니터로 고개를 돌렸다. 여전히 으르렁거리는 소리는 들렸지만 이를 가는 소리는 멈추었고 으르렁대는 소리마저 점점 가라앉았다. 나는 그 후로도 한 시간가량 주위를 돌아보지 않았다. 소음은 점점 잦아들더니 결국 멈추었다.

그 후 나도 루퍼트도 그 20초에 대해 서로에게 단 한 번도 언급하지 않았다.

게다가 무엇보다 황당한 사실은 루퍼트가 그날 온종일 그리고 이후에도 계속 그 일에 대해 전혀 화나지 않은 것처럼 행동했다는 것이다.

하지만 나는 클래펌에 가는 횟수를 줄이기 시작했다.

그 후로 곧 많은 변화가 일어났다.

나는 여기서 브로커란 누구인지, 브로커와 함께하는 점심 접대와 저녁 접대가 어떻게 흘러가는지 사람들에게 알려주고 싶었다. 왜냐하면 트레이딩과 관련된 중요한 일 중 상당 부분이 실제로는 트레이딩 데스크에서 일어나지 않기 때문이다. 중요한 일은 더 시티의 고급 술집, 고급 식당, 선술집에서, 또는 윔블던 경기장과 웸블리 경기장에서 일어난다. 라스베이거스에 있는 베니션 호텔(The Venetian)에서 일어날 때도 있고, 스웨덴에 있는 어느 휴양 도시의 요트 위에서 일어날 때도 있다. 그리고 그 모든 과정에서 브로커는 트레이딩 업계가 서로 소통하고 단합하는 데 중요한 역할을 한다(그리고 얼마 지나지 않아 나에게도 내 삶에서 중요한 역할을 할 브로커 한 명이 나타났다).

그런데 그 시기, 브로커와 수없이 만나던 그 시기를 돌이켜 보면서 내가 깨닫게 된 재미있는 사실이 있다. 어떻게 된 영문인지 나는 어떤 것은 기억하지만 어떤 것은 전혀 기억하지 못한다.

예를 들어 내가 갔던 고급 술집, 식당, 선술집의 이름은 거의 기억하지 못한다. 몇 년 후, 트레이딩을 그만두고 어느 정도 시간이 지났을 때 나는 친구의 생일을 축하하기 위해 센트럴 런던에 있는 중식당 하카산(Hakkasan)에 간 적이 있다. 그런데 입구에 들어서고 나서야 강한 기시감이 밀려왔고 내가 그 식당에 한 번이 아니라 여러 번 갔었다는 사실을 깨달았다. 그 순간 불현듯 내가 런던의 최고급 식당은 이미 대부분 가봤을 수 있겠다는 생각도 들었다. 트레이딩 플로어에 있을 당시 나는 이 장소들을 식당으로, 즐겁게 식사하는 장소로 생각해 본 적이 없었다. 그런 장소들은 나에게 언제나 또 하나의 일터에 불과했다. 슈펭글러와 루퍼트가 비싸기만 하고 맛대가리 없는 포도주를 홀짝일 때 나는 오로지 배우고, 좋은 인상을 남기고, 적응하는 것에 우선순위를 두었다.

내가 기억하는 식당 이름은 몇 개 되지 않는다. 이탈리아 식당 르아니마(L'Anima)에서는 난생처음 송아지 고기를 먹었다. 맛있었다. 또 다른 이탈리아 식당 로칸다로카텔리(Locanda Locatelli)에서는 어떤 브로커가 내 신발 한 짝을 훔쳤다. 그리고 내가 그와 더 많이 거래한다는 약속을 해야 돌려주겠다고 해서 그날 나는 신발을 한 짝만 신은 채로 집에 돌아갔다.

이제껏 이야기했던 술자리 외에도 기억나는 저녁 접대가 두어 번 더 있다. 그중에 한 번은 빌이 데리고 나간 자리였다. 빌이 처음으로 나를 데리고 나가기 전까지 나는 그가 늘 과묵하고 술도 전혀 마시지 않을 줄 알았다. 하지만 알고 보니 빌은 엄청난 주당이었다. 그날 밤은 아주 드물게도 젊은 여성 브로커가 함께했다. 사건은 빌이 생맥주 일곱 잔을 마시고 난 후에 일어났다. 빌은 술에 취해 실수로 여덟 잔째 맥주를 여성 브로커의 명품 가방에 그대로 쏟아버렸다. 브로커는 이스트 런던에서 싸움깨나 했을 듯한 분위기를 풍겼지만, 순간 찔끔 나왔던 눈물 한 방울을 말 그대로 눈 속에 도로 빨아들였다. 내 인생을 걸고 맹세하건대 정말 눈물 한 방울이 눈으로 다시 들어갔다. 나는 브로커가 보여준 절제력에 감탄했다. 하지만 안타깝게도 그 브로커를 다시 보지는 못했다.

케일럽이 처음 나를 데리고 나간 날도 기억에 남아있다. 그날 나는 잉글랜드 대표팀 시합을 난생처음 웸블리 경기장에서 직접 관람했다. 어릴 때는 감히 꿈조차 꾸지 못했던 일이었다.

전반전이 끝난 후 케일럽과 나는 귀빈석 뒤편에 있는 안락한 공간에서 브로커들과 함께 술을 마셨다. 그러다가 후반부가 시작되었다는 것을 깨닫고 내가 케일럽의 손목을 잡고 이렇게 말했던 것도 기억난다.

"후반전이 시작됐어요. 이제 가야 해요!"

그러자 케일럽과 다른 덩치 큰 남자들이 손에 든 맥주잔이 흔들릴 정도로 크게 웃으며 술을 다 마시면 가겠다고 말했던 것, 그리고 시합이 끝나기 전에 우리 모두가 경기장을 떠났던 것도 기억난다.

 트레이딩 게임

　반면에 그날 상대 팀이 어디였는지, 어떤 선수들이 뛰었는지, 누가 이겼는지, 누가 골을 넣었는지는 기억나지 않는다. 내 기억에 오리엔트도 그날 시합이 있었다. 하지만 트레이더가 된 후로 나는 더 이상 아빠와 시합을 보러 갈 시간을 낼 수 없었다. 생각해 보면 아빠와 함께했던 시절에는 단 1분도 놓친 적이 없었다. 전반전의 시작, 후반전의 시작, 후반전의 끝, 어느 한순간도 놓치지 않았다. 두세 골 차로 지고 있어도, 날씨가 추워져도 우리는 끝까지 경기장을 지켰다. 아빠는 최종 몇 대 몇으로 끝났는지, 누가 골을 넣었는지 절대 잊지 않았다. 노샘프턴(Northampton)과 치른 홈경기든 그림즈비(Grimsby)와 치른 원정 경기든 모든 경기를 기억했다.

　긴 저녁을 보내고 나면 열차나 택시를 타고 집에 돌아갔던 것도 기억한다. 가끔은 새벽 1시가 되어 집에 들어가거나 더 늦을 때도 있었다. 그 시간이면 부모님과 여동생은 모두 자고 있었다. 나는 그 집에서 워낙 오래 살았던지라 불을 켜지 않고도 가파르고 좁은 계단의 어느 부분을 밟아야 삐걱거리는 소리가 나지 않는지 정확히 알고 있었다. 칠흑 같은 어둠 속에서도 가족들을 깨우지 않으려고 다섯 번째, 여섯 번째, 아홉 번째, 열한 번째 계단의 바깥쪽 부분만 밟으며 살금살금 계단을 오르던 기억도 난다. 그리고 나서 침대로 가 알람을 맞추던 것도, 알람으로 맞춘 시간이 새벽 5시 10분이었다는 것도 기억한다.

4장

사방에서 이런저런 일이 벌어지는 동안 데스크에서는 중대한 변화가 일어나고 있었다.

나는 여전히 매일 아침 7시가 되기 전 출근해 슈펭글러의 어깨 뒤에서 FX 스와프가 무엇인지 배우려고 노력했다. 결점도 많았지만 슈펭글러는 좋은 트레이더이자 좋은 스승이었으며 나에게 많은 가르침을 주었다.

슈펭글러의 가르침을 바탕으로 이제 FX 스와프가 무엇인지 설명해보겠다. FX 스와프, 정식 명칭으로 외환 스와프(Foreign Exchange Swaps)는 간단히 말해 일종의 대출이다. 더 자세히 말하면 담보 대출이다. 쉬운 예를 들어, 전당포에 가서 금시계를 주고 200파운드를 빌린다고 생각해보자. 이 역시 담보 대출이다. 나, 즉 채무자는 200파운드의 대출을 받고, 전당포는 내 금시계를 담보로 돈을 내주는 것이다. 여기서 담보는 채무자가 채권자에게 제공하는 안전장치다. 다시 말해 채무자가 대출금을 갚지 못했을 때 채권자는 이 담보를 처분할 수 있다. 이렇듯 담보는 대출의 위험을 대폭 줄여준다. 또한 이 200파운드짜리 대출은 서로 대출을 주고받는 교환, 즉 스와프라 할 수 있다. 채권자는 채무자에게 일정 기간 돈을 빌려주고 같은 기간 채무자는 채권자에게 금시계를 빌려준다. 그리고 양측은 대출 만기일에 각자의 자산, 돈과 금시계를 돌려받는다. 이게 스와프가 아니면 무엇이겠는가? 제목을 붙이면 '금시계 대 현금' 스와프라 할 수 있다. FX 스와프도 똑같다. 담보로 금시계 대신 외화를 제공한다는 점만 다르다. 다시 말해 200파운드를 빌리면서, 예를 들어 그에 상응하는 유로, 현재 환율을 적용해 보면 232유로를 담보로 제공한다는 뜻이다. 따라서 이 역시 담보 대출이며 금융 시장에서는 이러한 거래를 '통화 대 통화' 스와프, 즉 FX 스와프라 부른다.

여기서 한 가지 의문점이 생길 수 있다. 내가 전당포에 가면 전당포 주인이 아니라 **내가** 이자를 낸다. 돈을 빌리는 사람이 바로 나, 채무자이기 때문이다. 하지만 FX 스와프에서는 **양측이 모두** 돈을 빌린다. 한 사람은 파운드를 빌리고 다른 사람은 유로를 빌린다. 그렇다면 누가 이자를 낼까? 답은 간단하다. 두 사람 다 이자를 낸다. 당시 이자율을 적용했을 때 한 사람은 파운드 이자율인 약 4.5퍼센트의 이자를, 다른 사람은 유로 이자율인 약 3.5퍼센트의 이자를 지급해야 한다. 즉, 양측이 이자를 주고받는 것이다. 하지만 실제 거래에서는 이자 금액이 서로 상계되고 결국 이자율이 더 높은 파운드를 빌린 사람이 유로를 빌린 사람에게 약 1퍼센트에 해당하는 차액을 지급한다.

그렇다면 누가 FX 스와프를 이용할까? 과장이 아니라 FX 스와프는 일간 거래량 기준으로 세계에서 가장 큰 비중을 차지하는 금융 상품이다. 사실상 모든 사람이 이용한다고 할 수 있다. 투자 펀드, 헤지 펀드, 기업 등등 들어오는 돈의 통화와 투자하는 돈의 통화가 다르다면 그 누구라도 FX 스와프를 우선적으로 고려할 것이다. 예를 들어 다국적 의류 회사 갭(The Gap)이 방글라데시에 노동 착취형 공장을 세울 때도, 부모님의 연금 펀드가 일본 주식을 살 때도 FX 스와프를 활용한다.

이게 전부다. 이제 다들 FX 스와프가 무엇인지 감을 잡았으리라 믿는다. 장담하건대 앞으로 어디를 가도 FX 스와프에 대해 이보다 훌륭한 설명을 들을 수는 없을 것이다. 그리고 이 내용은 슈펭글러가 나에게 설명했던 것과 거의 정확히 일치한다. 다른 점이라고는 슈펭글러의 설명이 훨씬 지루하고 길었다는 것밖에 없다.

돌아보면 내가 입사했을 때가 FX 스와프를 배우기에는 적기였다. 오랫동안 트레이딩 플로어의 뒷전으로 밀려났던 FX 스와프가 어떻게든 수익을 내고 있었기 때문이다.

당시 데스크 막내였던 나는 데스크 손익을 매일 취합하면서 자연스레 이 사실을 알게 됐다. 손익은 손실과 이익의 약자로, 그날의 모든 손실과 이익을 상계한 하나의 숫자로 나타난다. 트레이딩 세계에서 진정으로 중요한 것이 바로 이 손익이다. 나는 일과가 끝날 때 데스크의 모든 트레이더에게 가서 그날의 손익 추정치를 받아 왔다.

내가 인턴으로 일했던 2007년만 해도 1년에 1,000만 달러를 벌면 아주 뛰어난 STIRT 트레이더로 여겨졌다. 연 이익이 1,000만 달러가 되려면 단순 계산으로 **매일** 4만 달러를 벌어야 한다. 당시 트레이더가 하루에 그 정도 돈을 버는 경우는 매우 흔했지만 매일 그렇게 버는 트레이더는 없었으며, 누구든 가끔 손실을 보기도 했다. 뛰어난 트레이더만이 1,000만 달러라는 수치, STIRT 트레이더들이 10달러라고 부르던 그 수치를 향해 매일 승점을 쌓듯 손익을 쌓아갔다.

여기서 말하는 손익은 트레이더들이 은행을 위해 버는 돈을 의미한다. 트레이더들이 자신을 위해 버는 돈, 자기 집으로 가져가는 돈이 아니다. 트레이더들은 기본적으로 고정급을 받으며 일하고(당시 내 연봉은 3

트레이딩 게임

만 6,000파운드였는데 나는 그 액수가 어마어마하다고 생각했다) 연말에는 손익을 기준으로 성과급을 받는다. 손익에서 성과급이 계산되는 방식은 매우 불가사의했고 그때 나는 그 과정에 대해 전혀 아는 바가 없었다.

2008년 늦여름에 접어들면서 일간 손익이 증가하기 시작했다. 예전 같았으면 나에게 5만 달러를 벌었다고 이야기하며 만족스러워하던 트레이더들이 일주일에 한두 번은 10만 달러, 심지어 20만 달러를 벌어들였다. 8월 하순 어느 날 빌은 하루에 100만 달러가 넘는 돈을 벌었다. 전례 없는 일이었다.

내가 매일 취합해 뉴욕에 이메일로 보내는 손익 수치는 추정치에 불과했다. 당일 마감 시간이 지나면 컴퓨터 시스템이 모든 트레이더의 일간, 월간, 연간 손익을 정확히 계산한 뒤 그 결과를 메일로 모두에게 전송했다. 8월 말 기준으로 루퍼트, 빌, JB, 슈펭글러, 홍고 등 다섯 명이 **이미** 각자 1,000만 달러 이상을 벌었으며 그중 빌, 슈펭글러, 홍고의 연간 손익은 2,000만 달러를 넘어섰다.

STIRT 트레이더들만이 서로의 손익을 볼 수 있는 것은 아니었다. 트레이딩 플로어의 모든 사람이 내부 웹사이트를 통해 서로의 손익을 볼 수 있었다. 다시 말해, 2008년 3분기로 넘어가는 그 순간 트레이딩 플로어의 모든 트레이더는 호빗을 닮은 백발의 리버풀 토박이, 남아프리카공화국에서 온 바보, 유로 장부의 보조 트레이더, 이렇게 세 명의 STIRT 트레이더가 현재 은행에서 손익 1, 2, 3위를 달리고 있다는 사실을 알 수 있었다.

STIRT의 연간 손익은 내가 정식으로 출근하기 시작한 6월에 이미 이례적으로 높았지만 손익의 대부분은 이후 7월과 8월에 발생했다. 나로서는 그 이유를 알 수가 없었다. 그 상황을 구조적으로 이해한 듯한 사람은 케일럽과 빌뿐이었다. 두 사람은 리보 금리(LIBOR, London Inter-Bank Offered Rate, 런던 은행 간 금리)[7]가 급등해서 이익이 증가했다고 주장했다. 그 설명은 나에게 전혀 도움이 되지 않았다. 점성술사의 점사처럼 모호하고 비과학적으로 느껴졌다. 그나마 데스크의 나머지 트레이더들은 왜 그런 일이 일어났는지 알지도 못할뿐더러 신경 쓰지도 않는 것 같았다. 그들은 진정으로 중요한 것, 수년간 당해온 저평가 끝에 마침내 평생 목표로 삼았던 손익을 달성하고 있다는 사실에 집중했다. 이러한 변화는 그들이 행동하는 방식과 그들이 트레이딩 플로어를 돌아다닐 때 받는 시선에서 확연히 드러났다. JB는 어느 때보다 활기 넘쳤고 그 결과 거의 자리에 앉아있지를 않았다. 이미 트레이딩 플로어의 스타였던 케일럽은 점점 전설적 존재가 되어가고 있었다. 심지어 빌도 조금씩 말을 하기 시작했다. 즐거워 보이지 않는 사람은 루퍼트가 유일했다. 다들 눈치챘겠지만 루퍼트는 3위 안에 들지 못했다.

이러한 전개가 나에게는 예상치 못한 놀라운 일이었지만(물론 기분 좋은 놀라움이었다) 다른 트레이더들은 전혀 놀라지 않는 것 같았다. 그냥 고대하던 생일, 10년 만에 드디어 생일을 맞은 사람들처럼 행동했다. 사실 놀라는 게 무슨 의미가 있었겠는가? 모두 알다시피 물 들어올 때 노를 저어야 하고, 그들 역시 가능한 한 힘차고 빠르게 노를 젓는 데만 전념했다.

솔직히 말하면 나도 노를 젓고 싶었다. 하지만 나는 겨우 FX 스와프

7　런던에서 우량은행끼리 단기자금을 거래할 때 적용하는 금리를 말한다. 국제 금융 시장의 기준 금리로 오랫동안 사용되었으나 2021년부터 단계적으로 폐지되었으며, 2023년 6월 30일 공식적으로 완전히 폐지됐다.

가 무엇인지 알게 되었을 뿐 FX 스와프로 돈을 버는 방법에 대해서는 여전히 제대로 아는 것이 없었다. 슈펭글러에게 물어보고 싶었지만 그도 다른 사람들과 마찬가지로 돈을 버는 데 상당히 집중하고 있었다. 게다가 나는 아직 커버 트레이더 일을 배워야 했다.

그렇게 하루하루가 흘러갔다. 나는 보통 아침 6시 20분경에 출근했기 때문에 빌과 약간의 시간을 보낼 수 있었다. 8월로 접어들면서 빌은 세계 경제가 붕괴할 것이라는 말을 점점 더 많이 했다. 걱정스러워해야 할 내용이지만 빌이 웃고 있었고 엄청난 돈을 벌게 될 거라는 말도 덧붙였기 때문에 나는 그 말을 그냥 비유적인 표현 정도로 받아들였다.

사람들이 모두 출근하면 나는 내 자리에서 한두 시간 정도 몇 가지 행정 업무를 처리했다. 그리고 우리 중 한 사람이 브로커와 점심 약속이 없는 한 슈펭글러 옆에서 온종일 커버 트레이딩을 배우는 데 집중했다.

솔직히 말해서 커버 트레이딩은 어렵지 않았다. 호가 요청을 받으면 알고 지내는 브로커 두 명과 대략적인 시장 가격을 확인한 후 데스크 전용 소프트웨어에 FX 스와프의 거래일, 만기일 등 관련 날짜를 입력했다. 그런 뒤에 소프트웨어가 가격을 제시하면 내가 선호하는 방향에 따라, 즉 내가 돈을 빌리고 싶은지 빌려주고 싶은지에 따라 가격을 약간 올리거나 내려 조정했다. 그게 끝이다. 그리고 거래가 체결되면 그 거래를 계속 보유하거나(내가 선호하는 방향의 거래라면 이 방법으로 이익을 극대화할 수 있다. 물론 반대로 손실을 볼 수도 있다.), 소액의 이익이라도 빠르게 확보하기 위해 즉각적으로 헤지(hedge)[8]하거나, 아니면 조금이라도 돈을 더 벌기 위해

여기저기 흥정을 할지 결정했다. 오래지 않아 나는 케일럽, 슈펭글러, 스누피의 커버 트레이더가 되었다.

9월로 접어들면서 두 가지 새로운 일이 발생했다. 첫째, 졸업생 취업 프로그램이 본격적으로 시작되면서 내 또래의 아이들, 초보 중의 초보들이 건물 맨 위층으로 몰려왔다. 그리고 거기서 여러 수업을 들으며 금융 관련 시험을 준비했다. 나도 물론 그 시험을 봐야 해서 위층으로 올라가야 했다. 둘째, 세계 종말이 조금씩 현실화되기 시작했다.

트레이더들의 스피커 박스에는 똑같은 모양의 버튼이 여러 개 있었다. 대부분은 브로커와의 통화용이었으나 그 바로 옆에 특별한 기능을 가진 버튼이 하나 더 있었다. 이 버튼을 누르고 말을 하면 확성기처럼 트레이딩 플로어의 모든 스피커 박스에서 내 목소리가 흘러나왔다. 트레이더들은 이 확성기 버튼 때문에 종종 실수를 저질렀다. 점심시간에 술을 마시다 늦게 돌아와서는 방금 자신을 접대한 브로커에게 비난을 퍼부으려다 실수로 이 버튼을 누르는 일도 있었다. 그러면 당연히 모두가 그 이야기를 듣게 되고 여기저기서 웃음이 터져 나왔다.

케일럽이 매일 아침 이 확성기 버튼을 누르고 짧은 회의를 하기 시작했다. 케일럽은 그 회의에서 리보 금리 현황에 관해 이야기했지만 나는 여전히 그 숫자들의 변화가 국제 금융 시스템과 세계 경제에 어떤 영향

을 활용해 제거하는 것을 의미한다. 하지만 트레이딩 세계에서는 그보다 넓은 의미로 트레이더가 고객 거래든 자기거래든 거래를 체결한 후 포지션을 청산하는 행위도 헤지라고 부른다. 좀 더 자세히 설명하면, 트레이더가 자산을 매수하거나 매도했을 때는 그 거래 금액만큼 각각 매수 포지션 또는 매도 포지션이 발생했다고 표현하며 그처럼 포지션을 정리하는, 즉 반대 거래를 하는 행위를 헤지라고도 부른다.

트레이딩 게임

을 미치는지 완전히 이해하지 못하고 있었다.

하지만 이제 국제 금융 시스템이 붕괴한다는 예측이 '불가능'의 영역에서 '거의 일어나지 않을 것이 확실함'의 영역으로, 거기서 그다음 단계인 '매우, 매우 희박함'의 영역으로 빠르게 이동하고 있다는 것은 분명했다. 그리고 '매우, 매우 희박함'이라는 말은 그 사전적 의미와 달리 내게 불안감을 주었다.

하지만 STIRT 데스크에서 이 문제에 대해 신경 쓰는 사람은 전혀 없는 것 같았다. 오히려 다들 꽤 행복해 보였다. 리보 금리가 높아질수록 그리고 국제 금융 시스템이 더 많이 무너질수록 다들 돈을 더 많이 버는 듯했다.

사태의 요지는 간단했다. 신용 데스크(지난 여름 내가 인턴으로 일했던 신용 트레이딩 데스크와 마틱이 밤마다 잠을 청했던 신용 구조화 데스크가 여기에 속한다)에서 딱 봐도 쓸모없는 쓰레기를 수십억 달러를 받고 세상에 팔았다. 그런데 그 중 꽤 많은 양을 우리 은행에 팔아먹지만 않았어도 상황은 그렇게 나쁘지 않았을 것이다.[9] 이 부분은 정말 큰 실수였다. 우리 은행뿐 아니라 크레디트스위스(Credit Suisse), 도이치은행, JP모건의 신용 데스크도 모두 똑같은 짓을 저질렀고, 이제 관련된 모든 은행이 파산할 것이라는 예측이 점점 사실로 굳어지고 있었다.

---

9   신용 데스크가 자기가 속한 은행에 상품을 판다는 의미가 쉽게 이해되지 않을 수 있지만, 대형 은행에서는 부서 간 거래가 드물지 않게 일어난다. 또한 개발한 상품을 전부 매각하지 않고 자기 포지션으로 일부 보유하기도 한다. 예를 들어, 신용 데스크가 CDO를 개발하면 대부분은 투자자에게 매각하지만 씨티은행을 비롯한 일부 은행들은 2008년 당시 이 CDO를 자기 자산으로 보유하고 있었다. 이는 은행의 자체 투자 목적일 수도 있고 외부 투자자에게 판매하지 못한 잔량일 수도 있다.

이 상황에 대한 STIRT 데스크의 입장은 미묘했다. 우선은 국제 금융 시스템과 세계 경제의 몰락에 우리 고용주가 한몫한 것에 대해 우리 모두에게 도덕적 책임이 있다고 생각했다. 당연히 이건 농담이다. 그렇게 생각하는 사람은 아무도 없었다. 도대체 우리가 왜 그렇게 생각하겠는가? 모든 사태는 신용 트레이더들, 그 멍청이들 때문에 일어났다. 신용 트레이더들은 트레이딩 플로어의 다른 쪽 끝에 있었는데 하나같이 분홍색 셔츠를 입은 꼴이 살진 돼지들 같았다. 그 돼지들, 그 빌어먹은 놈들은 오랫동안 우리보다 훨씬 많은 돈을 벌었다. 이제는 우리가 돈을 벌 차례였다.

트레이더들의 일간 손익이 100만 달러를 넘는 횟수가 일주일에 두세 번으로 늘어났다. 우리 고용주가 곧 파산할 것이라는 소식에 신경 쓰는 사람은 전혀 없었다. 다들 구제 금융을 받게 되리라 생각했고 그에 대한 농담을 주고받았다.

"정부가 어떻게 할까?"

"뭣도 모르는 공무원들이 와서 여기를 관리한다는 건가?"

그렇게 한바탕 웃고 난 후 우리는 다시 엄청난 돈을 벌었다.

정확히 말하면 나는 여기서 예외였다. 나는 돈을 벌지 못했다. 대신 사람들이 어떻게 그토록 많은 돈을 벌 수 있는지 정확한 방법을 알아내려고 부단히 노력했지만, 그것도 쉽지 않았다. 하지만 모두가 웃을 때는 나도 함께 웃었다.

그런데 바로 그때 사건이 발생했다.

리먼브러더스가 파산하리라 생각한 사람은 아무도 없었다.

내 친구 두 명도 리먼브러더스에서 일하고 있었다. 한 명은 사가르 말데였다. LSE 동급생, 케냐에서 온 정말 착한 친구, 바로 그 친구가 리먼브러더스에서 일하고 있었다. 사가르는 트레이딩 데스크에서 이제 막 졸업생 취업 프로그램을 시작한 상태였다. 나머지 한 명은 고등학교(내가 퇴학당한 고등학교) 때 친구로 이름은 잘페시 파텔이었다. 잘페시는 소수 민족을 위한 다양성 정책의 일환으로 리먼브러더스에 입사했고 그 역시 이제 막 일을 시작한 상황이었다.

이 두 친구도 리먼브러더스가 파산할 것이라고는 생각지 못했다.

상대적으로 약간 규모가 작은 미국계 투자은행 베어스턴스(Bear Stearns)는 불과 몇 달 전 '탄광 속의 카나리아'[10]처럼 죽고 말았지만 어쨌든 구제 금융을 받았다. 그래서 모두가 리먼브러더스도 구제 금융을 받으리라 생각했다.

적어도 케일럽은 매일 아침 회의에서 그렇게 말했다.

그러나 예상과 달리 리먼브러더스는 구제 금융을 받지 못했고 사가르와 잘페시도 직장을 잃었다. 두 사람 모두 입사한 지, '리먼브러더스'라는 로고가 박힌 작은 더플백을 들고 다닌 지 불과 2주일이 지났을 때였다.

나는 일자리를 잃은 친구들이 안타까웠지만 한편으로는 이런 생각을 했다.

'원래 다 그런 거 아닌가? 그러니까 더 나은 은행을 선택했어야지.'

또 다른 한편으로는 이런 생각도 들었다.

'게리, 무슨 헛소리야? 너도 그 젠장맞을 카드 게임 덕에 얼떨결에 여기 왔어. 사전 조사를 한 게 아니잖아. 게다가 네 고용주도 파산했어. 운이 나빴으면 네가 저 TV에 나와서 씨티은행 더플백에 짐을 챙기고 있

---

10 탄광에서 유해 가스를 미리 감지하는 역할을 했던 카나리아를 빗댄 경제 용어로 재앙이나 위험을 예고하는 조기 경보를 뜻한다.

었을 거야.'

솔직히 마음 한구석에서 실제로 그런 생각을 했는지, 아니면 이제 와서 양심의 가책을 덜고자 그런 생각을 했다고 믿고 있는 것인지 나도 잘 모르겠다. 왜냐하면 당시 나를 가장 크게 지배했던 생각은 결국 하나였기 때문이다.

'젠장, 나를 위한 파티는 아직 끝나지 않았어. 다들 여기서 돈을 벌고 있잖아. 음악도 멈추지 않았다고.'

물론 그 생각에는 한 가지 특별한 문제가 있었다. 모두들 눈에 빤히 보이는데도 못 본 척하는, 방 안의 코끼리 같은 커다란 문제가 말이다. 바로 내 고용주 역시 그 시점에서 누가 봐도 망해가고 있었다는 것이다. 그 사실은 뇌가 반밖에 없는 사람이라도 알 수 있었다. 심지어 나조차도 알고 있었다.

그래서 케일럽이 아침 회의에서 우리 은행이 가까운 시일 내 파산할 가능성이 더 이상 '매우, 매우 희박함'이 아니라 '25퍼센트 미만'이라고 알렸을 때 나는 이상하게도 이전보다 더 안도감이 들었다.

하지만 9월 15일 월요일 오전 9시, 내가 채권 관련 수학에 대해 배우려고 꼭대기 층으로 올라갔을 때, 그리고 졸업생 취업 프로그램에 참여하고 있는 다른 스물한 살짜리 풋내기들에게 그 25퍼센트 미만의 가능성에 대해 말해주었을 때, 그 풋내기들은 정말이지 그 사실을 전혀 모르고 있었다. 그때 그 아이들이 지었던 표정, 그 경악에 찬 표정을 지금도 잊을 수가 없다.

결과적으로 케일럽의 예측은 맞았다. 아니, 어쩌면 틀렸을 수도 있다. 이런 확률적 예측은 옳은지 그른지 확실히 판단하기가 매우 어렵다. 낮은 확률의 사건이 실제로 발생했다고 해서 예측이 잘못되었다는 의미도 아니고 발생하지 않았다고 해서 예측이 무조건 맞았다는 의미도 아니기 때문이다.

어쨌든 우리는 구제 금융을 받았고 나는 내 일을 계속했다. 씨티은행 더플백에 짐을 싸지 않아도 됐다. 돌이켜 보면 정말 천운이었다는 말밖에는 달리 표현할 말이 없는 상황이었지만 당시에는 우리 중 누구도 감사함을 느끼지 못했다.

구제 금융이 결정된 바로 다음 주 월요일, 2008년 10월 6일 나는 여전히 스물한 살이었고 오전 6시 10분에 출근했다. 내가 데스크로 걸어갔을 때 빌은 이미 자리에 앉아있었다. 그곳에는 우리 둘밖에 없었고 아직 이른 시간이라 밖은 어두웠다. 빌은 여느 때처럼 자기 자리에 몸을 웅크리고 앉아있었다. 그의 등 뒤 창문으로 어두운 하늘이 보였다. 그는 이미 내 쪽을 바라보고 있었다. 그리고 새끼 원숭이처럼 입이 찢어질 듯 미소를 지으며 미친 사람처럼 나에게 고갯짓을 했다. 이 모든 것이 전혀 그답지 않은 행동이었지만 빌은 지난주에 3,000만 달러를 벌었다. 이제 은행이 파산하지 않게 되었으니 합당한 성과급을 받을 것이다. 그는 행복했다. 지금까지도 나는 그 주에 빌이 실제로는 3,000만 달러가 아닌 1억 달러가 훨씬 넘는 돈을 벌었고 일주일 내내 추가 이익을 숨겼다고 어느 정도는 확신하고 있다. 빌이 어떻게 그처럼 많은 돈을 벌었는지는 곧 설명하겠지만 지금 말하고 싶은 가장 중요한 사실은 빌이 행복했다는 것이다. 그리고 나는 빌을 무척 좋아했다. 그 말은 곧 나도 행복했다는 뜻이다.

그다음으로, 6시 30분도 안 되었는데 케일럽이 들어왔다. 이례적으로 이른 시간이었다. 얼마 지나지 않아 다른 트레이더도 모두 출근했다. 모두에게 평소보다 훨씬 이른 시간이었다. 트레이딩 플로어 전체에 다른 사람은 거의 없었고 우리만 그 어둠 속에서 빛나는 모니터 벽 앞에 앉아 있었다. 마치 자정 미사에 참석한 것 같았다.

다들 아무 말도 하지 않았다. 그러다 빌이 의자를 통로 쪽으로 돌려 케일럽 바로 옆으로 다가가더니 이런 질문을 했다.

"케일럽, 구제 금융에 대해 어떻게 생각해?"

모두가 몸을 돌려 두 사람을 쳐다봤지만 케일럽은 빌을 향해 몸을 돌리지 않았다. 그는 그대로 정면을 바라보며 왼손을 들어 턱을 받치더니 잠시 생각에 잠겼다. 그리고 약간 슬픈 표정으로 이렇게 말했다.

"잘 모르겠어…. 그냥 지금으로선 아버지한테 재정적 도움을 받은 기분이야."

나는 그 이전에도, 이후에도 트레이딩 업계 종사자가 구제 금융을 매우 미미하게나마 윤리적 측면에서 이야기하는 것을 들은 적이 없다. 이때가 처음이자 마지막이었고 또 유일했다.

두 사람의 짧은 대화가 끝난 후 모두가 다시 모니터로 고개를 돌리고 트레이딩을 재개했다. 그리고 다들 지금까지 트레이더로서 살아오며 번 돈보다 더 많은 돈을 벌었다.

그렇다면 리먼브러더스 사태와 구제 금융이 STIRT 데스크에 어떻게 그렇게 많은 수익을 가져다줄 수 있었을까?

당시 전 세계, 특히 미국의 거의 모든 주요 은행이 파산했고 그 결과 은행들은 다음과 같은 두 가지의 단순한 이유로 서로에 대한 대출을 중단했다.

첫째, 파산을 앞둔 사람에게 돈을 빌려줘서는 안 된다.

둘째, **자신이** 파산을 앞두고 있다면 남에게 돈을 빌려줘서는 안 된다.

이 두 가지는 평생 잊지 말고 지켜야 할 규칙이다(여러분도 따로 적어두기를 바란다).

이러한 이유로 아무도 돈을 빌려주지 않으니 대출 이자율이 높아졌다. 그리고 앞서 설명했듯 FX 스와프도 기본적으로 대출에 해당한다. 그런데 FX 스와프는 단순한 대출이 아니라 담보 대출이다. 즉, 채무자가 파산해도 큰 손실을 보지 않는다는 뜻이다. 따라서 전 세계가 파산 직전에 있던 당시 FX 스와프는 이용 가능한 유일한 대출이 되었고 우리는 트레이딩 플로어의 유일한 자원이 되었다.

이 모든 상황은 스프레드의 폭발적 증가로 이어졌다. 트레이딩 게임을 설명할 때 예로 들었던 호가로 돌아가 보자. 그 게임에서 제시된 호가의 범위는 67-69였다. 즉, 67에 매수하고 69에 매도한다는 뜻으로 스프레드가 2였다. 그런데 갑자기 그 호가가 47-89가 되었는데도 양쪽에서 매수와 매도 거래가 꾸준히 이루어진다고 상상해 보라. 매수자 한 명과 매도자 한 명이 나타나 거래가 체결되면, 그 자리에서 전에는 2의 이익을 얻었는데 이제 42의 이익을 확보할 수 있다. 귓가에 이런 소리가 들리지 않는가?

'어서 오세요. 여기는 뷔페니까 가능한 한 많이 드세요.'

그리고 다들 그 말대로 먹어치웠다. 그중에서도 슈펭글러가 최고였다.

슈펭글러는 언제나 광적이었다. 돈을 버는 것도 고객을 등쳐먹는 것도 광적으로 좋아했다. 한마디로 뼛속까지 트레이더였다. 7월 어느 날 고객에게 너무 심한 바가지를 씌운 나머지 담당 세일즈가 돌아와 슈펭글러에게 불평을 늘어놓은 적이 있었다. 그때 케일럽이 무슨 일이냐고 묻자 자리에 앉아있던 슈펭글러는 화가 난 듯 두 팔을 활짝 벌린 채 케일럽을 올려다보았다.

"내 잘못이 아니에요. 그게 내 일이잖아요."

케일럽은 아들을 바라보는 아버지처럼 슈펭글러를 내려다보며 그의 어깨에 팔을 둘렀다. 그리고 그에게 몸을 기댄 채 이렇게 말했다.

"네 일은 고객을 등쳐먹는 게 아니라 고객을 등쳐먹고 나서도 웃게 하는 거야."

나는 항상 그 말을 기억했다. 하지만 슈펭글러는 가끔 그 말을 잊었고 리먼브러더스 사태 이후에는 더 자주 잊어버렸다.

구제 금융이 확정된 지 일주일이 채 지나지 않은 어느 날 슈펭글러는 한 고객을 거의 착취하다시피 해서 200만 달러를 벌어들였다. 그러니까 단 한 번의 거래로 200만 달러를 벌었다는 뜻이다.

그날 슈펭글러는 너무 흥분한 나머지 의자에서 통로 쪽으로 뛰어내리더니 한쪽 무릎을 완전히 바닥에 꿇은 런지 자세를 취했다. 크림색 바지가 그의 체구를 감당하지 못해 곧 찢어질 듯했다. 그리고 그 무거운 머리를 흔들면서 커다란 입을 떡 벌리고는 허공에 주먹을 휘둘렀다. 그 모습이 너무 외설스럽고 터무니없이 끔찍해서 모두가 의자를 돌려 그가 하는 짓을 멍하니 지켜보았다.

그때 케일럽이 의자에서 튀어 올라 보안 요원이 경기장을 가로지르는 미치광이의 알몸을 감싸듯 슈펭글러를 껴안았다. 그리고 어깨를 잡고 몸을 앞으로 숙이더니 코가 서로 거의 맞닿아 있는 상태로 조용히 말했다.

"대체 뭐야? 무슨 짓을 하는 거냐고?"

케일럽이 계속 되묻자 슈펭글러는 고개를 뒤로 젖히고 입술을 바르르 떨었다. 그렇게 뭔가 말하려 했지만 제대로 된 말은 나오지 않았다. 입에서 나오는 말이라고는 '하, 하지만, 하, 하, 하지만 나는….'이라는 단어 몇 개뿐이었다.

결국 케일럽이 트레이딩 플로어 건너편을 가리키며 슈펭글러에게 속삭이듯 말했다.

"저기를 봐. 저쪽을 보라고. 저 사람들 보여? 저 사람들, 이번 주에 일자리를 잃게 될 거야. 알아들었어? 저 사람들은 이번 주에 여기를 떠나야 하는데 너는 지금 미친놈처럼 주먹을 휘두르고 있네. 젠장, 도대체 무슨 짓을 하는 거냐고! 여기서 계속 돈을 받고 싶어? 그러면 이렇게 하면 안 되지. 그래? 돈을 받고 싶어?"

(이 대화에서 '돈을 받고 싶어?'라는 질문을 기억해야 한다. 뒤에서 풀어가겠지만 이 질문은 당시 트레이딩 플로어를 지배했을 뿐만 아니라 장차 내 삶을 지배하게 된다.)

이 모든 이야기가 진행되는 과정에는 문제, 그것도 아주 큰 문제가 있었다. 문제가 무엇인지 이미 눈치챈 사람이 있을지도 모르겠다.

STIRT 데스크의 트레이더들이 돈을 버는 이유는 스프레드가 엄청나게 확대되었기 때문이다. 그렇다면 이 큰 스프레드에서 돈을 버는 사람은 누구일까? 앞서 이야기했듯이 돈을 버는 사람은 장부를 운용하는 사람들이다. 슈펭글러는 스캔디즈 트레이더였기에 스캔디즈 스프레드에서 돈을 벌었고, JB는 엔 트레이더였기에 엔 스프레드에서 돈을 벌었다. 같은 이유로 루퍼트는 유로 스프레드에서 돈을 벌었고 빌은 파운드 스프레드에서 돈을 벌었다.

그렇다면 나는 어떤 장부를 가지고 있었을까? 나는 장부가 없었다. 그렇다면 나는 얼마나 벌었을까? 젠장, 하나도 못 벌었다.

그것이 문제였다.

이럴 때는 새로운 계획이 필요하다.

다들 돈을 벌고 있는데 나는 장부가 없어서 돈을 벌 수 없다면 어떻게 해야 할까? 이 상황에서 어떻게 돈을 벌 수 있을까?

트레이딩 플로어에는 누구보다 돈을 많이 버는 사람이 한 명 있었다. 바로 빌이었다.

빌은 뭘 해서 그토록 많은 돈을 벌었을까?

알고 보니 빌이 하고 있던 일은 다음과 같았다.

빌은 한동안 세계 경제에 회의적이었다. 얼간이들에게 돈을 빌려주는 것만으로는 경제가 잘 굴러갈 리 없다고 믿으면서 글로벌 부채 규모의 증가세를 주시하고 있었다. 또한 수학 천재였던 신용 트레이더들을 버릇없고 돈만 많은 멍청이들이라고 생각했으며(지금 생각해 보니 그의 평가가 맞았던 것 같다) 그들이 한 멍청한 짓이 언젠가 큰 재난을 불러일으키리라 예상했다.

문제는 빌이 그 사실을 너무 일찍 알았다는 데 있었다. 빌은 수년간 이 재난에 베팅했고 그로 인해 지난 3년 동안 매해 수백만 달러의 비용이 발생했다. 이로써 왜 빌이 지금까지 씨티은행에서 눈에 띄는 수익을 내지 못했는지, 왜 루퍼트가 빌을 바보라고 생각했는지가 모두 설명된다.

결과적으로 빌은 멍청이가 아니었다.

빌이 실제로 한 일을 좀 더 자세히 설명하면 다음과 같다. 기본적으로 빌은 만기별 이자율의 차이가 심화하리라는 데 베팅했다. 자, 예를 들어 3개월 동안, 즉 90일간 돈을 빌려야 한다고 상상해 보라. 어떻게 해야 할까? 아마도 은행, 엄마, 마피아, 아무튼 상대가 누구든 일단 찾아가서

90일간 돈을 빌려달라고 할 것이다. 그렇지 않은가? 하지만 이 경우 대형 은행, 투자 펀드, 기업 등에는 다른 방법이 있다. 그런 대형 조직들은 씨티은행 같은 대형 대출기관에 전화를 걸어 **단 하루만** 돈을 빌려달라고 요청할 수 있다. 물론 하루가 아니라 90일 동안 돈을 빌려야 하니 언뜻 보면 이 방법으로는 문제를 해결할 수 없겠다는 생각이 들 수 있다. 하지만 사실 그 부분은 큰 문제가 아니다. 대출 만기일이 되면, 그러니까 바로 내일이 되면, 또 다른 대형 기관인 도이치은행에 가서 하루 동안 돈을 빌리면 된다. 결과적으로 이제 총 이틀 동안 돈을 빌린 셈이다. 이런 식으로 90일 동안 매일 돈을 빌리면 자금 문제가 해결된다. 요약하자면 90일 동안 돈을 빌려야 할 때 기본적으로는 두 가지 선택지가 있다. 90일간 한 번 대출을 받을 수도 있고 하루짜리 대출을 90번 받을 수도 있다.

그렇다면 사람들은 어느 쪽을 선택할까? 대다수가 선호하는 방법은 어느 쪽일까? 보통은 90일 동안 한 번 대출하는 쪽을 택한다. 그래야 모든 것을 미리 계획할 수 있고, 전체 이자율도 미리 알 수 있다고 생각할 것이다. 하지만 국제 금융 시장에서는 미래에 실행할 대출을 미리 체결할 수 있다. 쉽게 표현하면 90일 이후에 실행할 대출 조건을 오늘 정할 수 있다. 따라서 한 번에 대출을 받든 90번에 나누어 받든 모두 이자율을 미리 정할 수 있다.

그렇다면 정답은 무엇일까? 간단하다. 자신이 **돈을 빌리는** 쪽이라면 90일 만기 대출을 선호하고, **대출을 해주는** 쪽이라면 만기가 하루인 대출을 선호한다. 예를 들어 돈을 빌려주는 쪽, 즉 채권자가 90일간 돈을 빌려준 상태에서 돈을 빌린 채무자가 25일째 되는 날 파산한다면 채권자도 곤경에 빠지게 된다. 하지만 채권자가 돈을 하루만 빌려줬다면 채권자에게는 아무 문제가 발생하지 않을 것이다. 반대로 채무자는 하루 동안 돈을 빌렸다가 25일째 되는 날 자신이 파산을 앞두고 있다는 사실을 알게 된다면 어떻게 손쓸 도리 없이 망할 것이고, 90일간 돈을 빌린 상태였을 땐 어쩌면 기사회생할 수도 있는 것이다.

물론 2008년 이전에는 이런 문제를 신경 쓰는 사람은 없었다. 은행이 파산할 리 없었기 때문이다. 하지만 2008년이 되자 상황이 완전히 바뀌었다. 90일 만기 대출 시장은 완전히 증발한 반면 1일 만기 대출 시장은 거의 변동이 없었다. 그리고 이런 상황이 펼쳐지리라는 것을 예측한 사람은 더 시티 전체에서 백발의 호빗족, 빌뿐이었다. 빌은 지난 수년간 이런 사태가 벌어질 것이라는 데 베팅했다. 그리고 마침내 사태가 발발했을 때 한 주에 수천만 달러를 벌어들였고 이후에는 훨씬 더 많은 돈을 벌었다. 지나고 보니, 세계 경제가 붕괴할 것이라던 빌의 말은 비유적 표현이 아니었다. 몇 년 동안 비웃음을 샀던 그 말이 맞았다. 그리고 장담하건대 빌은 당시 상황을 즐기고 있었다.

누구라도 그랬을 것이다.

여기서 문제는 그가 어떻게 돈을 벌었는지는 알아냈지만 내 문제가 해결되지는 않았다는 것이다. 베팅은 이미 끝났다. 나는 2주 전에 베팅해야 했다. 누군가가 한 번의 베팅으로 이미 4,000만 달러를 벌었다면 일반적으로는 지금 그 시장에 뛰어들기보다 그러기에는 너무 늦었다는 데 베팅하는 편이 더 나을 수 있다.

그렇다면 그 상황에서 나는 어떻게 했을까? 나는 슈펭글러에게 돌아갔다.

빌을 제외하면 슈펭글러가 데스크에서 예상보다 훨씬 더 많은 수익을 올린 유일한 트레이더였다.

엄밀히 말하면 수익성으로 두 번째는 아니었다. 두 번째로 수익성이 높은 트레이더는 그해에 빌과 마찬가지로 1억 달러 이상의 수익을 올린 홍고였다. 하지만 홍고는 유로를, 슈펭글러는 스캔디즈를 거래했다. 데스크에는 어떤 장부가 가장 수익성이 높은지에 관해 명확한 서열이 있었고 거기에서 스캔디즈는 거의 밑바닥에 있었다.

그런데도 슈펭글러는 어떻게 그렇게 많은 돈을 벌었을까? 슈펭글러를 설득해서 방법을 알아낸다면 나도 돈을 벌 수 있을 것 같았다.

리먼브러더스 사태 직후에는 생각할 겨를이 없었다. 다들 자기 장부로 돈 벌기 바빠 커버 트레이딩을 하려는 사람이 없는 데다 케일럽은 고위 경영진들을 만나러 다니느라 계속 자리를 비웠다. 케일럽이 그렇게 해야만 데스크 내 모든 사람이 성과급을 제대로 챙겨갈 수 있었다. 그래서 난 거의 하루 종일 커버 트레이딩을 해야 했다.

다행히 11월이 되자 시장이 조금 진정되기 시작했고 케일럽도 다시 데스크로 돌아왔다. 이제 슈펭글러의 뒤편으로 돌아갈 수 있었다. 당시 슈펭글러는 이미 엄청난 돈을 벌고 있었다. 슈펭글러는 어린 축에 속했지만 그해 은행에서 손꼽히는 트레이더 중 한 명이 될 것이 분명했다. 그 사실이 그의 거만함을 더욱 부추겼지만 나에게는 전혀 문제가 되지 않았다. 슈펭글러는 잘난 척하고 싶을 때 항상 두 가지 주제, 바로 트레이딩과 자기 자신에 대해 이야기했다. 이 두 가지 주제는 내 관심사와 완벽히 일치했다.

내가 슈펭글러에게 어떻게 그렇게 많은 돈을 벌었는지 물었을 때 슈펭글러는 자신이 사용하는 거대한 스프레드시트를 보여주었다. 걸작이었다. 슈펭글러는 스프레드시트를 활용해 스웨덴 크로나, 속칭 스토키 FX 스와프 시장 전체를 개별 날짜로 세분했다. 12월 14일에 스토키를 빌리는 데 비용이 얼마나 들까? 5월 23일에는 어떨까? 이렇게 날짜별로 따로따로 분석해 현재 시장 가격과 자신이 생각하는 적정 가격을 비교했으며 그 모든 것을 스프레드시트에 기록했다. 슈펭글러는 스프레드시트를 내 이메일로 보내주었고 나는 그 걸작을 그 후 오랫동안 사용했다.

슈펭글러는 스프레드시트를 보여주면서 자신이 잡은 '포지션(position)'의 특징을 일일이 설명해 주었다. 슈펭글러가 각각의 포지션을 잡을 때는 저마다 특별한 이유가, 내가 이해할 수 없는 난해한 이유가 있었다. 여기서 포지션이란 트레이더들이 정해진 시간 내 체결한 모든 거래를 통틀어 이르는 말이며, 스토키 FX 스와프 시장의 경우 특정 날짜에 트레이더가 얼마나 많은 스웨덴 크로나를 빌려주거나 빌렸는지를 의미했다.

그런데 슈펭글러의 포지션에 관한 설명을 듣다가 한 가지 특이한 양상이 눈에 들어왔다. 슈펭글러는 **매일** 스웨덴 크로나를 빌렸다. 알다시피 FX 스와프는 대출이다. 하지만 FX 스와프는 말 그대로 교환, 즉 스와프이기도 하다. 다시 말해 쌍방향 대출이다. 돈을 그냥 빌리는 것이 아니라 동시에 빌려준다. 슈펭글러가 스웨덴 크로나의 대가로 빌려준 것은 미국 달러였다. 나는 이 상황이 약간 이상하게 느껴졌다. 상식적으로 스웨덴 크로나가 싼 날에는 크로나를 빌리고, 반대로 비싼 날에는 이 통화를 빌려줘야 하지 않을까? 하지만 슈펭글러는 그렇게 하지 않았다. 스프레드시트에 따르면 슈펭글러는 앞으로 2년 동안 매일 스웨덴 크로나를 빌리고 그 대가로 미국 달러를 빌려주기로 되어 있었다. 매일 달라지는 것은 금액뿐, 방향이 달라지지는 않았다.

왜 그랬을까?

그날 오후 늦게 시간이 좀 났을 때 나는 다른 트레이더들의 장부를 살

퍼보았다. 빌도 매일 미국 달러를 빌려주고 있었다. 스누피도 규모가 작기는 했지만 마찬가지였으며 케일럽과 JB도 그랬다. 장부에는 향후 2년 동안 매일 달러를 빌려주는 거래만 있었다.

그날 집에 가기 전 나는 슈펭글러에게 돌아가 물어봤다.

"왜 다들 달러를 빌려주는 거죠? 왜 아무도 달러를 빌리지 않는 거죠?"

슈펭글러는 나를 한심하다는 듯 쳐다봤다.

"우리가 왜 미국 달러를 빌려? 달러를 빌리는 건 등신짓이야."

나는 표정을 바꿔가며 최대한 등신처럼 보이지 않기 위해 노력했다. 하지만 내 노력이 성공적이지 못했는지 슈펭글러가 깊은 한숨을 내쉬며 스프레드시트를 열었다.

"자, 지금 달러 이자율이 얼마야? 1퍼센트야. 그렇지? 그리고 0퍼센트대로 내려가고 있어. 그런데 여기 FX 스와프 거래에 적용되는 이자율을 봐 봐."

슈펭글러가 스프레드시트 모서리에 있는 숫자 몇 개를 수정했다.

"3퍼센트가 넘어. 우리가 FX 스와프에서 달러를 빌려주면 이자로 3퍼센트를 넘게 받을 수 있다는 말이지. 눈먼 돈이야. 공짜라고."

두 번 들을 필요가 없는 완벽한 설명이었다. 슈펭글러가 여전히 떠들고 있었지만 더는 귀에 들어오지 않았다. 나도 거래를 하고 싶었고 그러려면 어떻게 말을 꺼내야 할지 고민하느라 정신이 팔린 상태였다. 하지만 오래 고민할 필요가 없었다. 내가 무슨 말을 해야 할지 한창 생각하고 있을 때 슈펭글러가 나를 똑바로 바라보며 이렇게 말했다.

"그래서? 너도 좀 해볼래?"

이때 내가 뭐라고 대답했을까?

여기서 잠시 시간을 두고 이제껏 배운 것을 되짚어 보자.

FX 스와프는 기본적으로 대출이다. 다만 양측이 상대방에게서 서로 다른 통화를 빌리는 쌍방향 대출이다. 따라서 이론적으로는 둘 다 이자를 내야 하지만 실제 상황에서는 결국 한 사람만 이자의 차액을 지급하면 된다. 예를 들어 파운드 이자율이 3퍼센트고 달러 이자율이 2퍼센트라면 파운드를 빌린 사람이 이자율 차이인 1퍼센트를 지급하는 식이다.

그렇다면 개별 통화에 적용되는 이자율은 누가 정할까?

자기가 거주하는 나라의 수도 어딘가에, 본인이 유럽인이라면 프랑크푸르트 어딘가에 정말 멋지고 오래된 건물이 있을 것이다. 사람들은 그 건물을 중앙은행(Central Bank)이라 부른다. 중앙은행을 구분하는 방법은 매우 쉽다. 잉글랜드은행(Bank of England), 일본은행(Bank of Japan)처럼 해당 국가명 뒤에 은행이 붙어있으면 대부분 중앙은행이다. 물론 예외도 있다. 미국의 중앙은행은 연방준비은행(Federal Reserve) 또는 연준(Fed)으로 불리고 유럽의 중앙은행은 글자 그대로 유럽중앙은행(European Central Bank, ECB)으로 불린다. 그 멋진 건물은 엄마 치마폭에 싸여 자란 상류층 관료들로 채워져 있다. 이 실전 경험이 전혀 없는 학자형 관료들은 자국 경제가 서서히 붕괴하는 것을 막아보려 노력하지만 매년 처절히 실패하고 만다. 그러고는 나무로 장식한 우아하고 오래된 식당에서 멋진 저녁 식사를 즐기며 자신을 위로한다. 잘 모르는 사람도 있겠지만 이 관료들은 사람들의 인생에 막대한 영향을 미친다. 그리고 지금부터 풀어가는 이야기에서도 마찬가지로 중요한 역할을 한다.

하지만 이 시점에서는 이 관료들이 전 세계 모든 국가의 이자율을 결정한다는 사실만 알고 있으면 된다. (반드시 알 **필요**는 없지만 중앙은행에 얽힌, 들으면 흥미로울 수도 있는 사실이 하나 더 있다. 빌에게는 시드라는 이름을 가진 전용 택시 기사가 있었다. 브로커와 술을 마시다 막차를 놓칠 때면 항상 시드가 빌을 런던 북부 근교의 하트퍼드셔주에 있는 저택으로 데려다주곤 했다. 한번은 나와 시드가 함께 술을 마신 적이 있는데, 그 술자리에서 시드가 빌에 관한 꽤 흥미로운 이야기를 들려주었다. 시드는 빌이 과음을 하면 반드시 지켜야 하는 의식처럼 잉글랜드은행 앞에 차를 세우게 한 후 은행 옆 골목으로 몰래 들어가 건물 뒤편에 오줌을 쌌다고 말했다. 가는 길에 은행이 없었다면 빌이 우회하더라도 반드시 그 의식을 치렀을 거라는 말도 덧붙였다. 나는 그때 빌의 집념에 다시 한번 감탄했다.)

2008년 말 전 세계 중앙은행들은 어떻게든 경기를 부양할 수 있으리라는 절박하지만 궁극적으로는 헛된 희망을 품고 이자율을 0퍼센트 수준으로 빠르게 인하했다. 영국 파운드, 유로, 스위스 프랑, 스웨덴 크로나, 덴마크 크로네, 미국 달러, 캐나다 달러 등 데스크에서 운용하는 거의 모든 통화에서 이런 일이 벌어졌다. 이미 20년 가까이 0퍼센트 이자율을 유지하고 있는 일본 엔까지 더하면 거의 모든 주요 통화의 이자율이 0퍼센트를 눈앞에 두고 있었다.

이 상황이 FX 스와프에는 어떤 영향을 미쳤을까? 다시 말하지만 FX 스와프 거래에 수반되는 결제 금액은 이자의 차액과 같다. 그런 상황에서 모든 통화의 이자율이 0퍼센트가 된다면 당연히 이자 차액도 0이 되어야 한다. 그렇게 되면 FX 스와프는 모두 공짜여야 한다.

하지만 슈펭글러가 지적한 대로 FX 스와프가 모두 공짜는 아니었다. 극도의 단기 FX 스와프, 즉 하루짜리 스와프는 공짜였다. 가격 자체가 사실상 0이었다. 하지만 만기가 2주 혹은 1개월 이상일 때는 미국 달러를 빌리는 데 실로 엄청난 마진이 붙었다. FX 스와프 트레이더는 이 엄청난 이자율 차이를 적극적으로 활용해 한 번에 3개월 동안 달러를 빌려준 다음, 만기 하루짜리 달러를 매일 빌리는 거래를 체결할 수 있었다. 슈펭글러가 말했듯이 정말 눈먼 돈이었다.

하지만 세상에 진짜 공돈은 없다. 과연 공돈이 있을까? 누군가는 그렇게 쉽게 돈을 벌 수 있을까? 그렇게 쉽다면 왜 모두가 똑같이 하지 않을까? 음, 사실 모두가 그렇게 하고 있긴 했다. 하지만 정말 공짜일까? 위험 요소는 없을까?

그날 나는 이 모든 질문을 스스로에게 던질 수 있었다. 그러니까 그날 슈펭글러의 뒤에 앉아있을 때, 슈펭글러가 거대한 스프레드시트를 일일이 보여주고 있을 때, 그리고 나에게 해보겠느냐고 물었을 때 이런 의문을 품을 수 있었다. 하지만 나는 그러지 않았다. 그저 고개를 끄덕이며 이렇게 말했다.

"물론이죠. 하고 싶어요."

슈펭글러가 버튼을 누르고 그랜티를 통해 내 몫의 주문을 냈다. 그렇게 나는 단스케은행(Danske Bank) 코펜하겐에 2억 4,000만 달러를 3개월간 빌려주는 달러/스토키 FX 스와프 거래를 체결하고 정말 기쁜 마음으로 퇴근했다. 내 생애 첫 거래였다.

그리고 집에 돌아오고 나서야 의문이 들기 시작했다. 식탁에 앉아 부모님과 저녁을 먹으며 다이얼이 달린 낡고 흐릿한 흑백 TV를 보다가 불현듯 이런 생각이 들었다.

'잠깐, 내가 대체 뭘 하는 거지? 난 달러/스토키 FX 스와프에 대해 아무것도 몰라. 스웨덴에 가본 적도 없잖아. 단스케 코펜하겐이 나보다는 훨씬 많이 알겠지. 그리고 2억 4,000만 달러는 너무 큰 금액 아니야?'

사실 슈펭글러가 제안한 금액 2억 4,000만 달러는 STIRT 데스크에서 그리 큰 거래는 아니었다. 트레이더들은 종종 수십억 달러를 거래했고 그 단위를 '야드(yard)'라고 불렀다. 하지만 나에게 2억 4,000만 달러는 엄청나게 큰돈이었다. 더구나 트레이딩에 관해 이야기만 할 때와 달리 실제 거래를 해보니 더욱더 크게 느껴졌다. 결국 그날 밤 나는 잠을 제대로 설치고 말았다.

이튿날 나는 빌과 이야기하기 위해 아주 일찍 출근했다.

그날 아침 빌이 사무실에 들어섰을 때 나는 이미 출근해서 빌을 기다리고 있었다. 빌이 나를 보고 좀 놀라긴 했지만 나는 정말 절실했다. 전날 해야 했던 질문들이 이제야 내 머릿속에서 정리되기 시작했다. 트레이더는 기본적으로 자기가 맞다고 생각하는 것, 즉 하나의 의견에 불과한 것에 자기 돈, 평판, 때로는 경력 전체를 건다. 따라서 자신이 맞는지 아닌지에 관해 매우 신중히 생각하게 된다. 뉴스에 등장하는 소위 전문가들과는 완전히 다르다. 그 사람들은 어떤 위험도 감수하지 않으므로 그렇게 자신 있게 말할 수 있는 것이다.

빌은 들어오면서 자기 의자 옆에 앉아있는 나를 발견하고 의아한 표정을 지었다. 나는 빌이 자리에 앉기도 전에 내가 어제 한 일을 털어놓았다.

"저 2억 4,000만 달러를 빌려주는 스토키 3개월물 거래를 했어요."

내 말을 듣자마자 빌이 웃음을 터뜨렸다. 내 말이 미치도록 웃겼나 보다.

"젠장, 말도 안 돼. 정말? 드디어 배짱이 생겨서 달러 좀 풀었어? 그런 거야? 친구, 도대체 왜 그딴 짓을 했어?"

빌이 거의 오줌을 지릴 정도로 웃었다.

나는 포장하지 않고 있는 그대로 털어놓았다.

"슈펭글러가 공돈이라고 했어요."

사실대로 말하자 빌이 나를 한심하다는 듯 쳐다봤다. 나는 안 되겠다 싶어 얼른 이렇게 덧붙였다.

"모두 그렇게 하잖아요. 다른 사람들 포지션도 다 확인했어요. 다들 그렇게 하던데요. 선배님도 마찬가지잖아요."

그제야 빌이 미소 지으며 고개를 끄덕였고 태도도 바뀌었다. 빡빡머리만 아니었다면 내 머리칼을 헝클어뜨렸을 테지만 어쩔 수 없이 빌은 그냥 내 코를 꼬집는 것으로 대신하고 모니터 쪽으로 몸을 돌렸다.

"이 코크니 멍청이가 생각보다 바보는 아니네. 우리가 다 그렇게 하고 있다고? 그래? 그러면 이제 너도 거기에 합류한 건가."

빌은 소리 내 웃으며 총 아홉 개의 모니터를 켜고 가방에서 《**파이낸셜 타임스**(Financial Times)》를 꺼냈다.

"그런데 왜 모두가 그렇게 하는 거죠? 위험 요소는 없나요?"

빌은 《**파이낸셜타임스**》를 바닥에 떨어뜨렸다. 그리고 몸을 돌려 진지하게 내 눈을 들여다봤다.

"이런, 이런, 이런, 이런, 누가 하룻밤 사이에 이렇게 훌쩍 자랐지? 네가 한번 말해봐. 이 거래에 어떤 위험이 있다고 생각해?"

빌은 그 순간을 미치도록 즐기고 있었다.

"모르겠어요."

슈펭글러는 그 거래로 공돈을 벌 수 있다고 했다. 그 말은 위험이 전혀 없다는 뜻이 아닐까?

"와, 기똥차게 멋진 대답이네. 위험이 뭔지도 모르면서 그딴 짓을 한 거야?"

"선배님도 그렇게 했으니까요."

빌이 내 대답을 듣고 미소 지었다.

"계속 어이없는 대답만 하네. 그래, 그러면 내가 왜 그런 짓을 하는지 말해줄게. 세상에는 빌어먹을 미국 달러가 필요하거든. 그리고 우리는 씨티은행이고 씨티은행은 전 세계에서 가장 큰 미국 은행이야. 그 말은 우리는 그 빌어먹을 달러가 있고 상대방은 없다는 뜻이지. 고로 우리는 맘대로 마진을 붙일 수 있고 돈도 버는 거야. 알겠지? 무슨 말인지 알아들었어?"

나는 고개를 끄덕였다.

"그리고 지금부터 훨씬 더 중요한 얘기를 할 거야. 잘 들어. 위험하지 않은 거래가 있다는 그런 등신 같은 소리는 앞으로 평생 하지 마. 알았어? 저기 신용 데스크 봤지? 그 사기꾼 새끼들이 바로 그렇게 생각했던 거야. 그런데 지금 어떻게 됐어? 마지막으로 한 가지만 더 말해줄게. 제일 중요한 이야기야. 그리고 이 이야기를 듣고 나면 여기서 꺼지는 거다. 네 자리로 돌아가. 알았지? 이 거래가 망하고 우리 내장까지 싹 다 털리게 되는 시나리오가 딱 하나 있어. 국제 금융 시스템이 붕괴하면 이 거래 전략도 같이 망하게 될 거야. 그러면 이곳 전체가 무너져. 넌 직장을 잃고 나도 그렇게 되겠지. 전 세계 경제도 함께 무너지고. 그러니까 우리는 지금 그런 일이 일어나지 않을 거라는 데 베팅을 한 거야. 그리고 우리 예측이 맞을 거야, 그렇지? 그러면 우리는 돈을 벌게 되겠지. 그러고 나서 다 같이 나가서 술이나 진탕 마시자고. 이제 너도 한패잖아. 자, 이제 자리로 돌아가서 지금까지 내가 한 말이 무슨 의미인지 곰곰이 생각해 봐. 그리고 위험이 뭔지도 모르는 거래는 다음부터 절대 하지 마. 그래도 네가 한 거래, 그 거래는 잘했어. 아주 잘했어."

이 말을 끝으로 빌은 모니터에 집중했고 나는 내 자리로 돌아갔다. 그리고 빌의 충고를 따랐다면 앞으로 수년 동안 겪게 될 여러 큰 문제를 피할 수 있었겠지만, 나는 이후로도 위험이 뭔지도 모르는 거래를 계속했다. 그리고 위험이 뭔지도 모르고 했지만 빌과 슈펭글러가 말한 그대로 나의 달러/스토키 FX 스와프는 정말 좋은 거래였다. 크리스마스까지 나는 그 거래로 총 70만 달러를 벌었다.

입사 후 처음 몇 달간 벌어졌던 일들을 돌이켜 보면 내가 그 모든 것을 재미있게 여겼다는 사실이 믿어지지 않는다. 술 마시고, 생닭을 먹고, 트레이딩에 대해 배우고, 다른 트레이더들이 화장실에 갈 때마다 여기저기 뛰어다니며 커버 트레이딩을 하고, 처음으로 70만 달러를 벌고… 이 모든 일이 당시에는 정말 재미있게 느껴졌다. 낮이 밤이 되고, 밤이 다시 낮이 되고, 그렇게 쉴 틈 없이 시간이 흐르면서 그 모든 일이 하나로 뒤섞여 경계가 없어지는 것 같았다. 그래도 JB는 웃고 농담하며 항상 그 자리에 있었고 케일럽은 내가 잘한 일이 있으면 절대 그냥 넘어가는 법이 없었다. 루퍼트는 여전히 사이코패스 같았고 슈펭글러는 역겨운 짓을 계속했지만, 모두가 돈을 벌고 있기에 조금도 문제가 되지 않았다.

물론 그때 나는 돈을 많이 벌지 못했다. 그래도 큰돈을 벌 날이 얼마 남지 않았다는 느낌이 들었다. 내 이름으로 손익이 생기기 시작했을 뿐만 아니라 당시 연봉 3만 6,000파운드도 내가 평생 벌었던 돈을 다 합친 것보다 더 많은 돈이었다. 그리고 한 번도 가본 적 없는 고급 식당에 갔으며 앞코가 뾰족한 구두를 신고 소형 블루투스 헤드셋을 쓴 채 트레이딩을 하기 위해 트레이딩 플로어 여기저기를 돌아다녔다. 더 바랄 것이 뭐가 있겠는가?

하지만 무엇보다 오랜만에 내가 한 가족의 일원이 된 것 같은 기분이 들었다. 빌과 케일럽은 서로 완전히 다른 성향의 아버지 같았다. 빌은 작은 체구에 까칠한 욕쟁이 아버지였고, 케일럽은 듬직한 체격에 더할 나위 없이 자상한 아버지였다. 루퍼트와 JB는 크리스마스에 만나는 삼촌들, 한 명은 심술궂고 다른 한 명은 친절한 삼촌 같았다. 스누피와 슈펭글러는 친형 같은 존재였다.

그러다 저녁에 집에 돌아가 진짜 부모님과 저녁을 먹을 때면 부모님은 집세를 내라고 들볶았고 차 수리비를 요구하기도 했다. 나는 어쩔 수 없이 차 수리비는 냈지만 집세는 내지 않았다. 엄마에게는 아빠에게 주고 있다고 하고 아빠에게는 엄마에게 주고 있다고 말했다. 그리고 두 분 다 그 거짓말을 오랫동안 눈치채지 못했다. 만사가 내 뜻대로 풀리는 것 같은 그런 시절이었다.

5장

슈펭글러가 사라졌다.

처음에는 알아채지 못했다. 슈펭글러는 늘 제일 늦게 출근했다. 그래서 슈펭글러가 평소 출근하는 시간 15분쯤 전에 케일럽이 내 옆을 지나가며 스캔디즈 장부의 커버 트레이딩을 하라고 했을 때도 이상한 점을 전혀 느끼지 못했다. 슈펭글러에게 지각은 드문 일이 아니었다. 과음을 한 다음 날은 자주 늦었다. 하지만 아예 오지 않는 것은, 특히 내게 문자나 전화도 하지 않는 것은 이례적이었다. 그래도 나는 이내 슈펭글러가 아프겠거니 생각했다.

그런데 이상하게도 누구 하나 그에 관해 말하지 않았다. 모두가 항상 슈펭글러를 놀려댔다. 그가 연락도 없이 나타나지 않는 것은 평상시라면 우스갯소리 한두 마디라도 나올 만한 일이었다. 하지만 그날은 아무도 그러지 않았다. 입도 뻥끗하는 사람이 없었다.

그 무렵 나는 커버 트레이더로서 모든 통화를 거래했기 때문에 통화별로 브로커 두 명을 스피커 박스에 미리 설정해 두었다. 구체적으로 설명하면, 모든 브로커는 은행과 직통으로 연결된 회선을 가지고 있었다. 트레이더가 그 직통 회선을 스피커 박스에 추가하면 브로커가 가격, 시장 상황 등 여러 정보를 큰 소리로 알릴 때마다 그 소리가 스피커를 통해 트레이더에게 전달됐다. 트레이더는 회선의 볼륨을 올리거나 내릴 수 있었고 심지어 끌 수도 있었다(모든 브로커가 가장 두려워하는 일이다). 따라서 그날처럼 스캔디즈 커버 트레이딩을 해야 할 때면 스피커 박스에서 해당 브로커 두 명의 볼륨을 올리기만 하면 됐다.

스캔디즈 담당이었던 슈펭글러는 스피커 박스에 나보다 훨씬 많은 대여섯 명 정도의 스캔디즈 브로커를 설정해 두었다. 그리고 그중에 내 스피커 박스에 연결된 브로커 두 명은 그날 내가 커버 트레이딩을 한다는 사실을 알았지만, 나머지는 그 사실을 모르고 있었다. 아무런 응답이 없는데도 그 서너 명의 목소리가 슈펭글러의 스피커 박스에서 쉴 새 없이 시끄럽게 흘러나왔다. 한 시간쯤 지났을까, 세 명의 카르스텐 중 한 명이 왜 슈펭글러가 응답을 안 하는지 의아해하며 소리를 지르기 시작했다.

"슈펭글러! 슈펭글러! 뭐 해요? 거기 있어요?"

이 외침이 약 15분간 계속됐을 때 바로 옆에 앉아있던 JB가 양손을 책상에 쾅 하고 내리쳤다. 그리고 말없이 자리에서 일어나 슈펭글러의 스피커 박스 쪽으로 몸을 기울이더니 브로커 회선의 볼륨을 모두 꺼버렸다. 그제야 나는 뭔가 이상하다는 생각이 들었다.

그날 하루 내내, 어쩔 수 없이 숫자를 외치는 것 말고는 말을 하는 사람이 한 명도 없었다. 가장 시끄럽고 사교적인 JB조차 아무 말이 없었다.

오후 두세 시쯤 오전의 분주한 업무가 마무리되었을 때 빌이 통로 쪽으로 걸어오더니 내 오른쪽 귀를 잡고 의자에서 끌어 내렸다.

트레이딩 플로어에는 작은 스타벅스 매장이 있었다. 거기에 가면 커피를 기다리는 동안 브라질 출신의 덩치 큰 바리스타가 삼바 음악에 맞쳐 가성을 써가며 노래 부르는 모습을 볼 수 있었다. 빌과 나는 커피를 마실 때마다 항상 그곳에 갔다. 하지만 그날은 아니었다. 넓고 탁 트인 카나리워프 광장에 있는, 은행에서 멀리 떨어진 작은 이탈리아 카페로 갔다. 카페로 걸어가는 동안에도 빌은 거의 말을 하지 않았다. 카페에서 빌은 카푸치노 두 잔을 산 다음 나를 자리에 앉게 했다. 그때가 12월 초였으므로 오후의 태양은 이미 서쪽으로 한참 기울어져 있었다. 카페의 창문은 오래된 느낌을 주려는 듯 흰색으로 거칠게 페인트칠 되어있었고 그 커다란 창문을 통해 우리가 앉은 나무 탁자 위까지 햇살이 비추고 있었다.

"무슨 일이 있었는지 알아?"

빌이 물었다.

"아뇨, 몰라요. 도대체 무슨 일이 있었던 거예요?"

"루퍼트가 슈펭글러를 엿 먹였어."

전혀 예상치 못한 대답이었다. 슈펭글러가 언젠가는 제 무덤을 팔 것 같았지만 남에게 이렇게 당하리라고는 예상하지 못했다. 나는 최대한 감정을 드러내지 않으려 애쓰며 다시 한번 질문했다.

"알겠어요. 그런데 정확히 무슨 일이 있었던 거죠?"

"슈펭글러가 루퍼트 대신 거래했던 거 기억나?"

"네, 기억해요."

루퍼트는 약 3주 전에 2주 동안 자리를 비웠다. 보통은 그렇게 중요한 시기에 휴가를 내지 않았지만 모든 트레이더는 법적으로 매년 2주짜리 휴가를 써야 했고 루퍼트는 올해 아직 이 의무 휴가를 가지 않은 상태라서 어쩔 수 없었다. 유로 장부는 루퍼트가 없는 동안 홍고가 혼자 운용하기엔 거래가 너무 많았고, 내가 대신하기에는 너무 중요했다. 그래서 마침 스캔디즈 장부에서 뛰어난 실력을 보여준 슈펭글러에게 커버 트레이더 일이 맡겨졌다.

내가 고개를 끄덕이자 빌이 말을 이어갔다.

"슈펭글러가 유로 장부에서 엄청나게 벌었다는 것도 알아?"

그 정도는 나도 알고 있었다. 슈펭글러는 스캔디즈 거래를 계속하는 와중에도 유로 장부에서 루퍼트의 평소 손익보다 훨씬 더 많은 손익을 기록했다(그렇더라도 유로 장부의 수익은 여전히 루퍼트에게 돌아간다는 사실을 기억해야 한다). 우리는 모두 이 사실을 눈치챘으나 평소처럼 놀림거리로 삼을 수는 없었다. 우리가 입만 뻥긋해도 루퍼트가 폭발할 것이 뻔했기 때문이다. 게다가 루퍼트는 누가 봐도 이미 열받은 상태여서 그런 말을 할 필요도 없었다. 그리고 솔직히 말해 아무 말 없이 그런 루퍼트를 관찰하는 것이 더 재미있었다.

"그런데 루퍼트가 돌아와서 모든 거래를 확인했어."

약간 황당하긴 했어도 확실히 그럴 법한 이야기였다. 유로 장부는 엄청나게 방대하고 메일 수백 건의 거래가 이루어졌지만, 모든 거래를 확인하는 것은 루퍼트의 본성이었다. 가끔이지만 세일즈가 약간의 추가 이익을 챙기려고 원래 호가에서 살짝 벗어난 가격으로 거래를 입력하면 루퍼트는 귀신같이 찾아내 전화를 걸었다. 그렇게 전화를 받은 세일즈는 실수였다고 변명하는 수밖에 없었다. 정말 루퍼트는 단 한 번도 놓친 적이 없었다. 하지만 **2주라는 긴 휴가 동안** 자신의 장부를 거쳐간 모든 거래를 확인하는 것은 아예 다른 차원의 꼼꼼함이었다. 특히 그 기간에 트레이딩 데스크가 얼마나 바빴는지를 고려하면 더욱 그러했다. 거래를 일일이 확인하느라 분명 사무실에 늦게까지 남아있었을 것이다. 도대체 루퍼트는 왜 그런 일을 했을까? 그냥 단순히 어떻게 슈펭글러가 자신보다 트레이딩을 더 잘할 수 있었는지, 그 정확한 방법을 알아내기 위해서였을까?

"그래서 루퍼트가 뭘 발견했어요?"

"알고 보니 슈펭글러가 우리 생각보다 유로에서 훨씬 많은 돈을 벌었어. 그래서 좀 떼어 가도 되겠다고 생각했나 봐. 루퍼트의 손익 계좌에서 300만 달러를 자기 계좌로 옮겼더라고."

그 이야기를 들었을 때 솔직히 슈펭글러의 행동이 잘못됐다거나 부도덕하다는 생각은 들지 않았다. 그냥 황당했다. 루퍼트의 가방에서 300만 달러를 꺼내 빠져나갈 수만 있다면 나라도 그랬을 것이다. 슈펭글러는 믿을 수 없을 정도로 어리석었다. 돈을 훔치고도 걸리지 않기를 바랐다면 상대로 루퍼트를 고르진 말았어야 했다. 결과적으로 슈펭글러는 스스로 무덤을 판 것이다.

하지만 솔직히 놀랍지는 않았다. 다분히 그다운 행동이어서 그가 어떻게 했을지 쉽게 상상할 수 있을 정도였다. 슈펭글러가 자리에 앉아 트레이딩을 하는 모습이 떠올랐다. 슈펭글러는 데스크의 모든 이들이 알 만큼 자신을 싫어하는 사람, 바로 루퍼트를 위해 트레이딩을 하고 있었다. 그리고 루퍼트가 벌었을 돈보다 훨씬 많은 돈을 벌자 이렇게 생각했을 것이다.

'왜 루퍼트가 이 돈을 다 가져가게 놔둬야 하지? 여기 앉아있는 사람도, 돈을 번 사람도 나야. 내가 루퍼트보다 트레이딩도 잘하잖아. 내가 내 몫을 가져가면 안 될 이유가 뭐야? 그냥 조금만 가져가도 안 되는 거야? 그냥 조금인데?'

그랬다. 충분히 그다운 행동이자 이해할 만한 행동이었다.

하지만 끔찍할 정도로 바보짓이라는 사실에는 변함이 없었다.

그때 빌이 더 심각해진 표정으로 내 눈을 똑바로 바라보며 이렇게 말했다.

"들어봐. 나는 슈펭글러에 대해서는 전혀 신경 쓰지 않아. 슈펭글러는 돈을 훔쳤어. 바보 같은 짓이야. 신세 조진 거지. 그런데 한 가지만 더 말해줄게. 트레이딩 플로어에서 도둑질하는 사람은 슈펭글러뿐만이 아니야. 슈펭글러가 처음도 아니고 마지막도 아니지. 그런 사람은 너무 많아. 하지만 이 일에서 네가 배워야 할 것이 한 가지 있어. 나는 늙은이고 너는 아직 젊잖아. 너는 나보다 앞으로 더 오랫동안 이 게임에 남아있을 거야. 그러다 보면 언젠가 돈을 훔칠지도 몰라. 그런데 네가 **무슨 짓거리를 하든 무슨 등신짓을 하든** 이걸 기억해. 꼬리를 남기지 마. 무슨 뜻인지 알겠어?"

나는 모른다고 대답했다.

"꼬리는 증거야. 너 자신을 보호하려면 증거를 남기면 안 돼. 친구, 뭘 하든 증거를 남기지 마. 여기서 네가 누구 돈을 훔쳐도 난 상관없어. 나와 내 친구들 돈만 아니면 돼. 하지만 누군가한테 돈을 훔치거나 의심스러운 일을 한다면, 단 1퍼센트라도 의심 살 만한 행동을 한다면 **흔적**을 남기면 안 돼. 절대로 안 돼. 내 말 알아들었어? 네 냄새가 조금도 나면 안 돼. 말 그대로 손톱만큼도 안 돼. 너는 잘하고 있고 모두가 너를 좋아해. 하지만 언젠가는 너를 싫어하는 사람이 생길 거야. 그러니 지금 내가 하는 말을 잘 들어둬. 그 사람들은 네 똥까지 긁어모아서 파헤칠 테니까 너는 네 똥 구석구석에서 장미 향기가 나게 해야 해. 그렇지 않으면 매일 밤잠을 설치게 될걸. 알겠지? 내 말 듣고 있어? 너한테 위협이 될 만한 어떤 증거도 그 개새끼들이 가져가게 하면 안 돼. 그러니까 뭘 하든, 꼬리를, 남기지, 마."

나는 그 조언을 절대 잊지 않았다. 정말 다행히, 잊지 않았다.

다음 날도 슈펭글러는 돌아오지 않았다. 그리고 나는 데스크 맨 끝, 내 자리에 앉아 그 덩치 큰 소년을 대신해 스캔디즈를 거래했다. 루퍼트의 자리는 변함없이 왼쪽으로 두 번째, 나와 빈 책상 하나를 사이에 둔 그 자리였다. 나는 일이 바쁘지 않을 때 루퍼트의 시선이 내 쪽을 향하지 않는 순간을 틈타 그를 힐끗 훔쳐보았다. 그에게 어떤 변화라도 있을까, 자기가 한 짓이 있으니 뭔가 기색이라도 달라지지 않았을까 확인하고 싶었다.

하지만 그런 변화는 없었다. 루퍼트는 차분해 보였다. 완벽히 침착해 보였다. 오히려 전보다 더 차분해 보였다. 행복해 보이고, 감히 말하건대 평화로워 보였다. 심지어 참선하는 수도승 같았다. 어느 순간 루퍼트는 책 한 권을 꺼내 책상 위에 펼치더니 쓰레기통에 발을 올려놓고 책을 읽기 시작했다. 책 제목은 '아들 낳는 법'이었다. 아들을 선택해서 임신하는 것이 가능한지 묻자 루퍼트가 특별한 성적 기법을 적용하면 된다고 대답했다.

루퍼트가 쓰레기통을 받침대 삼아 두툼한 양다리를 내 쪽으로 뻗은 채 책을 읽는 동안 나는 그를 관찰했다. 그리고 그가 어떤 기분을 느꼈을지 상상해 보았다. 슈펭글러처럼 완전히 무력하고 멍청한 사람, 몸만 자란 어린 소년에 지나지 않는 남자를 파괴할 때 어떤 기분이 들었을지 궁금했다.

커다란 회전의자에 편히 기대어 앉은 루퍼트를 재차 바라보며 이번에는 그가 실제로 아들을 낳을 수 있을지 궁금해졌다. 이후로 오랜 시간이 지났으니 루퍼트는 이제 아버지가 되었을 것이다. 나는 루퍼트가 아들을 낳았을지 여전히 궁금하다. 그리고 바라건대 그 아이들이 잘 살았으면 좋겠다.

슈펭글러가 사라진 다음 날 루퍼트가 나에게 함께 점심을 먹자고 했다.

문득 루퍼트가 점심을 핑계로 무슨 일이 일어났는지, 왜 슈펭글러를 엿 먹이기로 했는지 설명할 수도 있겠다는 생각이 들었다. 루퍼트도 내가 슈펭글러와 친하다는 것을 당연히 알고 있었다. 그래서 잠깐이지만 그가 사과할지도 모른다는 생각도 했다. 하지만 루퍼트는 사과하지 않았다. 설명조차 하지 않았다.

루퍼트는 아일오브독스(Isle of Dogs)의 서쪽 기슭에 있는 비싼 스페인 식당으로 가자고 했다. 아일오브독스는 삼면이 템스강으로 둘러싸인 거대한 원형의 반도로 그 바로 위쪽에 카나리워프가 자리 잡고 있다. 따라서 우리는 열차나 택시를 타는 대신 걷기로 했다. 고층 건물들이 머리 위로 그늘을 드리웠다. 날씨는 화창했지만 12월이라서 우리가 걷는 땅 위로 햇살은 거의 비치지 않았다.

처음에 루퍼트는 아무 말도 하지 않았다. 드문 일은 아니었다. 우리는 어디에 있든 단둘이 있게 되면 루퍼트가 먼저 말을 걸 때만 대화했다. 게다가 그런 일이 자주 일어나지도 않았다.

그런데 갑자기 루퍼트가 나에게 말을 걸었다. 고개를 돌리거나 걸음을 늦추지도 않았다.

"게리. 네가 처음 여기 왔을 때 우리가 이런 식으로 카나리워프를 걸은 적이 있어. 내 기억에 너는 그때도 위를 올려다봤거든. 걷는 동안 건물들 꼭대기를 사방으로 둘러보더라고."

그러고 나서 루퍼트는 어떠한 질문도 하지 않고 말을 멈추었지만 나는 그 말의 의미를 계속 생각했다.

그리고 그 침묵을 메우려고 지금은 기억도 나지 않는 몇 마디 진부한 말을 했다. 루퍼트는 잠시 뜸을 들이더니 내 말은 무시하고 다시 이야기를 이어갔다.

"이제는 그러지 마. 더 이상 건물들을 올려다보지 않아도 돼."

루퍼트는 또다시 아무 질문도 하지 않았고 나는 이번에는 그저 가만히 기다리기로 했다. 마침내 그가 말했다.

"있잖아, 이곳은 일종의 **워터십 다운**이야. 여기 보이는 사람들은 생존자고, 여기서 안 보인다면 그 사람들은 패배자야."

나는 속으로 '제길, **워터십 다운**은 또 뭐야?' 하고 생각했다. 나중에 집에 가서 찾아봤더니 『워터십 다운』은 토끼에 관한 책이었다.[11]

잠시 침묵이 흐른 후 우리는 더 이상 대화하지 않았다. 차가운 공기를 헤치며 그저 나란히 걷기만 했다. 마침내 높디높은 마천루의 그늘을 벗어나자 머리 위로, 그리고 땅 위로 햇살이 조금씩 내려왔다.

"게리, 있잖아. 나는 문제가 있어."

평소 루퍼트답지 않은 말이라 이 말을 들었을 때 솔직히 좀 놀랐다. 루퍼트는 나를 쳐다보지 않고 정면 위쪽, 하늘에 시선을 둔 채 걷고 있었다.

"난 누군가 새로운 사람을 만나면 보자마자 그 사람이 나보다 잘났는

---

11 Watership Down, 리처드 애덤스(Richard Adams)가 쓴 판타지 소설로 토끼가 주인공이다. 토끼 무리가 고향을 떠나 온갖 역경을 겪고 마침내 워터십 다운에 자신들만의 공동체를 건설한다는 내용을 담고 있다(참고: 『워터십 다운』, 리처드 애덤스 지음, 햇살과나무꾼 옮김, 사계절, 2019).

    트레이딩 게임

지 아니면 못났는지 파악하려고 해.”

나는 아무 말도 하지 않았다. 그저 함께 걸으며 그를 지켜보기만 했다. 그가 무슨 말을 할지 정말 궁금했다.

“그러다 만약 그 사람이 나보다 나으면 나보다 낫다는 이유로 그 사람을 싫어하게 돼.”

잠시 침묵이 흘렀다.

“하지만 그 사람이 나보다 못하면 나는 그 사람을 **경멸**해. 더 심하게 싫어하지. 왜냐하면 나보다 못났으니까. 그 이유로 경멸하는 거야.”

나는 아무 대꾸도 하지 않았다. 그 상황에서 도대체 무슨 말을 할 수 있었을까? 우리는 아일오브독스 서쪽 끝, 강가에 있는 비싼 스페인 식당까지 계속 함께 걸어갔다. 그리고 그곳에서 새끼 돼지 통구이를 먹었다.

그 후 데스크에는 불편한 분위기가 감돌았다. 나(그리고 아마도 JB) 말고는 슈펭글러를 진심으로 좋아한 사람은 없었지만, 루퍼트의 행동이 잘못됐다는 것은 모두가 알고 있었다. 사람을 그런 식으로 엿 먹이면 안된다. 적어도 먼저 대화는 해봤어야 했다.

알고 보니 루퍼트는 케일럽에게도 알리지 않았다. 케일럽을 거치지 않고 곧장 뉴욕에 있는 케일럽의 상사에게 보고했다. 케일럽의 상사는 숨 쉴 때마다 쉭쉭 하는 소리를 내고 가는 곳마다 끈적끈적한 흔적을 남기는 거대한 민달팽이 같은 남자였다. 그 민달팽이가 일주일 전 런던을 방문했을 때 루퍼트가 곧장 그에게 달려간 것이다. 그 말은 그 문제에 대해 누구도, 심지어 케일럽조차 말 한마디 못 했다는 뜻이다. JB와 빌은 물론이고 슈펭글러 본인도 마찬가지였다.

불편한 기운이 너무도 뚜렷해 후각으로 느껴질 정도였다. 냄새는 공기 중에 맴돌다가 또 다른 악취와 뒤섞였다. 매년 그맘때면 모든 트레이딩 플로어를 지배하는 중요한 질문이 있었다. 언젠가 내 삶마저 지배하게 될 질문, 그 중요한 질문에서 악취가 흘러나왔다.

'돈을 받고 싶어?'

당시 트레이딩 플로어에서 손꼽히는 난제 중 하나는 성과급이었다.

그해 STIRT 데스크에서는 빌과 홍고가 각자 1억 달러 이상의 수익을 올렸고 그다음으로 두 명의 트레이더가 1억 달러에 가까운 수익을 올렸다. 하지만 성과급을 받지 못한다면 그 손익은 아무 의미가 없다. 그 트레이더들은 나보다 훨씬 많은 기본급을 받았다. 잘은 모르겠지만 아마 연봉으로 7, 8만 파운드 정도는 받았을 것이다. 하지만 그 두 배를 받는다고 해도 1억 달러에는 훨씬 못 미쳤다.

그렇다면 얼마를 받게 될까? 전혀 감이 안 잡혔다. 1억 달러는 STIRT 데스크의 그 누구도 경험해 보지 못한 수치였으니 다른 사람도 모르기는 마찬가지였을 것이다.

자신이 성과급을 받을 수 있을지조차 확실치 않았다. 슈펭글러를 따라갔던 점심 접대를 기억하는가? 그때 만났던 사이먼 창은 3년 후 HSBC 전체에서 가장 수익성이 높은 트레이더가 되었지만 성과급 기간이 다가오자 은행은 그에게 아무것도 주지 않고 해고했다. 이러한 경우는 비일비재했다.

그리고 그러한 사례는 필연적으로 긴장된 분위기를 조성했다. 모두가 이제껏 기록했던 연간 최대 손익의 10배가 넘는 엄청난 손익을 손에 쥐고 있었다. 하지만 자신이 그 금액 중에서 얼마나 집으로 가져가게 될지를 아는 사람은 없었다. 모두가 스스로에게 같은 질문을 하고 있었다.

'돈을 받을 수 있을까?'

트레이딩 게임

성과급을 받을지, 받는다면 얼마나 받을지는 수많은 불가사의한 요인에 따라 결정되는 듯했다. 트레이더들이 자나 깨나 그 요인들에 관해 이야기했기에 나도 어느 정도 내막을 알고 있었다. 먼저 그해 데스크의 성과가 좋았던 것은 분명했지만 은행 전체로 보면 누가 봐도 좋은 한 해는 절대 아니었다. 이렇듯 은행의 전체 실적도 분명 하나의 요인이었으며, 특히 그해엔 성과급에 긍정적인 요인은 아니었다.

다양한 인적 요인도 작용했다. 고위 경영진과 데스크의 관계는 어떠한가? 민달팽이가 케일럽에게 얼마의 돈이 돌아갈지 결정하면 케일럽이 그 돈을 우리에게 분배할 것이다. 그렇다면 민달팽이는 우리를 어떻게 생각할까? 그는 우리를 좋아할까? 우리가 자신을 민달팽이라고 부르는 것을 알고 있을까? 바라건대 몰랐으면 좋겠다. 케일럽이 그렇게 자주 자리를 비운 이유가 바로 이 인적 요인 때문이었다. 케일럽은 민달팽이를 비롯한 다른 거물들의 비위를 맞춰야만 했다. 그래야 우리가 모두 돈을 받을 수 있었다. 이 분야에서 케일럽보다 더 뛰어난 사람은 없었다.

루퍼트와 슈펭글러 사건은 우리 데스크에 부정적 요인이었다. 그런 일이 경영진에게 좋은 인상을 심어줄 리는 없었다.

모두가 끊임없이 성과급에 관해 이야기했다. 하지만 구체적인 숫자를 말하는 사람은 없었다. 트레이딩 플로어에서는 이런 기이한 일이 벌어지고 있었다. 성과급을 얼마나 받았는지 말하는 사람이 **아무도** 없었다. 항상 그랬다. 한때 나는 성과급 액수를 말하는 것이 말 그대로 해고까지 가능한 심각한 규정 위반이라고 생각했다. 정말이다. 졸업생 취업 프로그램의 모두가 그렇게 생각했다. 몇 년이 지나서야 나는 그것이 사실이 아니라는 것을 알게 되었다. 따라서 당시에 나는 아무에게도 숫자를 묻지 않았고 당연히 사람들이 얼마나 받는지에 관해 전혀 알지 못했다. 그래서 빌의 손익 대비 150분의 1도 안 되는 70만 달러의 손익으로 내가 성과급을 받을 수 있으리라고는 생각조차 하지 못했다.

하지만 그해 성과급이 나와 상관없더라도 나는 여전히 다른 트레이더들이 성과급을 받기를 바랐다. 그래야 나도 다음 해에 돈을 받을 희망이 있었다.

그리고 바로 그때, 우리가 모두 초조히 성과급을 기다리고 있을 때 갑자기 슈펭글러가 돌아왔다.

케일럽이 슈펭글러를 특별히 좋아한 것은 아니었다. 그런 사람은 아무도 없었다. 하지만 케일럽은 자신을 거치지 않고 상부에 보고한 루퍼트의 행동을 용납할 사람이 아니었다. 케일럽이 민달팽이에게 가서 특별한 마법 가루를 뿌렸음이 틀림없었다. 어느 날 슈펭글러가 아무런 예고도 없이 어물쩍 사무실로 들어왔다. 그리고 멋쩍은 미소를 지으며 느릿느릿 데스크로 다가왔다.

케일럽은 누구에게도 슈펭글러의 귀환을 미리 알려주지 않았다(적어도 내게는 아무 말도 하지 않았다). 내 생각엔 그가 루퍼트의 반응을 보고 싶었던 것 같다. 슈펭글러가 돌아왔을 때 JB는 무척 기뻐했다. JB는 벌떡 일어나 슈펭글러의 어깨를 잡고 그의 뺨을 찰싹 때렸다. 빌은 웃었고 슈펭글러는 애써 웃음을 참았다. 다른 사람들처럼 나도 루퍼트를 흘낏 쳐다봤다. 루퍼트는 움직이지 않았다. 한 치의 움직임도 없이 자리에 앉아 한 손을 키보드에, 다른 한 손을 마우스에 얹은 채 똑바로 정면을 바라보고 있었다. 얼굴에는 아무런 감정도 비치지 않았지만 셔츠 깃은 곧 터질 듯 팽팽해져 있었다. 몇 달 안에 그는 사라질 것이다. 그도 그 사실을 알고 있었을까?

한편 케일럽은 우리 모두를 위해 성공적으로 성과급을 받아냈다.

6장

성과급 발표일은 보통 1월 하순이었다. 그 시절 트레이딩 플로어에서 이날만큼 중요한 날은 없었다. 나중에 성과급을 제한하는 법안[12]이 통과되면서 결과적으로 기본급이 엄청나게 인상되었고, 듣기로는 이제 성과급 발표의 극적인 요소와 중요성이 많이 줄었다고 한다. 하지만 2009년 초, 그때만 해도 성과급 발표는 단순한 일상이 아닌 특별한 종교 행사처럼 진지하고 상징적인 의미를 지녔다.

발표일이 되면 각 데스크의 책임자는 각자 배정받은 소회의실에 들어가 트레이더들을 한 번에 한 명씩 불러들였다. STIRT 데스크의 트레이더들은 케일럽과 면담을 마치고 나면 다시 자기 자리로 돌아왔다. 그렇게 트레이더가 돌아오면 나머지 사람들은 무언의 암시라도 받으려는 듯 그를 주시했다.

첫 번째 트레이더를 불러들이기 위해 케일럽이 회의실에서 데스크로 전화를 걸었다. 당시 나는 전화 담당이어서 데스크로 오는 모든 전화를

---

12 EU 자본 요건 규정 및 지침이 바뀌면서 2014년부터 은행원의 성과급이 고정급의 100퍼센트(주주 승인 시 고정급의 200퍼센트까지 가능)로 제한됐다.

받았다(내가 전화를 받으며 '씨티은행'이라고 말할 때마다 상대방이 내 발음을 알아듣지 못해 약간의 문제가 발생하기도 했다). 그리고 그날은 그 업무 덕분에 첫 번째 트레이더를 케일럽에게 보내는 특권을 누릴 수 있었다. 첫 번째 트레이더는 빌이었다.

빌이 자리로 돌아왔을 때 나는 차마 그를 바라볼 수 없었다. 이유는 모르겠지만 그냥 볼 수가 없었다. 빌이 돌아와서 홍고에게 회의실로 가라고 말했고, 홍고는 돌아와서 루퍼트를 들여보냈다. 루퍼트는 돌아와서 슈펭글러를 보냈다. 그렇게 각 트레이더는 손익이 높은 순서대로 회의실에 들어갔다.

나는 트레이더들이 돌아왔을 때 그중 누구도 바라볼 수 없었다. 마치 내 일처럼 왜 그토록 한 명 한 명에게 다 신경이 쓰였는지 모르겠다. 그날이 나를 위한 날이 아니라는 것을 알고 있었는데도 여전히 속이 울렁거렸다.

그런데 마지막 트레이더인 스누피가 면담을 끝내고 돌아와서 내게 회의실로 가보라고 말했다. 전혀 기대하지 않았던 호출이었다.

케일럽에게 배정된 회의실은 트레이딩 플로어의 가장 안쪽에 있었다. 케일럽이 평소 사용하던 회의실이 아니어서 찾는 데 시간이 좀 걸렸다. 겨우 찾아낸 회의실은 인공조명만 있고 창이 없어서인지 어두컴컴하고 음울한 느낌마저 들었다. 케일럽의 환한 미소와 반짝이는 눈과는 전혀 어울리지 않는 방이었다.

맞다. 말 그대로 케일럽은 반짝였다. 두 눈에 승리감이 넘쳤다. 원하는 것을 얻었음이 틀림없었다.

케일럽이 나를 앉게 하고 탁자를 가로질러 나에게 종이 한 장을 내밀었다. 1만 3,000파운드였다. 나는 정말 아무것도 기대하지 않았던지라 더욱 놀랐다.

1만 3,000파운드는 큰돈이다. 지금도 그렇게 생각한다. 하지만 나는 그때 어떤 행복감도 느끼지 못했던 것 같다. 솔직히 어떤 느낌이 들었는지 기억도 안 난다. 지금까지 남아있는 그때의 기억은 어두운 방과 케일럽의 미소뿐이다.

그런데 이상하게도 그 순간 그 벽장 같은 작은 방에서, 대마초 때문에 퇴학당한 날이 떠올랐다. 당시 나는 갓 열여섯 살이었다. 그날은 아빠가 나를 데리러 학교에 왔었다. 신앙심이 깊었던 아빠는 집으로 돌아가는 차 안에서 거의 아무 말도 하지 않았다. 다만 그는 내가 아직 약에 취한 채 옆으로 스쳐 지나가는 집들을 바라보고 있을 때 갑자기 고개를 돌리더니 한 가지 질문을 했다.

"대마초 하니까 어땠니?"

나는 대답했다.

"나쁘지 않았어요."

그날 한밤중에 잠에서 깨었을 때 엄마가, 아빠처럼 무척 신앙심이 깊었던 엄마가 내 침대 끝, 이층 침대의 아래 칸 가장자리에 앉아 울고 있었다.

나는 그 모습을 보면서 이런 생각을 했다.

'왜 울고 있어요? 이 문제를 해결해야 하는 사람은 나예요. 엄마가 아니잖아요.'

케일럽이 나에게 1만 3,000파운드를 주었던 그 순간, 지금껏 남은 그 순간의 기억은 이것이 전부다.

성과급을 받고 난 후 두 가지 일이 일어났다. 첫째, 처음으로 내 장부가 생겼다. 그날 성과급을 받은 직후 JB가 나를 같은 층의 스타벅스 매장으로 데려갔다. JB는 그동안 내가 일하는 모습, 발전하는 모습을 지켜보았다며 나에게 키위 달러 장부를 맡기고 싶다고 말했다.

키위 달러 장부, 정확한 명칭으로는 뉴질랜드 달러 FX 스와프 장부, 그 장부는 쓰레기였다. 데스크에서 가장 별 볼 일 없는 장부였다. JB도, 나도 그 사실을 알았다. 하지만 자기 장부를 가진다는 것은 여전히 대단한 일이었고 나는 그 제안을 내 가치가 어느 정도 인정받은 것으로 받아들였다.

두 번째로 일어난 일은 그렇게 대단하지는 않지만 나에게는 굉장히 인상 깊게 남아있다. JB와 케일럽이 내게 부모님의 선물을 사라고 했다.

두 사람의 주장에 따르면 첫 성과급을 받았을 때는 무조건 부모님의 선물을 사야 했다.

그때까지 나는 평생 선물을 사본 적이 없었다. 선물이 무엇이든, 누구를 위해서든 사본 적이 없었다. 심지어 나 자신을 위한 선물도 산 적이 없었다. 내가 무엇을 사야 할지 몰라 우물쭈물하자 케일럽이 나에게 물었다.

"아버지가 뭘 좋아하셔?"

내가 대답했다.

"축구를 좋아하시는 것 같아요."

그렇게 해서 나는 아빠에게 프리미어리그 전문 채널인 스카이 스포츠(Sky Sports)의 이용권을 사드렸다. 이전에 아빠와 나는 토요일이면 해리와 함께 오리엔트 경기를 보러 갔었지만 이제 나는 일퍼드의 피트니스 클럽에 가서 역기를 들었고 아빠는 소파에 앉아 프리미어리그를 시청했다. 오리엔트가 3부 리그였기 때문에 전에는 우리 둘 다 평생 프리미어리그를 볼 일이 없었다. 운동을 마치고 돌아왔을 때 아빠가 여전히 프리미어리그를 보고 있으면 나는 아빠에게 득점 상황을 물어본 다음 다시 외출하곤 했다.

1년 후 집에서 독립하는 날 나는 그 이용권을 취소했다.

나에게 1만 3,000파운드는 중요하지 않았다. 스카이 스포츠도 중요하지 않았다. 키위 장부는 조금 중요했지만 그렇게까지 중요하지는 않았다. 내가 정말 중요히 생각했던 것, 진짜 진짜 중요하게 생각했던 유일한 것은 내가 70만 달러를 벌었다는 사실, 게다가 그 돈을 무척 쉽게 벌었다는 사실이었다. 나는 70만 달러를 벌었으니 같은 방법으로 700만 달러도 벌 수 있으리라 생각했다. 그리고 그것이 내 목표가 되었다.

그때쯤 해리의 엄마가 돌아가셨다. 누구에게 연락받았는지는 정확히 기억나지 않지만 회사 전화였는지 아니면 휴대전화였는지 아무튼 누군가가 나한테 전화를 걸었다. 아마 우리 엄마였던 것 같다.

나보다 네 살 어린 해리는 나와 같은 동네에서 자랐다. 내 눈에는 예나 지금이나 항상 열 살짜리 꼬마 같지만 그때쯤 해리는 곧 열여덟 살이 되는 건장하고 다부진 소년이었다. 튼튼한 어깨에 장밋빛 볼을 지녔으며 틈만 나면 축구를 하고 맥주를 마셨다.

해리는 우리 집에서 50미터 정도 떨어진 곳에서 어릴 때부터 엄마와 단둘이 살았다. 그러다 해리가 네다섯 살 무렵 학교에 다니기 시작한 후엔 우리 엄마가 해리를 돌보기 시작했다. 그때부터 해리는 방과 후면 우리 집으로 와서 변호사인 엄마가 퇴근하는 저녁 늦게까지 우리와 함께 시간을 보냈다.

남동생이 없는 내게 해리는 남동생이나 마찬가지였다. 어린 시절 나는 비디오게임을 무척 좋아했다. 우리 부모님은 게임기를 사줄 형편이 되지 않았지만 해리의 엄마는 해리에게 제일 비싼 게임기인 플레이스테이션을 사주셨다. 그리고 두 사람 다 사용법을 몰랐기에 내가 직접 집에 가서 게임기를 설치하고 사용법도 알려주었다. 그 후로 우리는 떼려야 뗄 수 없는 사이가 되었다. 매일 저녁 해리의 집에서 같이 플레이스테이션을 하거나 거리에서 축구를 했다.

해리네 집과 우리 집은 크기와 구조가 똑같았지만 나머지는 완전히 달랐다. 두 사람만 사는 해리의 집은 늘 조용했지만 우리 집은 항상 터질 듯이 붐볐다. 둘 다 아름다운 갈색 곱슬머리를 지녔으나 해리의 엄마는 늘 지적이고 침착한 반면 우리 엄마는 항상 거칠고 반쯤 미쳐있었다. 아줌마는 가끔 내게 같이 저녁을 먹지 않겠느냐고 물어보셨다. 그럴 때면 볼로네제 파스타를 만들어주셨고 우리가 파스타를 먹는 동안 큰 잔에 든 적포도주를 마시며 책에 관한 여러 이야기를 들려주시곤 했다.

나는 아줌마가 오랫동안 암 투병 중이라는 것은 알고 있었지만, 왠지 돌아가시리라고는 생각하지 못했다. 해리도 그랬던 듯싶다. 마음의 준비가 안 되었던 것 같다. 하지만 정작 엄마에게서 해리가 울었다는 말을 들었을 때 나는 엄마에게 화를 냈다. 제삼자인 엄마가 함부로 전할 이야기는 아닌 것 같았다.

나는 일어서서 케일럽에게 집에 가야 한다고 말했다. 내가 이유를 밝히지 않았는데도 케일럽은 나를 보며 고개를 끄덕였다. 집에 가도 좋다는 의미였다.

해리는 자기 아버지와 가까운 사이가 아니었다. 그래서 장례식에는 내가 해리의 옆에 앉았다. 해리는 셔츠의 맨 윗단추 두 개를 푼 채 폭이 넓은 주황색 넥타이를 매고 있었다. 그는 울지 않았다. 당시 나는 해리가 어디로 가게 될지 몰랐지만 나중에 그가 에식스에 있는 아버지 집으로 갔다는 사실을 알게 됐다.

그 후 나는 JB, 루퍼트, 빌에게 도움을 청했다. 한 번에 한 명씩 이야기를 나누며 해리의 장래에 대해 조언을 구했다. 해리가 매주 우리와 함께 축구를 했기 때문에 세 사람 다 해리를 알고 있었다. 그리고 셋 다 해리를 좋아했다. 해리는 축구를 잘했지만 자기가 슛을 할 수 있을 때도 항상 패스하는, 늘 농담을 하고 웃을 준비가 되어있는 그런 아이였다.

장례식 이후 해리가 축구를 하러 왔을 때 세 사람이 차례로 해리에게 다가가 말을 걸었다. 루퍼트도 해리의 어깨에 묵직한 손을 얹고서 친밀하면서도 진지하게 말을 건넸다. 나는 해리에게 필요하지만 내가 줄 수 없는 무언가를 그 세 사람이 줄 수 있기를 바랐다. 그리고 그제야 해리가 이제 다 자랐다는 것을, 더는 열 살이 아니라는 사실을 깨달았다. 그러면서 앞으로 살아가며 우리가 얼마나 오랫동안 함께할 수 있을지 궁금해졌다.

그게 누구였는지, 루퍼트인지, JB인지, 빌인지는 모르겠지만 그들 중 한 명이 해리를 위해 브로커 자리를 마련해 주었다.

그렇게 해리는 나와 함께 이 게임에 참가하게 되었다.

해리가 입장하자 루퍼트가 떠났다. 루퍼트 말대로 이곳은 또 하나의 **워터십 다운**이 맞았을지도 모르겠다.

슈펭글러를 엿 먹이려다 실패한 후 루퍼트의 시대는 끝이 났다.

케일럽은 루퍼트를 노리고 사냥을 시작했지만 제대로 엿 먹이는 데는 실패했다. 루퍼트가 너무 뛰어났다. 꼬리를 감추는 법을 너무 잘 알고 있었다. 그래서 승진을 가장한 좌천을 시켰다. 더 시티에서 볼 수 있는 전형적인 행태였다. 새로운 자리가 있어. 그런데 좀 멀어. 안 가고 싶다고? 이해가 가지 않겠지만 가야 해.

루퍼트에게는 케일럽과 가능한 한 가장 멀리 떨어진 호주 시드니의 STIRT 데스크 책임자 자리가 주어졌다.

루퍼트는 가고 싶었는지 어땠는지 모르겠으나, 어쨌든 갔다. 적어도 표정은 생각보다 괜찮아 보였다. 가기 전에 내게 시드니 데스크가 자기 경력에 도움이 되고 라스베이거스와도 가깝다고 말했다.

나중에 지도를 확인해 보니 그런 것 같지는 않았다.

루퍼트가 떠난다는 것은 모두에게 승진을 의미했다. JB는 유로 장부의 선임 트레이더로 승진했고 스누피는 홍고의 자리를 이어받았다. 홍고는 JB의 장부를 물려받아 오지와 엔 트레이더가 되었다. 다들 승진하고 새 장부를 받았다. 여기서 나는 예외였다. 하지만 스누피가 유로 트레이더로 승진하면서 내가 정말 원했던 한 가지를 얻게 됐다. 나는 자리를 옮겨 빌 옆에 앉게 됐다.

그리고 큰일이 생겼다. 내 트레이딩 경력에서 처음 맞은 진짜 큰 충격이었다.

전혀 예상치 못한 일이 발생했다. 알다시피 케일럽은 아직 스물아홉 살이었다. 하루 중 가장 바쁜 시간대에 진입하는 아침 7시 30분에 케일럽이 자리에서 일어나 팀원 전체를 구석에 있는 소회의실로 데려갔을 때 나는 솔직히 누군가 죽은 것이 틀림없다고 생각했다.

그때 나는 이미 빌의 모퉁이 자리 옆으로 옮긴 상태였다. 케일럽이 트레이더들을 줄줄이 이끌고 트레이딩 플로어를 벗어나려 할 때 나는 커피를 얼른 들이켜고 헤드셋을 벗었다. 그러자 케일럽이 아니라 JB가 나를 보며 이렇게 소리쳤다.

"게리, 넌 안 돼. 누군가 데스크에 있어야지."

그래서 나는 그냥 서서 그 모습을 지켜보며 이렇게 생각했다.

'제길, 또 무슨 일이지?'

하지만 그런 의문은 오래가지 않았다. 스누피의 스피커 박스에서 삐하는 소리가 나기 시작했고 이어서 홍고, 슈펭글러, 빌의 스피커 박스에서도 신호음이 시작됐다. 나는 스피커 박스 사이를 이리저리 뛰어다니며 유로, 엔, 크로나, 파운드의 호가를 했다. 각기 다른 스위치를 올리고 트레이더들이 지정한 브로커들에게 가격을 외쳤다(그때쯤에는 나도 브로커 모두를 알고 있었다). 그 순간만은 축구의 중앙 미드필더처럼 게임의 정중앙에서 모든 것을 지휘하는 것 같았다. 그리고 혼자 속으로 이렇게 생각했다.

'할 수 있어. 충분히 잘할 수 있어. 다 아는 거잖아.'

그리고 이런 생각도 했다.

'젠장, 나 혼자 다 할 수 있어. 나머지는 필요 없을지도 모르겠는데. 아니야, 스누피는 있어야 해. 빌도. 그리고…'

나는 스피커 박스 사이를 미친 듯 돌아다니느라 트레이더들이 줄지어 돌아온 것도 알아차리지 못했다. 그때, 쓰고 있던 헤드셋이 벗겨질 정도로 내 어깨를 세게 내리치며 빌이 소리쳤다.

"빌어먹을, 케일럽이 떠난대. 그만둔대."

케일럽이 떠난다. 겨우 스물아홉에 은퇴를 하는 것이다. 케일럽은 결혼했고 이제 막 아버지가 되었다. 앞으로 캘리포니아에 어마어마하게 큰 집을 짓고 그곳에서 가정에 충실하며 남은 인생을 보낼 계획이라고 했다. 케일럽 본인에게는 잘된 일인 것 같았다.

그런데 그의 은퇴가 나에게는 어떤 영향을 미칠까?

물론 처음 든 생각은 걱정이었다.

케일럽은 나를 고용한 사람이자 든든한 후원자였다. 원한다면 첫날부터 트레이딩을 할 수 있게 해주겠다고 약속한 사람도 케일럽이었다. 나는 여전히 스물두 살밖에 안 되었다. 나 정도 나이와 경험을 가진 사람이 트레이딩을 하고 자기 이름의 손익 계정을 갖는다는 것은 아주 파격적인 일이었다. 새로 부임하는 상사가 약속을 지키지 않으면 어떡하지.

여기까지 생각하자 다음 상사는 누가 될지 궁금해졌다. 지금 데스크에 있는 사람 중 한 명일까? 외부에서 데려올까? 빌은 작년에 은행 전체에서 가장 많은 수익을 올렸으니 당연히 제안받겠지만 거절할 것이 뻔했다. 빌은 경영진들을 싫어했고 그 사실을 숨기려고도 하지 않았다. 게다가 트레이딩 말고는 관심도 없었다. 승진하면 정치질에 시간을 써야하니 트레이딩에 쓸 시간이 줄어들 수 있었다. 맞다. 빌이 제안을 받아들일 리 없었다. 스누피는 빌이 받아들이지 않으면 그 제안이 뉴욕에 있는 민달팽이의 트레이더 중 한 명, 개구리처럼 생긴 끔찍한 남자에게 갈 것이라고 확신했다.

물론 놀랄 만한 소식은 케일럽의 퇴사만이 아니었다. 케일럽은 캘리포니아 북부에 **저택을 짓기 위해** 스물아홉이라는 나이에 은퇴한다고 했다. 이 남자는 도대체 얼마나 많은 돈을 벌었을까? 나도 데스크가 작년에 돈을 많이 벌었다는 것은 알았다. 아마 총 5억 달러 정도는 벌었을 것이다. 그렇더라도 그런 일이 가능할 줄은 몰랐다. 스물아홉에 회사를 관두고 **은퇴**한다니, 그 개념은커녕 그 말의 의미조차 이해할 수 없었다.

나는 케일럽과 송별회를 두 번 했다. 한 번은 5월 초 스페인 식당에서,

루퍼트와 내가 새끼 돼지를 먹었던 강변의 바로 그 식당에서 데스크 전체가 다 함께 저녁을 먹었다.

날씨가 다시 따뜻해지고 해가 점점 길어지던 그 저녁은 모두가 화창한 날씨를 만끽하며 즐겁게 축하하는 분위기였다. 모두가 케일럽을 위해 기뻐했다. 케일럽은 모두가 꿈꾸는 삶을 살고 있었다.

트레이더들은 하나같이 퇴사를 이야기한다.

'내년에 떠날 거야. 다음 성과급만 받고 바로 관둘 거야. 이 개자식들한테 나는 과분해. 내년에 기필코 그만두겠어.'

하지만 실제로 떠나는 사람은 없다. 등 떠밀려 나갈 때까지 떠나지 않는 사람이 대부분이다.

트레이더들은 산속이나 바닷가에 자리 잡은 집, 도시를 벗어나 시골에서 가족과 함께 보내는 삶에 대해 꿈꾸듯 이야기한다. 미혼인 듯한 젊은 트레이더들은 여행에 관해 이야기한다. 인도로 가는 자전거 여행이나 칠레로 가는 항해에 관해 이야기한다.

하지만 실행하는 사람은 없다.

그런데 케일럽은 실제로 하고 있었다. 케일럽은 젊고 여전히 잘생겼다. 탈모도 전혀 없고 심지어 흰머리의 징후조차 보이지 않았다. 트레이더들에게는 영웅이었다. 모두가 꿈꾸는 일을 실현하면서 누군가를 화나게 하지도 않았다. 음, 적어도 내가 좋아하는 사람을 화나게 한 적은 없었다.

우리는 다 같이 긴 직사각형 식탁에 둘러앉았다. 식탁 위에는 치즈, 초리소 소시지, 올리브, 그리고 내가 모르는 음식들을 조금씩 담은 접시들이 끝없이 놓여있었다. 정말 솔직히 말하면 나는 그런 종류의 음식을 좋아하지 않았다. 제대로 된 저녁을 먹었으면 훨씬 좋았을 테지만 그래도 높이 떠있던 해가 강으로 가라앉는 동안 사람들과 먹고 마시고 웃고 떠들며 즐겁게 시간을 보냈다. 사실 거기에 새끼 돼지가 없는 것만으로도 행복했다.

그러다 어느 순간 빌이 케일럽에게 물었다.

"이연 주식(deferred stock)[13]은 어떻게 할 거야?"

그때 케일럽이 트레이딩 게임에서 보였던 미소, 패배할 줄 모르는 사람의 미소를 지었다. 나로서는 의미를 알 수 없는 질문이었지만 그 미소 때문에 케일럽이 대답하는 모습을 지켜봤다.

"걱정하지 마. 내가 알아서 해."

"자선 단체?"

"응."

"그러면 민달팽이는?"

"성과급 없는 1년."

"민달팽이가 받아들였어?"

"응."

다른 트레이더들은 그 대화를 귀담아듣지 않았지만 나는 두 사람 사이에서 시선을 옮겨가며 경청했다. 케일럽은 고개를 크게 끄덕이며 미소 짓고 있었고, 빌 역시 고개를 끄덕였으나 훨씬 진지해 보였다. 정확한 의미는 몰랐지만 나는 두 사람이 한 말을 기억해 두었다. 나중에 돌

---

13   금융권에서 고위급 직원이나 실적이 좋은 직원에게 일종의 성과급으로 지급하는 주식이다. 이연 주식은 받은 후 3~5년 등 일정 기간이 지나야 매각할 수 있어서 그 기간이 지나기 전에 퇴사하면 대부분은 이연 주식의 권리를 포기해야 한다. 우선주와 반대되는 후배주라는 의미로도 쓰이는데, 국내 언론에선 이연 주식을 후배주로 오역하는 경우가 많다.

아보니 그 대화를 기억해 둔 것은 정말 잘한 일이었다.

그리고 해가 거의 저물고 모두가 잔뜩 취했을 때 이번에는 JB가 케일럽에게 물었다.

"혹시 후회되는 일 없어?"

케일럽은 일몰을 바라보며 잠시 생각하더니 이렇게 말했다.

"딱 하나, 루퍼트를 엿 먹이지 못한 거. 그런데 걱정하지 마. 좀 기다리면 또 기회가 생길 거야."

우리는 모두 웃으며 잔을 들었고 늦은 밤까지 맥주를 마셨다.

두 번째는 케일럽과 단둘이 송별회를 했다. 이번에는 점심 식사였다. 케일럽은 전체 데스크에 퇴사 소식을 알리고 나서 나에게 다가왔다. 케일럽은 나를 그 자리에 부르지 않은 것에 대해 사과했지만 물론 나는 그 상황에서 그가 어쩔 수 없었다는 것을 이해했다. 케일럽은 나를 고용한 지 얼마 되지 않아 떠나는 것과 지키지 못할 약속을 한 것에 대해서도 사과했다. 그리고 자신이 떠난 후에도 내가 아무 문제 없이 일할 수 있도록 확실히 조처하겠다고 말했다. 또한 약속을 지키지 못한 것에 대한 보상으로 내가 원하는 장소에서 점심을 먹으며 어떤 질문이든 딱 하나만 하면 솔직한 대답을 들려주겠다고 했다.

나는 패스트푸드점인 칠리스(Chili's)에 가자고 했다. 나는 칠리스에서 파는 버펄로윙을 좋아했다. 함께 나오는 블루치즈 소스도 맛있었다. 그래서 우리는 칠리스에 갔다.

STIRT 데스크는 일과가 일찍 시작되기에 점심도 꽤 일찍 먹었다. 카나리워프 쇼핑센터 안에 있는 칠리스에 도착했을 때 조명이 환히 켜진 거대한 매장은 아직 정오 전이라 텅 비어있었다. 주문한 버펄로윙이 나왔다.

그 넓은 식당에 우리 둘만 앉아있는 것이 왠지 슬펐다. 우리는 작고 네모난 플라스틱 식탁에 서로 마주 보고 앉아있었다. 식탁에는 버펄로 윙 스물네 조각과 블루치즈가 담긴 종지 두 개가 놓여있었다. 케일럽과 나는 나이 차이가 겨우 일곱 살밖에 나지 않았지만 몸집은 두 배 정도 차이가 났다. 그날 누군가 우리 둘이 마주 앉아있는 모습을 보았다면 우리를 부자지간으로 착각했을 수도 있다.

나는 케일럽을 쳐다봤다. 풍성하고 짙은 머리칼이 검은 투구처럼 커다란 머리를 감싸고 있었다. 케일럽은 피곤해 보였지만 한편으로 행복해 보였다. 해야 할 일을 모두 끝낸 사람 같았다. 당시는 케일럽을 알게 된 지 2년 반이 지난 시점이었다. 나는 내가 케일럽을 그리워하리라는 것을 알았다. 초등학교 마지막 날에 드는 느낌, 그와 비슷한 느낌이 들었다. 친구들과 선생님을 그리워하리라는 것을 알지만 무슨 말을 해야 할지 모르는 그런 기분이었다.

물론 케일럽에게 그런 말은 하지 않았다. 그 대신 그의 눈을 뚫어지게 쳐다보며 질문을 건넸다.

"저, 질문 하나 해도 되는 거죠?"

"그래."

케일럽이 밝은 햇살에 살짝 눈을 찡그리며 환히 미소 지었다. 태양이 천장의 채광창을 통해 식탁 위로 날카로운 광선을 뿌리고 있었다.

"솔직히 대답해 줄 거죠?"

"당연하지."

케일럽이 더 활짝, 더 크게 웃었다.

"어떤 질문이라도 괜찮은 거예요?"

"하고 싶은 질문은 뭐든지 해도 돼."

나는 들고 있던 윙을 내려놓았다.

"성과급으로 10만 파운드를 받으려면 뭘 해야 해요?"

케일럽이 큰 소리로 웃으며 몸을 뒤로 기대더니 손에 들고 있던, 이제 뼈만 남은 윙을 내려놓았다.

"10만 파운드? 성과급으로?"

"네, 10만 파운드요. 성과급으로요."

케일럽이 믿을 수 없다는 듯 나를 쳐다보는 동안 잠시 침묵이 흘렀다.

"불가능해. 첫해에는 할 수 없어."

케일럽이 다시 웃었지만 나는 웃지 않았다. 그저 케일럽을 계속 빤히 바라봤다. 당시 나는 겨우 스물두 살이었지만 어른처럼 보이려고 최선을 다했다.

케일럽의 얼굴에서 웃음기가 사라졌다.

"뭘 해야 하는지 알려주세요. 그러면 제가 해볼게요."

케일럽은 이제 내가 진지하다는 것을 알았지만 여전히 똑같은 대답을 했다.

"트레이더로 일한 첫해에는 10만 파운드를 받을 수 없어. 불가능해. 그냥 안 되는 거야."

"해야 할 일을 말해주기만 하면 제가 할게요."

케일럽은 한동안 아무 말도 하지 않았다. 턱에 손을 댄 채 나를 바라만 봤다.

"1,000만 달러를 벌어야 해."

그날 오후 나는 데스크 옆에 있는 프린터기로 가서 흰색 A4 용지 두 장을 꺼냈다.

첫 번째 종이 맨 위에 크게 '1,200만 달러'라고 적었다. 200만 달러는 유사시에 대비한 여유분이었다. 그 아래로 거래 다섯 개를 적었다. 각각 이 1년 동안 정확히 1,200만 달러의 수익을 낼 수 있는 거래였다. 각각의 거래는 다음과 같았다.

1) 10억 달러를 빌려주는 1년 만기 스위스 프랑 FX 스와프
2) 10억 달러를 빌려주는 1년 만기 엔 FX 스와프
3) 13억 달러를 빌려주는 1년 만기 파운드 FX 스와프
4) 15억 달러를 빌려주는 1년 만기 캐나다 달러 FX 스와프
5) 14억 달러를 빌려주는 1년 만기 스토키 FX 스와프

나는 종이를 접어 책상 서랍에 넣었다.

두 번째 종이에도 똑같은 내용을 적었다. 그 종이는 접어 바지 뒷주머니에 넣고 집으로 가져갔다. 그리고 침대 밑에 있는 속옷 서랍에 넣어두었다.

다섯 개 모두 규모가 큰 거래였고 나는 그렇게 큰 거래를 실행하기에는 경력이 너무 짧았다. 게다가 그 다섯 개 통화는 내 소관도 아니었다. 다른 사람들의 장부였다.

어떻게 해야 그 장부 중 하나를 가질 수 있을까?

7장

케일럽은 공식적으로 5월 하순에 퇴사했다. 이미 그 전주에 그는 사무실에 있던 물건을 모두 치웠기 때문에 당일에는 우리 모두와 악수하는 것 말고는 할 일이 별로 없었다. 케일럽은 그날 오후 일과가 끝나기 두 시간 전에 떠났다. 오후 3시쯤이었던 것 같다.

케일럽이 책상에서 일어서 통로를 걸어가기 시작했을 때 JB가 스피커 박스의 확성기 버튼을 누르고 소리쳤다.

"케일럽 저크먼이 지금 나가고 있어!"

우리는 모두 일어서서 손뼉을 치기 시작했고 그 후 통로에 있던 다른 사람들도 모두 일어나서 박수를 보냈다.

그리고 나는 그 거구의 위대한 남자가 통로를 따라 홀로 걸어가는 뒷모습을 지켜봤다. 내가 처음으로 알게 된 트레이더였다. 그는 돌아서지도, 손을 들지도, 박수갈채에 화답하지도 않았다. 뒤도 돌아보지 않고 그냥 걸어 나갔다.

우리는 모두 새로운 책임자로 누가 올지 궁금해했다. 빌은 예상대로 그 자리를 거절했다. 다들 새 상사가 뉴욕 데스크의 개구리일까 봐 걱정했는데 결국 개구리가 아니라 척이 부임했다.

척 매디슨은 거인이었다.

내가 책 전반에 걸쳐 트레이더들을 거구로 묘사했는데 그 이유는 거의 모든 트레이더의 덩치가 나와 비교할 수 없을 정도로 컸기 때문이다. 그런데 척 매디슨은 개중에서도 가장 컸다. 다른 트레이더들과 비교해도 어마어마한 차이로 컸다.

척은 캐나다인이었다. 당시 나는 캐나다에 가본 적이 없었다. 정확히 기억나지 않지만 척은 토론토나 밴쿠버 같은 대도시 출신이었을 것이다. 하지만 나는 척을 처음 본 순간, 얼어붙은 눈 덮인 황무지에서 거대한 나무를 등에 짊어진 채 집으로 향하는 벌목꾼이 떠올랐다. 척은 키가 족히 2미터는 넘어 보였다. 배는 불룩이 나왔지만 움직임이 유려해서 뚱뚱하다기보다 그냥 거인처럼 보였다. 굳이 분류하자면 착하고 무해한 거인처럼 보였다. 무시무시한 몸집과 달리 얼굴은 다정해 보였다. 물론 실제로는 아래에서 올려다보기만 했지만 그 친근한 얼굴 덕분에 척은 전혀 위협적으로 보이지 않았다. 나이는 50대 초반으로 턱은 각이 졌으며 깔끔히 잘라 선명히 가르마를 탄 머리에는 백발과 흑발이 섞여있었다. 어떻게 보면 우리 아빠를 확대한 모습 같았다. 그 거대함과 친근함의 조합은 나를 사로잡았고 호기심을 불러일으켰다.

척은 트레이딩 플로어의 전설이었다. 그는 러시아 루블을 거래했다. 아시다시피 STIRT 데스크는 부자 나라들인 서구의 통화만 거래했다. 다시 말해, 열차가 제시간에 운행되는 국가들의 통화만 거래했다. 러시아, 인도, 브라질 같은 국가의 통화는 '신흥 시장' 데스크에서 거래됐다. 신흥 시장 데스크는 물리적으로 우리 데스크에서 멀지 않았지만 완전히 다른 세계에 속해있었다. 척은 내가 태어나기 전부터 루블을 거래했다. 척이 블라디미르 푸틴(Vladimir Putin)과 아는 사이라는 소문도 있었다.

STIRT 데스크에 척을 개인적으로 아는 사람은 없었지만 다들 그의 명성과 체격에 대해서는 부임 전부터 익히 들어 알고 있었다. 들리는 말로는 척의 머리가 모니터 벽 위로 아찔할 만큼 높이 솟았기 때문에 그가 자리에서 일어나 돌아다니면 트레이딩 플로어의 모든 사람이 그의 위치를 언제든지 파악할 수 있다고 했다. 케일럽이 떠난 후 몇 주 정도 지났을 때 척이 새로운 책임자가 될 것이라는 소문이 퍼지기 시작했다. 그리고 얼마 지나지 않아 나는 그 소문이 사실임을 알게 됐다.

케일럽이 떠난 후 후임자가 정해질 때까지 책임자 자리는 비어있었고 스위스 프랑 트레이더도 없었다. 그 결과 빌은 임시 책임자로, 나는 임시 스위스 프랑 트레이더로 빈자리를 채워야 했다. 임시 트레이더는 커버 트레이더와 달랐다. 거래가 케일럽의 손익 계정으로 들어가는 것이 아니라(어차피 케일럽의 손익 계정은 더 이상 존재하지 않았다) 내 손익에 반영됐다. 당시 스위스 프랑 장부는 수익성이 좋아서 나는 꽤 많은 돈을 벌 수 있었다.

빌은 관리 업무뿐만 아니라 행정 업무도 싫어했다. 당시 빌이 내 직속 상사였기 때문에 결국 그 많은 행정 업무가 나에게 넘어왔다. 그 말은 곧 모두가 집으로 돌아간 후에도 늦게까지 사무실에 있어야 한다는 뜻이었다. 앞서 말했듯이 나는 돈을 벌고 있었기 때문에 야근을 해도 불만은 없었다.

임시 업무를 시작한 지 2, 3주 정도 지난 어느 늦은 오후 나는 데스크에 홀로 남아 지루한 행정 업무를 처리하고, 이메일을 보내고, 그날 체결한 거래를 시스템에 입력하고 있었다. 그때 척이 데스크 여기저기를 훑어보다 내게로 걸어왔다. 척이 STIRT 데스크의 새 책임자라는 공식

트레이딩 게임

적인 발표가 있기 전이었다.

척이 다가왔을 때 나는 자리에 앉아있었고 그는 서있는 상태라서 우리 두 사람의 얼굴은 서로 엄청나게 멀리 있었다. 척은 나를 보기 위해 마치 자기 신발을 내려다보듯 목을 완전히 앞으로 구부려야 했다. 내가 올려다보자 척이 환히 웃었다. 나도 미소를 지었다.

척이 나에게 손을 내밀었고 우리는 악수를 했다. 척은 이미 내 이름을 알고 있었다.

"안녕, 게리. 나는 척이라고 해."

그리고 나서 앉을 의자를 찾으러 돌아다녔다. 그때는 다른 STIRT 트레이더들이 모두 퇴근한 후라서 사방에 빈 의자가 있었다. 그런데도 척은 어떤 이유에서인지 사라졌다가 약 2분 후에 돌아왔다. 어쩌면 개중에 자신의 무게를 감당할 수 있는 튼튼한 의자를 골랐던 것일지도 모르겠다.

척은 의자를 천천히 밀면서 내 옆으로 다가왔다. 그리고 의자에 앉기 위해 조금씩 몸을 낮췄다. 어마어마한 덩치와 무게 때문에 그가 움직일 때마다 엄청난 중력이 느껴졌으며 그 앞에서 나는 마치 어린아이가 된 것 같았다.

일단 의자에 앉자 척은 한동안 아무 말 없이 그저 나를 향해 장난스러운 미소만 지었다.

나는 어떻게 해야 할지 몰라 다소 어색한 미소로 답하고는 계속 거래를 입력했다.

그 상황이 2분 정도 이어졌을 때(지금 생각해 보면 완전히 우스꽝스러운 상황이었다) 척이 내 쪽으로 몸을 숙이더니 이렇게 말했다.

"이봐."

척은 여전히 미친 사람 같은, 아니, 얼핏 보면 어린 소년 같기도 한 미소를 짓고 있었다. 나는 척을 향해 몸을 돌리고 대답했다.

"네?"

그때 척이 등 뒤에 감추고 있던 오른손을 불쑥 앞으로 내밀었다. 사실 나는 그의 오른손이 내내 등 뒤에 있다는 것도 눈치채지 못했었다. 손에는 사람들이 잘 아는, 일종의 수영복 전문 잡지인 《스포츠일러스트레이티드(Sports Illustrated)》가 한 부 들려있었다.

나는 잡지 표지를 보았다가 다시 척의 얼굴을 쳐다봤다. 척은 나를 향해 눈썹을 씰룩거리고 있었다.

척이 잡지를 펼쳤다. 자기가 읽겠다는 것이 아니라 함께 보자는 것이 분명했다. 비키니를 입은 여성의 사진이 두 쪽에 걸쳐 실려있었다.

나는 그 사진을 보고 다시 척을 보았다. 척은 여전히 눈썹을 씰룩대고 있었다. 이번에는 좀 더 오래 씰룩거리더니 이렇게 말했다.

"어때? 좋아?"

그리고 당연히 나는 대답했다.

"네, 멋지네요."

척이 다른 장을 펼쳤다.

다음 장에도 비키니를 입은 여성의 두 쪽짜리 사진이 있었다. 나는 다시 척을 보았고 그는 이렇게 말했다.

"음, 맞아. 정말 멋져."

이번에 나는 고개를 살짝 끄덕이며 같은 말을 되풀이했다.

"네, 멋지네요."

이 상황은 오랫동안, 내가 예상했던 범위보다 훨씬 더 오랫동안 계속됐다. 그리고 돌아가는 상황을 완전히 이해할 수는 없었지만 세 번째인가 네 번째 사진을 보고 있을 때 척이 책임자가 될 거라는 소문이 사실이라는 느낌이 들었다. 그렇지 않다면 그 상황을 어떻게 설명할 수 있겠는가? 함께 잡지를 보는 동안 느낌은 점차 확신으로 바뀌었다.

마침내 우리는 비키니 사진을 다 보았고 척은 잡지를 돌돌 말아 자신의 넉넉한 바지 주머니에 집어넣었다. 그러고 나서 마치 자기소개가 끝났으니 이제 본론으로 들어가도 된다는 듯이 미소를 거두고 의미심장한 표정으로 먼 곳을 바라보았다.

"그런데 자네가 데스크에서 맡은 일은 뭐지?"

내가 척의 얼굴을 바라보자 척도 나를 쳐다봤다. 그 순간 갑자기 척이 아주 젊어 보였다.

앞으로 일주일 안에 STIRT 데스크를 맡게 될 사람이 내 업무가 무엇인지 모른다는 것은 상상도 할 수 없는 일이었다. 그렇지 않은가? 아니면 혹시 모를 수도 있는 건가?

나는 척의 얼굴을 뚫어지게 쳐다보며 이 남자가 대체 어떤 사람인지 파악하려고 최선을 다했다. 이 사람은 여기서 뭘 하는 것일까? 방금 한 말은 뭐지? 나를 시험하는 것인가?

케일럽이 스위스 프랑을 거래했기 때문에 나는 새로운 상사가 그 일을 맡을 것이라고 예상했었다. 그리고 나는 예전처럼 하찮은 키위 트레이더이자 빌의 커버 트레이더 일을 계속하게 되리라 생각했다. 물론 척도 그것이 내 업무라는 것을 알고 있었다. 아니면 혹시 진짜 몰랐던 것일까?

나는 계속 척을 쳐다봤다. 일종의 게임인가? 아니면 정말 모르는 걸까? 나는 척의 표정에서 답을 찾아내려고 그의 얼굴을 계속 쳐다봤다. 내가 생각보다 너무 오래 쳐다봤는지 잠시 후 척이 다시 웃기 시작했다.

그 크고, 환하고, 장난기 넘치고, 아이 같은 미소가 얼굴에 다시 돌아왔다. 척이 나를 보고 그렇게 미소 짓는 동안 나도 미소로 답했다. 그리고 그에게 말했다.

"저는 스위스 프랑 트레이더예요. 전 스위스 프랑을 거래해요."

척은 계속 미소 지으며 고개를 정말 크게 끄덕이기 시작했다. 그러더니 의자에서 천천히 몸을 일으켰다. 그 와중에도 간간이 나를 보며 계속 고개를 끄덕였다. 그러고 나서 의자 뒤로 돌아가 의자를 밀기 시작했다. 그렇게 자리를 뜨기 전 마지막으로 한 번 더 나를 돌아보며 이렇게 말했다.

"게리, 만나서 정말 반가웠어. 앞으로 함께 일하게 될 텐데 잘 부탁해."

척이 떠난 후 나는 다시 혼자가 되어 방금 무슨 일이 일어났는지 되새겨 보았다.

그리고 내가 제일 좋아하는 스위스 프랑 브로커, 몰리의 스위치를 올리고 그를 소리쳐 불렀다.

"몰리! 몰리! 거기 있어요?"

그리고 대답이 없어 스위치를 내렸더니 잠시 후 몰리가 코크니 특유의 억양으로 나를 불렀다.

"게리, 괜찮아요? 사무실에서 여태 뭐 하고 있어요?"

"별일 아니에요. 그런데 지금 1년물 좀 구할 수 있을까요?"

나는 미국 달러를 빌려주고 스위스 프랑을 빌리는 스와프 거래를 하고 싶었다.

"다들 퇴근했죠. 뉴욕 쪽에서 좀 구할 수 있을 것 같기는 한데, 얼마나 필요해요?"

"1야드 정도요."

1야드는 10억 달러다.

결국 나는 해냈다. 스위스 프랑 트레이더가 됐고 A4 용지에 적은 1번 거래를 체결했다.

그리고 그 거래로 연말까지 1,200만 달러가 조금 넘는 돈을 벌었다.

내가 A4 용지 맨 위에 적었던 숫자와 정확히 일치하는 금액이었다.

8장

이제껏 트레이딩 첫해에 1,000만 달러를 번 사람은 없었다. 나도 1,000만 달러를 벌고 난 후에야 알게 된 사실이다.

그렇다면 이런 의문이 생길 수 있다. 하필이면 왜 내가 그 첫 번째가 되었을까?

내가 똑똑했기 때문일 수도 있고 용감했기 때문일 수도 있다.

어린 나이에 그렇게 큰 규모의 거래를 감행할 만큼 무모한 사람이 전에는 없었기 때문일 수도 있다.

그러나 그러한 요인들이 한몫했을 수는 있지만 중요한 이유는 아니었다. 내가 그해에 그렇게 많은 돈을 벌 수 있었던 주된 이유는 두 가지였다. 첫째, 내가 한 거래가 쉬웠고 둘째, 그러한 거래가 허용되었기 때문이다.

사람들이 다 한다는 것은 쉽다는 뜻이다. 트레이더들은 그해에도 여전히 지난해와 똑같은 거래를 했다. 달러를 장기로 2퍼센트에 빌려주고 매일 0퍼센트에 가까운 이자율로 다시 빌려 왔다.

그리고 같은 이유로, 다시 말해 내 주변 모든 사람이 이미 그렇게 했기 때문에 그런 거래가 허용되었던 것 같다. 게다가 다들 나보다 훨씬 더 큰 규모로 하고 있었다. 2009년 빌은 2년 연속 1억 달러를 벌었고 이번에도 은행에서 가장 수익성이 높은 트레이더가 되었다. 빌을 제외하면 1억 달러를 번 사람은 없었지만 두 명이 7,500만 달러를 벌었다. 세상에, 스누피조차 그해에 3,000만 달러를 벌었다. 이런 상황에서 누가 나에게 신경이나 썼겠는가? 데스크 모퉁이에 앉아 겨우 1,200만 달러를 벌고 있는 나에게 신경 쓰는 사람은 아무도 없었다. 가끔 척이 느릿느릿 다가와 소나무처럼 내 모니터에 거대한 그림자를 드리울 때는 있었지만 그럴 때도 척은 아무 말도 하지 않고 나와 눈을 마주치지도 않았다. 미친 사람이나 도를 깨우친 사람이 지을 법한 미소를 띤 채 내 의자를 앞뒤로 가볍게 흔들기만 했다. 돌이켜 보니 척은 그때도 여전히 내가 하는 일을 몰랐던 것은 아닐까 하는 생각이 든다.

여기서 짚고 넘어가야 할 더 크고 중요한 질문이 있다. 그렇다면 어떻게 우리는 모두 그처럼 큰돈을 벌 수 있었을까? 어떻게 모두 어마어마한 규모의 똑같은 거래를 하고 그렇게 많은 돈을 벌 수 있었을까? 모두 같은 거래를 했으니 다 함께 끔찍한 결말을 맞을 위험도 있지 않았을까?

나는 2009년 중반이 되어서야 이런 의문이 생겼고 빌에게 물어봤다. 빌의 설명에 따르면 금융 위기가 시작되던 바로 그때 케일럽이 상사들을 찾아갔다. 민달팽이만이 아니라 민달팽이의 상사, 그 상사의 상사에게까지 가서 우리가 모두 같은 거래를 할 수 있는 특별 허가를 받아냈다. 그리고 빌의 말을 그대로 옮기면, 이 거래로 돈을 벌었을 때 빌, 나, 척, 민달팽이, 민달팽이의 상사, 그리고 그 위까지 모두 성과급을 받게 되어있었다. 빌어먹을, 심지어 CEO도 우리 손익에서 자기 성과급을 떼어 갔다. 거래가 잘못되면 은행 시스템 전체가 무너지고 모두가 일자리를 잃을 수도 있는데 그것에 대해 신경 쓰는 사람은 아무도 없었다. 그렇게 거래가 허용되었다. 그야말로 생선이 머리부터 썩어갔던 것이다.

나는 척을 바라보며 척을 비롯한 우리 모두가 뭔가 잘못된 일을 하고 있는 것은 아닌지 의심이 들었다. 척은 늘 그랬듯이 혼자서 미소 짓고 고개를 끄덕이고 있었다. 그리고 서랍에서 엄청난 양의 동전을 꺼내 책상 위에 쏟아붓더니 동전을 하나씩 세어가며 탑을 쌓았다.

누군가는 내가 처음으로 1,200만 달러를 벌었으니 그 의미 있는 순간을 두고두고 기억했으리라 생각할지도 모르겠다. 그 웅장하고 중대한 순간이 내 머릿속에 선명한 사진처럼 새겨져 있으리라 생각할 수도 있다. 오랫동안 소중히 기억되는 특별한 순간, 뭐 그런 것을 기대할지도 모르겠다.

하지만 현실에서 그 일은 천천히, 한 번에 조금씩, 점진적으로 일어났다.

내가 1,200만 달러를 벌기까지는 6개월이 넘게 걸렸다. 달로 나누면 매달 200만 달러밖에 벌지 못했다. 일로 환산하면 얼마일까? 하루에 10만 달러? 그보다는 약간 적었을까?

그리고 실제로도 그랬다. 여기서 10만 달러, 저기서 10만 달러, 매일 이런 식으로 조금씩 돈이 들어왔다. 5만 달러밖에 벌지 못한 날도 있었을 것이다.

그렇게 돈이 쌓이는 동안 나는 무엇을 하고 있었을까? 내가 기억하는 것은 무엇일까?

숫자는 강력한 힘을 발휘한다. 숫자는 우리를 최면에 빠뜨릴 수도 있다. 모든 사람의 이름과 숫자가 적힌 스프레드시트가 매일 돌아다녔고 거기에 적힌 내 숫자는 천천히 상승했다. 100만 달러, 200만 달러.

어느 주말 늦은 저녁 나는 쇼디치(Shoreditch)[14]의 어느 신호등 앞에서 친한 친구의 차, 은색의 소형 푸조 106이 정차한 것을 발견했다. 내가 달려가서 차창을 두드리자 창문이 내려갔고 거기에는 나를 빤히 쳐다보고 있는 한 소녀가 있었다. 선명한 윗입술의 곡선과 짧은 흑발, 이제껏 내가 본 것 중 가장 아름다운 모습이었다. 그리고 그 소녀는 내 여자친구가 되었다. 내가 처음으로 진지하게 만난 상대였다.

300만 달러, 400만 달러.

어느 날 고든 브라운(Gordon Brown) 총리가 의회에서 은행세[15]에 관해 이야기했다. 그 발언을 듣고 나는 가슴이 덜컹해서 빌을 돌아보았지만 빌은 JB의 어깨를 잡고 흔들며 웃고 있었다. JB도, 척도 소리 내 웃고 있었다. 무슨 일이 일어나고 있는지 제대로 알지 못했지만 나는 나도 모르게 크게 숨을 들이마신 뒤 내쉬었다. 우리는 괜찮겠지.

500만 달러, 550만 달러.

나는 노스웨스트 런던에 사는 여자친구를 만나러 가려면 차가 필요했고 센트럴 세인트 마틴(Central St Martin's)[16]에 다니던 내 친구는 어깨가 접히는 마네킹이 필요했다. 그래서 나는 710파운드를 주고 친구의 푸조를

---

14 런던의 대표적 문화 예술 지역으로 원래는 이스트 런던에 있는 빈민 지역 중 하나였으나 1980년대 말부터 젊은 예술가들이 유입되면서 거리 예술, 밤 문화, IT 스타트업의 성지가 되었다.

15 은행세는 2008년 세계 금융 위기 당시 은행에 투입된 공적 자금을 회수하고 위기 재발을 방지하기 위해 도입된 일종의 부담금이다. 국가마다 차이는 있지만 주로 비예금성 부채에 부과되며, 영국에서는 2009년 고든 브라운 총리가 처음 제안했다.

16 런던 예술 대학 산하 6개 학부 가운데 하나이며, 세계적인 패션 스쿨로 잘 알려져 있다.

샀고 친구는 모자라는 돈 40파운드를 어머니에게 빌려 총 750파운드를 주고 마네킹을 샀다.

600만 달러, 700만 달러.

나는 시간이 날 때마다 에식스에 차를 몰고 가서 해리를 만났다. 함께 피트니스 클럽에 가기도 했다. 내가 일에 관해 물으면 해리는 잘되고 있다고 대답했고 아버지와의 관계에 대해 물으면 괜찮다고 대답했다.

800만 달러, 900만 달러.

주말마다 차를 몰고 여자친구의 방 한 칸짜리 작은 아파트로 가서 주말 내내 그곳에 머물렀다. 아파트의 벽은 손으로 그린 사슴의 해골들로, 바닥은 천 조각들과 다른 잡다한 재료들로 뒤덮여 있었다. 겨울이 왔지만 여자친구는 난방을 틀지 않았다. 난방비가 너무 비싸서 돈을 아끼려면 어쩔 수 없다고 했다.

1,000만 달러, 1,100만 달러.

아빠는 저녁마다 그리고 주말마다 스카이 스포츠를 시청했다. 어차피 나는 거의 집에 없었으니까 그래도 괜찮았다. 친구들은 금융 위기로 일자리를 구할 수 없었다. 나는 한가할 때면 친구들과 어울려 플레이스테이션을 하고 농담을 주고받으며 시간을 보내곤 했다.

1,200만 달러.

목표 완료.

1,000만 달러가 되어서야 비로소 나는 잠시 멈추고 현재 상황을 돌아봤다. 벌써 11월 말이었다.

트레이더에게 겨울은 이상한 계절이다. 출근할 때도 퇴근할 때도 춥고 칠흑같이 깜깜하다.

당시 나는 제대로 된 겨울 외투도 없었다. 톱맨에서 내 기억으로는 30파운드를 주고 산 얇은 검은색 반외투가 전부였다(나는 아직도 그 외투를 가지고 있다). 나는 추위를 피하려고 아침이면 전력 질주해서 열차 도착 시간에 정확히 맞춰 역에 도착했다. 하지만 열차를 갈아탈 때는 추위를 피할 수 없었다. 스트랫퍼드역이 시발역이어서 열차는 이미 승강장에서 한참을 대기하느라 꽁꽁 얼어붙어 있었다. 나는 객차 끝 창가 좌석에 걸터앉아 덜덜 떨면서 열차가 얼른 출발해 지하로 들어가기만을 기다렸다.

우리는 출근한 후 처음 두 시간 동안 깜깜한 어둠 속에서 일했다. 그러다 짙은 구름에 가려진 지평선 위로 태양이 떠오르면 이제는 회색빛으로 변모한 어둠 속에서 다섯 시간 동안 일을 했다. 그리고 다시 깜깜한 어둠이 찾아오면 다들 일어나 집으로 돌아갔다.

그 무렵 나는 빌의 직속 부하로 확고히 자리를 잡았다. 그리고 케일럽과 루퍼트도 다 떠난 후여서 내가 점심을 사다 줘야 하는 사람은 이제 빌밖에 없었다. 나는 매일 빌의 점심을 사러 밖으로 나갔다. 테이크아웃 식당들이 있는 지하 쇼핑센터는 씨티그룹 센터에서 바로 연결되어 있었지만 나는 혹시나 해를 볼 수 있을까 싶어 매일 밖으로 나가 건물 뒤쪽의 공원을 가로질러 먼 길을 돌아갔다. 빌은 밖으로 거의 나가지 않았다. 햇빛을 보기는 하는지 의아할 정도였다. 그래서 나는 빌이 크고 호화로운 시골 저택, 주말이면 늘 따사로운 햇살이 비출 것 같은 그런 집에서 사는 모습을 상상하곤 했다.

12월이 되면 1년 내내 트레이딩 플로어를 감돌던 긴장이 풀리기 시작한다. 그리고 금융 시장이 한산해진 대신 브로커의 접대가 끝없이 이어진다. 당시 나는 손익이 1,000만 달러는 돌파했으나 1,200만 달러에는 미치지 못한 상태여서 이 추가 목표를 달성하려면 트레이딩에서 눈을 뗄 수가 없었다. 하지만 더 시티의 거의 모든 브로커와 트레이더가 나에게 술을 사겠다는 바람에 트레이딩에 집중하기는 쉽지 않았다.

빌과 JB도 자주 나를 데리고 나갔는데(루퍼트나 슈펭글러와 나갈 때보다는 훨씬 나았다) 나는 그때야 두 사람이 엄청난 술고래들이라는 사실을 알게 됐다. 한번은 JB와 술을 마시고 있던 홍고에게서 문자가 왔다. 자신은 집에 가야 하니 내가 JB를 데려갈 수 있는지 물어보는 내용이었다. 내가 카나리워프의 중앙 광장에 있는 술집에 도착했을 때 JB는 비틀거리며 욕을 하고 있었다. 홍고는 그런 JB를 나에게 기대게 한 후 화장실로 사라졌다.

꽃병을 작은 받침대 위에 올려놓고 균형을 잡듯, 나는 JB를 등받이가 없는 의자에 앉히고 그의 어깨에서 조금씩 몸을 떼보았다. JB는 약간 비틀거리다 앞으로 고꾸라지며 다시 내 위로 넘어졌고 설상가상으로 이제는 금방이라도 울음을 터뜨릴 것 같았다.

JB는 호주에 있는 누나 이야기를 하기 시작했다. 누나가 아프다며 당장이라도 돌아가서 누나를 보고 싶다고 말했다. 나는 누가 우리를 보고 있지는 않은지 고개를 돌려가며 내 뒤쪽을 살폈다. 그리고 홍고가 돌아오는 것을 발견하고 JB의 뺨을 찰싹 때리며 이렇게 속삭였다.

"정신 차려요. 홍고가 돌아오고 있어요. 이런 모습 보이면 안 되잖아요. 그렇죠? 이러면 안 돼요."

JB가 고개를 왼쪽으로 돌리더니 홍고를 발견하고는 소리 내 웃기 시작했다. 그리고 내 코를 세게 꼬집었다. 어찌나 세게 꼬집혔던지 그 후로 나흘 동안 코에서 멍이 가시지 않을 정도였다.

그해 크리스마스 팀 회식은 센트럴 런던의 노부(Nobu)라는 엄청나게 비싼 식당에서 했다. 정통 일식당이라고 했지만, 그냥 비싼 지역에 있는 비싼 식당이었다. 그날은 빌이 너무 술을 많이 마셔서 내가 빌을 화장실로 데려가야 했다. 경기 중 다친 축구 선수를 데려가는 물리치료사처럼 빌을 부축하고 화장실로 가고 있는데 갑자기 빌이 몸을 일으켜 내 어깨를 움켜잡았다. 그러더니 귀에 대고 '마이키케인' 하고 소리쳤다.

"마이케임! 마이코케인"

빌이 계속 외쳐댔지만 'ㅋ'로 이어지는 부분의 발음이 너무 불분명해서 무슨 말을 하는지 전혀 알아들을 수가 없었다.

처음에는 코카인 이야기인가 했지만 내가 알기로 빌은 약을 하지 않았다. 그래서 몸을 가까이 기대고 빌에게 무슨 말이냐고 되물었지만 이번에도 빌은 '마이키이케이이임'이라는 소리를 일곱 번 정도 더 외치기만 했다.

그때 배우 마이클 케인(Michael Caine)이 갑자기 어둠 속에서 나타나 빌의 어깨 바로 옆을 스치고 지나갔다. 나는 깜짝 놀라 빌을 잡고 있던 손을 놓아버렸고 빌은 뒤로 주춤 물러서더니 내 얼굴에 손가락질하며 한 번 더 소리쳤다.

"마이클 케인이잖아. 이 코크니 촌놈아!"

그러고는 뒤로 벌러덩 자빠져 버렸다.

한편 집에서는 부모님이 크리스마스트리를 장식하고 벽에 양말 세 짝을 걸어두었다. 한 짝은 형, 다른 한 짝은 여동생, 나머지 한 짝은 내 거였다.

크리스마스트리가 그다지 크지는 않았지만 거실이 워낙 작은지라 이제 소파의 어느 쪽에 앉아도 TV가 보이지 않았다. TV를 보려면 소파에 앉는 대신 TV와 크리스마스트리 사이를 비집고 들어가 바닥에 앉아야 했다. 어쨌든 나는 TV를 보지 않으니까 별 상관은 없었다.

내가 술을 마시고 집에 늦게 돌아올 때면 평소에는 불이 모두 꺼져있었지만 그해 크리스마스에는 꼬마전구가 여전히 켜진 채 보라색, 주황색, 분홍색으로 거실을 환히 비추고 있었다. 나는 그 불빛을 보며 어린 시절을 떠올렸다. 아니, 어쩌면 나는 그때도 어린애였던 것 같다.

그해 나는 아무에게도 크리스마스 선물을 하지 않았지만, 가족들은 여전히 내게 선물을 주었다.

나는 성과급 날이 두렵지 않았다. 왜냐하면 알고 있었기 때문이다. 나는 그날 무슨 일이 벌어질지 알고 있었다. 케일럽이 1,000만 달러는 10만 파운드라고 했으니 1,200만 달러는 12만 파운드 정도 될 것이 분명했다.

케일럽과 대화를 나눌 때 무슨 대단한 이유가 있어서 10만 파운드라는 액수를 고른 것은 아니었다. 그냥 10만 파운드가 당시 내가 상상할 수 있는 가장 큰 액수였다. 나에게는 말도 안 되게 큰 액수였다. 그로부터 4년 전만 해도 나는 주급 12파운드를 받고 매일 신문을 배달했다. 그 다음에는 일급 40파운드를 받고 쿠션을 부풀렸다. **그마저도** 내게는 큰 돈으로 느껴졌었다. 그리고 알다시피 나는 여전히 부모님과 함께 살고 있었다. 10만 파운드는 꿈도 꿀 수 없는 액수였다. 그 돈으로 무엇을 할지 상상조차 할 수 없는 큰 금액이었다.

하지만 그날 나는 두렵지 않았다. 조금도 두렵지 않았다. 나는 내가 가장 마지막으로 회의실에 들어갈 것이라 예상했다. 지난해에 손익이 높은 순서대로 회의실로 불려 갔었고 그해 내 손익이 데스크에서 가장 낮았기 때문이다. 하지만 실제는 달랐다. 예상대로 빌이 제일 먼저 불려

갔지만 빌이 돌아와서는 내게 회의실로 가라고 했다.

그해 성과급 면담 장소는 벽장 같은 작은 방이 아니었다. 척은 무슨 수를 썼는지 모퉁이에 있는, 두 개의 커다란 창문이 모두 부두를 향한 아름다운 회의실을 차지했다. 다분히 척다운 행동이었다. 기억 속 그날은 무척 화창했다. 척은 두 손을 무릎 위에 올린 채 거대한 황금 불상처럼 아주 차분하고 평온한 미소를 지으며 햇살 아래 앉아있었다. 나는 지금도 그 모든 장면이 또렷이 떠오른다. 그날의 모든 것을 마치 어제 일처럼 기억할 수 있다.

척은 아무 말도 하지 않았다. 그저 미소만 지었다. 나는 책상을 사이에 두고 맞은편에 앉아 척이 한 그대로 두 손을 무릎 위에 올리고 있었다. 책상 정중앙에는 흰색 A4 종이 한 장이 놓여있었다. 종이는 우리 둘 중 누구도 아닌 문 쪽을 향해 비스듬한 각도로 놓여있었다.

나는 척을 쳐다봤고 척은 차분히 나를 내려다봤다. 나는 그가 아무 말도 하지 않으리라는 것을 금방 알아챘다. 그래서 이번에는 종이를 내려다봤다.

맨 위쪽에 단어 몇 개가 보였다. 내 이름, 중간 이름까지 포함한 게리 월터 스티븐슨이 적혀있었다. 그 밑에는 숫자가 몇 개 적힌 작은 표가 있었다. 그리고 그 숫자 중 어느 것도 내가 예상했던 12만 파운드는 아니었다.

아래로 종이가 몇 장 더 있었지만 나는 그 숫자가 첫 장에 있을 것으로 확신했다. 그래서 표 맨 위에 있는 첫 번째 숫자, 개중에 가장 큰 숫자인 39만 5,000파운드를 가리키고 이렇게 말했다.

"이게 그 숫자예요?"

숨은 의도도 전략도 없는 순수한 질문이었다. 사실 정확히 그 말을 했는지는 기억나지 않지만 그 과정은 기억한다. 나는 팔을 뻗어 숫자를 가리켰고 무언가 말을 했다.

나는 척을 올려다봤다. 척이 얼굴 전체와 눈으로 활짝 미소를 짓더니 아주 부드럽게 소리 내 웃기 시작했다.

"그래, 그 숫자야."

"와, 엄청난데요."

이 말은 기억난다. 그것도 아주 명확히 기억난다. 그 후 회의실에서 무슨 일이 있었는지는 기억나지 않는다. 그 부분은 내 기억 속에 텅 비어 있다.

그다음 기억에서 나는 내 자리로 돌아와 있었다. 나는 책상에 앉아 오른손은 마우스 위에, 왼손은 키보드 위에 올려놓았다. 그리고 우스꽝스럽고, 터무니없고, 한심하게도 곧 울 것 같은 기분이 들었다.

애써 울음을 참고 있는데 오른쪽 뺨에 빌의 시선이 느껴졌다. 본능적으로 고개를 돌려 확인하니 정말 빌이 나를 보고 있었다. 나는 즉시 그리고 지나치게 급히 고개를 다시 정면으로 돌렸다. 그리고 최선을 다해 버텨보았지만 그 노력이 그리 성공적이지는 못했다.

빌이 일어서서 빙 돌아 내 왼쪽으로 왔다. 그렇게 다른 트레이더들과 나 사이에 서서 그들의 시야에서 나를 가리더니 양 손바닥을 책상 위에 올린 다음 몸을 가까이 숙이며 이렇게 말했다.

"밖으로 나가서 공원에 잠시 앉아있다가 와. 잠깐 쉬면 기분이 나아질 거야. 아무것도 아니야. 괜찮아질 거야."

그리고 그다음 기억에서 나는 어린아이처럼 공원 풀밭에 앉아있었다. 사실 그곳은 진짜 공원이 아니라 중간 크기의 네모난 풀밭에 불과했다. 게다가 삼면이 거대한 고층 건물들에 둘러싸여 있었지만 다행히 그 시간대에는 건물이 없는 방향으로 태양이 떠있었다. 그래서 나는 긴 그림자 사이로 비추는 햇빛 아래에 앉아있을 수 있었다.

나는 정신이 멍해져서 목도리와 외투는 물론 사무실에서 일할 때 쓰던 손가락 없는 장갑조차 챙기지 못했다. 당연히 극심한 추위가 느껴졌지만 그래도 거기에는 태양이 있었다.

정신이 돌아왔을 때 가장 먼저 떠오른 사람은 아빠였다.

우리 아빠는 35년 동안 우체국에서 일했고 내가 어렸을 때는 무척 일찍, 내가 잠자리에서 일어나기도 전에 일과를 시작했다. 말했다시피 세븐킹스역에서 더 시티로 가는 열차는 내 방 창문 바로 옆을 지나갔다. 엄마가 내 방에 들어와 이른 새벽 칠흑 같은 어둠 속에서 나를 조심스레 깨우면 나는 일어나 창밖을 바라봤다. 그리고 열차가 지나갈 때 그 안에 타고 있을 아빠를 찾아보곤 했다.

열차가 너무 빠르면 초점이 흐릿해 아빠가 보이지 않았지만 그렇지 않은 날에는 아빠를 볼 수 있었다. 객차 조명의 따뜻한 불빛 아래서 아빠는 늘 차창 밖을 내다보며 나를 향해 미소 짓고 손을 흔들었다.

그러고 나면 나는 여전히 이른 새벽이어서, 특히 겨울에는 더 깜깜하고 추웠기 때문에 다시 침대로 돌아갔지만, 아빠는 이미 그때쯤 일을 시작했을 것이다. 그리고 늦은 저녁이 돼서야(적어도 어린 나에게는 아주 늦은 저녁 같이 느껴졌다) 아빠를 다시 볼 수 있었다. 그 시간이면 아빠는 늘 지쳐있었지만 피곤한 와중에도 늘 다정했다.

나는 풀밭에 앉아 아빠를 생각했다. 아빠가 일찍 일어나 어둠과 추위 속에서 새벽 기차를 타고 늦은 저녁 다시 어둠과 추위 속에서 퇴근했던 그 오랜 세월을 생각했다. 우리를 위해서, 아마도 나를 위해서였을 것이다. 아빠는 나를 위해, 1년에 2만 파운드를 받기 위해 그 시간을 버터왔다.

그리고 현재의 내 모습을 바라봤다. 나는 어린 시절 우러러보던 고층 건물의 그림자 아래, 작은 사각형 풀밭 위에 외투도 목도리도 없이 다리를 꼰 채 앉아있었다. 작은 삼각형으로 비치는 햇빛 아래 몸을 웅크리고 앉은 나는 갓 스물세 살이 되었고 이제 막 39만 5,000파운드를 손에 쥐었다.

그것이 무엇을 의미했을까?

추위가 밀려왔지만 나는 한동안 그 자리에 그대로 앉아 마음을 가라앉혔다. 그리고 다른 아빠들을 생각했다. 같은 초등학교에 다녔던 이브란 칸이라는 남자아이가 떠올랐다. 이브란의 아빠는 장애인이었고 자기 방이 없었다. 그 대신 계단을 오를 필요가 없는 거실 소파에서 주무셨다. 내가 먹기에 너무 매운 음식을 주고 마시기에 너무 매운 차를 주었지만 이브란의 가족 모두가 나에게 무척 친절했었다. 왜 나는 이브란과 계속 연락하지 않았을까? 이브란과 가족들은 지금 어디에 있을까? 그리고 또 다른 아이가 생각났다. 무자밀이라는 이름을 가진 그 아이는 우리가 겨우 일고여덟 살이었을 때 파키스탄에서 왔고 아직 영어를 할 줄 몰랐다. 무자밀은 쉬는 시간과 점심시간 내내 옆돌기를 하며 자신이 할 수 있고 우리가 이해할 수 있는 유일한 단어인 자기 이름을 외쳤다.

"무자밀! 무자밀!"

그 모든 것이 무엇을 의미했을까?

다음으로, 나는 이제 뭘 해야 할까에 관해 생각했다.

그다음으로는 다른 사람들이 받았을 금액에 대해 생각했다. 나는 1,200만 달러로 39만 5,000파운드를 받았는데 홍고는 7,000만 달러로 얼마나 받았을까? 루퍼트는 작년에 8,000만 달러로 얼마를 받았을까? 2

년 연속 1억 달러를 번 빌은 얼마를 받았을까?

신용 트레이더들은 어땠을까? 자기 이름을 새긴 분홍 셔츠를 입던 그들은, 세상을 무너뜨리기 전에 그들은 얼마나 받았을까?

그러고 나서 이런 생각을 했다. 정말 쉽게 1,200만 달러를 벌었어. 2,000만 달러를 벌 수도 있겠는걸. 5,000만 달러, 어쩌면 1억 달러를 벌 수 있을지도 몰라. 나는 루퍼트보다 똑똑했고 JB보다 똑똑했다. 빌만큼은 똑똑하지 않았지만 정말 열심히 노력한다면 비슷한 수준에는 도달할 수 있을 것 같았다. 어쨌든 신용 트레이더들보다는 내가 확실히 더 똑똑했다. 그러니 나는 더 많은 돈을 벌 수 있었다.

5,000만 달러를 번다면 어떻게 될까? 어쩌면 성과급으로 200만 파운드를 받을 수 있을지 모른다. 200만 파운드로 무엇을 할 수 있을까? 200만 파운드로 할 수 없는 일이 있을까? 200만 파운드만 있다면 무엇이든 할 수 있다. 은퇴하고 모든 것으로부터 자유로워질 수 있다. 진정한 자립을 이루고 어쩌면 캘리포니아 북부에 집을 지을 수도 있다. 칠레로 항해를 떠날 수도 있다. 아마도 그렇지 않을까? 생각이 꼬리에 꼬리를 물었다. 그런데 칠레는 어디에 있지? 나도 할 수 있을지 몰라. 아니, 못할 거야. 아니, 알잖아! 난 할 수 있어. 왜 분홍 셔츠를 입은 남자들과 루퍼트는 백만장자가 될 수 있고 왜 이브란, 무자밀, 나 같은 사람들은 그렇게 될 수 없을까? 왜 나는 안 된다는 거지? 나는 그들보다 못하지 않아. 그들보다 내가 더 뛰어나. 우리가 그들보다 낫고 그중에서도 내가 제일이야. 내가 최고야. 최고가 될 수 있어.

차가운 1월의 태양 아래서 그렇게 내 안의 무언가가 바뀌었다. 내 직업도 바뀌었다. 내 일은 더 이상 단순한 트레이딩이 아니었다. 그 순간부터 나는 강도가 되었다. 은행을 터는 강도였다.

3부

집에 가서
어머니에게 물어봐

정확한 이유는 기억나지 않지만 그날 나는 집에 가고 싶지 않았다. 그래서 여자친구에게 문자를 보낸 후 주빌리선 열차를 타고 노스웨스트 런던으로 갔다.

추운 밤이었다. 전형적인 런던의 차가운 겨울밤이었다. 하지만 평소와 달리 그날 하늘에는 구름 한 점 없었다. 하늘에 별이 두어 개 보이는, 우주가 얼마나 차갑고 공허한지를 느낄 수 있는 그런 밤이었다.

일단 여자친구의 집에 도착하자 나는 아무것도 하지 않았다. 꼼짝도 하고 싶지 않았다. 작은 아파트 안의 침대에 누워 가만히 있었다. 패션 스쿨에 다니는 여자친구는 부업으로 티셔츠에 문양을 그려 넣는 일을 했다. 그리고 예전에 사용했던 문양의 도면들을 모두 벽에 붙여놓았다. 도면들에는 하나같이 말, 사슴, 그리고 이름을 알 수 없는 동물들의 해골이 그려져 있었다. 작은 휴대용 히터가 춤추듯 회전하며 벽 이곳저곳에 따뜻한 주황색 그림자를 드리우는 동안, 나는 침대에 누워 그 해골들을 세고 있었고 여자친구는 시린 맨발로 목제 마루 위를 조심스레 걸어 다니며 저녁을 준비했다.

내가 전에 성과급에 관해 이야기한 적이 있었기 때문에 여자친구도 내가 성과급 날을 무척 기다렸다는 것을 알고 있었다. 그리고 성과급 이야기가 나올 때마다 여자친구는 자기가 그 금액을 알 필요는 없다고 했었다. 우리는 바느질 도구, 천 조각, 만들다 만 옷가지들을 모두 옆으로 치우고 작디작은 식탁에 앉아 저녁을 먹었다. 그때 내가 그 모든 것에 대해 얼마나 고마워했는지 여자친구는 전혀 몰랐을 것이다. 내가 왜 그렇게 조용히 있는지도 이해하지 못했던 듯싶다. 지금 생각해 보면 사실 나도 그런 나 자신을 이해하지 못했던 것 같다.

한밤중에 내가 잠에서 깼을 때 여자친구가 울고 있었다. 큰 소리로 울고 있었다. 나는 조심스레 여자친구를 내 몸 아래로 옮긴 다음, 그녀를 내려다보며 왜 그러는지를 물었다.

"왜 말 안 해? 왜 말 안 해줘?"

여자친구가 울음 섞인 목소리로 말하며 나를 쳐다봤다. 나는 머리를 쓰다듬어주며 여자친구를 진정시키려 노력했다. 나는 아직 누구에게 말해야 할지 결정하지 못한 상태였다. 어쩌면 아무에게도 말하지 않을 수도 있었다. 하지만 당시 나는 적어도 여자친구에게는 빚을 졌다고 생각했다. 아니면 단순히 그녀가 울음을 멈추길 바랐던 것일 수도 있다. 그것도 아니면 그 숫자가 실제로 존재하는지, 실효성이 있는지 확인하기 위해 현실 세계에서 그 숫자를 말하고 싶었던 것일 수도 있다.

그렇게 나는 숫자를 말했다.

순식간에 울음이 멈췄다. 여자친구는 마치 환상을 보는 듯 미동도 없이 완벽히 차분해진 얼굴로 그저 조용히 나를 올려다봤다. 아니, 나를 통과해, 나를 넘어선 어딘가를 바라봤다. 그 순간은 아주 어린 아이처럼 보였다. 그리고 눈을 점점 크게 뜨기 시작했다. 급기야 눈이 무서울 정도로 커졌을 때 그 안에서 꼼짝도 하지 않는 홍채와 그 주위에 펼쳐진

트레이딩 게임

희고 광활한 바다가 보였다. 나로서는 난생처음 보는 광경이었다. 나는 평생 눈이 그런 식으로 움직이는 것을 본 적이 없었다.

그 즉시 나는 후회했다. 숫자를 말하지 말았어야 했다.

그리고 몇 달 후 우리는 헤어졌다.

여자친구와의 일이 있었던 후 나는 아무에게도 금액을 알려주지 말아야겠다고 생각했다. 하지만 공교롭게도 바로 그 주말에 친구 잘페시가 전화를 하더니 자기 부모님 집으로 오라고 했다. 옛 학교 친구들이 다 모였으니 모처럼 같이 프로에볼루션[1]을 하자고 했다. 잘페시는 2008년 금융 위기 때 리먼브러더스를 떠나야 했지만 이후 도이치은행에 입사해 현재는 트레이딩 데스크에서 일하고 있었고, 다른 친구 두 명도 트레이딩만큼 화려한 일은 아니었지만 둘 다 투자은행에 다니고 있었다. 다행히 게임 중에는 게임에 관한 이야기만 했다. 하지만 플레이스테이션의 조종기를 주고받는 막간에 대화가 성과급으로 넘어갔다.

잘페시는 6,000파운드를 받았고 그 액수에 상당히 만족한다고 했다. 잘페시가 같은 질문을 히말에게 던지자 히말은 3,000파운드밖에 못 받았다고 대답했다. 매시피크는 질문을 받자 아무것도 받지 못했다고 대답했다. 딱 봐도 상당히 화가 난 표정이었지만 매시피크는 늘 화가 나 있어서 평소와 크게 다르지는 않았다.

그 대화 내내 나는 아무 말도 하지 않았다. 그냥 앉아서 게임만 했다. 마침내 질문이 나에게 왔다.

---

1 Pro Evolution, 국내에서는 위닝일레븐이라는 이름으로 더 알려져 있는 축구 비디오게임.

"개저는 어때? 얼마 받았어?"

물론 나는 아무에게도 말하지 않기로 이미 결심한 상태였다. 하지만 그 상황에서는 어떻게 해야 할지 확신이 안 갔다. 그 방에 있던 애들은 내 친한 친구들이었다. 우리는 어렸을 때부터 10년 넘게 알고 지낸 사이였다. 내가 뭘 할 수 있었을까? 정말 그 애들에게 거짓말을 해야 했을까?

나는 그냥 말하기로, 일단 시도해 보기로 했다.

"39만 5,000파운드 받았어."

순간 그 방에서 공기가 빠져나가는 것이 느껴졌다. 한 줄기 돌풍이 불어와 주변 공기를 날려버리는 듯한 소리가 났다. 그다음 10초 동안 침묵이 흘렀고 이어서 플레이스테이션 조종기가 바닥으로 떨어져 두 번 튕기는 소리가 들려왔다.

그리고 그 후로는 모든 것이 예전 같지 않았다.

그래도 한 사람에게는 말해야 했다. 해리 샘비, 해리에게는 말해야 했다. 정확한 숫자를 말하지는 않을 것이다. 그 숫자가 얼마나 큰 힘을 발휘하는지 이미 눈앞에서 보았기 때문이다. 하지만 무언가를 받았다고, 그리고 그 숫자가 꽤 괜찮았다고 말해야 했다. 우리는 내가 여덟 살, 해리가 네 살 때 처음 만나 오랜 시간을 함께했다. 나는 처음 여자와 키스했을 때도, 처음 술에 취했을 때도, 처음 대마초를 피웠을 때도 해리에게 전부 이야기했었다. 그 아이는 나를 우러러봤고, 더군다나 우리는 지금 함께 게임에 참여하고 있었다. 나는 해리가 이 게임을 계속할 수 있도록 힘이 될 무언가를 주고 싶었다.

나는 토요일 아침 차를 몰고 에식스로, 해리의 아버지 집으로 갔다. 간다는 사실을 미리 알리지는 않았지만 해리가 아직 집에 있을 이른 시간에 갔다.

초인종을 누르자 해리의 아버지가 대답했다. 나는 아저씨에 대해 잘 몰랐지만 아저씨가 전보다 피곤해 보인다는 것은 알 수 있었다. 내가 해리가 있는지 물었을 때 아저씨는 문틀에 몸을 기댄 채 해리라는 이름을 잘 모르겠다는 듯 헝클어진 머리와 지저분한 턱수염을 번갈아 긁적였다.

그러다 마침내 내 말을 알아듣고 해리가 거실에서 자고 있다고 대답했다. 나는 왜 해리가 침실이 아니라 거실에서 자고 있는지 의아했지만 내가 그 생각을 미처 끝내기도 전에 아저씨는 이미 계단을 올라가고 있었다. 나는 이전에 한 번도 그 집에 들어가 본 적이 없었다. 그날이 처음이었다. 나는 집에 들어가서 아무도 없는 어두운 현관을 지나 해리를 찾으러 갔다.

거실은 극도로 검소하게 꾸며져 있었다. 인조 나무 바닥, 하얀 벽, TV, 오래된 갈색 소파까지 모든 것이 안락함과는 거리가 있었다. 아침이 밝았지만 짙은 붉은색 커튼은 단단히 처진 상태였고 그나마 커튼 사이로 희미한 빛 한 조각이 들어와 방에 드리워진 어둠을 뚫고 지나가고 있었다.

해리는 소파에 얼굴을 묻고 엎드려 있었다. 말 그대로 얼굴을 묻고 있었다. 그 상태로 숨을 쉴 수나 있는지 궁금해질 정도로 얼굴 전체가 낡은 진갈색 베개에 깊이 파묻혀 있었다. 몸이 소파에 비해 너무 길어 양발은 소파의 반대편 팔걸이에 올려져 있었다. 어찌 보면 온몸으로 기도를 드리는 것 같았다. 해리는 바지, 흰 와이셔츠, 우스울 정도로 커다란 검은 구두, 그 어느 하나도 벗지 않은 상태였다. 한쪽 발뒤꿈치만 구두에서 삐져나와 있었다. 대충 벗어보려 했으나 결국 실패한 듯했다. 오른팔은 바닥을 향해 구부정하게 매달려 있고 그 바람에 손목은 바닥에서 90도로 구부러져 있었다.

해리가 그렇게 엉망진창인 상태로 자고 있었지만 거실에는 해리보다 더 눈길을 끄는 것이 있었다. 그러니까 거실에 들어서자마자 시선을 사로잡은 것은 정성껏 옷을 차려입고 소파를 향해 진심 어린 기도를 올리는 해리의 모습이 아니었다. 그보다 더 강렬한 무언가가 소파 뒤 흰 벽

   트레이딩 게임

상단에서 큰 소리로, 그것도 불규칙하게 비명을 지르고 있었다.

벽의 한쪽 끝에서 열린 문까지, 선명한 빨간색 페인트로 쓰인 거대한 글자들이 저마다 거칠고 불규칙한 비명을 쏟아내고 있었다.

'해리 왕은 샘비의 챔피언이다.'

나는 잠시 말없이 서서 그 광경을 지켜봤다. 한 줄기 아침 햇살이 해리의 허리선을 가로질러 벽에 적힌 단어 '왕'을 가리키고 있었다. 한 점의 예술 작품 같았다.

이윽고 해리가 몸을 뒤척였다. 고통스러운 듯 얼굴을 베개에 파묻은 채 희미하게 앓는 소리를 냈다.

나는 주먹으로 해리의 엉덩이 옆을 밀면서 다른 손으로는 해리의 머리칼을 잡고 얼굴을 들어 올렸다.

"해리, 대체 뭐야? 왜 신발도 안 벗고 자고 있어?"

해리가 힘겹게 몸을 옆으로 틀고서는 얼굴을 돌려 나를 향해 미소 지었다. 뺨에 베개 자국이 그대로 남아있었다.

내 도움을 받아 간신히 몸을 일으켜 자리에 앉은 해리는 연신 웃으며 의미 없는 이상한 말을 뱉어냈다. 아직 술이 깨지 않은 것이 분명했다. 마침내 해리가 제대로 된 말을 하기 시작했을 때 나는 묻고 싶던 질문을 했다.

"대체 뭐야? 왜 소파에서 자고 있어?"

"아, 그거, 아, 걱정 안 해도 돼. 그냥… 그러니까 친구들하고 좀 노느라고… 회사 친구들하고…."

해리는 이 말을 하면서 손가락으로 왼쪽, 오른쪽을 번갈아 가리켰다. 혀가 꼬여 발음도 엉망진창이었다.

"신발은 왜 아직도 신고 있어?"

해리는 나를 보고 씩 웃더니 반쯤 벗고 있던 오른쪽 신발을 발길질로 날려버렸다. 신발이 거의 TV에 닿을 뻔했다. 왼쪽 신발도 두어 번 시도했지만 이번에는 쉽지 않았다. 해리는 낄낄거리다 결국 포기했다.

"해리, 너 빨간 페인트로 벽에 '해리 왕은 샘비의 챔피언이다'라고 써놓은 거 알아? 저 망할 빨간색 페인트는 어디서 난 거야? 그리고 저 말은 또 뭐야? 저건 대체 무슨 뜻이야?"

해리는 놀란 표정을 짓더니 몸을 돌려 벽을 쳐다봤다. 놀라움도 잠시, 해리는 순간 모든 동작을 멈추고 자기 작품을 감탄하듯 바라봤다. 그리고 천천히 그 글을 다시 나에게 읽어주었다.

"해리, 왕은, 샘비의, 챔피언이다."

그리고 다시 몸을 돌려 생각에 잠긴 듯 고개를 끄덕였고 손으로 관자놀이를 문질렀다.

"형 말이 맞아. 문법적으로 완전히 틀렸어. 왕과 챔피언을 바꿔서 써야 했어. 그런데 걱정하지 마. 이거 내가 몇 달 전에 썼어. 꽤 오래전에 쓴 거야. 그런데 형은 저게 맘에 안 들어? 내가 보기에는 꽤 괜찮은 것 같은데."

그 길로 나는 부모님 집을 나와 이스트 런던의 보 지역, 모든 유명 그라임 래퍼들의 고향이자 더 시티에서 가까운 보에 아파트를 구했다. 그리고 오래된 성냥 공장을 개조한 그 아파트에 이제 막 열아홉 살이 된 해리를 데려와 함께 살기 시작했다. 그 후 우리는 언제나 함께했다.

그러고 나서 나는 요리도 배워야 했다.

이렇듯 많은 일이 일어났지만 그중 어떤 것도 중요하지 않았다. 정말이다. 나는 그날 자리로 돌아온 순간 그 사실을 깨달았다. 그날, 성과급을 받은 날 나는 감정을 드러냈다는 사실에, 그리고 빌이 그런 내 모습을 봤다는 사실에 당황했다. 그리고 카나리워프의 작은 풀밭에서 몸을 일으켜 트레이딩 플로어로 돌아왔을 때 빌은 오른쪽에서, JB와 스누피는 왼쪽에서 나를 쳐다보리라는 사실을 알고 있었다. 그때 빌이 일어서서 내 왼쪽으로 걸어왔다. 그렇게 다시금 나를 다른 트레이더들의 시야에서 가리고는 몸을 숙이고 이렇게 물었다.

"친구, 괜찮아?"

나는 빌을 보지 않고 대답했다.

"네. 괜찮아요. 그런데 지금 어떤 포지션을 잡아야 하죠?"

그것이 우리가 지금 할 일이었다. 우리가 지금 해야 할 일은 포지션을 잡는 것, 트레이딩뿐이었다. 우리는 1억 달러를 벌어야 했고 백만장자가 되어야 했다.

그런데 어떻게 해야 그렇게 될 수 있을까?

알다시피 지금까지의 트레이딩 전략은 단순했다. FX 스와프를 이용해 장기로 달러를 빌려주고 매일 달러를 다시 빌려왔다. 무척 쉽고 믿을 만한 수입원이었다. 하지만 좋은 거래는 오렌지와 같다. 아무리 좋은 오렌지라도 짜낼 수 있는 과즙에는 한계가 있다.

2009년에는 2008년의 여파로 모든 사람이 달러가 필요했다. 하지만 시장에는 달러가 없었고, 우리에게는 달러가 있었다. 그래서 우리는 엄청난 돈을 벌었다. 그러나 그 수익은 영원히 지속되지 않았다. 얼마 지나지 않아 전 세계 중앙은행들은 시장에 달러가 부족하면 자국의 금융 시스템이 무너질 수도 있다는 것을 깨달았고, 이에 미국 연준은 비교적 빠른 조치를 취해 다른 나라의 중앙은행에 달러를 빌려주기 시작했다.

연준도 FX 스와프를 통해 우리와 똑같은 방식으로 달러를 빌려줬다. 중앙은행들은 연준에서 그렇게 받은 달러를 자국의 시중은행들에 빌려줬고 얼마 지나지 않아 한때 목숨을 위협할 만큼 절박하게 필요했던 달러가 이제는 긴급히 필요한 정도로 바뀌게 되었다. 그리고 그러한 변화로 인해 우리의 마진은 줄어들었다. 그뿐만 아니라 2009년 한 해 동안 각국 정부와 중앙은행은 자국 시중은행들에 낮은 이자율로 엄청난 금액의 돈을 빌려주고 부실 금융 자산도 대거 사들였다. 그러면서 금융 시스템이 무너지지 않으리라는 예측이 점점 힘을 받기 시작했다.

그러한 변화는 한편으로 우리에게 좋은 일이었다. 우리는 금융 시스템이 무너지지 않으리라는 예측에 베팅한 상태였고 이는 곧 우리의 베팅이 완전히 성공했다는 의미였다. 그리고 그 덕분에 나도 STIRT 데스크의 다른 사람들과 마찬가지로 2009년에 많은 돈을 벌 수 있었다. 하지만 다른 한편으로 그 모든 변화는 우리에게 안 좋은 일이었다. 노다지판이 끝나간다는 의미였다. 전 세계적으로 달러에 대한 수요가 점점 줄어들고 국제 금융 시스템이 붕괴하지 않을 것이라는 예측이 점차 사실로 굳어지면서 더 많은 트레이더와 은행이 달러를 빌려주는 게임에 뛰어들었다. 그렇게, 한때 엄청나게 돈을 끌어모았던 사업이 수익성을 잃어가기 시작했다. 우리는 더 이상 달러를 2퍼센트로 빌려줄 수도, 0퍼센트로 빌릴 수도 없었다. 운이 좋아야 1퍼센트의 마진을 확보할 수 있었다.

그리고 2010년 초 세계 최고의 트레이더가 되겠다고 결심했던 바로 그때, 시장 상황도 녹록지 않았지만 거기에 내 손익이 더 이상 1,200만 달러가 아니라는 사실이 더해지며 문제는 더욱 심각해졌다. 한 해가 지나 1,200만 달러의 손익에 따른 성과급을 받고 나면 그 1,200만 달러는 더 이상 내 것이 아니게 된다. 즉, 시계가 다시 맞춰지고 손익이 다시 0

으로 돌아간다.

그것은 나만의 문제가 아니라 모든 트레이더의 문제였다. 그 이유를 이제부터 설명하겠다.

세상에 공짜는 없다. 트레이딩도 마찬가지다. 많은 돈을 버는 거래는 그에 상응하는 위험이 수반된다. 만약 위험을 감수하지 않고도 많은 돈을 벌 수 있다고 말하는 사람이 주변에 있다면 그 사람을 자기 삶에서 치워버려야 한다. 이 규칙 역시 평생 잊지 말고 지켜야 한다.

달러 대출도 마찬가지였다. 위험했다. 장기적으로는 늘 많은 수익을 안겨줬지만 일간 손익은 변동이 심했다. 6개월에 걸쳐 보면 거의 확실히 수익으로 끝났지만 주간 손익은 물론 심지어 월간 손익에서도 매번 승리를 장담할 수는 없었다.

그리고 그러한 변동은 연간 손익이 1,200만 달러일 때는 괜찮지만 0일 때는 문제가 된다. 0일 때 돈을 잃으면 결국 손익의 숫자가 **빨간색**이 되는, 적자라는 끔찍한 상황에 빠지게 된다.

빨간색 숫자는 그해에 돈을 잃었다는 것을 의미한다. 다시 말해 모든 트레이더에게 매일 보내지는 스프레드시트에, 트레이더들의 이름과 손익이 적힌 그 스프레드시트에 내 이름 옆 숫자가 괄호와 함께 빨간색으로 표시된다는 뜻이다.

자기 숫자가 그렇게 표시되기를 바라는 사람은 아무도 없다. 정말이다.

트레이더의 손익이 괄호 안에 빨간색으로 표시되면 상사는 그 트레이더의 뒤로 가서 그동안 했던 모든 거래에 대해 질문하기 시작한다. 트레이더는 상사에게 자신이 체결한 거래를 설명하고 왜 그렇게 거래했는지를 이야기하지만 그 이야기를 곧이곧대로 받아들이는 사람은 없다(실상 트레이더들이 대는 이유는 모두 꾸며낸 것이다). 트레이더는 자신의 거래에 대한 근거를 이메일에 적어 자기 상사, 그리고 상사의 상사에게 보내야 한다. 또한 얼마까지 손실을 감수할 것인지, 즉 어느 지점에서 손절매(거래를 청산하여 손실을 확정하는 행위)할 것인지도 알려야 한다. 최악의 경우 상사 또는 상사의 상사가 **트레이더 대신** 손절매를 할 때도 있다. 자기 엉덩이를 엄마에게 닦게 할지언정 상사가 자신의 거래를 손절매하는 상황에 빠지고 싶은 사람은 아무도 없을 것이다.

그렇다. 절대로 적자가 나면 안 된다. 그래서 트레이더들은 손익이 0이 되면 몸을 사릴 수밖에 없다. 빌은 손익이 0이 되는 것을 좋아하지 않았다. 그래서 빌의 손익은 절대 0이 된 적이 없었다. 이상하게 들릴 수 있지만 사실 그대로를 말한 것이다. 어떤 비난도 암시도 담지 않은 사실 그대로를 말하자면, 빌은 매년 첫 주에 항상 1,000만 달러를 벌었다. 나는 어떻게 그런 일이 일어날 수 있었는지 알지도 못하고 알고 싶지도 않다. 내가 아는 사실은 나는 그 방법을 몰랐다는 것뿐이다. 그래서 나는 다른 평범한 사람들처럼 매년 0에서 시작했다.

매년 0에서 시작한다는 것은 거래 규모를 작게 시작해야 한다는 것을 의미했다. 이 부분은 내게 심각한 문제였다. 나는 그해, 2010년에 1억 달러를 벌고 싶었다. 게다가 내 유일한 트레이딩 전략, 즉 달러를 빌려주는 전략이 2009년보다 수익성은 상당히 떨어지고 위험은 더 커졌기에 문제는 더욱 심각했다. 시장 여건이 나빠지면서 단순히 돈을 벌기 어려워졌다는 게 문제가 아니었다. 이론상으로는 수익성이 떨어지면 그만큼 거래 규모를 두 배로 늘리면 된다. 내게, 그리고 우리 모두에게 닥친 문제는 바로 그 대규모 거래를 하기 어렵게 되었다는 것이었다.

2009년에 내가 거래한 금액은 1년 차 트레이더가 하기에는 엄청나게 컸다. 절대로 허용되어서는 안 되는 금액이었다. 내가 그 거래 제한을 피해 갈 수 있었던 이유는 복합적이었다. 아무도 내 거래를 감시하지 않았고 다들 나를 좋아했을 뿐만 아니라 상사는 평소 동전 쌓기를 하느라 정신이 없었기 때문이다. 무엇보다 주변 트레이더들이 엄청난 위험을 감수하고 엄청난 수익을 내는 바람에 나는 감시망에서 벗어나 있었기 때문이다.

하지만 상황이 바뀌었다. 이제 그렇게 큰 금액을 거래한다면 사람들이 금세 알아챌 수밖에 없었다. 거기에는 두 가지 이유가 있었다. 첫째, 내가 전년도와 비슷한 손익을 달성하려면 스물셋 먹은 트레이더가 하기에 이미 엄청났던 거래 규모를 두 배로 늘려야 했다. 둘째, 이제는 **우리 모두** 위험을 줄여야 했다. 즉, 다들 전년도보다 작은 규모의 거래를 해야 했고 따라서 손익도 줄어들 수밖에 없었다.

결과적으로 나는 더 이상 큰손들 뒤에 숨을 수 없게 되었다.

그리고 그게 바로 2010년 초 내가 캐나다 광장(Canada Square)의 풀밭에서 눈물을 삼키고 자리로 돌아와서는 모니터를 응시하며 빌에게 어떤 포지션을 잡아야 하는지 물었던 이유였다.

씨티은행 최고의 트레이더가 되겠다는 새로운 야망을 품은 나에게 빌은 당연한 선택지였다. 빌은 항상 돈을 벌었고, 언제나 전략이 있었다.

솔직히 말해서 빌과 비교하면, 나를 비롯한 나머지는 모두 진화하지 못한 원숭이였고 속물이었다. 우리는 달러를 빌려주고 수익을 챙겼으며 그렇게 돈을 벌면 밖으로 나가 문이 없는 아파트를 샀다.

하지만 빌은 달랐다. 빌은 예술가였다. 예술가이자 거래 중독자였다.

2010년이 되었을 때, 그러니까 빌의 옆으로 자리를 옮긴 지 거의 1년이 지났을 때 나는 비로소 빌의 트레이딩 전략을 이해하기 시작했다.

빌은 달러를 빌려줬다. 당연히 빌도 달러를 빌려줬다. 빌은 어디서든 좋은 거래가 있다면 기회를 놓치지 않았다. 달러뿐만 아니라 파운드도 빌려줬다. 빌은 파운드에 관한 한 모르는 것이 없었다. 통화정책위원회(Monetary Policy Committee) 위원 한 명 한 명의 성격과 습관까지 알았다. 빌은, 빌의 표현을 빌리자면, 이자율을 결정하는 그 멍청이들의 모든 것을 알고 있었다. 아마 그들이 잠자리에 드는 시간도 알았을 것이다.

빌은 다른 통화도 빌려줬지만 이것저것 다 빌려주지는 않았다. 모든 것을 빌려주는 것은 돼지고기 위에 돼지고기를 더 얹는 탐욕스러운 짓, 같은 거래를 겹겹이 쌓는 미련한 짓이라고 했다. 그렇다면 돼지고기 위에 돼지고기를 얹는다는 것은 구체적으로 무엇을 뜻할까?

트레이더가 어떤 통화를 빌려준다면 그 트레이더는 그 통화의 이자율이 내려갈 것이라는 데 베팅을 한 것이다. 원리는 이렇다. 어떤 고객이 대출을 받는다고 생각해 보자. 은행에 가서, 예를 들어 5년 만기 주택 담보 대출을 신청한다고 상상해 보자. 현재 시점에서 본다면 은행은 향후 5년에 걸쳐 시장 이자율이 어떻게 될지 알지 못한다. 이자율은 매달 중앙은행이 정하기 때문에 은행이 현재 시점에서 미래의 이자율을 알 방법은 없다. 이럴 때 은행은 **우리** 같은 트레이더(같은 은행 소속일 수도 있고, 다른 은행의 트레이더일 수도 있다), 즉 가격 변동 위험에 베팅하여 수익을 올리는 트레이더를 통해 대출에서 발생하는 이자율 변동 위험을 헤지하려 할 것이다.

당시 2010년 초에는 영국을 포함한 전 세계의 이자율이 0퍼센트에 가까웠지만 향후 이자율이 오를 것으로 생각하는 사람이 대부분이었다(결과적으로 그 예측은 틀린 것으로 판명되었다). 여기서, 대다수가 예측한 대로 트레이더 역시 향후 5년 동안 이자율이 0퍼센트에서 5퍼센트를 향해 점진적으로 상승할 것으로 예측했다고 가정해 보자. 그러면 5년간의 평균 이자율은 2.5퍼센트가 된다. 이 예측하에 트레이더가 2.55퍼센트로 은행에 돈을 빌려주면 은행은 고객에게 그 돈을 2.8퍼센트에 빌려줄 수 있다. 이런 식으로 트레이더와 은행이 모두 각각 약간의 이익을 챙기는 것이다.

그런데 이 거래에서, 트레이더가 2.55퍼센트로 은행에 돈을 빌려주기로 약정한 이 거래에서 트레이더는 앞으로 어떤 상황이 돼야 돈을 벌 수 있을까?

트레이더는 이자율이 예상보다 적게 올라야 돈을 벌 수 있다. 예를 들어 이자율이 전혀 오르지 않고 0퍼센트로 유지된다면 트레이더는 5년 만기 2.8퍼센트의 주택 담보 대출 자금을 매일 0퍼센트에 조달할 수 있다. 즉, 트레이더는 은행 몫인 0.25퍼센트를 제하고 나서도 2.55퍼센트에 해당하는 돈을 벌게 된다. 마법 같은 공돈이다.

물론 진짜 공돈은 아니다. 이자율이 예상보다 훨씬 더 빨리 상승한다면(예를 들어 거래 즉시 5퍼센트까지 올라서 5년 동안 그대로 유지된다면) 트레이더는 이미 은행에 2.55퍼센트에 빌려주기로 한 자금을 기간 내내 5퍼센트에 조달해야 해서 그만큼 손실을 보게 된다.

위 사례에서 볼 수 있듯 **돈을 빌려준 것은 이자율이 내려가거나 적어도 낮게 유지된다는 데 베팅을 한 것이다.**

그렇다면 이자율은 언제 낮은 수준을 유지할까? 이자율은 일반적으로 경제 상황, 즉 경기가 안 좋을 때 낮게 유지된다. 그 이유는 중앙은행이 이자율을 정하는 방식 때문이다. 중앙은행은 경기가 안 좋다고 판단하면 기준 금리를 인하하고, 경기가 좋아지거나 과열되고 있다고 판단하면 기준 금리를 인상한다. 다시 말해 사람들이 돈을 쓰게 하려고 이자율을 낮추고, 사람들이 돈을 쓰지 못하게 하려고 이자율을 올린다.

빌이 일부 통화만 거래한 이유가 여기에 있다. 각국의 경제 상황은 서로 밀접히 연결되어 있어서 동시에 좋아지기도 하고 나빠지기도 한다. 예를 들어 미국의 이자율이 낮으면 미국 경기가 안 좋다는 뜻이고 이 말은 곧 영국과 유럽 경기도 안 좋다는 뜻이다. 따라서 영국과 유럽의 이자율도 낮은 수준을 유지하게 된다. 결국 달러, 파운드, 유로를 빌려주는 것은 일정 정도 같은 거래라고 할 수 있다. 다른 말로는 세 거래의 상관관계가 높다고 표현할 수 있다. 그래서 어떤 트레이더가 이 세 가지 거래를 모두 했다면, 그 트레이더는 스스로 각각 다른 세 가지 거래를 했다고 생각하겠지만 실제로는 같은 거래를 세 번 한 셈이 된다. 이것이 빌이 말한 돼지고기 위에 돼지고기를 더 얹는 짓이다.

빌은 결코 그런 짓을 하지 않았다. 빌은 모든 요소가 꼼꼼히 균형을 이룬 요리로 성을 지었다. 첫째, 빌은 자신이 가장 좋아하는 요리, 즉 당시 시장에서 가장 수익성이 좋은 거래부터 시작했다. 그 거래가 궁전의 기반이었다. 그런 다음 빌은 자문했다. 이 거래에 어떤 위험이 있을까? 예를 들어 빌은 국제 금융 시스템이 더욱 불안정해지면 달러 대출도 위험해질 수 있다고 생각했다. 그래서 금융 시스템이 붕괴하면 수익을 낼 거래를 먼저 찾아보고 그중에서 금융 시스템이 붕괴하지 않더라도 수익을 낼 거래를 다시 골라냈다. 그리고 그 거래를 포트폴리오에 추가했다. 그렇게 하면 금융 시스템이 붕괴하든 붕괴하지 않든 돈을 벌 수 있었다.

빌은 그런 식으로 자신의 성, 포트폴리오를 건설해 나갔다. 현실에서 일어날 수 있는 어떤 일이 내 포트폴리오에 위험 요소로 작용할까? 그렇다면 그 시나리오에서도 살아남고 수익을 낼 수 있는 좋은 거래는 무엇일까? 계속해서 자문하고 그 답을 찾으면서 모든 위험이 헤지된 완벽한 거래의 궁전을 만들었다. 그래서 빌은 항상 돈을 벌었다. 어떤 비극이 일어나든, 금융 시스템에 어떤 충격이 가해지든, 빌은 그 위험을 상쇄할 패를 가지고 있었다. 빌은 어떤 상황에서도 어떻게든 돈을 버는 것 같았다.

쉽지 않은 일이었다. 나도 노력했지만 그렇게 하려면 모든 것에 대해 속속들이 알아야 했다. 나는 할 수 없었다. 나는 빌이 될 수 없었다.

스누피도 빌이 최고라는 것을 알았다. 영리한 스누피도 빌이 되려고 노력했지만 나와 마찬가지로 실패했다. 빌은 25년 동안 한결같이 새벽 6시에 출근해서 작은 회색 공처럼 몸을 웅크린 채 수화기를 들고 11시간 동안 통화했다. 그러는 와중에 아홉 번째 스크린을 보며 경마에도 베팅했다. 스누피와 나는 그 자리를 차지할 방법을 알아내려고 끊임없이 노력했다. 우리는 빌이 되는 방법에 대해 몇 시간 동안 이야기를 나누었다. 하지만 불가능했다. 우리는, 평범한 스누피와 나는 그렇게 할 수 없었다.

그래서 우리는 차선책을 택했다. 거래 한도 내에서 최대한 많은 달러를 빌려주되 빌이 어떤 거래를 하는지 알게 되면 그 거래를 그대로 따라했다.

빌은 늘 통화정책위원회에 큰돈을 걸었다. 잉글랜드은행의 멍청이들, 빌은 그들을 증오하는 한편 사랑하기도 했다. 빌은 그들을 자신과 완전히 상반된 존재, 즉 특권층, 오만함, 고학력, 권위, 권력, 궁극적으로 멍청함의 대명사로 여겼다. 그리고 그들이 재채기를 하기도 전에 그 사실을 알았다. 그렇게 해서 엄청난 돈을 벌었고 그 과정을 미치도록 사랑했다.

빌은 통화 정책 회의가 열릴 때마다 돈을 벌었다. 예를 들어 회의 일자가 다가오는 시점에 시장에서는 기준 금리가 1퍼센트에서 0.75퍼센트로 인하되리라고 예측하지만 빌은 그보다 낮은 0.5퍼센트로 떨어질 것을 어찌어찌 알고 있다고 가정해 보자. 그러면 그 즉시 빌은 회의가 열리는 날짜에 0.75퍼센트로 파운드를 빌려주는 거래를 미리 체결했다. 그리고 금리가 발표되면 0.5퍼센트의 이자율로 파운드를 빌려 포지션을 청산했다. 눈먼 돈이다. 이 거래의 가장 큰 장점은 오래 기다릴 필요가 없다는 것이다. 회의 당일에 쉽게 엄청난 돈을 벌 수 있다. 그런 거래를 체결하고 나면 빌은 요란스레 손을 털며 이렇게 속삭이곤 했다.

"누워서 떡 먹기군."

나를 돌아보며 이렇게 말할 때도 있었다.

"상승할 거야. 너도 올라타."

나는 빌의 이 말이 좋았다. 왜냐하면 보통은 나도 이미 같은 포지션을 잡고 있었기 때문이다. 그럴 때 스누피를 돌아보면 그 역시 어린아이처럼 웃고 있었다.

그것이 우리의 계획이었고 꽤 잘 먹혔다. 그렇게 손익을 조금씩 쌓으며 평판을 키운 다음 그 손익을 근거로 거래 한도를 늘리려고 했다. 처음에는 천천히, 그다음 빠르게 규모를 늘려 연말에 **큰돈**을 벌려고 했다. 그런 단순한 계획이었다.

거래가 한산해지는 오후가 되면 나는 웨이트로즈(Waitrose)[2]에 가서 음

식 재료를 산 후 집으로 돌아가 해리와 날 위한 저녁을 준비했다. 매실 소스를 넣은 맛있는 돼지고기볶음을 만들었다. 모든 상황이 제법 괜찮았다. 나는 일주일에 한 번 해리와 축구를 했고 간간이 피트니스 클럽에도 갔다. 좋았다. 둘만의 작은 가정을 이룬 것 같았다.

3장

그런데 그때 말도 안 되는 일이 벌어졌다.

나는 지난 몇 달간 손익을 아주 천천히 쌓아왔다. 그리고 당시, 4월 중순이 되었을 때는 거의 400만 달러, 즉 4달러를 번 상태였다(앞서 말했듯이 트레이더들은 금액을 부를 때 보통 백만 단위를 빼고 부른다). 매달 1달러씩 번 셈이었다. 2009년 하반기에 12달러를 벌었던 것에 비하면 그리 뛰어나지는 않았지만 내가 목표로 삼았던 속도에는 크게 뒤처지지 않는 결과였다. 그 해에는 다른 트레이더들이 전년도보다 돈을 훨씬 적게 벌었기 때문에 나는 4월까지 4달러를 벌면서 처음으로 무리 중에서 맨 밑이 아니라 한 가운데 자리를 차지할 수 있었다.

그리고 연간 손익이 4달러가 되면서 나는 위험을 조금 더 감수하기로 했다. 대단히 큰 금액은 아니었지만 달러를 아주 조금씩 더 빌려주고 있었다. 하지만 큰 위험은, 그러니까 큰 포지션을 잡는 것은 연말을 위해 아껴둔 상태였다.

그날 저녁 나는 볼로네제 파스타를 만들었다. 그리고 해리와 함께 볼로네제 파스타와 사과술 몇 병을 앞에 두고 챔피언스리그 준결승전을 보기 위해 TV를 켰다. 그때 마침 창밖으로 해가 지고 있었다. 당시 우리는 보에 있는 멋진 아파트에서 살고 있었다. 우리가 사는 오래된 공장 건물은 거대하고 광활했다. 붉은 벽돌로 이루어진 거대한 외계 물체가 어느 날 갑자기 하늘에서 뚝 떨어진 듯 그 일대에서 홀로 거대한 위용을 과시하고 있었다. 빅토리아 시대에는 그 공장에서 전 세계 성냥을 합친 것보다 더 많은 성냥이 생산됐었음을 증명하듯 높이 솟은 붉은 벽돌 탑과 약 100년 동안 사용하지 않은 굴뚝도 여전히 남아있었다. 우리 집은 그 건물의 2층에 있었다. 건물 외벽이 워낙 높아서 우리 집은 완전히 건물 안에 파묻힌 것처럼 보였다. 벽돌로 높이 쌓은 외벽과 사이사이 수직으로 솟은 창문들, 그리고 정원수의 가지들에 둘러싸여 있었다. 나뭇가지에서 이제 막 피어나기 시작한 꽃이 창문으로 바로 보이는 위치였다.

해리와 나는 이제 동종 업계에서 일하고 있었기 때문에 둘 다 해가 뜨기 전에 일어나야 했다. 집에서 씨티그룹 센터는 자전거로 출근할 수 있을 만큼 가까웠다. 나는 매일 아침 파란 스키재킷을 입고 오니츠카타이거(Onitsuka Tiger)[3] 운동화를 신고서 이스트 런던의 오래된 뒷골목을, 자전거를 타고 내려갔다. 그리고 크리스프스트리트 시장(Chrisp Street Market)[4]의 거대한 강아지 벽화와 빌링스게이트 어시장(Billingsgate Fish Market)[5]의 노란색 구식 저층 창고를 지나 카나리워프로 향하는 가파른 경사로를 올라갔다.

해리가 저녁 접대가 없는 날이면(대부분은 접대가 있었다) 우리 둘 다 5시

---

3   단순하고 세련된 디자인으로 유명한 일본의 복고풍 운동화 브랜드.

4   번화한 지역 시장으로 식료품 상점, 카페 등이 밀집한, 지역 사회의 중심지 역할을 한다.

5   카나리워프 근처에 있는 유서 깊은 어시장으로 한때 세계 제1의 규모를 자랑했다.

30분경에 집에 돌아왔다. 그런 날에는 둘이 함께 저녁을 먹으며 TV로 축구 경기를 보거나 축구 경기가 없으면 리얼리티 쇼 〈에식스가 **삶의 표본이다**(The Only Way Is Essex)〉[6]를 시청했다. 그리고 나는 9시 30분에 잠자리에 들었다. 가끔 아침에 해리가 숙취에 시달릴 때면 성과급으로 마련한 검은색 소형 베스파(Vespa)[7]에 해리를 태워 역까지 데려다주기도 했다.

그런 평화로운 날이 지속되고 있었다.

그런데 그날 저녁 축구 경기가 막 시작되는 순간 내 휴대전화로 전화가 왔다. 발신자 번호를 보니 미국 번호였다. 개구리가 건 전화였다.

앞서 언급했지만 당시 개구리는 뉴욕 STIRT 데스크의 최고참 트레이더였다. 그리고 일본 엔뿐만 아니라 스위스 프랑도 거래했다. 나는 리모컨을 들어 TV 볼륨을 끄고 해리에게 조용히 하라는 신호를 보냈다.

개구리는 무척 흥분했는지 아주 빠르게 말했다. 실제로 서로 만난 적은 없었지만 개구리는 케일럽처럼 나를 개저라고 부르며 정말 친근하게 말했다.

보아하니 개구리는 스위스 중앙은행인 SNB(Swiss National Bank, 스위스국립은행)에 직접 가서 뭔가를 들은 듯했다. 나는 그가 유럽에 있다는 사실조차 몰랐었기 때문에 일단 놀랐지만 자세한 내용을 물어볼 수는 없었다. 개구리가 도통 말을 멈추지를 않았다.

---

6   영국 에식스의 브렌트우드에 거주하는 젊은이들의 생활상을 보여주는 리얼리티 TV 시리즈.

7   이탈리아의 상징적인 스쿠터 브랜드. 영화 〈로마의 휴일〉에서 그레고리 펙이 오드리 헵번을 태우고 로마 거리를 누비는 장면으로 유명해졌다.

개구리는 나에게 SNB가 뭔가 대단한 일을 벌일 예정이라며 따라서 스위스 기준 금리도 높게 유지될 것이라고 말해줬다. 나로서는 처음 듣는 소식이었다. 다른 사람들도 나와 마찬가지였을 것이다. 금융 위기로 인해 당시 스위스 프랑의 가치는 크게 상승한 상황이었다(스위스 프랑은 2차 세계대전 이후부터 현재까지 안전 자산의 하나로 평가받고 있다). 시장에서는 SNB가 스위스 프랑의 추가 절상을 막기 위해, 다시 말해 사람들이 스위스 프랑을 너무 많이 사는 것을 막기 위해 기준 금리를 공격적으로, 어쩌면 0퍼센트 이하로 인하하리라는 예측이 지배적이었다.

하지만 개구리는 그런 일이 일어나지 않을 것이라고, 기준 금리가 유지될 것이라고 장담했다. 그리고 자신은 큰돈을 벌 텐데 나도 이 기회에 돈을 좀 벌었으면 좋겠다는 말도 덧붙였다.

정말이다. 개구리가 진짜 그렇게 말했다.

개구리는 FX 스와프를 통해 어마어마한 액수의 프랑을 빌렸다고 했다. 이미 여러 번 언급했던 것처럼 FX 스와프에서 하나의 통화를 빌리면 다른 통화를 빌려줘야 한다. 따라서 이 스위스 프랑 FX 스와프도 따져보면 내가 이미 일 년 가까이 해온, 달러를 빌려주는 거래였다. 지금까지 내 경력을 만들어준 거래였고 내가 연말까지 더 늘리고 싶었던 거래였다. 마지막으로, 개구리는 자신이 1년짜리 스와프를 엄청나게 많이 거래했다며 나에게 일부 가져가라고 했다.

그때 내가 좀 더 성숙했거나, 더 현명했거나, 조금이라도 덜 탐욕스러웠더라면 아마 이런 생각이 내 머릿속을 스쳤을 것이다.

'나, 볼로네제 소스가 튄 레이턴 오리엔트 반바지를 입고, 열아홉 먹은 경계성 알코올 중독자와 함께 사과술을 마시며 챔피언스리그 준결승 경기를 보고 있는 스물셋의 게리 스티븐슨은, 휴대전화로, 그것도 일

면식도 없는 사람에게서 이런 금싸라기 정보를 받을 만한 사람일까?'

아쉽게도 나는 성숙하지도, 현명하지도 않았다.

"좋아요, 내가 200달러를 가져올게요."

개구리는 그 말에 진심으로 기뻐했다. 나는 TV 볼륨을 다시 켰고 우리는 나머지 경기를 시청했다.

200달러, 즉 2억 달러는 어마어마한 규모의 거래가 아니다. 나는 이미 더 큰 거래를 한 적도 있었다. 하지만 이자율 거래, 즉 대출과 차입이 관련된 거래에 있어서 중요한 것은 금액만이 아니다. 기간도 중요하다. 개구리는 내게 1년 만기 대출 2억 달러를 팔았다(이 말은 내가 개구리에게 2억 달러를 1년간 빌려주는 달러/프랑 FX 스와프 거래를 체결했다는 뜻이다). 1년은 꽤 긴 시간이지만 2억 달러는 여전히 큰 규모는 아니다. 문제는 내 기존 포지션이었다. 나는 이 2억 달러 거래 이전에 이미 상당히 큰 포지션을 갖고 있었다. 매달 달러를 조금씩 더 빌려주며 아주 체계적이고 점진적으로 내가 원하는 규모로 포지션을 키워가고 있었다. 그런데 개구리의 2억 달러를 가져오자 그 포지션이 엄청나게 큰 덩어리가 되었다. 계획했던 것보다 훨씬 더 큰 덩어리였다.

이제껏 봤다시피 이 거래는 언제나 승리를 가져왔다. 달러를 빌려주는 거래는 언제나 수익을 가져왔다. 스누피는 언젠가 나에게 이렇게 말했다.

"이자율 거래에서 중요한 것은 두 가지밖에 없어. 현재 시장 이자율이 어떤지, 그리고 그 이자율이 향후 어떻게 될지만 생각하면 돼. 현재 시장 이자율이 최종 이자율보다 더 높다고 생각하면 돈을 빌려주는 거야. 쉽지? 공돈이나 마찬가지야."

우리는 모두 FX 스와프의 달러 이자율이 너무 높다고 생각했고 그래서 달러를 빌려주었다. 이번에 나는 개구리와의 거래를 통해 아주 아주 낮은 이자율로 스위스 프랑을 빌렸고, 개구리는 그 이자율이 올라갈 것으로 확신했다.

나는 순간 뭔가 잘못됐다는 느낌이 들었다. 하지만 아무런 행동을 취하지 않고 일주일 정도 그 거래를 그대로 두었다.

그러지 말았어야 했다.

개구리와 거래를 하고 일주일쯤 지났을 때였다. 이제 막 5월이 되었고 나는 책상에 앉아있었다. 오후였다.

평소처럼 런던 STIRT 데스크가 한가해지는 시간이었다. 오후가 되면 뉴욕 데스크가 일을 시작하고 호가 요청 대부분이 그쪽으로 가기 때문에 다들 할 일이 없어 빈둥거리고 있었다. 빌은 경마에 베팅하고 JB는 의자 깊숙이 구부정하게 앉아 이쑤시개를 씹으며 이런저런 이야기를 했다. 척은 저 멀리 허공을 응시했다. 어쩌면 명상을 하고 있었는지도 모르겠다. 스누피와 나는 빌에게서 좋은 트레이딩 건수를 얻기 위해 호시탐탐 기회를 노리고 있었고 슈펭글러는 어머니와 통화하고 있었다. 특별한 것 없는 날이었다. 5월이 되자 퇴근 시간까지도 창문 너머로 태양이 높이 떠있었다. 나는 이제 자리가 창가 바로 옆이라서 그 따뜻한 햇볕을 만끽할 수 있었다. 4달러를 달성하고 5달러를 바로 코앞에 둔 상황이어서 그런지 그 모든 광경이 꽤 평화롭고 심지어 아름답게까지 느껴졌다.

나는 그날 오후 내내 나의 현재 포지션과 거래들을 훑어봤다. 슈펭글러가 준 스프레드시트를 활용해 어떤 날이 싸고 어떤 날이 비싼지 계산하고 포지션을 그 가격에 맞게 쌓았는지 확인했다. 그리고 세일즈가 약간의 돈을 훔치려고 원래 호가가 아닌 가격에 거래를 입력하지는 않았는지, 루퍼트에게서 배운 대로 모든 개별 거래를 훑어보았다.

그날은 7만 달러를 벌었다. 좋은 날이었다. 뭔가 특별한 거래를 하지는 않았다. 나는 큰 금액의 포지션을 갖고 있었고 평소와 마찬가지로 그 포지션이 서서히 더 큰 수익을 창출하고 있었다.

나는 언제나 그랬듯 기계적으로 거래 기록을 확인하고, 새로고침 버튼을 누르고, 포지션을 확인하고, 새로고침을 누르고, 일간 손익을 확인하고, 새로고침을 눌렀다.

그런데 일간 손익이 30만 달러 손실로 나타났다.

가끔 이런 문제가 발생했다. 컴퓨터 시스템이 흔히 그렇듯 씨티은행 시스템에도 원인을 알 수 없는 문제가 발생하곤 했다. 나는 새로고침 버튼을 다시 한번 눌렀다. 변함이 없었다. 여전히 30만 달러 손실이었다.

은행 시스템이 손익을 계산하려면 포지션을 평가할 원천 데이터, 즉 시장 가격이 실시간으로 시스템에 반영되어야 했다. 그래야 포지션의 가치를 정확히 평가할 수 있었다. 그리고 그 원천 데이터로는 브로커 스크린(broker screen)이 사용됐다(브로커 스크린은 FX 스와프의 만기별 현재 가격을 보여주는 화면으로, 브로커가 실시간으로 해당 가격들을 업데이트한다). 브로커는 업무상 트레이더의 호가를 계속 듣기 때문에 현재 시장 가격이 얼마인지 누구보다 가장 잘 알 수 있었다. 따라서 브로커가 원천 데이터를 제공하는 것은 당연했다.

하지만 브로커는 시장이 움직일 때마다 브로커 스크린을 끊임없이 빠르게 업데이트해야 했고 그러다 보면 숫자 중 하나를 잘못 입력하기도 했다. 그러면 트레이더의 손익이 통째로 날아가 버린다. 나는 틀림없이 그런 일이 일어났다고 생각했다. 내 스위스 프랑 포지션을 평가하는 데

   트레이딩 게임

는 몰리의 스크린이 사용됐다. 내가 2009년에 체결한 그 거액의 스위스 프랑 거래를 중개한 바로 그 브로커의 스크린이었다. 나는 몰리의 스크린을 화면에 크게 띄웠다.

1년물 가격이 크게 하락한 상태였다. 이는 곧 달러 이자율은 상승하고 프랑 이자율은 하락했다는 의미였다. 나는 오타라고 생각해서 마우스를 움직여 3개월, 6개월, 9개월 등 만기별 가격들을 모두 확인해 봤다. 모든 왼쪽 가격이 크게 하락했다. 그렇다면 오타는 아니었다. 나는 몰리의 스위치를 켰다.

"몰리, 무슨 일이죠? 왜 1년물 가격을 -40으로 내렸어요? 무슨 일이에요?"

몰리가 잠시 뜸을 들이다 대답했다. 드문 일이었다. 몰리는 아무렇지 않은 듯 말하려고 애썼지만 당황한 기색이 역력했다. 평소와 달리 문장 사이의 간격이 지나치게 짧았다.

"게리, 어, 지금 어디에서도 가격을 받을 수가 없어요. 무슨 일인지 모르겠어요. 왼쪽 호가가 아예 없어요."

나는 몰리의 스위치를 내리고 바로 옆의 스위치를 켰다. 다른 중개 회사의 스위스 프랑 브로커였다.

"1년물 현재 가격이 얼마죠?"

또다시 이례적인 긴 침묵이 흐른 후 이번에는 전형적인 코크니식 얼버무림이 이어졌다.

"아… 에… 음… 지금 왼쪽 가격은 쉽게 받을 수 없을 것 같아요. 그래도 -50은 가능하지 않을까요?"

좋지 않았다.

FX 스와프의 호가는 '매수'와 '매도'가 아니라 '왼쪽'과 '오른쪽'으로 이루어진다. 양측 다 하나의 통화를 빌리고 다른 통화를 빌려주므로 '매수'와 '매도'가 성립하지 않기 때문이다. 예를 들어 미국 달러/스위스 프랑 FX 스와프 거래에서 왼쪽이라고 하면 달러를 빌려주고 프랑을 빌리는 것을 의미했다. 그리고 그날은 이 왼쪽이 없었다. 아무도 달러를 빌려주고 싶어 하지 않는다는 뜻이었다. 나는 엄청나게 많은 달러를 빌려주었고 시간이 흐르면 다시 빌려야 했다. 몰리가 가격을 -45로 더 내렸다. 나는 손익 화면에서 새로고침 버튼을 한 번 더 눌렀다. 이제 손실이 60만 달러였다. 이제껏 내가 기록했던 일간 손실로는 최대 금액이었다. 그것도 이전 최고 기록과는 비교할 수 없을 정도로 큰 금액이었다.

"몰리, 대체 무슨 일이에요?"

또 긴 침묵이 이어졌다. 적어도 나에게는 긴 침묵처럼 느껴졌다.

"알아냈어요. 내가 뭔가 찾은 것 같아요. SNB가 웹사이트에 뭔가를 올렸어요. 3개월물과 관련된 것 같은데 IB 채트[8]로 링크 보내줄게요."

곧 메시지가 IB 채트 화면에 떴고 나는 링크를 클릭했다(IB 채트는 우리 같은 얼간이들, 그러니까 금융권 종사자들이 사용하는 인터넷 채팅 프로그램이다). 링크는 몰리가 말한 대로 SNB 웹사이트로 바로 연결됐다. 깔끔하고 단순한 화면에 첫 줄에는 독일어로, 바로 아래 줄에는 영어로 쓰인 짧은 문장이 적혀있었다. 화면 하단의 구석에는 화면에 걸맞게 깔끔하고 단순한 SNB의 로고가 있었다.

영어로 쓰인 문장은 다음과 같았다.

---

8 IB Chat, 블룸버그(Bloomberg) 단말기에서 사용하는 채팅 프로그램으로 2010년 초반까지 톰슨 로이터 메신저(Thomson Reuters Messenger)와 더불어 트레이더와 브로커가 제일 많이 사용하는 채팅 프로그램이었다.

'스위스국립은행(SNB)은 USDCHF FX 스와프 3개월물을 통해 스위스 프랑을 -35로 제공할 예정입니다. 거래를 원하시면 아래 번호로 전화해 주세요.'

나는 잠시 가만히 앉아서 그 화면을 들여다봤다. 도무지 믿기지 않아 일종의 장난처럼 느껴졌다. 중앙은행은 통화 정책을 이런 식으로 시행하지 않는다. 일반적으로 회의에서 정책을 발표하고 기자회견을 열지, 이렇게 페이스북에 게시글 올리듯 웹사이트에 정책을 올리지 않는다.

나는 슈펭글러의 스프레드시트를 열었다. FX 스와프 가격은 두 통화의 이자율 차이에서 결정된다. 따라서 FX 스와프 가격과 한 통화의 이자율을 알면 나머지 통화의 이자율, 정확히 말하면 내재 이자율을 계산할 수 있다. 나는 SNB가 제시한 FX 스와프 3개월물 가격을 근거로 스위스 프랑의 내재 이자율을 계산해 봤다. 결과는 -4.5퍼센트였다. 자그마치 -4.5퍼센트였다!

나는 오른쪽으로 고개를 돌려 빌을 쳐다봤다. 빌은 쓰레기통에 양발을 올려놓고 경마 잡지 《레이싱 포스트(Racing Post)》를 읽고 있었다. 나는 어깨너머로 척을 쳐다봤다. 척은 무표정한 얼굴로 모니터를 들여다보고 있었다. 나는 단말기에 연결된 커다란 갈색 수화기를 집어 들고 웹사이트에 기재된 번호로 전화를 걸었다.

어떤 여자가 독일어로 아주 정중히 뭔가 말했다.

"안녕하세요, 저는 게리 스티븐슨이라고 합니다. 씨티은행 런던에서 스위스 프랑 FX 스와프를 거래하고 있어요. FX 스와프 3개월물 거래를 하려면 이 번호로 전화하는 거 맞습니까?"

나는 아무도 눈치채지 못하도록 손으로 입을 가리고 있었다.

"네, 이 번호가 맞습니다. 거래를 원하세요?"

"어… 가격이 -35가 맞나요?"

"네, 가격은 -35입니다. 얼마나 필요하세요?"

"글쎄요, 얼마까지 가능한가요?"

"금액에 제한은 없습니다."

"아… 나중에 다시 전화하겠습니다."

나는 다시 한번 척을 돌아본 후 전화를 끊었다.

-4.5퍼센트는 무척 낮은 이자율이다. 이제까지 -4.5퍼센트라는 이자율을 기록한 나라는 없었다. 역사상 한 번도 없었다.

나는 책상 서랍에서 종이 한 장을 꺼냈다. 이런 중요한 계산은 손으로 해야 한다. 내가 달러를 빌려주고 프랑을 빌렸을 때 양 통화의 기대 이자율은 둘 다 거의 0퍼센트에 가까웠다. 하지만 나는 달러의 이자로 기대 이자율에 여전히 1.1퍼센트의 마진을 더해 받고 있었다. 여기서 중요한 것은 두 이자율의 **차이**라는 사실을 기억해야 한다. 나는 프랑을 빌린 것보다 1.1퍼센트 더 비싼 가격에 달러를 빌려줬다. 따라서 그 거래를 수익으로 마무리하려면 반대 거래, 즉 달러를 빌리고 프랑을 빌려주는 거래를 하되 두 이자율의 차이가 1.1퍼센트보다 **작아야 한다**. 결국 달러 이자율이 **떨어지거나**(물론 항상 그랬다) 프랑 이자율이 **오르면** 나는 돈을 벌 수 있었다.

자, 낙관적으로 생각해 보자. 예상대로 내가 달러를 0퍼센트로 다시 빌릴 수 있다고 가정해 보자. 그 가정하에 내가 프랑을 -4.5퍼센트에 빌려줘야 한다면 어떤 결과가 발생할까? 일단 두 이자율의 차이는 4.5퍼센트가 되고, 나는 FX 스와프 거래에서 1.1퍼센트를 벌었지만 결과적으로 총 3.4퍼센트를 잃게 된다. 그때 나는 1년물 거래에서 약 12억 달러에 해당하는 포지션을 가져가고 있었다. 12억 달러에서 3.4퍼센트를 잃으면… 4,080만 달러의 손실이 생긴다. 다시 말해 나는 현실적으로 그 1년물 거래에서 최대로 4,080만 달러를 잃을 수도 있었다. 맞다. 안 좋은 결과였다. 정말 안 좋았다.

누군가는 이렇게 생각할 수도 있다.

'음, 그럼 그냥 SNB에 전화해서 반대 거래를 하고 빠져나오면 되잖아.'

하지만 그런 사람은 상황 파악을 제대로 못 한 것이다. 나는 달러를 빌려주고 프랑을 빌렸고, 반대로 SNB는 달러를 빌리고 프랑을 빌려주겠다는 제안을 했다. 그것도 내가 프랑을 빌린 가격보다 **훨씬 더** 저렴한 가격으로 빌려주겠다고 했다. 금액 한도도 무제한이었다. 내가 그 거래에서 빠져나올 방법은 없었다. SNB는 내가 포지션을 청산하기 위해 해야 하는 거래와 같은 방향의 거래를 하려고 했다. 시장에도 왼쪽 호가는 없었다.

내가 거래에서 빠져나올 방법은 없었다.

거짓말이 아니라 순간 팔에 난 털들이 모두 쭈뼛 서고 가슴이 조여왔다.

4,000만 달러를 잃게 될지도 모른다는 사실을 깨닫게 되면 그 순간 공포에 질려 허둥지둥 포지션을 청산하는 사람들이 있다. 내 주위에도 그런 사람들이 있었다.

하지만 나는 그러지 않았다.

나는 현실을 인정했다. 그러자 흥분감이 밀려왔다.

이자율은 -4.5퍼센트로 유지될 수 없다. 불가능한 일이다. 너무 낮다.

돈이 지닌 본질적 문제는 은행에서 돈을 인출할 수 있다는 것이다. 돈을 찾아 침대 밑에 숨겨둘 수도, 정원에 묻어둘 수도 있다. 그렇게 하면 이자율은 0퍼센트, 적어도 본전이다. 베개 밑에 숨겨두면 0퍼센트인데 도대체 어떤 미친놈이 -4.5퍼센트라는 이자율에 예금을 하겠는가?

물론 이 논리는 개인에게만 해당된다. 은행이 자기 이름으로 가지는 계좌에는 해당되지 않는다. 그런 일반적인 은행 계좌는 존재하지 않는다. 은행은 개인처럼 현금을 인출해서 침대 밑에 숨겨둘 수 없다. 우리가 은행에 자기 계좌를 가지듯 시중은행들도 중앙은행에 자기 계좌를 가지고 있다. SNB가 원했다면 이러한 시중은행의 계좌에도 -4.5퍼센트의 이자율을 적용할 수 있었다.

하지만 SNB는 그렇게 하지 않았다. SNB는 시중은행의 예금에 대해 여전히 0퍼센트의 이자를 지급하면서 FX 스와프 3개월물을 통해서는 -4.5퍼센트에 프랑을 빌려주겠다고 고시했다.

그 말은 내가 손실을 볼 필요가 없다는 의미였다. 당연했다. 프랑 이자율이 3개월물 스와프에서는 믿기 힘든 마이너스 수준으로 떨어졌고 장기물에서도 마이너스가 되어가고 있었지만 나는 여전히 만기 하루짜리, 즉 일일물 프랑을 0퍼센트로 빌려줄 수 있었다.

스누피가 한 말, 중요한 것은 현재 이자율과 최종 이자율뿐이고 우리는 두 이자율의 간극에서 돈을 번다는 말이 떠올랐다. 나는 달러와 프랑의 이자율 차이가 1.1퍼센트에서 0퍼센트로 줄어들리라는 예측에 베팅했는데 이제 그 차이는 오히려 4.5퍼센트로 확대되고 있었다. 사실 그때 나는 그냥 기다리기만 하면 됐다. 그러면 그 간극은 결국 0퍼센트로 돌아왔을 것이다. 그랬어야만 했다. 정말 그랬어야만 했다.

하지만 나는 뭔가 더 하고 싶었다.

나는 다시 빌을 쳐다봤다. 빌은 마권업자와 통화 중이었다. 나는 의자에서 일어나 척 쪽으로 돌아섰다.

"척, 저, 60만 달러를 잃었어요."

척은 천천히 명상에서 깨어나 따뜻한 미소로 나를 맞았다.

"무슨 일이 일어났는데?"

"SNB가 웹사이트에 뭔가를 게시했어요. FX 스와프 3개월물로 프랑을 -4.5퍼센트에 빌려주겠대요."

"-4.5퍼센트?!?!"

대답한 사람은 척이 아니라 스누피였다. 스누피는 몰디브 여행을 위해 이것저것 예약하느라 바빴지만 그 순간만은 내 이야기가 더 흥미로운 듯했다.

척은 턱을 쓰다듬었다. 그리고 의자에서 일어서서 몸을 돌려 나를 쳐다봤다.

"어떻게 할 거야?"

"포지션을 더 없고 싶어요."

척은 그 상황을 정말 즐기는 듯했다. 빌은 마권업자와 통화를 끝낸 후 나를 똑바로 바라보았고 JB도 나를 지켜보고 있었다. 슈펭글러도 전화기를 귀에 대고 있었지만 숨죽인 채 내 쪽을 응시했다. 척이 생각에 잠긴 듯 침묵을 이어가고 있을 때 슈펭글러의 어머니가 플라망어로 말하는 소리가 희미하게 들려왔다.

"왜?"

"SNB가 일일물 시장(overnight market)에는 아무 짓도 하지 않았어요. 여전히 0퍼센트로 프랑을 빌려주거나 예치할 수 있어요. 3개월물 시장이 -4.5퍼센트로 유지되더라도 우리는 그냥 프랑을 계속 일일물로 빌려주면 돼요."

"나 할래."

이 말은 스누피가 했다. 스누피가 동참했다.

"그러다 SNB가 일일물 이자율도 인하하면 어떻게 할 건데?"

"그럴 리 없어요. 일일물 가격을 -4.5퍼센트로 낮추면 은행 시스템이 붕괴할 거예요."

"나도 하고 싶어."

이 말은 여전히 이쑤시개를 씹고 있던 JB가 했다. 그러고 나서 JB는 다시 모니터로 시선을 돌렸다.

척은 여전히 생각 중이었다. 나를 쳐다보지 않고 오랫동안 생각했다.

"좋아, 해도 돼. 잘 해봐."

그렇게 스누피와 JB가 동참했고, 나도 했다.

이로써 나는 다른 사람들보다 스무 배 정도 더 많은 포지션을 가지게 됐다.

빌은 동참하지 않았다.

그런데 당시 왜 그러한 사태가 벌어졌을까?

SNB는 자국 통화 보호를 위한 방안을 강구하고 있었다. 통화 가치가 하락하는 것을 막기 위해서가 아니라 상승하는 것을 막기 위해서였다. 알다시피 통화 가치가 상승하면 자국에서 생산하는 모든 물품이 외국인에게는 너무 비싸지고, 그렇게 가격 경쟁력이 떨어지면 수출산업이 어려움을 겪을 수 있다. 이런 이유로 SNB는 이미 공식 금리를 0퍼센트로 인하한 상태였지만 추가로 뭔가 깜짝 놀랄 만한 일을 시도하고 싶었던 것 같다. 그리고 그 결과, 나로서는 그 이유를 영원히 알 수 없겠지만 SNB는 FX 스와프 시장에서 그 정신 나간 조치를 취한 것이다.

FX 스와프 3개월물에서 스위스 프랑을 -4.5퍼센트로 빌려준다는 것은 결국 3개월 만기 대출의 금리를 -4.5퍼센트로 낮춘다는 말이었다. 그럼에도 SNB는 시중은행들이 매일 예치하는 예금에 여전히 0퍼센트의 이자율을 적용하고 있었다. 언뜻 보면 차익거래(arbitrage)가 가능한 상황이었다. 차익거래란 서로 상쇄되는 일련의 거래를 통해 결국 공짜 이익을 얻는 거래를 말한다. 이론적 측면에서 차익거래는 어려운 과정을 거치지 않는다. 매우 간단하다. 이 경우처럼 달러를 1퍼센트 정도의 이자율로 빌리고, 그다음 그 빌린 달러를 SNB와 내재 이자율 -4.5퍼센트의 FX 스와프 거래를 체결해 스위스 프랑으로 바꾼 후, 마지막으로 그 프랑을 매일 0퍼센트의 이자율로 SNB에 예치하면 된다. 그러면 결과적으로 3.5퍼센트의 수익만이 남게 된다.

하지만 여기에는 문제가 있다. 먼저 이러한 차익거래는 알고 보면 대부분 무위험 거래가 아니다. 실제로 무위험 차익거래가 있더라도 금방 사라진다. 누군가가 해당 거래를 지속해 가격이 제자리로 돌아가면서 차익 기회가 금세 사라진다. 또 다른 문제도 있다. 차익거래를 하려면 종류가 다른 거래를 할 수 있어야 하는데 STIRT 데스크에서는 FX 스와프만 할 수 있었다. 우리는 외부에서 직접 달러를 빌릴 수도 없었고, SNB에 프랑을 예치하는 것도 허용되지 않았다. 이와 같은 거래는 다른 데스크에서 관리했다. 실제로 달러를 빌릴 때도 내부적으로 다른 데스크를 통해 빌려야 했다.

따라서 3개월물이나 1년물 같은 장기 FX 스와프를 했을 때는 스위스 프랑을 매일 일일물로 0퍼센트에 빌려줄 수 있기만을 간절히 바라야 했다. SNB에 이자율 0퍼센트로 프랑을 예치할 수 있는 다른 트레이더들이 나에게 거의 0퍼센트에 가까운 이자를 지급하고 돈을 빌리는 요행이 생기기를 바라야 했다.

또한 그 거래의 위험성은 척도 알아차릴 정도로 무척 명백했다. 만약 SNB가 일일 예치금에 지급하는 이자율을 인하한다면 어떻게 될까? SNB는 이미 3월물 FX 스와프 시장에서 완전히 정신 나간 짓을 했다. 일일물 이자율에도 그런 미친 짓을 한다면 어떻게 될까?

나는 척에게 그러면 은행 시스템이 붕괴하기 때문에 그럴 리 없다고 대답했다. 내가 그렇게 대답한 이유는 다음과 같다.

-4.5퍼센트는 너무 극단적인 마이너스 이자율, 어찌 보면 불가능한 이자율이다. SNB가 스위스 시중은행들이 SNB에 예치한 모든 스위스프랑 예금에 -4.5퍼센트의 이자율을 적용한다면, 시중은행들이 SNB에 예금하고 이자를 받는 것이 아니라 연이율 4.5퍼센트에 해당하는 금액을 지급해야 한다면 은행들은 그 비용을 자기 고객들에게 전가할 수밖에 없다. 하지만 개인들, 즉 은행의 고객들은 자신의 예금 잔액이 연 4.5퍼센트만큼 줄어드는 사태를 받아들일 리가 없다. 그들은 은행에서 현금을 몽땅 인출할 것이고 모든 고객이 동시에 은행에서 돈을 빼 간다면 은행은 파산할 것이다. 그렇게 되면 은행 시스템은 붕괴하고 만다.

적어도 나는 그렇게 되기를 바랐다. 그렇게 되지 않는다면 내가 망할 판이었다.

돌이켜 보면 솔직히 내 논리가 맞았는지는 모르겠다. 그 후로 서유럽 대부분의 국가에서 마이너스 이자율은 흔해졌지만, 이자율이 -4.5퍼센트에 근접한 적은 없었다. 그런 면에서 -4.5퍼센트는 불가능한 이자율이라는 내 논리가 맞았을는지도 모르겠다. 아니면 나는 그저 내 손익을 되찾고 싶어서 그냥 그 논리를 믿고 싶었던 것일 수도 있다.

그리고 내 논리와 상관없이 실제로 그 후에 일어난 일은 다음과 같다.

척에게 보고한 후 자리로 돌아왔을 때 내 일일 손익은 이미 -80만 달러에 육박하고 있었다. 하지만 나는 그것이 오히려 좋은 상황이라는 일종의 자기 합리화를 하기 시작했다. 가격이 더 내려갔으니 나는 더 많은 거래를 할 수 있고 스누피와 JB도 더 좋은 가격 수준에서 거래에 진입할 수 있다고 생각했다.

그날 나는 퇴근 후에 누구와도 말을 섞지 않고 저녁 내내 수영만 했다.

다음 날 시장은 여전히 내게 불리하게 돌아갔지만 다행히 강도는 약해졌다. 그날은 20만 달러가 조금 넘는 돈을 잃었다. 이제 이틀간의 손실은 총 100만 달러를 넘어섰고 연간 손익은 300만 달러를 약간 웃도는 수준으로 떨어졌다. 나는 어제보다 비교적 차분해진 시장이 좋은 신호로 느껴졌고 왠지 안심이 되었다. 그리고 척에게도, 스누피와 JB에게도 그렇게 보고했다. 집으로 돌아가서는 LSE 교과서를 훑어보며 마이너스 금리에 관한 부분이 있는지 살펴보았지만 그런 내용은 전혀 없었다.

다음 날은 조용하지 않았다. 시장이 바닥을 뚫을 듯이 곤두박질쳤다. 나는 250만 달러를 잃었다. 250만 달러를 단 하루 만에 잃었다. 스누피와 JB는 둘이 합쳐서 아마 20만 달러 정도를 잃었던 것 같다. 내 연간 손익은 이제 100만 달러 아래로 떨어졌다. 척은 여전히 말을 많이 하지는 않았지만 내 뒤로 와서 더 오랫동안 서있었다.

"앞으로 어떻게 될 것 같아?"

"다시 돌아올 거예요. 그럴 거예요."

나는 포지션을 더 얹었다.

나는 사흘 동안 350만 달러를 잃었다. 그날 저녁 해리가 내 고등학교 시절 친구들 예닐곱 명 정도를 집으로 초대했다. 우리는 피자와 맥주를 늘어놓고 프로에볼루션을 했다. 다들 피자 조각과 플레이스테이션 조종기를 주고받으며 시끌벅적하게 웃고 떠들어댔다. 하지만 나는 그곳에 없었다.

나는 그곳에 있었지만 그곳에 없었다. 나는 350만 달러를 잃었고 이제 손익 계정에는 60만 달러만 남았다. 시장이 몇 퍼센트 더 움직이면 손익이 0이 될까? 손익이 적자로 돌아서면 무엇이 달라질까? 어떤 팀을 고를까? 당연히 클래식 잉글랜드[9]지. 프로에볼루션을 할 때면 나는 항상 보비 찰턴(Bobby Charlton)이 있는 클래식 잉글랜드를 골랐다. 전설적인 축구 선수 보비 찰턴, 그는 어디에서든 득점할 수 있었다.

-4.5퍼센트의 이자율이 불가능하다는 것은 정말 사실일까? 진짜 그럴까? 친구들에게 이런 말을 하면 안 돼. 앤드레이어스에게 맥주를 더 마시고 싶은지 물어봐. 물어보나 마나 더 마시겠지. 쟤는 항상 그러니까. 내일 일찍 출근해야겠어. 빌보다 먼저 출근해야지. 이제 다들 집에 갔으면 좋겠다.

적자가 되면 경영진이 내 포지션을 손절매하라고 할까? 만약 그러지 않는다면 어떻게 될까? 손절매를 안 하면 손익이 얼마나 내려갈까? 그래도 일자리를 잃을 일은 없을 거야. 일자리를 잃다니, 생각조차 해본 적 없어.

아, 정말 모두 집에 갔으면 좋겠다.

다음 날 나는 추가로 200만 달러를 잃었다. 이제 내 손익은 적자가 되었다. 150만 달러 적자였다. 척은 아무 말도 하지 않았다. 그냥 계속 내 뒤에 서있었다. 스누피도 한 번 내 자리로 다가왔다. 스누피는 그때쯤

---

9   Classic England, 프로에볼루션 속 가상의 축구팀으로 현재 프로축구에서 은퇴한 전설적인 잉글랜드 선수들로 구성되어 있다.

    트레이딩 게임

그 거래로 30만 달러 정도 잃었을 것이다.

"어떻게 될 것 같아?"

"다시 돌아올 거야. 돌아와야 해. -4.5퍼센트는 불가능한 숫자야. 지속 불가능해. 이대로 가면 은행 시스템이 붕괴할 거야."

"그래, 네 말이 맞아. 돌아올 거야."

그 대화 후 우리는 둘 다 포지션을 조금 더 쌓았다.

그날은 금요일이었다. 나는 그 주말에 별다른 일을 하지 않았다. 외출도 하지 않았다. 그 대신 헤어진 여자친구에게 문자를 보냈다. 뭐라고 보냈는지 지금은 기억나지 않지만 어쨌든 정말 한심한 짓이었다.

월요일에 나는 230만 달러를 더 잃었다. 이제 그 거래로 잃은 금액은 거의 800만 달러에 이르렀고 내 연간 손익은 일주일 만에 400만 달러 흑자에서 380만 달러 적자가 되었다.

그날 오후 척이 30분 정도였던가 아주 잠시 자리를 비웠다. 그리고 돌아와서는 내 어깨에 손을 얹고 말했다.

"윗사람들을 만나고 왔어. 무슨 뜻인지 알지?"

"네, 알아요."

척은 내 어깨에 손을 얹은 채 말을 이어갔다.

"자네가 이 일로 많이 배웠을 거야."

그 대화를 하고 나서도 포지션을 완전히 정리하기까지 이틀이 걸렸다. 모든 것이 정리되었을 때 내 연간 손익은 -420만 달러까지 떨어졌다.

그러고 나서 그 망할 이자율이 다시 제자리로 돌아왔다.

여기서 내가 배운 교훈은 무엇일까? 배울 점이 있기는 할까? 물론 어디서나, 언제나 배울 점은 있다.

여기서 배운 교훈은 스누피가 틀렸다는 것이다. 중요한 것은 현재 이자율과 최종 이자율, 이 두 가지만이 아니다. 최종 순간에 내가 거기 있어야 한다.

거래는 괜찮았다. 좋은 거래였다. 스누피와 JB는 손절매하지 않았고 둘 다 엄청난 돈을 벌었다. 좋은 거래였기 때문에 둘 다 돈을 벌 수 있었다. JB는 그 거래가 무엇인지도 잘 몰랐다. 그냥 이쑤시개나 씹다가 엄청난 돈을 벌었다.

따라서 좋은 거래를 하는 것만이 능사가 아니다. **살아남는 것도 중요**하다.

모든 트레이더에게는 고통을 감내할 수 있는 한계점이 있다. 쉽게 말해 모든 트레이더에게는 잃을 수 있는 금액의 한도, 손실 한도가 있다. 세상 최고의 거래를 하더라도 그 한도를 건드리면 아무 소용이 없다. 결국 가진 돈을 모두 잃게 된다.

따라서 여기서 얻은 교훈은 **결코 손실 한도를 건드리지 말라는 것이다.** 나는 그 거래 이후로 손실 한도를 절대 어긴 적이 없다. 그렇게 하려면 거래를 할 때마다 스스로에게 이런 질문을 해야 한다. 최종적으로 내가 예측한 대로 시장이 움직이더라도, 현시점에서 최종 시점까지 그사이 내 거래에 일어날 수 있는 최악의 상황은 무엇일까? 그런데 내가 생각하는 그 최악의 상황은 정말 현실적인가? 혹시 자신을 속이면서 리스크를 과소평가하고 있는 것은 아닐까? 훨씬 더 심각한 일이 일어날 수 있지 않을까? 그리고 그런 식으로 최악의 시나리오를 가정한 후 그 리스크의 정도를 다시 두 배로 늘려야 한다.

나는 내가 어떤 사람인지 잘 안다. 어떤 거래가 내 엉덩이를 세게 한 방 차면, 그렇게 그 거래에서 손실을 보면 나는 더 많은 거래를 한다. 거래가 더 세게 차면 나는 더욱더 많은 거래를 한다. 나도 내가 왜 그러는지 모른다. 어쩌면 그냥 엿 먹어라 하는 심보일 수도 있다. 내가 할 줄 아는 것이라고는 거래가 나를 엿 먹이면 그 거래를 다시 엿 먹이고 그렇게 내가 이길 때까지 계속 엿 먹이는 것밖에 없다. 하지만 그렇게 하려면 그 물량을 진짜 감당할 수 있는지 확인하고 또 확인해야 한다. 물론 내 판단이 틀렸을 때는 그 모든 것이 결국 아무짝에도 쓸모없는 이야기가 된다.

정리하자면, 다음 두 가지 규칙을 평생 잊지 말고 지켜야 한다.

첫째, 결국에는 맞는 판단을 해야 한다.
둘째, 마지막에 살아남아야 한다.

부디 이 두 규칙도 적어두기를 바란다.

또 다른 것은 없을까? 또 다른 교훈은 없었을까?

그렇다. 두 가지 교훈이 더 있었다. 첫째, 리스크가 뭔지도 모르는 거래는 절대 하지 말라고 빌이 말했을 때 나는 그 충고를 새겨들어야 했다. 물론 나는 그러지 않았다. 하지만 그래도 괜찮다. 사람은 누구나 실수를 한다. 다만 같은 실수를 두 번 해서는 안 된다.

둘째, 개구리는 개새끼다. 연속으로 사흘 동안 손실을 보았을 때 불현듯 내 거래의 상당 부분이 개구리에게서 왔다는 것이 기억났다. 그렇다면 그때 개구리는 뭘 하고 있었을까? 분명 개구리도 포지션이 엄청나게 많아서 된통 당하고 있어야 했다. 나는 개구리의 포지션을 확인해 봤다.

개구리는 얼마나 가지고 있었을까?

없었다. 하나도 없었다. 망할 개구리는 일주일 전부터 아무것도 가지고 있지 않았다. 개구리의 포지션은 어디로 사라진 것일까? 개구리는 나에게 포지션을 넘겼다. 시장에 포지션을 던진 다음 그 나머지를 처리하려고 나를 쓰레기통으로 써먹은 것이다.

개구리는 정말 개좆같은 새끼다.

망할 개새끼였다.

자, 이제 어떻게 해야 할까? 나는 이제 스물세 살 반이었고 420만 달러를 잃었다. 어떻게 해야 할까?

도대체 무엇을 할 수 있을까?

그냥 계속 일하는 것 말고는 다른 방법이 없었다.

정말 이상하게도 나는 내 인생의 다음 장으로 접어든 시기, 그 2010년의 나머지 기간에 일어났던 일들을 지금은 거의 기억하지 못한다.

그나마 기억하는 몇 가지 일이 있기는 있다.

나는 일찍 일을 시작했다. 정말 일찍 시작했다. 빌보다 먼저 일을 시작했다. 초여름, 동이 틀 때 자전거를 타고 집을 나서서 트레이딩 플로어에 들어서자마자 작은 헤드셋을 쓰고 온갖 기기 속에 파묻혔다. 그 시간에는 아무도 없어서 옷을 갈아입을 필요도 없었다. 나는 출근길 복장 그대로 회색 후드티를 입고 낡은 오니츠카타이거 운동화를 신은 채 하루의 첫 한두 시간을 읽고, 대화하고, 트레이딩을 하며 보냈다.

그 당시 나는 적극적이고 전략적으로, 힙합에서 말하는 허슬러(hustler)[10]

---

10   사전적 뜻은 사기꾼, 도박꾼이지만 여기서는 목표를 달성하기 위해 적극적이고 전

처럼 FX 스와프 시장을 누비고 다녔다. 솔직히 내 경력에서 그 짧은 기간을 제외하면 허슬러의 방식, 끊임없이 기회를 모색하고 미친 듯이 매매를 하는 것이 나의 특기는 아니었다. 나는 사교적인 사람이 아니다. 슈펭글러와도 다르다. 그래서 사람들이 무엇을, 언제 하는지를 알 방법이 없다. 하지만 내 인생의 그 시점에서는 모든 것을 알아야 했다.

나는 미국 달러와 미국 경제를 살펴보는 데 많은 시간을 할애하기 시작했다. STIRT 데스크의 트레이더들은 미국 달러 **대비** 특정 통화를 거래했다. 따라서 자기가 거래하는 통화에 집중하지, 달러 자체에 특별히 관심을 두는 사람은 없었다. 데스크에는 미국 달러를 거래하는 트레이더도 있었지만 전혀 돈을 벌지 못하고 있었다. 나는 빌이 잉글랜드은행을 아는 만큼 미국 연준을 알고 싶었다.

그리고 내 스위스 프랑 포지션을 구석구석 이 잡듯이 뒤졌다. 물론 나는 이미 포지션을 손절매했다. 하지만 현실적으로 미래 현금 흐름, 즉 선물환 거래 부분 전체를 완전히 없애는 것은 불가능하다.[11] 데스크에서는 매일 FX 스와프 거래가 수백 건씩 이루어지고 그 거래들로 인해 많은 미래 현금 흐름이 생겨난다. 매일 엄청난 돈이 드나들고 돈의 액수도 시시각각 달라진다. 이렇듯 향후 수천 일에 걸쳐 매일 다른 현금 흐름,

---

략적으로 (다른 말로는 수단과 방법을 가리지 않고) 부지런히 일하는 사람을 말한다.

11   일반적인 FX 스와프 거래는 한 쌍의 외환 거래, 즉 현물환 거래(FX Spot transaction)와 선물환 거래(FX forward transaction)로 이루어진다. 현물환 거래는 통상적으로 거래일로부터 두 번째 영업일에 결제가 되고 선물환 거래 부분은 미래 현금 흐름으로 남게 된다.

                                                            트레이딩 게임

즉 다른 포지션이 포진해 있을 때 그 전체 포지션을 한 번에 간단히 청산하는 것은 불가능하다.

결과적으로 나에게는 선택권이 있었다. 어떤 날의 현금 흐름은 청산하고 또 어떤 날의 현금 흐름은 청산하지 않고 유지할 수 있었다. 그래서 나는 위험하지 않은 날들의 포지션은 모두 청산하고 위험한 날들의 포지션은 모두 유지했다. 쉽게 말해 많은 위험을 얼마간 그대로 가져갔다는 뜻이다. 그러면 진짜 손절매가 아니지 않느냐는 주장이 있을지도 모르겠다. 변명하자면 나는 도덕 선생이 아니라 트레이더다. 나는 나를 처절히 상처 입힌 거래를 그렇게 순순히 놓아주는 유형의 사람이 아니다. 시장 가격이 정상으로 돌아왔을 때 손실을 조금이라도 복구해야 직성이 풀리는 사람이다.

나는 그런 사람이다.

내 인생에서 그 기간, 그 빌어먹을 8개월에 대한 기억은 이것이 전부다. 거래하고 포지션을 확인하고, 거래하고 포지션을 확인하고… 작은 주황색 스크린 위 작은 녹색 차트들을 뚫어지게 쳐다보고 검토하고… 신호음에 대답하고 숫자들을 듣고 부르고 확인하고… 그리고 다시 거래하고 포지션을 확인하고… 오랜 시간이 지났지만 그 시절이 아직도 꿈에 나올 때가 있다.

농담이 아니다. 나는 여전히 밤마다 그 시간 속에 머무르고 있다.

한 해가 끝날 때쯤 손익이 다시 흑자로 돌아섰다. 최종 연간 손익은 +450만 달러였다.

빌어먹을, 드디어 해냈다.

그 시기와 관련해 내가 기억하는 일이 하나 더 있다. 나는 일주일 만에 800만 달러를 잃은 그 직후에 짧은 대화를 나누었다. 그리고 사실상 독백에 가까운 그 대화를 아직도 기억하고 있다. 아마도 그 대화가 내 인생에 지대한 영향을 미쳤기에 여전히 기억하는 것 같다.

막대한 손실이 발생한 직후 나는 왜 돈을 잃었는지, 그리고 어떻게 해야 그 돈을 되찾을 수 있을지를 알아내는 데 집착하게 됐다.

그 집착의 일부로, 그리고 순종적이고 잘 훈련된 LSE 졸업생답게 내가 했던 일 중 하나는 교과서를 다시 읽는 것이었다.

나는 무슨 일이 일어났는지 이해하기 위해 옛 교과서를 모두 다시 읽기 시작했다. 스위스 프랑은 왜 절상했을까? SNB는 프랑 절상에 왜 그렇게 대처했을까? -4.5퍼센트는 지속 가능했을까? 그 가격에서 정말 차익거래가 가능했을까? 나는 출퇴근용 가방에 옛 교과서를 쑤셔 넣었다. 그리고 거래가 한산해지는 오후와 모두가 퇴근한 저녁에 홀로 남아 그 책들을 꺼내 다시 읽었다.

그렇게 이틀이 지나 사흘째가 되었을 때 빌이 내 행동을 더 이상 용납하지 않았다.

내가 이자율 평행 이론(interest-rate parity)의 이면에 숨겨진 다소 까다로운 수학적 접근 방식에 관해 탐독하고 있을 때 갑자기 누군가가 내 손에 있던 책을 있는 힘껏 쳐서 발밑에 있는 쓰레기통으로 던져버렸다. 그리고 책이 있던 자리에는 불그스름하고 동그란 얼굴에 백발이 성성한 리버풀 토박이의 얼굴이 자리 잡고 있었다.

"이 개좆같은 새끼야! 도대체 뭐 하자는 거야? 너 몇 살이나 처먹었어!?!"

빌은 욕을 아주 많이 했지만 평소엔 그 정도로 원색적이지는 않았다. 당시 나는 그런 사적인 질문에 요령 있게 대처할 만큼 마음의 여유가 없

   트레이딩 게임

었기 때문에 잠시 생각할 시간이 필요했다.

"어… 스물세 살인데요."

"그런데 왜 여기서 그 등신 같은 책을 읽고 있어? 여기가 **유치원**으로 보여?"

빌은 서있었지만 허리를 직각으로 구부리고 왼손으로는 트레이딩 플로어 여기저기를 거칠게 손짓했다. 미친 사람 같았다. 나는 빌의 손짓을 따라 사방을 둘러봐야 하는 건가 싶어 잠시 망설였지만 결국 그러지 않는 편이 낫다고 판단했다.

"아니요, 그렇지 않아요."

빌은 한숨을 쉬며 양손을 흰머리 깊숙이 집어넣더니 벌겋게 상기된 얼굴을 쓸어내렸다. 피곤해 보였다. 그리고 자리에 앉더니 다음과 같이 말했다.

"잘 들어. 너는 더 이상 유치원생이 아니야. 나도 네가 돈을 많이 잃었다는 거 알아. 그런데 그 책을 읽어봤자 한 푼도 돌려받지 못할걸. 세상이 어떻게 돌아가고 있는지 알고 싶어? 그러면 그 망할 세상으로 나가서 한 번이라도 둘러봐야지. 지금 경제 상황이 어떤지 알고 싶어? 완전히 망했어. 엿 먹었다고. 아무 데나 가봐. 어디를 가도 알 수 있어. 번화가에서 어슬렁거려 보면 가게들이 모두 문을 닫았다는 걸 저절로 알게 돼. 저 망할 다리 밑에서 빌어먹고 있는 노숙자들을 보라고. 아니면 나가서 지하철 광고라도 봐. 부채 탕감, 역모기지, 부채 탕감…. 온통 이런 광고뿐이야. 그 광고가 무슨 뜻이겠어? 사람들이 이제 아이들을 키우려면 살던 집을 내놓아야 한다는 뜻이야. 집에 가서 어머니한테 재정 상태를 물어봐. 친구들한테도 물어보고, 친구들 어머니한테도 물어봐. 책을 읽고 있을 때가 아니야. 그럴 나이는 완전히 지났잖아. 젠장, 너는 어린

애가 아니야. 프로 리그에 있는 거야. 눈으로 직접 세상을 봐야지.”

그게 다였다.

그리 길지는 않았지만 내 인생에서 가장 중요한 조언이었다.

그해에 몇 가지 일이 더 있었다. 슈펭글러가 미국으로 돌아갔으며 빌은 3년 연속으로 은행에서 가장 수익성이 높은 트레이더가 되었다.

슈펭글러가 미국으로 돌아간 것은 어느 정도 예견된 일이었다. 그 무렵 슈펭글러는 거의 3년 동안 어머니와 떨어져 지냈고 그로 인해 점점 힘들어했다. 슈펭글러는 떠나면서 나에게 자신의 스프레드시트뿐만 아니라 스웨덴 크로나 장부와 노르웨이 크로네 장부를 넘겨주었다(나는 업계를 떠나기 전까지 그 스프레드시트를 계속 사용했다). 덴마크 크로네 장부는 스누피에게 갔다. 스누피와 나는 여전히 스칸디나비아에 가본 적이 없었지만 그렇게 스칸디니비아 장부를 맡게 됐다.

그해 말 은행을 위해 엄청난 돈을 벌어들인 공로를 인정해 경영진이 빌을 상무이사로 임명했다. 은행권에서 상무이사는 굉장히 높은 직책이다. 경영진은 빌이 자신들을 싫어한다는 것을 알았기 때문에 그 자리를 주고 싶지 않았겠지만 선택의 여지가 별로 없었다.

12월 초에 확성기를 통해 새로운 상무이사들의 이름이 발표됐다. 경영진은 ‘누구, 누구, 누구가 상무이사가 되었다’라고 말하지 않는다. 그냥 ‘모모 씨, 모모 씨, 모모 씨, 모모 씨는 모두 사무실로 오세요’라고 말한다. 그러면 다들 그 말이 무슨 뜻인지 알았다.

우리는 빌의 이름이 불렸을 때 환호하고 손뼉을 쳤지만 정작 당사자는 아무 말도 하지 않았다. 신문을 내려놓고 자리에서 일어나더니 그냥 걸어가 버렸다.

한 시간 후에 빌은 유리로 된 무거운 물체를 손에 들고 자리로 돌아왔다. 화가 난 것 같았다. 의자에 앉더니 그 물건을 쓰레기통에 던져버렸다. 그 순간 쨍그랑 소리가 나며 쓰레기통이 쓰러졌고 그 속에 있던 휴지들이 내 신발 위로 와르르 쏟아졌다.

내가 무슨 말인가 하려고 하자 빌이 내 말을 끊어버렸다.

"이봐, 코크니 촌놈, 그냥 닥치고 가만히 있어."

나는 빌이 화장실에 갈 때까지 기다렸다가 물건을 쓰레기통에서 꺼냈다. 그것은 일종의 트로피였다. 공장에서 단체로 찍어내는 기념품 같았다. 전체적으로 커다란 정육면체 모양이었고 그 안에 작은 거품 수천 개를 불어 넣어 만든 지구본이 들어있었다. 하단에는 빌의 이름과 새로운 직함이, 그 역시 거품을 이용해 새겨져 있었다.

'윌리엄 더글러스 앤서니 게리 토머스 – 상무이사, 2010년'

나는 쓰레기통을 세우고 트로피를 살며시 쓰레기통 안쪽에 다시 내려놓았다.

그리고 얼마 지나지 않아 연말이 가까워졌을 때 척이 나를 자기 사무실로 불러들였다. 나는 연말을 맞아 인사 고과를 위해 면담을 하는 것으로 생각했다.

그해에는 전년도보다 훨씬 적은 돈을 벌었기 때문에 나도 내 성과에 상당히 실망한 상태였다. 한편으로는 400만 달러가 넘는 적자에서 힘겹게 벗어나 결국 흑자를 기록했으니 인사 고과가 그렇게까지 나쁘지 않을 것이라는 기대감도 있었다.

자리에 앉자마자 척이 내 얼굴을 똑바로 보며 사과의 말을 건넸다.

"게리, 그냥 미안하다고 말하려고 불렀어. 정말 유감이야. 좀 더 일찍 알았어야 했는데 솔직히 말해서 나도 이제야 알았어."

나는 척을 쳐다봤다. 그가 무슨 말을 하는지 도통 이해가 안 갔다. 표정에 장난기라고는 전혀 찾아볼 수 없었다. 그가 눈썹을 찌푸려서 나도 따라 눈썹을 찌푸렸다.

"내가 할 수 있는 일이 아무것도 없어. 정말 없어. 인사과에도 이야기해 보고 경영진한테도 이야기했는데 그쪽도 할 수 있는 일이 없다고 하더군. 은행 차원에서 정한 일이라 별 방법이 없어."

이제 조금 걱정이 되기 시작했다. 발생 가능한 모든 불상사를 머릿속으로 하나씩 짚어보고 싶었지만 진짜 아무것도 떠오르지 않았다.

"게리, 자네를 위해 아무것도 할 수 없어서 정말 유감이야. 그래도 자네 기분이 어떤지는 알아야 할 것 같아서 이렇게 불렀어."

척을 바라보았지만 그는 우주와 대화라도 하는 듯 모호한 표정만을 짓고 있었다. 나는 그의 표정과 눈을 뚫어지게 쳐다보며 뭔가 추가적인 정보를 얻어내려 애썼지만 결국 포기했다.

"정말 죄송한데요. 지금 무슨 말씀을 하시는 건지 잘 모르겠어요."

척은 커다란 손을 양옆으로 벌리더니 나를 쳐다보며 웃기 시작했다.

"게리, 물론 나는 지금 자네 월급 이야기를 하는 거야. 알다시피 우리가 할 수 있는 일이 없어. 은행 전체 인원의 급여가 동결됐거든."

나는 이제야 무슨 일이 일어나고 있는지 서서히 깨닫기 시작했다. 척은 나와 내 월급을 걱정하고 있었다. 나는 지난해 기본급으로 3만 6,000파운드를 받았고 거기에 성과급으로 40만 파운드를 추가로 받았다. 그런데도 척은 정말 인도주의적 차원에서 나를 걱정하고 있었다.

"난 그저 자네가 괜찮은지 알고 싶어."

나는 잠시 척의 얼굴을 응시했다. 그리고 그 모든 것이 무슨 의미인지

트레이딩 게임

생각했다. 척이 그때 나에게 건넨 말은 전혀 농담이 아니었다. 나는 한숨을 쉬며 내 발을 내려다봤다. 그리고 손으로 이마를 주물렀다.

"솔직히 말해서 꽤 힘들어요."

고개를 들자 척이 고개를 끄덕이고 있었다. 나를 걱정하는 것이 분명했다.

내가 창밖을 내다보는 동안 척이 내 어깨에 손을 얹고 이렇게 말했다.

"게리, 걱정하지 마. 내가 방법을 찾아볼게."

그렇게 척은 윗사람들과 이야기를 나누었고 그들은 나를 위해 세계여행을 예약해 주었다.

5장

나는 2011년 1월을 시드니, 도쿄, 싱가포르에서 보냈다. 시드니에서는 여름을, 도쿄에서는 겨울을 즐겼으며 싱가포르에서는 거대한 호텔의 18층에서 마리나만(Marina Bay)을 내려다보며 성과급을 받았다.

루퍼트는 나를 보고 무척 반가워했다. 루퍼트는 호주에서 멋진 삶을 살고 있었다. 루퍼트에게는 아름다운 아파트, 아름다운 보트, 아름다운 여자친구가 있었다. 그리고 친절하게도 그 셋을 차례대로 보여줘서 나는 그 모든 아름다움을 한 번에 하나씩 감상할 수 있었다. 루퍼트와 나는 보터니만(Botany Bay)으로 항해를 떠났다. 항해 중에 루퍼트는 보트를 유지하는 데 드는 비용에 대해 아주 상세히 설명했고 나는 그 설명을 들으며 내내 선크림을 발랐지만 결국 손등에 화상을 입고 말았다.

1월의 도쿄는 정말 추웠다. 레고 블록을 쌓아 올린 듯한 회색빛 건물들과 밝은 빛으로 가득한 도시 곳곳에 강한 바람이 휘몰아쳤다. 나는 거기서 도쿄 데스크의 두 트레이더, 내성적인 히사 와타나베와 외향적인 조이 가나자와를 만났다. 두 사람에 대해서는 뒤에서 더 자세히 설명하겠다.

내가 싱가포르에 갈 이유는 없었다. 전혀 없었다. 싱가포르에는

STIRT 데스크도 없었다. 하지만 척이 가고 싶은 곳을 물었을 때 나는 싱가포르가 어디에 있는지도 모르면서 그냥 싱가포르라고 대답했다. 그렇게 싱가포르가 여정에 추가됐다. 내가 할머니에게 라이언(Lion) 초콜릿을 좋아한다고 말했을 때와 비슷했다. 그 후로 할머니는 돌아가시기 전까지 크리스마스 때마다 내게 라이언 초콜릿을 사주셨다.

싱가포르는 아름다웠다. 그곳에는 LSE 동창이 여럿 있어서 나는 그 친구들과 함께 시간을 보냈다. 성과급 발표일에는 바로 옆으로 하늘이 보이는 호텔방의 침대에 앉아 척의 전화를 받았다.

척은 내가 400만 달러 적자를 극복하는 모습을 보고 자신이 얼마나 자랑스러워했는지 설명했다. 그리고 모두가 그 사실을 알고 있다고 말했다. 그 일로 데스크의 사람들뿐 아니라 트레이딩 플로어의 모든 사람이 내 진가를 알게 됐다고 했다. 나는 몰랐던 사실이다. 물론 그 모든 말이 그냥 듣기 좋으라고 한 말일 수도 있다. 또한 척은 내 잠재력을 진심으로 믿으며 내가 언젠가 대단한 사람이 될 것이라고 말했다. 내가 내년에 새로운 기록을 세우기를 진심으로 원하고 또 그렇게 되리라는 것을 자신은 알고 있다고도 말했다. 그러고 나서 42만 파운드를 성과급으로 주었다.

나는 마리나만을 내려다봤다. 태양 빛이 너무 강렬해 눈이 멀 것 같았다. 눈앞에 보이는 모든 것이 밝은 태양 빛을 받아 반짝거리고 있었다. 바다, 마천루, 거대한 정원, 입으로 물을 뿜어내는 작은 사자상, 모든 것이 반짝였다.

하지만 그 태양은 나의 것이 아니라 다른 사람의 것이었다. 나는 그 모든 상황이 앞으로 어떻게 전개될지 궁금해졌다.

자, 이제 집에 돌아갈 시간이야. 돌아가서 세계 최고의 트레이더가 되는 거야.

런던으로 돌아왔더니 STIRT 데스크 전체가 사라져 버렸다. 그러니까 내 말은 데스크가 원래 있던 자리에서 사라졌다는 뜻이다. 우리가 원래 있던 창가 자리에는 세일즈 패거리가 있었고 우리 자리는 트레이딩 플로어의 한가운데로 옮겨져 있었다. 우리는 이제 구석에 숨어있기에는 너무 많은 돈을 벌고 있었다. 경영진은 자신들이 잘 볼 수 있는 자리에 우리를 두고 싶어 했다.

나는 창가 자리를 잃은 것도 슬펐지만 빌의 옆자리를 잃은 것이 더 슬펐다.

내가 뭐라 말도 꺼내기 전에 척이 나를 회의실로 끌고 갔다. 빌은 일선에서 반쯤 물러난 상태가 됐다. 척은 빌이 더 이상 파운드 호가를 하지 않는다고 했다. 척의 설명에 따르면 빌은 이제 데스크 모퉁이에 앉아 영국 경제를 예측하고 그 예측에 따라 거액의 베팅을 하기로 했으며 스누피가 그 옆에 앉아 파운드 호가를 하게 됐다.

개새끼들! 나는 손실에서 벗어나기 위해 갖은 애를 쓰는 와중에도 1년 내내 빌의 커버 트레이더 노릇을 했다. 그런데 망할 놈들이 내겐 한마디 말도 없이 스누피에게 그 장부를 넘겨버렸다. 정말 개새끼들이었다.

그들은 나를 달래기 위해 계획을 세웠다. 스누피가 파운드 장부를 받는다는 것은 JB와 함께 유로 장부를 운용할 사람이 필요하다는 의미였다. 그들은 내가 JB를 도와 유로 트레이더가 되기를 원했다. 하지만 내가 원한 것은 유로 트레이더가 아니라 파운드 트레이더였다. 맞다. 나도 그곳이 시궁창이나 마찬가지라는 것을 안다. 하지만 어쨌든 내가 몸담은 곳이기에 말이라도 해보자고 생각했다. 나는 척에게 내가 원하는 것을 말했다. 내가 파운드 장부를 원한다고 말하는 동안 척은 턱을 쓰다듬고 있었다.

그러고 나서 나는 이틀 동안 빌과 말을 섞지 않았다. 누구에게도 말을 걸지 않았다. 그때부터 볼펜을 부러뜨리는 버릇이 생긴 것 같다. 스누피가 이틀 동안 파운드와 유로 장부를 모두 관리했고 그 상황을 더 이상 참을 수 없었던 빌이 구석에 있는 방으로 나를 끌고 가서 내게 개좆같은 짓 좀 그만하라고 했다.

그렇게 나는 유로 장부의 보조 트레이더가 되었다.

보조 유로 트레이더는 나쁘지 않은 직책이다. 빌 말고 1년 동안 1억 달러를 번 트레이더는 홍고가 유일했다. 유로 트레이더였기 때문에 가능했던 일이다. 그렇다면 여기서 의문이 생길 것이다. 보조 유로 트레이더가 그렇게 좋다면 그런 대단한 직책이 왜 나에게 주어졌을까?

답은 간단하다. 보조 유로 트레이더가 되면 일을 미친 듯이 많이 해야 했기 때문이다.

유로 장부가 돌아가는 방식은 다음과 같다. 보조 트레이더는 한 달 이하의 단기 유로 FX 스와프만 호가하고 선임 트레이더가 나머지 모든 거래를 가져간다. 그런데 이 단기 FX 스와프는 위험도도 낮고 수익률도 낮다. 따라서 흥분할 만한 일이 벌어질 확률도 매우 낮다. 그 대신, 해야 할 일은 더럽게 많다.

앞서 언급했듯 기업, 연기금, 헤지 펀드 등 다양한 조직이 돈을 빌리기 위해 FX 스와프 거래를 한다. 하지만 FX 스와프는 주로 만기 1년 이하의 단기 금융 상품이고 대형 고객들은 그보다 더 오랫동안 돈을 빌려야 한다. 사실 이 부분은 별로 문제가 되지 않는다. 3개월마다 3개월물을 거래하면 되기 때문이다. 이처럼 어떤 고객은 분기마다 FX 스와프 거래를 하기도 하고 또 어떤 고객은 1년 혹은 6개월마다 거래하기도 한다. 매주 또는 심지어 매일 거래하는 고객도 있다. 그리고 바로 이 부분에서 문제가 발생한다. 한 번에 6개월씩 돈을 빌리면 1년에 2번만 거래하면 되지만, 매일 돈을 빌리면 **1년에 250회의 거래**를 해야 한다(은행도 휴일과 주말에는 문을 닫는다). 이런 이유로 보조 트레이더는 엄청나게 많은 일을 해야 한다. 게다가 1년에 2~4번을 거래하든 1년에 **250번**을 거래하든 위험의 양은 같다. 거래 횟수에 상관없이 JB의 거래와 내 거래에서 발생하는 위험도 수익도 같다는 뜻이다. 결론적으로 말하면 보조 유로 트레이더는 데스크의 **나머지 트레이더들의 거래를 전부 합한 양**보다 더 많은 거래를 한다. 전혀 과장된 표현이 아니다. 물론 잘 버티면 많은 돈을 벌 수 있다. 잘 버티면 그럴 수 있다. 하지만 결과적으로 스누피와 홍고는 둘 다 유로 장부를 포기했으며 그 이유는 너무도 분명했다.

어쨌든 나는 유로 트레이더가 됐다. 하지만 나는 그럴듯한 명함이나 파자고 그곳에 있는 것이 아니었다. 나는 세계 최고의 트레이더가 되기 위해 그곳에 있었다. 그렇다면 이번에는 어떤 계획이 필요할까?

우선 자리를 옮겨야 **했다**. 새로 배정받은 자리는 JB와 척 사이였다. 나는 JB도 척도 정말 좋아했다. 지금도 그 마음은 변하지 않았다. 하지만

JB는 내 귀에 대고 수다를 멈추지 않았고 척은 예의 우주와 소통하는 분위기를 계속 풍기는 바람에 나는 안 그래도 바쁜데 도저히 일에 집중할 수가 없었다. 나는 척에게 나를 도울 보조 트레이더가 필요하고 그 보조와 함께 데스크 끝자리로 옮기겠다고 말했다.

나는 내 보조 트레이더로 파브리치오 라차리를 선택했다.

나는 파브리치오를 타이치라고 불렀다. 파브리치오가 그 별명을 싫어했기 때문에 더 그렇게 불렀다.

2009년 당시 스물두 살이었던 타이치는 세계에서 가장 반짝이는 은색 정장을 입고 데스크에 등장했다. 그리고 척이 깎으라고 했는데도 패션 디자이너들처럼 지저분하게 기른 수염을 절대 깎지 않았다. 그 순간 나는 타이치를 내 직속 후배로 점찍었다.

타이치는 자신의 수염만큼이나 행동도 거칠고 기질도 뻣뻣했다. 따져보면 잘생긴 얼굴이었지만 멍청한 표정을 하고서 나는 물론 스누피와도 끊임없이 논쟁을 벌였다.

타이치는 싱글에스프레소를 마셨다. 스누피가 10펜스만 더 내면 더블에스프레소를 살 수 있다고 알려주자(잘못된 정보가 아니라 실제로 그랬다) 타이치는 그 사실을 이미 알고 있으며 자신은 싱글에스프레소만 마신다고 대답했다. 이에 스누피는 싱글에스프레소가 좋으면 1파운드 20펜스를 내는 대신 더블에스프레소를 한 잔 사서 절반을 다른 컵에 부어 마시라고 했다. 그러면 싱글에스프레소 한 잔에 65펜스를 낸 셈이라는 수학적 정보도 덧붙였다. 타이치는 그 계산이 맞다는 것을 인정했지만 다시 한번 자신은 한 잔이면 충분하다고 단언했다. 스누피는 그 대답이 마음에 들지 않았다. 전날 타이치가 싱글에스프레소 네 잔을 마시는 것을 보았기 때문에 타이치의 대답이 타당하지 않다고 생각했다. 스누피가 그

트레이딩 게임

사실을 꼬집자 타이치가 이번에는 이렇게 대답했다.

"맞아요. 하지만 나머지 한 잔을 두 시간 동안 그냥 놔두면 식잖아요."

여기에 스누피는 전자레인지에 데워 마시면 된다고 응수했다. 그런 식이었다. 두 사람은 그렇게 한 시간 동안 논쟁을 벌였다.

나와 타이치는 보통 경제 문제를 두고 논쟁했다. 우리는 끊임없이 경제에 대해 논쟁을 벌였다. 타이치는 이탈리아의 LSE 격인 보코니 대학교(Università Bocconi)를 졸업했다. 하지만 타이치의 행실로 미루어봤을 때 그 대학교는 학생들에게 경제학 학위가 은행 취업을 위한 방편일 뿐이라는 핵심적 가르침을 LSE만큼 효과적으로 주입하지는 못한 듯했다. 쉽게 말해 타이치는 여전히 이론과 개념에 관심이 있었다.

상상도 못 할 일이었다. 가엾은 타이치, 트레이딩 플로어에서 그런 잡동사니에 관심을 둔 사람은 과거 20년 동안 한 명도 없었다.

그렇다면 왜 나는 은색 정장을 입은 이 지저분한 이탈리아인을 원했을까? 쓸데없이 커피값이나 낭비하며 돌아다니는 멍청이를 왜 원했을까? 사실 나는 타이치와 논쟁하는 것을 좋아했다. 내 친척 중에도 이탈리아인이 있었는데, 나는 항상 그들을 놀리는 것이 재미있었다. 굳이 말하자면 내 약점이라고도 할 수 있다. 나는 타이치가 인플레이션의 원인에 대해 이야기하다 끝내 화를 참지 못하는 모습도 좋았고, 함께 축구를 하다 우리보고 자기 축구화를 닦을 자격도 없다(공정히 평가하면 맞는 말일 수도 있다)고 고래고래 소리치는 모습도 마음에 들었다.

그러나 그런 모습이 내가 타이치를 선택한 주된 이유는 아니었다. 타이치는 거리를 대변했다.

여기서 말하는 거리는 나폴리의 뒷골목이 아니다. 타이치에게는 그런 뒷골목보다 이탈리아의 고급 휴양지인 코모호(Lago di Como)가 더 어울렸다. 맞다. 여기서 거리는 세계적 금융 거리, 바로 월스트리트를 말한다.

타이치는 시장이 맞다고 생각했다. 늘 그랬다. 그리고 마찬가지로 교과서도 맞다고 생각했다. 타이치의 내면에는, 뭐랄까, 자신보다 고등한 존재를 믿고자 하는 선천적 욕구가 깊이 자리 잡고 있었던 것 같다. 타이치는 고등한 지혜를 지닌 존재가 사회, 경제, 시장을 잘 통제하고 있다고 믿었다. 이런 순진한 아들을 길러내다니, 타이치의 아버지는 분명 좋은 사람이었을 것이다.

어쨌든 나는 그런 순진한 사람을 원했다. 아침에 《파이낸셜타임스》를 읽고 온종일 경영대학원 동창들과 통화를 하는 그런 사람을 원했다.

그렇다면 나는 왜 그런 사람을 원했을까?

나는 800만 달러를 잃었을 때 중요한 사실을 알게 됐다. 잘난 사람을 따라 한다고 해서 어떤 분야의 최고가 되지는 못한다. 내가 빌을 따라 한다고 해서 빌보다 나은 사람이 될 수는 없으며, 슈펭글러를 따라 한다고 해서 슈펭글러보다 나은 사람이 되지도 못할 것이다. 결국 그 처참한 일이 터졌을 때 피해를 본 건 나뿐이었고, 다른 사람은 다 무사했다. 빌과 슈펭글러는 나를 구하러 오지도 않았다. 다른 사람을 따라 하면 그들의 전략과 기술을 물려받을 수는 있을지언정 원조를 뛰어넘을 수는 없다. 따라서 그것만으로는 부족했다.

나만의 것이 필요했다.

빌이 내 손에서 교과서를 뺏어 쓰레기통에 버렸을 때 나는 나만의 것이 무엇인지 깨달았다.

보다시피 교과서에 대한 빌의 생각은 옳았다. 교과서에 나오는 이론, 개념은 다 헛소리였다. 어린애들에게나 통할 뜬구름 잡는 소리에 불과했다. 현실 세계를 이해하려면 언젠가는 현장에 직접 가서 봐야 했다.

트레이딩 게임

그리고 나에게도 그때가 왔다.

부자 아빠, 사립학교, 프린스턴 대학교(Princeton University)를 거쳐 씨티 은행에 들어온 얼간이들, 대수학, 미적분, 라그랑주 함수를 거쳐 수학적 증명까지 배운 얼간이들, 트레이딩 플로어에 있는 그 얼간이들은 대부분 아직도 아빠의 경제력에 의존했다. 그들은 읽으면 읽는 대로 믿고, 들으면 듣는 대로 흡수했다. 그렇게 하지 않을 이유가 없었다. 그렇게 해도 돈을 벌 수 있었기 때문이다. 그리고 그것이 바로 빌이 매년 그들을 이길 수 있었던 이유였다.

하지만 빌이 내 교과서를 쓰레기통에 던졌을 때, 거기에는 중요한 무언가가 더 있었다. 나는 빌의 눈에서 그것을 발견했다.

우리가 대학이라는 성에서 대수학을 공부하고 금융 동아리 행사에 참석하려고 줄 서있을 때 10대의 빌은 거기 없었다. 빌은 요크셔 어딘가, 간판도 없는 엿 같은 곳에서 유리판 뒤에 앉아 도박꾼들에게 현금 뭉치를 나눠주고 있었다. 빌은 계산원이었다. 어린 계산원이었다.

빌은 평생 그런 책을 가져본 적이 없었다.

그리고 그때 나는 빌의 눈에서 질투를 보았다.

여기서 트레이딩에 관련된 비밀을 하나 더 알려주겠다. 책의 앞부분에서 말했듯 시장에 관한 판단이 맞았다고 해서 반드시 트레이딩에서 돈을 버는 것은 아니다. 남들이 다 틀릴 때 맞는 것이 중요하다.

빌의 판단은 언제나 맞았다. 오랫동안 매년 맞았다. 그런데 빌은 언제 큰돈을 벌었을까? 빌은 아무도 예상치 못한 일이 일어났을 때, 즉 국제 금융 시스템이 붕괴했을 때 큰돈을 벌었다.

이렇듯 사람들이 틀렸을 때, 그들의 예측이 틀렸을 때 돈을 벌 수 있다. 사람들의 예측이 틀리고 그들이 제시하는 가격이 틀렸을 때 돈을 벌 수 있다. 시장 가격이 틀렸을 때 우린 마침내 어마어마한 돈을 벌 수 있다.

그렇다면 다른 사람들이 틀릴 때 빌의 예측이 매년 맞을 수 있었던 이유는 무엇일까. 빌은 실체를 통해 경제를 이해했다. 빌은 경제를 사람, 집, 사업, 대출을 통해 이해했다. 하지만 다른 사람들은 모두 경제를 숫자로 보도록 훈련받았다. 그뿐만 아니라 대부분의 트레이더는 자기 집을 청소해 주는 사람 말고는 부자가 아닌 사람을 제대로 만나본 적도 없다. 그런 그들이 현실에 대해 무엇을 알겠는가?

현실 세계를 알고 있다는 것, 그 부분에서 빌과 나는 다른 이들보다 우월했다. 우리는 청소부와 대화를 나눌 필요가 없었다.

하지만 나에게는 빌이 결코 갖지 못한 또 다른 장점이 있었다. 빌은 자신이 멍청이들에 둘러싸여 있다는 것을 알았다. 하지만 그 멍청이들을 나만큼 깊이 알지는 못했다. 나는 얼마 전까지 대학 안에 있었다. 여러 과목을 수강했으며 교과서를 외웠다. 그러면서 그 멍청함의 어두운 심장부를 직접 보고 체험할 수 있었다. 나는 멍청함으로 어떤 특혜를 누릴 수 있는지, 멍청함에서 어떤 냄새가 나는지 알고 있었다.

최고의 트레이딩을 하려면 후각을 활용할 줄 알아야 한다. 다른 사람들이, 나아가 시장 전체가 멍청한 짓을 할 때는 냄새가 난다.

그리고 2011년 초, 그때 시장에서는 온통 악취가 진동했다.

알다시피 2010년에는 내 머릿속에서 떨쳐낼 수 없는 사건이 발생했다. 2010년 내내 이자율이 0퍼센트였다.

이 책을 읽는 누군가에게는 그것이 별 의미 없는 정보일지도 모르겠다. 과거 거의 15년에 가까운 시간 동안 이자율이 0퍼센트에 머물렀기에 어떤 이에게는 0퍼센트의 이자율이 당연할 수 있다.

하지만 그 당시에는 0퍼센트가 당연하지 않았다.

무엇보다 이자율이 0퍼센트 상태로 그토록 오래 유지되리라 예측한 사람은 아무도 없었다.

2010년 초엔 모든 사람이 그해 안에 이자율이 다시 예전 수준으로 오를 것이라고 예측했다. 그리고 2009년에도 다들 똑같은 예측을 했었다.

하지만 그런 일은 일어나지 않았다. 모두가 2년 연속으로 틀렸다.

왜 그랬을까?

음, 솔직히 나도 타이치와 분홍 셔츠를 입은 월스트리트의 얼간이들처럼 교과서를 읽었다. 그러니깐 일단 교과서에 어떤 이야기가 나오는지, 월스트리트의 얼간이들이 어떤 이야기를 하는지 지금부터 읊어보겠다.

이자율은 경제를 통제한다. 고로 이자율을 통제하는 사람이 경제를 통제한다. 우리(월스트리트의 엘리트, 중앙은행의 관리, 경제학자 등등)는 이 분야의 전문가다. 따라서 우리는 이를 잘 관리하고 있다.

사람들이 미래에 대한 불안감으로, 즉 미래에 대한 자신감을 잃어 돈을 쓰지 않을 때가 있다(앞서 언급했던 소비자 신뢰 지수가 이를 바탕으로 산출된다). 사람들이 소비를 멈추면 기업은 고객을 잃고 사업을 접어야 한다. 그러면 사람들은 일자리를 잃고 돈을 더 적게 쓰게 된다. 그렇게 되면 더 많은 기업이 문을 닫고 이는 곧 실업과 빈곤이 소용돌이치듯 동시에 급격히 증가하는 끔찍한 상황으로 이어질 수 있다. 그리고 결국 경제가 붕괴될 수도 있다. 대표적인 예가 바로 1930년대의 대공황이다. 대공황으로 인해 유럽에 파시즘이 대두했고 결국 제2차 세계대전이 발발했다.

2008년에도 대공황이 일어날 수 있었지만, 우리가 잘 관리했기에 일어나지 않았다. 우리는 이 문제에 대처하는 방법을 알고 있다. 이런 일이 일어날 때 우리는 금리를 인하한다. 금리를 인하하면 저축에 대한 선호도가 떨어지는 한편 대출 비용은 줄어든다. 따라서 개인과 기업이 저축을 줄일 뿐만 아니라 오히려 돈을 빌려서 소비를 하게 된다. 이 처방은 문제의 근본 원인, 즉 사람들이 돈을 쓰지 않는 것에 완벽히 대응한다. 금리를 부지런히 관리함으로써, 여기서 조금 저기서 조금 조정함으로써 우리는 항상 경제에서 **최선이자 최적의 결과**에 도달할 수 있다. 그렇게 우리는 최고의 세상을 이룰 수 있다.

2008년에도 경제 전문가들은 자신들이 목표를 달성할 수 있다고 철저히 확신했다. 지난 20여 년간 자신들의 이론이 족족 맞아떨어지는 황금기를 보냈기 때문이다.

그들은 첫째, 인플레이션을 정복했으며, 둘째, 비정상적인 '붐 앤드 버스트(Boom and Burst, 일시적인 호경기 이후 갑작스럽게 거품이 빠지는 현상)'를 끝냈고, 마지막으로, 지속 가능한 경제 성장을 달성했다.

그리고 그 모든 것이 금리 관리라는 기적의 방법을 통해 이루어졌다.

전략의 우수성을 일반적으로 인정하는 상황에서, 2008년 예상치 못한 대규모 금융 위기가 닥쳤을 때 경제학계의 의견이 한결같이 금리 인하로 모였다는 것은 전혀 놀랄 만한 일이 아니었다. 그리고 그 의견에 따라 금리가 대폭 인하됐다. 그전에는 중앙은행들이 금리를 5.75퍼센트에서 5.5퍼센트로 내렸다면, 이제는 5.5퍼센트에서 갑자기 0퍼센트로 인하했다. 그리고 그러한 현상은 모든 부유한 국가에서 일어났다.

모두가 금리 인하 전략이 효과가 있으리라 확신했다.

기술적인 세부 사항을 지루하게 설명하지는 않겠다. 금리 인하는 그냥 돈을 찍어내는 것이라고 생각하면 된다. 그러니까 금리 인하란 중앙은행이 돈을 무진장 찍어내 시중은행들에 엄청나게 싼 가격으로 빌려주는 것을 의미한다.

모두가 이 전략이 효과가 있으리라 확신했다.

비슷한 시기에 벤 버냉키(Ben Bernanke)가 한 발언을 들어보면 사람들이 얼마나 이 전략을 신뢰했는지를 알 수 있다. 당시 미국 연준 의장이었던 버냉키는 하버드 대학교(Harvard University)를 졸업하고 매사추세츠 공과대학교(Massachusetts Institute of Technology, MIT) 대학원에서 박사 학위를 받았으며 프린스턴 대학교에서 종신 교수직을 맡기도 했던, 이론상으로는 세계에서 가장 똑똑하고 영향력 있는 경제 전문가였다. 그런 버냉키가 다음과 같이 말했다.

"미국 정부는 인쇄기라는 기술을 가지고 있다. 이 인쇄기 덕분에 미국 정부는 기본적으로 아무 비용도 들이지 않고 원하는 만큼의 달러를 발행할 수 있다. 종이 화폐 체제하에서 결단력 있는 정부라면 이 방법으로 언제든지 소비를 창출할 수 있다."

이렇듯 모두가 이 전략이 효과가 있으리라 확신했다.

하지만 전략은 실패했다.

그래서 나는 타이치의 옆에 앉고 싶었다. **타이치가 틀렸기 때문에** 타이치의 옆에 앉고 싶었다.

물론 문제는 타이치 개인이 아니라 시장 전체에 있었다. 2011년에 접어들었을 때 나는 **시장이 틀렸음**을 점점 더 확신하기 시작했다. 시장뿐만 아니라 경제학자, 대학, 잉글랜드은행의 통화정책위원회, 뉴스에 나오는 얼간이들, 다들 하나같이 엉망진창이었다.

그 새끼들은 다 틀렸다. 무엇을 예측하든 다 틀렸다. 내가 트레이딩 플로어에 입성한 날부터 죽 그래왔다. 그때 사람들은 분홍 셔츠를 입은 그 얼간이들, 신용 데스크의 그 얼간이들을 신에 필적하는 존재로 생각했다. 그리고 얼마 지나지 않아 그 얼간이들은 수학, 멍청함, 허세로 중무장한 채 세상을 날려버렸다. 그 후로는 전 세계 모든 경제 전문가가 2년 반 동안 끊임없이 경기 회복을 예측했지만, 예측은 전혀 실현되지 않았다. 어느 날 나는 자리에 앉아 과거의 금리 예측을 살펴봤다. 모든 예측값이 실제 금리보다 현저히 높았다. 경제 전문가라는 그 얼간이들의 금리 예측은 하나같이 다 틀렸다. 우리는 다 틀렸다.

나는 그 이유를 알고 싶었다.

그래서 타이치가 필요했다. 나는 현실 경제와 대학 사이의 거리, 그리고 현실 세계와 시장 사이의 거리를 측정해야 했다. 그런 이유로 나는 내 옆에 대학을 갓 졸업하고 금융 세계에 완전히 몰입한, 고급 인맥으로 똘똘 뭉친 누군가가 필요했다. 모든 경제 이론을 꿰차고 모든 경제 신문을 탐독하는 사람, 친구들이 다 경영대학원을 갓 졸업했고 아버지가 요트에서 전화를 걸어 주식 거래 팁을 묻는 그런 사람, 시장과 시스템을 신봉하는, 은색 정장을 입은 누군가가 필요했다.

맞다. 나는 타이치가 필요했다. 타이치가 틀렸기 때문에 타이치가 필요했다.

그렇다면 사람들은 왜 돈을 쓰지 않았을까? 2009년, 2010년, 2011년에 돈을 쓰지 않은 이유는 무엇일까?

타이치는 그 이유를 자신감의 위기, 즉 소비자 신뢰 지수의 급격한 하락에서 찾았다.

"2008년에 시작된 금융 위기가 2009년에는 전체적인 금융 및 경제 시스템에 더 큰 충격을 일으켰어요. 당연히 소비자의 자신감이 심하게 흔들렸죠. 하지만 2011년 초 현재 소비자 신뢰 지수가 제자리로 돌아오고 있어요. 2년이 훨씬 지난 지금, 사람들이 다시 돈을 쓸 준비가 된 거라고 봐요."

내 생각에는 그냥 하나의 의견일 뿐이다.

그러면 빌은 어떻게 생각했을까?

"금융 시스템이 망가졌고 사람들도 망했었지. 사람들은 집과 직장을 잃었어. 하지만 이제 그 집들은 다른 사람들에게 넘어갔고, 실업률은 떨어지고 물가는 오르고 있어. 금융 시스템이 복구됐으니 경제와 이자율이 회복되는 것은 시간문제일 뿐이야."

내 생각에는 이 역시 그냥 하나의 의견일 뿐이다.

그로부터 7년 후, 2018년에 옥스퍼드 대학의 거시경제학 교수 안토니오 만치니(Antonio Mancini)는 어떻게 생각했을까?

"우리는 이자율이 0퍼센트로 유지되리라는 것을 늘 알고 있었습니다. 금융 위기를 겪으면서 소비와 저축 사이의 균형감이 깨졌거든요. 이자율이 내려가도 소비하지 않았어요."

음, 내 생각에는 이것 역시 하나의 의견에 지나지 않는다.

JB는 의견에 대해 이런 의견을 냈다.

"의견은 똥구멍이야. 다들 하나씩은 갖고 있잖아."

나는 해리에게도 물었다. 해리는 아직 어린애였다. 해리는 신발에 구멍이 나있었으며 돈을 아끼려고 지하철 개표구를 뛰어넘어 다녔다. 그러니까 돈이 없어서 돈을 쓰지 않았다. 친구 애서드에게도 물어봤다. 애서드는 어머니가 자신과 여동생들을 부양하기 위해 집을 팔았다고 했다. 애서드는 현재 소파에서 잠을 자며 집 계약금을 모으고 있었다. 그래서 그들은 돈을 쓰지 않았다. 에이든에게도 물었다. 에이든의 어머니는 직장을 잃었고 주택담보대출을 낮은 이자율로 갱신하지도 못했다. 월 상환금이 하늘 높은 줄 모르고 치솟았고 이제 에이든이 그 돈을 내야 했다. 그래서 그들은 돈을 쓰지 않았다.

친구들이 집을 잃고 있었는데 나는 그 사실을 알아차리지도 못했다.

나도 의견은 똥구멍이라고 생각한다. 다들 하나씩은 갖고 있다.

2월의 어느 오후, 나는 책상에 앉아 타이치에게 의견을 구했다.

"타이치, 돈을 쓰는 사람이 없는 이유가 다들 돈이 없어서가 아닐까?"

"개저, 도대체 무슨 말을 하는 거예요? 어떻게 돈 있는 사람이 하나도 없을 수가 있어요?"

타이치는 강한 이탈리아어 억양으로 말했다. 그리고 최근에 개저라는 단어를 새로 배워서 기회가 있을 때마다 사용하고 있었다.

"음, 있잖아, 내가 주변 사람들에게 물어봤거든. 그런데 다들 '빌어먹을 돈이 없어'라고 말하던데."

"빌어먹을 돈이 없다고요?"

타이치는 내 억양을 따라 하려 했지만 그럴수록 그의 영어는 왠지 더 이탈리아어처럼 들렸다.

"개저, 그건 말도 안 돼요. 통화 제도를 생각해 봐요. 돈을 가진 사람이 아무도 없다는 것은 불가능해요. 돈이 없는 사람이 있으면 그만큼 더 돈 있는 사람이 있어요. 전체를 봐야죠."

타이치는 책상 위에 양발을 올려놓은 채 말했다. 그리고 그 자세 그대로 바닥에 놓인 신문을 집어 올리려 몸을 숙였다가 의자에서 떨어질 뻔했다.

그 직후 씨티은행은 런던 변두리 시골에 있는 거대한 저택을 빌려서 전 세계 트레이더들을 초대해 대규모 회의를 개최하고 파티를 열었다. 민달팽이도 거기에 있었다. 드디어 나는 사람들이 왜 그를 민달팽이라고 부르는지를 알게 되었다. 개구리도 있었다. 나는 사람들이 왜 그를 개구리라 부르는지도 알 수 있었다.

우리의 최고 대장, 민달팽이의 직속 상사는 우리 모두에게 지금보다 훨씬 더 많은 위험을 감수하라는 연설을 했다.

"100만 달러의 위험을 감수할 수 있다면 그 열 배, 1,000만 달러의 위험도 감수하지 못할 이유가 없습니다."

그리고 모두에게 '과감히 행동하라'라는 문구가 인쇄된 군용 야구 모자를 나눠 주었다.

나는 파티가 시작되기 전에 그곳을 떠났다. 그 군용 야구 모자를 쓰고 내 소형 푸조 106을 운전해서 집으로 돌아왔다.

데스크로 돌아온 사람들은 대장이 말한 대로 엄청난 금액을 베팅했다. 하나같이 경기가 회복하리라는 예측에 베팅했다. 빌, 스누피, JB, 척도 동참했다. 심지어 평소 어떤 것에도 베팅하지 않던 홍고도 그 무리에 있었다. STIRT 데스크만이 아니었다. 현물환 데스크, 옵션 데스크, 신흥 시장 데스크, 모두가 같은 방향에 베팅했다. 하지만 나는 기다렸다. 그 냄새가 싫었다. 나는 베팅하지 않았고 그래서 타이치도 베팅하지 않았다.

그다음 주에는 내가 늘 참석하는 회의가 열렸다. 당시에는 2주마다 데스크 책임자들이 모두 모이는 회의가 있었다. 그전에는 케일럽이 샌드위치를 운반할 사람이 필요하다는 명목으로 나를 매번 회의에 데려 갔었다. 그 후 척이 부임했을 때 나는 척에게 그 회의에 대해 알리지 않고 그냥 혼자 참석하기 시작했다. 왠지 그 회의가 언젠가는 도움이 될 것 같았다.

그 주의 발표자는 신용 부서의 티머시 프린스였다. 인턴 시절에 잠깐 만났던 기억이 전부였지만 프린스는 은행 전체에서 내가 존경하는, 몇 안 되는 경제 전문가 중 한 명이었다.

프린스는 많은 차트를 보여주며 한 번에 하나씩 설명했다. 차트 하나가 국가 하나에 해당했다. 이탈리아, 스페인, 그리스, 포르투갈, 아일랜드, 영국, 미국, 일본 등 국가의 이름을 딴 차트마다 각국의 재정 상황이 담겨있었다.

차트는 조금씩 달랐지만 결국 모두 같은 이야기를 담고 있었다. 모든 정부는 매년 수입보다 더 많은 돈을 지출하고 있었으며 그에 따라 정부 부채, 즉 국채 발행액이 점점 늘어나고 있었다. 상황이 계속 이런 식으로 흘러가면 결국 국채 금리가 오를 수밖에 없었다. 그렇게 되면 투자자들이 해당 정부를 더 이상 신뢰하지 않고 국채 매입을 중단할 것이며, 정부는 부족한 자금을 조달하기 위해 정부 자산을 매각해야 할 수도 있었다. 상황은 안 좋았다.

나는 남은 샌드위치를 갈색 종이봉투에 모두 담아 내 자리로 가져왔다.

머릿속에서 방금 들은 내용이 계속 맴돌았다. 그때 내 머릿속을 지배한 것은 서구 복지 국가의 붕괴가 아니었다. 그 부분은 별로 걱정되지 않았다. 내가 뇌리에서 지울 수 없었던 것은 유사성이었다. 똑같았다. 스페인 정부, 미국 정부, 일본 정부…. 각국 정부 상황이 애서드의 어머니, 에이든의 어머니와 똑같았다. 수입보다 지출이 더 많았으며 돈을 빌릴 수 있는 능력도 잃어가고 있었다. 점점 더 많은 수입이 부채를 갚는 데 쓰이면서 자산을 잃을 지경에 다다랐다. 상황이 똑같았다. 신발에 구멍이 난 것은 해리뿐만이 아니었다. 전 세계였다.

하지만 그러한 분석은 타이치가 신봉하는 경제학 논리에 역행했다. 우리는 통화 제도 아래에서 살아가고 있다. 따라서 모든 것이 항상 균형을 이루어야 한다. 빚을 진 사람이 있으면 그만큼 돈을 빌려준 사람이 있으며, 돈을 잃은 사람이 있으면 그만큼 돈을 버는 사람이 있어야 한다. 이렇듯 전체 통화 제도는 균형을 이루도록 설계되었다. 그뿐만이 아니다. 주택은 어떨까? 주가가 오르락내리락하는 주식 시장은 어떨까? 그러한 자산은 여전히 존재하고 사라지지 않았다. 하지만 우리가 그 자산을 소유하지 않았다면, 사람들이 소유하지 않았다면, 정부도 소유하지 않았다면, 그렇다면 누가 소유하고 있을까?

그 순간, 백만장자와 샌드위치에 둘러싸여 있던 바로 그때 내 머리를 강타하듯 질문에 대한 답이 떠올랐다.

나는 왼쪽을 쳐다봤다. 분홍 셔츠, 흰 셔츠, 하늘색 셔츠…. 오른쪽을 쳐다봤다. 흰 셔츠, 흰 셔츠, 하늘색 셔츠, 분홍 셔츠, 아, 가는 줄무늬 셔츠도 있네. 요즘 저런 줄무늬 셔츠는 잘 안 보이던데. 셔츠 깃에 저 자수는 뭐야? 'A.I.E.Q.'? 빌어먹을, 대체 무슨 성이 Q로 시작하지?

아무튼 다들 백만장자였다. 입고 있는 셔츠의 색에 상관없이 내 주변 사람들은 한 사람도 빠짐없이 백만장자였다.

나도 마찬가지였다. 지금은 아니지만 머지않아 나도 백만장자가 될 터였다.

그렇다. 바로 우리였다. 그렇지 않은가? 바로 우리였다. 가난한 아이들로 가득한 세상에서 우리 아버지들보다 더 부유해질 아이들이 바로 우리였다. 이탈리아 정부의 부채가 늘어나는 만큼, 그만큼 예금 잔액이 늘어날 아이들이 바로 우리였다. 에이든의 어머니가 빌린 주택담보대출, 지금은 에이든이 갚아야 하는 대출금의 이자를 받는 사람이 우리였다. 우리 자식들, 어쩌면 내 아이들이 애서드의 어머니가 팔았던 집을 소유하게 될지도 모른다. 우리 아이들이 그 집에서 나오는 임대료와 이탈리아 국채의 이자를 받아서 그 돈을 다시 애서드의 아이들에게 빌려 줄는지도 모른다. 그러다가 애서드의 아이들의 집과 대출도 모두 넘겨받게 될 수도 있다. 게다가 우리의 자산은 복리 덕분에 점점 더 불어나고 우리는 그 자산에서 나온 돈을 다른 자산을 사는 데 사용할 수도 있다. 그러면 애서드와 에이든, 또는 그 자식들은 자산을 우리에게 팔아 주택담보대출을 갚고 임대료를 내야 할지도 모른다. 그리고 그 임대료

   트레이딩 게임

도 우리에게 올 것이다. 상황은 그런 식으로 진행되고 점점 더 나빠지다 결국 통제 불능 상태가 될 것이다. 그렇다. 소비가 위축되고 경제가 살아나지 않고 이자율이 오르지 않은 원인은 소비자 신뢰 지수가 급격히 하락해서도, 금융 시스템이 망가져서도 아니었다. 소비와 저축 사이의 균형감이 깨져서도 아니었다. 원인은 불평등이었다. 불평등이 점점 더 심화되고 악화되어 결국 경제를 지배하고 죽이고 있었다. 그리고 그러한 현상은 일시적이 아니라 영구적이었다. 경제의 종말을 뜻했다. 불치병, 암이었다.

그리고 나는 그것이 무엇을 의미하는지 잘 알고 있었다.

모든 정황이 녹색 유로달러(Eurodollar)[1] 매수를 가리키고 있었다.

녹색 유로달러는 순수한 베팅이다. 2년 6개월 후에 달러 이자율이 얼마가 될지에 대해 근사하고 깔끔하게 베팅하는 것이다. FX 스와프에서 봤던 '한 통화를 빌리고 다른 통화를 빌려준다' 따위의 복잡한 헛소리는 전혀 없다. 유로달러 중 어떤 상품도 매일 돈을 다시 빌려야 하는, 그런

---

1   역외(미국 지역 이외의 지역)에서 보유되고 거래되는 미국 달러 자금 및 달러 표시 금융 상품을 이르는 용어로 저자는 원문에서 간단히 유로달러라고 표현했으나 여기서 유로달러는 정황상 유로달러 선물(Eurodollar Futures)을 의미하는 듯하다. 유로달러 선물은 미국 달러의 단기금리 관련 선물 거래 중 가장 대표적인 상품으로 특히 여기서 말하는 녹색 유로달러(Green Eurodollar), 즉 녹색 유로달러 선물은 거래 시점으로부터 2년 후, 즉 이 책 기준으로는 2013년에 만기가 되는 선물 계약을 의미한다. 더 정확히 표현하면 유로달러 선물 계약은 연도별로 만기에 따라 3월, 6월, 9월, 12월물 네 가지가 있으며 저자는 당시 시점에서 2년 6개월 후 3개월 금리를 미리 결정하는 선물 계약, 즉 녹색 유로달러 선물 계약 중 9월물을 매수하겠다는 전략을 세운 것으로 해석된다.

번거로운 일을 수반하지 않는다. 말하자면 순수한 베팅, 도박에 가깝다. 맞다. 카지노에서 하는 도박과 비슷하다. 우리는 유로달러를 무척 좋아했다. 빌도 스누피도 나도 무척 좋아했다.

하지만 **표면적으로** 우리 일은 베팅이 아니었다. 공식적으로 우리 업무는 고객에게 FX 스와프를 제공하는 것에 국한되어 있었다. 하지만 우리는 위험 헤지를 목적으로 유로달러를 비롯해 그와 유사한 상품에 접근할 수 있었다(다른 통화에도 이에 상응하는 금융 상품이 있다). 따라서 우리는 엄청나게 많은 위험, 종종 우리에게 없는 위험까지 헤지했다. 그리고 바야흐로 나는 유로달러를 활용해 내 인생을 헤지할 계획을 세웠다.

그때 나는 왜 우리 모두가 틀렸는지 그 정확한 이유를 깨달았다. 우리는 말기 암을 환절기 감기 정도로 진단했다. 금융 시스템이 망가졌지만 고칠 수 있다고 생각했다. 소비자 신뢰 지수가 떨어졌지만 회복되리라 생각했다. 그러나 실제로는 중산층의 자산이, 에이든이나 애서드처럼 매일 열심히 일하는 평범한 사람들과 그들의 가족들이 소유한 자산이 그들에게서 빠져나가 부자들의 손에 빨려 들어가고 있었다. 대다수 선진국 정부의 상황도 마찬가지였다. 평범한 가정이 자산을 잃고 빚을 지고 있었다. 정부도 마찬가지였다. 평범한 가정과 정부는 더 가난해졌고 부자는 더 부유해졌다. 이 상황이 지속되면 중산층에서 부유층으로 가는 이자, 임대료, 이익의 흐름이 더욱 증가하고 문제는 더 심각해질 것이 분명했다. 문제는 저절로 해결되지 않을뿐더러 상황은 더욱 빠르게 나빠질 것이 확실했다. 경제 전문가들이 그 사실을 깨닫지 못한 이유는 대부분이 부의 분배 방식을 연구하지 않기 때문이다. 경제 전문가들은 오랫동안, 아마 족히 10년 동안 대표 경제 주체 모형(representative agent models)[2]을 외우다시피 공부한다. 그 결과 그들에게 경제란 곧 평균과 총합에 지나지 않게 된다. 그들은 분배를 무시한다. 분배를 뒷전에 두고 도덕주의자들의 미사여구 정도로 하찮게 여긴다. 결과적으로 내 학위는 쓸모가 있었다. 대학에서 공부한 덕분에 나는 모두가 정확히 어떻게 틀렸는지 알 수 있었다.

내 판단이 맞는다면 큰일이었다. 내 판단이 옳다면 이는 곧 시장 가격이 정말 끔찍하게 잘못 형성되었다는 뜻이었다. 경기 회복도, 이자율 정상화도 절대 일어나지 않는다는 의미였다. 2011년 초에 시장은 미국 연준이 향후 12개월 동안 기준 금리를 0.25퍼센트씩 적어도 총 6차례에 걸쳐 인상하리라 예상했고, 시장 가격 역시 거기에 맞춰 형성되었다. 하지만 내 판단이 맞다면 시장의 예측은 틀린 것이 된다. 모두의 예상이 틀린 것이다. 금리 인상은 일어나지 않을 것이 분명했다. 앞으로 절대 일어나지 않을 수도 있었다. 그렇게 금리 예측이 계속 빗나가면 나는 매년 돈을 벌 수 있었다. 그 바보들은 불평등에 대해 생각해 본 적도 없으니 불평등을 이해하기까지 족히 10년은 더 걸릴 수도 있었다.

유로달러의 대안도 있었다. 유로달러 대신 OIS[3]라 불리는 상품에 베

---

2   경제 주체 모형 중 하나로 한 사람이 경제를 구성하는 개개인과 기업 전체를 대표한다고 가정하여 분석을 단순화한 모형이다.

3   Overnight Indexed Swap, 오버나이트 인덱스 스와프. 대표적 이자율 파생상품인 이자율 스와프(Interest Rate Swaps, IRS)의 일종으로 거래를 체결하면 상대방과 고정 이자율과 변동 이자율(일일물 이자율)을 서로 주고받게 된다. 이 책에서 저자는 달러 이자율이 하락할 것으로 예측하므로 달러를 고정 이자율로 빌려주는 거래와 같은 효과를 볼 수 있는 거래, 즉 고정 이자율을 받고 변동 이자율을 주는 거래를 체결했을 것이다. 국내에서는 간혹 이 상품을 일일물 이자율 스와프라고 부르지만 대부분 그대로 음차하여 오버나이트 인덱스 스와프라고 부른다.

팅해도 똑같은 효과가 있었다. 그리고 유로달러는 전산으로 진행됐기 때문에 여러 건을 실행하고 건별로 일일이 확인해야 했지만 OIS를 선택하면 대규모 거래 한 건으로 처리할 수 있었다. 다른 은행으로부터 호가를 받아 한 방에 처리하는 게 가능했다. 게다가 달러 OIS의 브로커가 누구였을지 맞춰보시라. 맞다. 해리였다. 나는 해리에게 내가 어떤 사람인지 보여주고 싶었다.

나는 스피커 박스에서 해리의 버튼을 눌렀다. 그전까지는 한 번도 해리를 통해 거래해 본 적이 없었다. 나는 해리에게 이듬해인 2012년 봄에 시작되는 1년 만기 OIS의 가격을 구해달라고 요청했다. 금액은 7억 달러였다. 큰 거래였다. 내가 공식적으로는 달러 트레이더가 아니었기 때문에 더욱 그랬다. 해리는 충격을 받은 것 같았다. 아마 내가 자신에게 호의를 베푼다고 생각했을 것이다. 해리가 도이치은행에서 호가를 가져왔고 나는 그 가격을 받아들였다. 느낌이 좋았다. 다른 트레이더가 모두 경기 회복에 돈을 걸었는데 나는 방금 정반대 방향에 베팅했다. 이제 마지막에 누가 맞을지 지켜보기만 하면 됐다. 모 아니면 도, 나 아니면 나머지 전부였다. 맞다. 나는 그 순간을 즐겼다. 드디어 게임이 시작됐고 나는 거물들과 한 판 붙을 만반의 태세를 갖춘 상태였다.

그런데 그때 지진이 일어났다.

어느 날 갑자기 지진이 일어나 2만 명이 죽고 자신은 그 지진 덕에 1,100만 달러를 벌었다면 어떤 기분이 들 것 같은가?

1,100만 달러는 사망자 1인당 550달러에 해당하는 금액이다.

나는 지진이 일어날 줄은 몰랐다. 나는 마법사가 아니다.

트레이더로 일할 때 나는 매일 이메일을 수백 통씩 받았었다. 그날도

　　　　　　　　　　　　　　　　　　트레이딩 게임

마찬가지였다. 그날 받은 이메일 중에는 씨티은행의 거시경제부에서 온 보고서도 있었다. 이메일에는 '우리는 2011년 일본 GDP 성장률이 매우 긍정적일 것으로 예상한다'라고 적혀있었다.

나는 책상 서랍에서 파란색 볼펜을 하나 꺼내 조용히 반으로 부러뜨리고 쓰레기통에 버렸다. 그리고 서랍에 남아있던 하나를 마저 꺼내 부러뜨린 후 볼펜을 더 가지러 문구류 보관함으로 갔다.

도쿄 STIRT 데스크의 막내 트레이더가 타이치에게 영상 하나를 보내왔다. 지진 당시 트레이딩 플로어에 있던 히사 와타나베를 찍은 영상이었다. 와타나베는 책상 밑에서 무언가를 움켜잡고 웅크리고 앉아있었다. 뒤편 창문으로 도쿄 전체가 흔들리는 모습이 보였지만 와타나베는 노란색 안전모를 쓴 작은 머리통을 연신 책상 밖으로 내밀며 힘겹게 마우스를 그러쥐고 트레이딩을 하고 있었다.

타이치가 그 영상을 데스크 전체에 돌렸지만 아무도 재미있어하지 않았다. 왜 재미있어하지 않았을까? 왜냐하면 지진은 이자율을 떨어뜨리기 때문이다.

정말 이상하지 않은가? 나는 3년 동안 경제학을 공부했고 다음 3년 동안은 그간 배웠던 경제 지식을 바탕으로 트레이딩을 했다. 매일 새벽 5시에 일어났고 하루에 백 통이 넘는 이메일을 읽었다. 매일 그랬다. 대학을 갓 졸업한 어린아이를 고용해서 그 풋내기가 경제 이론에 대해 쉬지 않고 떠들게 했다. 그리고 마침내 멋진 아이디어가 떠올랐고 거기에 모든 것을 걸었다. 그러고 나서 지진 때문에 2만 명이 죽었지만, 나는 그 덕분에 하루 만에 250만 달러를 벌었다. 하지만 나와 무척 가까운 사람들, 매일 함께 시간을 보내는 사람들, 나에게 트레이딩을 가르쳐주었던 사람들, 나에게 모든 것을 가르쳐준 사람들은 다 산산이 부서졌다.

이것이 무슨 의미일까?

타이치는 내가 엄청난 천재라는 듯, 내가 지진이 일어날 것을 알았다는 듯 계속 나를 쳐다봤다. 마치 내가 지진을 일으킨 것 같았다.

빌이 가장 많이 베팅했기에 당연히 가장 많이 잃었다. 500만에서 600만 달러는 잃은 것 같았다. 하지만 빌은 아직 여유가 있었다. 스누피는 150만에서 200만 달러 정도를 잃었다. 그에게는 큰 손실이었다. 한 해 동안 올린 손익의 상당 부분을 잃었다. JB는 끝까지 포기하지 않고 싸우려 했지만 결국 400만 달러가량을 잃고 적자 상태가 되었다. 홍고는 즉시 손을 떼서 50만 달러만 잃었다. 척은 재난이 휩쓴 그 기간 열반에 이른 부처처럼 침착함을 유지했으며 거의 손실을 보지 않았다. 어떻게 그런 결과가 가능했는지 모르겠다(지금도 척을 떠올릴 때면 그가 어쩌면 인간이 아니었을지 모른다는 생각이 들 때가 있다). 나는 아무 말도 하지 않았다. 그저 볼펜을 부러뜨리면서 상황을 지켜보고 기다렸다.

다음으로 핵 참사가 일어났다. 많은 사람이 알고 있는 바로 그 사건이다. 원자력 발전소가 폭발할지도 모른다는 이야기가 나오면서 후쿠시마현 주민 15만 4,000명이 대피했다. 그 사태도 내 포지션에는 유리했다. 손익이 350만 달러, 그리고 450만 달러로 증가했다.

일주일이 지났을 때 내 손익은 600만 달러로 늘어났지만 JB는 질식할 듯한 상황에 몰렸다. 옆에서 지켜보기 힘들 정도였다. 그때 나는 트레이더로서 지금이라면 하지 않았을, 좀 정신 나간 짓을 했다.

우리 데스크 바로 옆자리에는 세일즈 한 명이 있었다. 내가 꽤 좋아하던 사람이었고 이름은 스탠리 파머였다. 파머는 좋은 환경에서 자란 티가 나는 40대 중반의 영국인으로 머리 모양이 항상 깔끔하고 단정했다. 엄청나게 똑똑한 사람은 아니었지만 좋은 사람이었다. 그런데 핵 참사의 공포가 확산하던 어느 날 파머가 미쳐버렸다. 오전 11시 트레이딩 플로어 한복판에서 벌떡 일어나 소리를 지르기 시작했다.

"핵연료봉이 노출됐어!"

그 말은 내 주위로 울려 퍼졌고 트레이딩 플로어 건너편에 있는 막내 트레이더들이 자기가 속한 데스크를 향해 큰 소리로 그 말을 되풀이했다. 타이치도 손나팔을 한 채 내 옆에 서서 소리를 질렀다.

"핵연료봉이 노출됐대요!"

사람들이 급히 자기 자리로 달려가 서로에게 그리고 브로커에게 소리를 질러댔다. 고함을 지를 뿐만 아니라 요란스레 움직이면서 트레이딩 플로어 전체가 온갖 소음으로 가득했다. 스탠리는 여전히 일어서서 같은 말을 되풀이하고 있었다.

"핵연료봉이 노출됐어! 핵연료봉이 노출됐어!"

타이치도 광대처럼 같은 말을 되풀이했다.

나는 타이치에게 닥치라고 말했다.

타이치가 나를 향해 두 손을 활짝 벌리며 어깨를 거칠게 들먹였다. 그리고 나를 미친 사람 보듯 쳐다봤다.

"타이치, 대체 핵연료봉이 뭔지나 알아?"

그러자 타이치는 이탈리아 사람들의 전형적인 손짓을 했다.

나는 다시 고개를 돌려 파머를 쳐다봤다. 그는 여전히 소리를 지르고 있었다.

난 파머에 대해 뭘 알고 있었을까? 내가 알기로 그는 옥스퍼드를 졸업했다. 그런데 전공은 뭐지? 역사학? 아니면 고전학? 철학정치경제 융합 전공이었던가?

"타이치, 그럴 리 없어. 파머는 핵연료봉이 뭔지도 모른다고."

타이치는 내 말을 듣지 않았다. 모니터를 보느라 정신이 없었다. JB는 브로커 스위치를 몽땅 켜고 악을 쓰기 시작했다. 그리고 마침내 자기 포지션을 전부 손절매했다.

그때 나는 무거운 갈색 수화기를 집어 들고 유로달러 브로커의 버튼을 눌렀다. 그리고 손으로 입을 가린 채 엄청난 양의 유로달러 선물을 매도했다. 이제 내 포지션이 완전히 뒤집혔다. 이제 내 포지션은 재앙이 아니라 금리 상승에 베팅한 상태로 바뀌었다.

사실 트레이더는 그러면 안 된다. 느낌이 왔다고 해서 변덕스럽게 포지션 전체를 뒤집으면 안 된다. 신처럼 행동해서는 안 된다. 그렇게 천하무적인 양 행동해서는 안 된다. 하지만 다시금 변명하자면 나는 당시 겨우 스물네 살이었다. 그래서 그렇게 무모한 짓을 할 수 있었다.

원자력 발전소는 폭발하지 않았다. 천만다행이었다.

나는 뒤집은 포지션으로 500만 달러를 추가로 더 벌었다.

최고의 트레이딩을 하려면 후각을 활용할 줄 알아야 한다. 다른 사람들이, 나아가 시장 전체가 멍청한 짓을 할 때는 냄새가 난다.

그 후로 모두가 망했다. 모두가 포지션을 손절매해야 했다. JB는 최악의 순간에, 아수라장의 정점에서, 내가 반대 방향으로 가고 있던 바로 그 시점에 포지션을 청산했다.

일단 모두가 진정되자 나는 보유하던 유로달러 매도 포지션을 전부 정리해 이익을 챙겼다. 그로써 내 포지션은 다시 재앙에 베팅하는 상태로 바뀌었다. 2011년에는 핵폭발이 일어나지 않았을지 몰라도 언젠가는 다른 형태의 폭발이 어디선가 또 일어날 것이 분명했다. 나는 폭발의 냄새를 맡을 수 있었다. 그해 4월 중순까지 나는 1,100만 달러 이상을 벌었다. 내 손익을 포함한 데스크 전체 손익은 1,000만 달러가 안 되었다. JB의 손익이 170만 달러 적자였기 때문이다.

앞서 설명했듯이 적자 상태에 빠지면 누구나 힘겨워할 수밖에 없다. 그리고 JB는 특히 더 힘들어했다.

JB는 다른 세대였다. JB는 운동을 좋아하고 수다 떨기를 좋아하는, 누구라도 반할 만한 매력적인 사람이었다. 옥스퍼드를 중퇴하지 않았다면 변호사가 되었을 것이다. 하지만 숫자와 세부 사항을 잘 다루는 사람은 아니었다. 그런 그의 발밑에서 유로의 땅이 흔들리기 시작했다.

2011년에 유럽이 붕괴했다. 처음에는 그리스가 무너졌다. 다음에는 스페인이, 그다음에는 이탈리아, 포르투갈, 아일랜드가 무너졌다. 신용 부서의 프린스가 예측한 그대로 도미노처럼 무너졌다. 아무도 이 정부들의 채권을 사지 않았고, 이 정부들에 돈을 빌려주지도 않았다. 나에게는 좋은 일이었다. 나는 그 덕분에 많은 돈을 벌었다.

여기서 한 가지 궁금증이 생길 수 있다. 정부는 어디서 또는 누구에게 돈을 빌리는 것일까? 정답은 은행이다. 주로 해당 국가의 은행이 정부에 돈을 빌려준다. (정확히 말하면 은행이 예금을 받아 정부에게 빌려주는 것이니 국민이 돈을 빌려준다고도 할 수 있다.) 2011년 이전에는 그러한 방식이 문제가 된 적은 없었다. 경제학자들의 주장에 따르면 정부에 돈을 빌려주는 것은 무위험 거래였기 때문이다.

그런데 알고 보니 그들의 주장은 틀렸다.

정부에 돈을 빌려주는 것이 왜 무위험 거래일까? 이론적으로 정부는 비상시에 돈을 찍어낼 수 있기 때문이다. 큰 곤경에 직면한 상태에서 빚까지 많다면 정부는 돈을 찍어서 빚을 갚는 데 사용할 수 있다.

그런데 문제는 이탈리아 정부가 돈을 찍어낼 수 없다는 데 있었다. 스페인 정부, 그리스 정부, 포르투갈 정부도 마찬가지였다. 유로화가 탄생하면서 유럽 국가들은 직접 돈을 찍어낼 수 있는 법적 능력을 상실했다. 하지만 그러한 변화에 대해 크게 걱정하는 사람은 없었다. 이 국가들의 신용도는 언제나 최상위급이었기 때문이다. 하지만 더 이상 그렇지 않았다.

2011년에 이들 국가의 유동성 위기가 알려지자 해당 정부에 막대한 돈을 빌려준 은행들도 함께 파산하는 것 아니냐는 의문이 시장에 빠르게 퍼져갔다. 리먼브러더스 사태 이후 3년도 채 지나지 않은 시점이었

다. 은행이 또다시 파산하기를 바라는 사람은 아무도 없었다. 유럽중앙
은행(ECB)이 행동에 나서야 했다.

그런데 이때 ECB가 선택한 방법은 매우 비관습적이었다. ECB는 유
럽 내 모든 은행에 1퍼센트의 이자율로 무제한 대출을 해주기로 했다.

중앙은행은 대개 그런 식으로 일을 진행하지 않는다. 이자율을 정하
는 것이 중앙은행에 매우 중요한 일이기 때문만은 아니다. 중앙은행은
세부 사항까지 아주 세세히 살펴보는 것을 좋아한다. 그러한 특성을 반
영하여 중앙은행은 은행들이 서로 대출해 주는 이자율, 즉 은행 간 이자
율을 자세히 관찰한다. 그러다 이자율이 너무 높다고 생각하면 은행 간
대출 시장에 자금을 약간 저렴하게 투입하여 이자율을 낮추고, 이자율
이 너무 낮으면 반대로 돈을 덜 빌려주거나 다시 빌려서 이자율을 높인
다. 이렇듯 중앙은행은 이자율을 통제하기 위해 금융 시스템 내 대출의
양을 조정한다. 대출의 양을 조정하면 이자율도 조정할 수 있다. 아이폰
이나 나이키가 하는 방식과 유사하다.

그런데 대출을 **무제한으로** 제공하면 더 이상 대출의 양을 조정할 수
없게 된다. 그리고 대출의 양을 조정할 수 없으면 대출의 가격, 이자율
도 조정할 수 없게 된다. ECB는 어떻게든 은행의 파산을 막아야 한다는
일념으로 그런 결정을 내렸겠지만 결과적으로는 시장에 광기를 불러일
으켰다.

ECB와 시중은행들 사이에 어리석은 게임이 벌어졌다. ECB는 소위
경매라는 방식으로 대출을 제공했고, 그리스 정부가 파산으로 치닫고
있음이 분명해지자 은행들은 대출을 받기 위해 경매에 벌떼처럼 뛰어
들었다(모든 은행이 원하는 만큼 무제한으로 대출을 받을 수 있었기 때문에 사실상 경매는
아니었다). 결국 은행들이 돈을 너무 많이 빌리는 바람에 은행 간 대출 시

장에 엄청난 자금이 물밀듯 들어갔고 유로 이자율이 0퍼센트로 급락했다. 심지어 ECB 대출의 공식 원가인 1퍼센트보다 1퍼센트 이상 낮은, 0퍼센트 미만으로 떨어진 날도 있었다. 이자율이 0퍼센트로 급락하자 다음 경매에서 ECB 대출에 입찰하는 은행은 거의 없었다. 그러자 이번에는 시장에 돈이 엄청나게 부족해졌고 이자율이 2퍼센트 위로 치솟았다. 그 후 은행마다 다른 은행들이 경매에서 얼마나 많은 돈을 빌릴지 계산하는 상황이 매주 반복됐다. 다른 은행들이 돈을 많이 빌릴 것 같으면 시장에서 저렴하게 돈을 빌릴 수 있으리라 기대하며 경매에 참여하지 않았고, 다른 은행들이 돈을 빌리지 **않을 것 같으면** 가능한 한 많은 현금을 손에 넣으려 했다. 그렇게 모든 은행이 저마다 다른 은행들이 하지 않는 일을 하려 애쓰면서 결과적으로 시장은 아수라장이 되었다.

경매가 한 주에 여러 번 열릴 때도 있었다. 그럴수록 이자율이 어느 날 얼마가 될지 예측하기가 점점 더 어려워졌다. 이자율이 0퍼센트 이하일 수도 있고 2퍼센트 이상일 수도 있었다. 며칠 연속으로 이 양극단 사이를 심하게 오갈 때도 있었다. 솔직히 나는 무슨 일이 일어나고 있는지 전혀 몰랐다. 하지만 괜찮았다. 내게는 타이치가 있었다. 타이치는 유능한 사냥개처럼 매일, 온종일 그 똥 덩어리들을 추적했다.

하지만 JB에게는 타이치가 없었다. JB에게는 아무도, 아무것도 없었다. JB는 늙은이가 되어가고 있었다. 예전에는 이자율이 그런 식으로 움직인 적이 없었다. JB의 시대에는 중앙은행이 한 달에 한 번씩 이자율을 정하면 그 이자율이 한 달 동안 그 자리에 그대로 있었다. 당시 씨티은행의 상품 평가 시스템과 호가 시스템 역시 그 옛날 세상에 맞춰져 있었고 JB는 그 간극을 메우는 데 실패했다. 일반적으로 FX 스와프 거래의 최대 만기는 2년이고 그중에서 내가 호가해야 하는 부분은 1개월 이

하의 단기물이었다. 그래도 영업일 기준으로 대략 26, 27일 치를 호가해야 하니 적지 않은 양이었다. 타이치가 매일 수동으로 가격을 계속 업데이트했기에 가능한 일이었다. 다른 방법은 없었다. JB는 그다음 23개월 치, 약 600일 치를 처리해야 했다. 그가 감당할 수 없는 일이었다.

JB는 하루하루 무너져갔다. JB의 호가는 거의 매일 틀렸고 나도 그 사실을 알았다. 당시 HSBC에서 유로 장부를 맡고 있던 사이먼 창이 IB 채트로 나에게 왜 틀린 호가를 보여주냐며 물어본 적도 있었다. 그러면 나는 이렇게 답을 보냈다.

"내가 아니에요. JB예요."

"도대체 왜 JB는 틀린 가격을 보여주고 있어? 이대로 가면 JB는 망할 거야. 너는 왜 JB한테 알려주지 않는 거야!?"

좋은 질문이었다. 나는 왜 말해주지 않았을까?

솔직히 말해서 나는 그런 생각을 한 번도 한 적이 없다. 왜 그랬는지는 잘 모르겠다. 그냥 내가 그런 사람이었던 것 같다.

JB의 트레이딩은 실패의 연속이었다. JB는 숨을 헐떡이고 있었다. 날마다 돈을 잃고 있었다. 반면에 나는 시장을 압도했다. 베팅하는 족족 승리했다. 나는 타이치가 나 대신 호가하는 모든 고객 거래에서 돈을 벌었고 재앙에 베팅한 포지션에서도 매일 돈이 쏟아져 내리고 있었다. 하지만 JB는 단 한 번도 나를 돌아보며 그 이유를 물어본 적이 없었다.

사실 JB는 자리에 거의 없다시피 했다.

지난 몇 년은 JB에게 좋은 시절이었다. 그 몇 년간은 데스크의 모든 사람에게 좋은 시절이었다. 모두가 많은 돈을 벌었고 나도 마찬가지였다. 그동안 JB는 누구나 꿈꾸는 삶을 이루었고 자신에게 주어진 모든 것을 누렸다. 어쩌면 다른 사람의 몫까지 누렸을지도 모른다.

JB는 템스강이 내려다보이는 호화로운 아파트를 여러 채 구매했으며 은행 비서 중 한 명이 JB의 첫 아이를 임신해서 곧 아빠도 될 예정이었다.

그때쯤 JB는 자리를 더 자주 비웠고 브로커와 긴 점심시간을 보냈다. 그리고 온 얼굴이 시뻘게져 돌아와서는 벌레가 온몸으로 자동차 앞 유리에 부딪히듯 시장에 온몸을 던져 참패했다. 옆에서 지켜보기만 한 나도 고통이 느껴질 만큼 처참히 무너졌다.

내가 스누피에게 JB가 걱정된다고 말하자 스누피가 웃으며 이렇게 말했다.

"걱정하지 마. JB는 내가 개인적으로 아는 사람 중에서 제일 부자야."

나는 다시 한번 세상이 불공평함을 느꼈다. 세상은 다 그런 것 같다.

나는 JB가 자리를 비우면 그 대신 트레이딩을 해야 했다. 그런데 JB가 자리에 있는 시간보다 없는 시간이 더 많아졌다. 게다가 앞서 말한 것처럼 내가 맡은 단기물 유로 장부는 **안 그래도** 데스크에서 가장 거래가 많았는데, 유로 시장이 미쳐버린 지금은 가히 멈추지 않고 광란에 휩싸여 롤러코스터를 타는 장부가 되어버렸다. 결과적으로 나는 미쳐버린 내 장부를 관리할 뿐만 아니라 JB의 일도 절반 이상을 해야 했다. 업무 강도가 정말 극심해졌다.

이럴 때는 어떻게 해야 할까? 도대체 무엇을 할 수 있을까? 글쎄, 나로서는 그냥 계속 일하는 것 말고는 다른 방법이 없었다. 유럽이 붕괴하자 내 손익이 폭발하면서 6월 월간 손익이 2,200만 달러를 돌파했다. 이제 나는 트레이딩 플로어 전체에서, 2등과 아주 근소한 차이였지만, 가장 높은 손익을 기록하게 되었다. 이렇듯 나는 무척 중요한 순간을 맞아 완벽한 승리를 거두는 중이었기에 퀸즐랜드에서 온 알코올 중독자가 내 앞길을 막도록 내버려둘 수는 없었다.

나는 내 일도, JB의 일도 했다. 매일 일찍 출근하는 것은 당연했고 타이치도 일찍 출근하게 했다. 매일 아침 자전거에서 내리자마자 트레이딩 플로어로 뛰어들어가 모니터, 스피커 박스, 헤드셋, 삐빅 하는 신호음, 띠링 하는 경고음 속에 나 자신을 가두었고, 그러다 보니 어느새 시장을 장악하면서 매일 5,000억 유로가 넘는 돈을 거래하게 됐다. 세계 순위를 어떻게 매기는지는 잘 모르지만 거래량으로 따지면 아마도 당시엔 내가 순위권에 오르는 트레이더였을 것이다. 진정 미친 듯 날뛰는 시장에 대처할 방법은 열심히 거래하는 것 말고는 없었다.

나는 너무 바쁜 나머지 출근길 복장을 갈아입는 것도 깜빡하기 시작했고 얼마 지나지 않아 복장 따위는 신경조차 쓰지 않게 되었다. 심지어 갈아입을 옷을 사무실에 가져가지도 않았다. 매일 회색 후드티를 입고 빛바랜 오니츠카타이거를 신은 채 손가락 없는 검은 장갑을 끼고 온종일 트레이딩만 했다. 그리고 특정 상황이 발생했을 때 즉시 알 수 있도록 컴퓨터에 다양한 경고음을 설정했다. 그 바람에 내 자리에서는 경고음이 쉴 새 없이 흘러나왔고 그중에서도 손익이 50만 달러씩 증가할 때마다 알려주는 띠링 하는 소리는 더욱 자주, 더욱 크게 들렸다. 수익이 크게 난 날이면 나는 거래가 한산해진 오후에 스피커를 최대 음량으로 올리고 레게 음악을 틀었다. 그리고 타이치와 함께 책상 위에 양발을 올린 채 싱글에스프레소를 한 번에 두 잔씩 마시며 〈리퀴데이터 (Liquidator)〉, 〈돌아온 장고(Return of Django)〉, 〈54-46〉 등 우리가 좋아하는 레게 음악에 흠뻑 젖어들었다. 나는 트레이딩 플로어의 왕이었고 타이치는 내 오른팔이었다. 물론 타이치는 돈을 벌지 못했지만 그냥 어린애여서 나와 함께 그 상승기류를 타는 것만으로 행복해했다. 젠장, 어린애였다니, 내가 지금 무슨 소리를 하는 거지. 사실 타이치는 몇 개월 차이지만 나보다 나이가 많았다. 어쨌든 당시 우리는 둘 다 스물네 살이었고 나는 집에 가서 매일 밤 시장에 관한 꿈을 꿨다.

"혹시 너한테 거만하다고 하는 사람 없어?"

JB가 화장실에서 막 돌아온 참이었다. JB는 화장실에서 돌아오면 늘 공격적인 트레이딩을 하려 했다.

나는 JB의 빌어먹을 짓거리를 참을 만큼 참은 상태였다. JB는 자리를 지키지 않았으며 틀린 호가를 하고 매일 돈을 잃었다. 브로커 수수료나 될까 싶은 돈을 **벌면서** 이제는 나를 거만하다고 했다.

나는 고개도 돌리지 않았다. 왼쪽 뺨에 JB의 시선이 느껴졌지만 마우스에 손을 얹은 채 정면을 응시했다. 그래도 예의상, 쓰고 있던 블루투스 헤드셋의 왼쪽 이어폰을 귀에서 떼기는 했다.

"아니요. 전혀요. 그런 말을 한 사람은 전혀 없었어요."

"그래? 놀랍네. 방금 한 말도 꽤 거만하게 들리는데. 그렇게 생각 안 해?"

나는 서랍에서 파란색 볼펜을 꺼내 볼펜 끝으로 책상을 몇 번 두드렸다. 볼펜을 반으로 쪼갤까, 생각했지만 그러지 않기로 했다. 볼펜을 책상 위에 내려놓고 JB를 향해 몸을 돌렸다.

"JB, 언제 손실에서 벗어날 거예요?"

JB의 얼굴은 내 얼굴에서 30센티미터도 채 떨어져 있지 않았다. 그는 바로 내 눈앞에 있었다. 코에서 시작된 모세혈관 파열 증상이 질병처럼 그의 얼굴 전체에 퍼져있었다. 나는 문득 이제껏 JB에게서 받은 수많은 도움과 친절이 생각났고 방금 한 말에 대해 미안한 마음이 들었다. 하지만 그런 감정을 표정에 드러내지는 않았다.

"걱정하지 마. 전에도 이런 적이 있었지만 결국 이익을 냈어. 이번에도 그럴 거야. 나는 내가 뭘 하는지 잘 알고 있어."

"그러면 전략이 뭐예요? 말해봐요. 어떻게 돈을 벌 거예요?"

JB는 내 눈을 들여다보았고 나는 그의 눈을 들여다봤다. 우리 얼굴은 이제 거의 닿을 정도로 가까워졌고 내 귀에는 그의 느리고 신중한 숨소리가 들려왔다. JB의 눈은 창백하리만치 빛바랜 파란색을 띠고 있었다. 젊어서는 생기 넘치는 파란색이었지만 세월이 흐르면서 자신이 지녔던 파란색을 세상에 조금씩 빼앗겨 버린 노인의 눈처럼 보였다. 긴 침묵이 이어졌다. 나로서는 JB가 지금 내 생각을 읽고 있는 것인지, 아니면 그저 생각에 잠긴 것인지 가늠할 수가 없었다. 사실 내가 그의 생각을 제대로 읽고 있는지도 확실치 않았다.

"주식."

"주식요?"

"그래, 주식."

JB가 단호한 어조로 같은 말을 반복했다.

"주식이 전략이라고요?"

"주식, 주가가 너무 높아."

"주가가 너무 높다니, 무슨 말이에요?"

"저것 좀 봐! 정말 너무 높아! 주가는 거의 하락하지 않았는데 경제는 망해가고 있어. 주가도 하락할 거야."

나는 JB에게서 돌아서서 다시 볼펜을 집어 들었다. 그리고 아무것도 없는 책상 위를 20번 정도 톡톡 두드린 후 이렇게 말했다.

"여전히 이해를 못 하시네요. 그런 식으로는 안 돼요. 주가는 절대 하락하지 않아요. 주가는 상승만 해요. 주가는 경기가 좋을 때 오르고, 경기가 나쁠 때는 정부가 돈을 너무 많이 찍어대서 훨씬 더 많이 올라요. 부동산도 마찬가지예요. 다 올라요. 자산 보유자는 절대 손해 보지 않아요. 부자는 절대 돈을 잃지 않아요. 부자는 오직 승리만 해요. 빌어먹을, 주식을 팔지 말고, 사라고요. 그러면 주가가 달까지 오르고 손실도 만회할 수 있어요. 제발 제 말을 믿어요."

이 말을 마치고 나는 나가서 싱글에스프레소 네 잔을 사 왔다.

나는 JB가 자리에 없을 때 그를 대신해 호가를 했지만 솔직히 말하면 내 거래를 호가할 때만큼 JB의 거래에 신경을 쓰지는 않았다. 내가 호가를 하더라도 JB의 거래는 JB의 장부와 손익으로 가고 나의 거래만이 내 장부와 손익에 기록됐기 때문이다. 나에게는 우선순위가 있었다. 미안하지만 사실이 그랬다.

JB도 그 사실을 알고 있었고 결국 언젠가는 문제가 발생할 수밖에 없는 상황이었다.

앞서 설명했듯이 트레이더는 시장 조성자이자 가격 제시자로서 스프레드에서 돈을 번다. 예를 들어 자산의 실제 가격이 71이라고 하면 트레이더는 70-72를 호가한다. 그러고 나서 고객이 자산을 72에 사고 트레이더가 같은 자산을 자신에게 71에 팔 상대를 찾아내면 거래가 완료된다. 고객은 원하는 것을 샀고 트레이더는 이익을 얻는다. 모두가 행복하다.

하지만 바로 여기에 문제가 있다. 실제 가격이라는 것은 사실상 존재하지 않는다. 어쩌면 가격은 계속 움직인다고 하는 편이 더 정확한 표현일 수도 있겠다. 그런데 만약 가격이 움직이고 있을 때 트레이더가 이를 보지 못한다면 무슨 일이 일어날까?

이를테면 내가 화장실에서 볼일을 보는 동안 시장에 뭔가 안 좋은 일이 발생했다고 상상해 보자. 순식간에 가격이 74로 바뀌었지만 나는 그 사실을 모르고 있고 공교롭게 몰리의 스크린도 아직 업데이트되지 않은 상태다. 몰리가 너무 바쁘기도 하고 사건이 방금 일어난지라 가격을 미처 업데이트하지 않은 것이다. 그때 고객이 전화를 걸어와 호가를 요청한다. 나는 몰리의 스크린에 게시된 가격, 70-72를 보고 그대로 70-72라고 호가한다. 고객이 72에 매수하고 이제 내가 71에 매수할 차례가 됐다.

그런데 몰리에게 가격을 물으니 73-75.5라고 한다.

젠장, 이제 3.5만큼 손해를 보지 않고는 포지션을 정리할 수가 없다.

몰리에게 73에 매수할 수 있을지 물어본다.

"너무 늦었어요. 이미 매수가 74가 나왔어요."

"젠장, 매도 75.5는 아직 있어요? 내가 75에 매수하겠다고 전해줘요."

2분 동안 침묵이 흐른다.

"미안해요. 75.5는 사라졌어요. 지금 내가 가진 제일 좋은 가격은 77이에요."

보다시피 시장 조성자 역할도 만만치 않다. 언제 소변을 볼지 오래 생각하고 신중히 결정해야 한다.

그날도 여느 때처럼 JB는 자리에 없었다. 그가 밖에서 사시미를 안주로 맥주와 사케를 마시고 있었는지, 아니면 다른 뭔가를 먹고 마시고 있었는지는 정확히 모르겠다. 솔직히 말해 그딴 것을 알고 싶지도 않았다.

그때 누군가 전화로 JB의 가격을 물어왔다. 나는 무척 바빴다. 뭐 하느라 바빴냐고 묻는다면 사실 저녁으로 뭘 먹을지 고민하고 있었던 것 같다. 나는 오렌지를 곁들인 오리 요리를 더 맛있게 만들기 위한 기술을 연마하고 있었다.

나는 요리책을 책상 끝으로 재빨리 치운 후 화면에 브로커 스크린을 띄우고 브로커에게 가격을 확인했다.

"3개월물 얼마예요?"

"34-37."

34-37, 적절한 것 같았다. 나는 가격을 그대로 세일즈에게 전했다.

"34-37."

"37에 매수, 2야드."

세일즈가 전화를 끊자 스피커 박스에서 낡은 라디오의 잡음 같은 찌지직거리는 소음이 짧게 들려왔다.

2야드, 꽤 크다. 이럴 때는 일부분이라도 정리해야 한다. 나는 다시 브로커 스위치를 켰다.

"마코, 3개월물 아직 그대로죠?"

"네, 아직 34-37이에요."

"매수, 1야드."

찌지직하는 소음이 들린 후 2분 30초 동안 침묵이 흘렀다. 그런데 보고 있던 브로커 스크린의 가격이 갑자기 바뀌기 시작했다. 바로 눈앞에서 가격이 35-38로 바뀌더니 그다음 36-39까지 올라가 버렸다. 맙소사, 마코에게는 매도가 37이 없었다. 나한테 빌어먹을 헛소리를 한 것이다.

"마코, 나한테 말한 3개월물 가격은 어디 갔어요?"

"게리, 정말 미안해요. 사라졌어요. 지금은 39가 제일 좋은 가격이에요."

"빌어먹을! 그러면 도대체 왜 나한테 37이 있다고 말한 거예요?"

"있었어요. 있었어요. 나도 속은 거예요."

개소리였다. 확신하건대 마코는 그런 호가를 받은 적이 없었다. 있었더라도 나에게 말할 때는 이미 사라진 후였을 것이다.

나는 JB의 손익 화면을 확인했다. 방금 한 거래로 10만 달러 손실이 발생했다. JB는 이제 막 흑자로 돌아섰는데 이대로 둔다면 다시 적자가 될 판이었다. 나는 타이치 쪽으로 몸을 기울였다.

"타이치!"

"음!?"

타이치는 플라스틱 포크로 종이 상자에 든 라자냐를 먹고 있었다.

"타이치, 내가 JB 대신에 3개월물을 매도했거든. 그런데 거래하자마자 시장이 반대로 움직였어. 벌써 10만 달러 손실이야. 어떻게 해야 할까?"

"젠장, 이제 방금 흑자가 됐잖아요. 지금 정리할 수 있어요?"

"지금 해도 20만 달러 손실이야. 다시 적자가 돼. 어떻게 할까?"

"JB한테 문자를 보내요."

나는 JB에게 문자를 보냈다.

'방금 3개월물을 매도했어요. 10만 달러 손실이에요.'

문자를 보내기 전 JB의 손익을 다시 확인했더니 -20만 달러가 떴다. 문자에서 '10만 달러 손실이에요' 부분을 지우고 '좋지 않아 보여요'로 다시 썼다.

그리고 문자를 보냈다.

JB가 사무실로 돌아왔을 때는 오후 4시였고 거래 손익은 이제 -40만 달러가 됐다. JB는 즐거워 보였고 금방이라도 넘어질 듯 비틀거렸다. 나는 JB가 문자를 읽지 않았다는 것을 즉시 알아채고 오른쪽에 있는 타이치를 힐끗 본 다음(타이치도 나를 보고 있었다) 풀어놓았던 셔츠 단추 세 개 중 두 개를 잠갔다(타이치도 똑같이 했다). 그리고 컴퓨터의 볼륨을 껐다. 띠링 소리를 내기에는 좋지 않은 상황이었다.

"좋았어! 이제 시장 상황 좀 볼까."

JB는 의자에 앉자마자 손익 화면에서 새로고침 버튼을 눌렀다. 나는 보지 않으려고 최선을 다했지만 곁눈질만으로도 JB의 얼굴이 온통 핏빛으로 변한 것을 알 수 있었다. JB는 거의 반사적으로 마코의 버튼을 눌렀다.

"마코, 지금 3개월물 얼마야?"

찌지직거리는 소음, 그리고 잠깐의 침묵 후 대답이 나왔다.

"41-44."

"도대체 이게 뭐야?"

나는 JB가 아니라 스피커 박스를 바라봤다. 마코의 불이 꺼져있었다. JB가 나에게 말하고 있다는 의미였다.

"그 3개월물 거래예요. 3개월물 매도 거래요. 문자로 이야기했잖아요. 문자 안 봤어요?"

JB가 문자를 확인하지 않았을 뿐 나는 해야 할 바를 다 했다. 그리고 JB와 나, 둘 다 그가 문자를 확인하지 않았다는 것, 그리고 문자를 확인해야 했다는 것도 알고 있었다.

JB는 천천히 일어서서 주머니에 손을 넣더니 마치 권총이라도 되는 듯 의미심장하게 휴대전화를 꺼냈다. 그리고 문자를 한 번에 한 단어씩 천천히 읽어나갔다.

"방금, 3개월물을, 매도, 했어요. 좋지… 않아… 보여요."

그런 다음 휴대전화를 내려놓고 그대로 서있었다. 나도 일어섰다. JB가 고개를 돌려 나를 쳐다봤고 우리는 이제 서로를 똑바로 바라봤다. JB가 마지막 세 단어를 내 얼굴에 대고 여러 번 반복했다.

"좋지 않아 보여요. 좋지… 않아… 보여요."

나는 잠시 속으로 그 말을 곱씹은 후 이렇게 말했다.

"어, 내 말은… 정말 안 좋아 보이잖아요…. 그래서…"

JB는 입술을 꾹 다물고 거의 알아채지 못할 정도로 재빨리 그리고 가볍게 고개를 끄덕였다.

"어떻게 할 거야?"

JB의 말이 무슨 뜻인지는 분명했다. 나는 그해 2,400만 달러가 넘는 돈을 벌었고 JB의 손익은 그 거래 때문에 다시 적자로 떨어진 상태였다. 하지만 나는 의심의 여지 없이 JB가 그때 자리에 있었어도 나와 똑같이 거래했을 것으로 확신했다.

문득 JB를 처음 만났을 때가 기억났다. 그가 나에게 다가왔던 모습들이 떠올랐다. JB는 데스크에서 나에게 처음으로 말을 걸어주었고 내 첫 장부를 건네주었다. 내가 800만 달러를 잃었을 때 JB가 나를 어떻게 위로했는지도 기억났다. 그는 정확히 이렇게 말했었다. "힘든 시간은 오래가지 않지만 그 시간을 견뎌낸 사람은 오래가는 법이야." 그리고 그때 그의 시뻘건 얼굴에서 국회의사당의 시계탑, 바로 그 빅벤(Big Ben)이 내려다보이는 호화 아파트 네 채가 보였다.

나는 혀를 볼살 깊숙이 집어넣고 세게 깨물었다. 그리고 이렇게 말했다.

"JB, 힘든 시간은 오래가지 않지만 그 시간을 견뎌낸 사람은 오래가요."

JB가 폭발했다. JB는 무거운 갈색 수화기를 들어 올려 모니터를 향해 전속력으로 집어 던졌다. 수화기를 정면으로 맞은 중앙 모니터는 좀 구부러지고 균열이 생겼지만 수화기는 도로 튕겨 나와 별 흠집 없이 책상 위에 안착했다. 산산이 부서진 것은 없었다. 당시 모니터는 요즘보다 내구성이 더 좋았던 것 같다. 게다가 JB가 구현한 그 일련의 동작은 빠르고 결단력 있고 역동적이었지만 예상과 달리 큰 소리를 내지는 못했다. 내가 똑똑히 기억하는데 실망스러울 정도로 거의 아무 소리도 나지 않았다.

JB도 나만큼이나 실망했음이 분명했다. 이번에는 수화기를 높이 치켜들더니 수화기로 책상을 있는 힘껏 내리치기 시작했다. 한 번 내리칠 때마다 마치 마침표를 찍듯 호주인 특유의 거침없는 욕설도 덧붙였다.

소음에 있어서는 그 방법이 훨씬 효과적이었다.

일고여덟 번 정도 내리쳤을까, 그 후로 잠시 평온한 시간이 흘렀다. 모두가 JB를 바라보았고 JB는 오른손에 여전히 수화기를 든 채 다음 계획을 세우고 있었다. JB는 다시 한번 왼손을 거의 반사적으로 스피커 박스로 뻗었고 오른손으로는 수화기를 귀에 갖다 댔다. 그리고 다른 브로커의 버튼을 눌렀다.

"로비, 지금 3개월물 얼마야?"

"로비, 지금 3개월물 얼마냐고 묻잖아!"

잠시 침묵이 흐른 후 '젠장'과 수화기가 책상에 부딪히는 '쾅' 소리가 동시에 울려 퍼졌다. 이번에는 동작에 걸맞은 요란한 소리가 났다.

"티미, 지금 3개월물 얼마야? 젠장!"

'쾅!'

"밀지, 지금 3개월물 얼마야? 젠장!"

'쾅!'

JB는 한 번에 한 명씩 모든 브로커의 버튼을 누르고 같은 말과 행동을 반복했다. 그 반복되는 박자와 운율에서 진정한 음악성과 예술미마저 느껴졌다.

"JB, 무슨 일이야?"

척이 손나팔을 하고서 마치 밖에서 무슨 일이 있는 것처럼, 그 소란이 내부와 전혀 상관없는 것처럼 완벽히 자연스럽게 JB를 불렀다. JB가 너무 바빠서 대답하지 않자 이번에는 질문이 나를 향했다.

"게리, 무슨 일이야?"

대답하기 쉬운 질문은 아니었다. 나는 몇 가지 가능한 답변을 머릿속으로 그려보고 결국 다음과 같이 대답했다.

"JB의 수화기가 고장 났나 봐요"

엄밀히 따지면 틀린 말은 아니었다.

척은 JB의 행동을 완전히 이해한다는 듯 고개를 끄덕였다. 트레이더라면 수화기가 고장 났을 때 당연히 그 정도는 해야 한다고 수긍하는 것 같았다. 그러고는 육중한 몸을 의자에서 일으키더니 JB와 내 옆을 지나 데스크 맞은편을 향해, 각종 물품이 들어있는 작은 서랍장을 향해 느릿느릿 걸어갔다. 그리고 아주 힘겹게 몸을 아래로 숙여 서랍장에서 길고 구불구불한 선이 달린 크고 무거운 갈색 수화기를 끄집어냈다.

그다음 척은 나로서는 평생 이해할 수 없는 기이한 행동을 했다. 척은 정상적인 사람들이 하듯 데스크를 가로질러 걸어가서 JB에게 전화기를 건네는 대신 JB를 향해 이렇게 소리 질렀다.

"JB, 이거 받아!"

그리고 수화기를 공중으로 던져버렸다.

마치 영화의 느린 화면 같았다. 수화기는 트레이딩 플로어의 높은 천장까지 올라가 포물선을 그리며 천천히 날더니 내 오른쪽에 있는 타이치의 머리 위에서 정점에 이르렀다. 그때 타이치는 고개를 위로 쳐들고 수화기를 바라보고 있었다. 이제 수화기가 내 머리 위로 떨어지기 시작했고 나는 몸을 숙이고 뒤로 물러섰다.

그런데 그럴 필요가 없었다. 척의 투척은 완전히 정확했다. 수화기는 한 치의 오차 없이 정확히 JB의 대머리 한가운데 떨어졌다.

나는 기다렸다. 모두가 기다렸다. 잠시지만 트레이딩 플로어는 완벽히 고요했다. 그 순간, JB가 척을 죽일 수도 있겠다는 생각도 들었다.

하지만 JB는 그러지 않았다. 그냥 멈췄다. 아무것도 하지 않았다. 버튼을 누르는 것도 수화기로 책상을 내리치는 것도 그만했다. 그저 몸을 낮추고 의자 깊숙이 앉아 아주, 아주 깊은 생각에 잠긴 듯 가만히 있었다. 그리고 이번에는 버튼을 누르는 대신 또 다른 선택지를 골랐다. 그는 스위치를 켰다. 그 덕분에 부서진 수화기를 사용하지 않고도 브로커와 통화할 수 있었다.

"지금 3개월물 얼마야?"

"41-44."

"44에 2야드 가능할까?"

잠시 침묵이 흐른 후 대답이 들려왔다.

"네, 하실래요?"

"매수 2야드, 44."

　그 후 JB는 아무것도 하지 않았다. 그냥 앉아서 약 5분 동안 한숨만 쉬었다. 그러다가 불현듯 오른손을 들어 정수리를 만지더니 피가 나는지 확인하듯 손가락을 들여다봤다. 그런 다음 자리에서 일어나 집으로 돌아갔다.

　사람의 머리를 때려 제정신으로 돌아오게 하다니, 믿기지 않는 일이었다. 그전에 나는 그런 일은 만화에서나 일어난다고 생각했었다. 하지만 그 일을 실제로 목격하고 나서는 생각이 좀 바뀌게 됐다.

　척은 이 수화기 투척 사건 이후 나에게 두 가지 기억을 더 남겨주고 우리 곁을 떠나갔다.

　한편 집에서는 해리가 나를 점점 더 걱정하고 있었다. 시장에 내 소문이 돌면서 해리에게도 전해진 것 같았다. 분명 나는 사람들의 주목을 받고 있었다. 하지만 나는 외출도 하지 않았으며 집에서 요리하고 회사에서 돈 버는 것 말고는 아무것도 하지 않았다. 해리는 내가 왜 그 순간을 즐기지 않는지 이해하지 못했고 더 나아가 걱정하기 시작했다. 솔직히 나도 그런 나 자신을 이해할 수 없었다. 해리는 내 친구들을 불러 함께 술을 마시고 어떻게든 나를 설득해 나이트클럽에 데려가려고 했다. 내 생일에는 쇼디치에 있는 유명 나이트클럽 카고(Cargo)에서 깜짝 파티를 열어주기도 했다. 비싼 좌석을 예약하고 내 친구들을 다 초대했다. 하지만 나는 화장실에 가는 척하고 몰래 빠져나와 집으로 가는 버스를 탔다.

　해리는 계속해서 나를 가만두지 않았다. 나도 그 모든 것이 선의로 하는 행동임을 알기에 결국 해리의 청을 받아들였다.

　"좋아, 그런데 이번 한 번만이야."

　당시 우리가 살던 성냥 공장에서 여름 축제, 뭐 그런 이름의 행사가 열릴 예정이어서 우리는 거기에 가기로 했다. 근처 피트니스 클럽에서 나를 보면 늘 웃어주는 여자가 있었는데 나는 그 여자가 올지도 모른다고 생각했다. 그렇다면 해리에게 내가 여전히 건재하다는 것을 보여줄 수 있지 않을까 하는 생각도 들었다.

우리가 행사장에 들어섰을 때 그 여자도 친구와 함께 그곳에 있었다. 두 사람도 우리처럼 한집에 사는 친구 사이였다. 나는 가져간 1리터짜리 바카디 한 병을 보여주며 두 사람에게 같이 마실지 물어봤고 그렇게 우리는 함께 술을 마셨다. 나는 대단히 매력적인 사람은 아니었지만 중요한 순간에 아무것도 못 하는 숙맥은 아니었다.

우리 넷은 술집으로 자리를 옮겼고, 내 평소 취침 시간을 한참 지나 거의 새벽이 될 때까지 함께했다. 이미 내 눈꺼풀은 연신 내려오기 시작했지만 해리가 아무래도 그 피트니스 센터에서 본 여자를 마음에 들어하는 것 같았다. 그래서 나는 여자의 친구에게만 맥도날드에 가겠는지 물었고, 우리 두 사람은 자리에서 빠져나와 집으로 가는 심야 버스를 함께 탔다. 나는 좌석에 앉자마자 잠이 들었고 잠에서 깼을 때는 여자가 내 머리를 쓰다듬고 있었다.

스누피가 그해 여름에 결혼했다. 빌 말고 스누피의 결혼식에 초대받은 사람은 아무도 없었다.

어느 날이었다. 스누피는 여전히 경제 회복에 베팅하고, 나는 모퉁이에 있는 그의 자리 옆에 서서 그런 일은 일어나지 않을 거라고 그를 설득하고 있을 때 척이 우리에게 다가오더니 이렇게 말했다.

"자네, 결혼 생활은 어때?"

스누피는 앉아있고 척은 바로 그 뒤에 서있었기 때문에 대화를 이어

   트레이딩 게임

가려면 척이 고개를 거의 비틀듯 구부려야 했다.

"어… 괜찮아요. 네, 괜찮아요. 음, 좋아요!"

"아, 무슨 말이야? 좋다는 게 무슨 뜻이야? 좀 자세히 말해봐!"

"글쎄요…. 대체 어떤 이야기를 듣고 싶은 거예요? 그냥 좋아요. 종일 일하고 집에 가면 아내가 저녁도 차려주고… 다 좋아요!"

척은 그 정도로 만족하지 않았다.

"그래? 뭘 요리해 주는데?"

"뭘 요리해 주다뇨? 매일 다른 음식을 요리해 주죠."

"그러면 어제 저녁 식사는 뭐였어?"

스누피는 잠시 생각하더니 이렇게 대답했다.

"어제 저녁이라… 어제 요리는… 오븐스파게티였어요."

척의 얼굴이 찌푸려지고 이마에 주름이 잡혔다. 척은 머리를 긁적이며 옆을 바라보다 믿을 수 없다는 듯 되물었다.

"스파게티?"

그리고 다시 한번 더 물었다.

"스파게티?"

이번에는 육중한 몸을 책상으로 기울이더니 스누피의 눈을 들여다보며 어린아이처럼 진지하게 물었다.

"스파게티… 스파게티를 **카레**와 같이… 먹는다고?"

스누피와 나는 갑자기 웬 카레냐며 한참 동안을 웃었다. 웃음을 참다 못해 잠시 자리를 비워야 할 정도였다.

이 오븐스파게티에 관한 대화가 척이 내게 남긴 마지막 세 가지 기억 중 두 번째 기억이다.

"뭔가 특별해. 마법사일지도 몰라."

해리가 술에 취했을 때 이런 말을 한 적이 있다. 해리는 파티에서 만난 여자, 나를 버스에 태워 집에 데려다준 여자를 이렇게 묘사했다. 그 후로 여자는 우리 사이에서 항상 마법사라고 불렸다.

마법사는 새하얀 피부에 커다란 초록색 눈을 지녔으며 금발 생머리를 언제나 길게 늘어뜨리고 있었다. 달빛 아래에 있으면 머리부터 발끝까지 온통 창백한 푸른 빛이 돌았다.

내가 내 직업을 설명했을 때 마법사는 이렇게 말했다.

"하는 일을 별로 좋아하지 않는 것 같네."

"좋아하지 않다니 무슨 말이야? 당연히 좋아하지!"

"좋아하지 않으면 그냥 그만둬. 나라면 그럴 거야."

그러고 나서 나는 마법사에게 이렇게 말했다.

"있잖아, 나는 진지한 관계를 원하지 않아. 여기 그렇게 오래 있을 것 같지도 않거든. 다른 곳으로 가야 하는데 어디로 가게 될지도 잘 몰라. 그래서 말인데 너도 다른 사람을 찾는 편이 나을 것 같아."

척이 회의실로 우리를 모두 불러들였다. 이젠 나도 데스크의 막내가 아니어서 회의실에 들어갈 수 있었다. 이번에 데스크를 지킨 사람은 타이치였다.

방은 햇빛으로 가득했다. 척은 회의를 열 때면 항상 가장 좋은 방을 구했다. 회의실 안에는 긴 탁자가 있었고 척은 탁자를 앞에 두고 창을 등진 채 앉아있었다. 나는 JB 옆에 서있었다. 우리 건너편에는 빌이 스누피와 함께 앉아있었다. 다른 트레이더들은 여기저기 흩어져 앉거나 서있었다.

척은 2주 전에 집으로 가는 도중에 길을 잃었다고 말했다. 길을 잃은 것은 그때가 처음이 아니었지만 아내가 그 사실을 알고 척을 병원으로 보낸 것은 그때가 처음이었다. 그리고 척의 뇌에서 테니스공 크기의 종양이 발견됐다.

"그래서 일을 좀 쉬어야겠어."

나는 건너편에 있는 빌을 바라봤다. 빌은 이미 시선을 나에게 두고 있었고 한동안 나를 계속 쳐다봤다. JB는 팔꿈치로 쿡 하고 내 팔뚝을 찔렀고 나는 소매를 통해 그의 온기를 느낄 수 있었다.

"괜찮을 거야. 의사들이 종양을 제거할 수 있다고 말했으니까. 그러니까 그렇게 오랫동안 자리를 비우지는 않을 거야."

그 말을 듣고 나서 나는 다시 시선을 돌려 창가에 비치는 척의 어두운 그림자, 그의 두꺼운 안경, 환한 미소, 그리고 우리 아빠와 똑같은 머리 모양을 바라봤다.

그것이 척과의 마지막 기억이었다. 그 후로 나는 다시는 척을 보지 못했다.

4장

마법사의 방은 정원 건너편, 우리 집 맞은편에 있었다. 우리 집보다 세 층 위에 있어서 내 방 침대에 누우면 마법사의 방 창문에 쳐진 커튼을 볼 수 있었다. 우리는 때때로 그리니치공원(Greenwich Park)에 갔다. 그리고 세계 한복판에 있는 그 공원의 언덕 꼭대기에서 고층 건물 사이로 지는 태양을 바라보곤 했다.

"저번에 다른 곳으로 가야 한다고 말했잖아. 그게 무슨 뜻이야?"

"모르겠어. 그냥 어딘가로 가야 한다는 뜻이야. 평생 여기에 있을 수는 없으니까."

"어디로 가는데?"

"모르겠어. 일본? 아니면 칠레로 항해를 떠날 수도 있어. 어딘가 먼 데, 여기가 아닌 어딘가겠지."

"일 때문이지, 그렇지? 너, 그 일 싫어하잖아. 그냥 그만두는 건 어때?"

마법사는 내 상황을 전혀 이해하지 못했다. 당시 내 손에는 2,900만 달러가 있었고 그 숫자 하나하나가 '너는 그만둘 수 없어'라고 소리치고 있었다.

스누피와 나는 빌에게 책임자직을 맡으라고 간청했다. 빌이 거절하면 개구리가 하게 될 것 같았다. 사실 기대하지 않고 꺼낸 말이었는데 빌이 이번에는 제안을 거절하지 않았고 데스크의 책임자가 되었다.

나는 빌이 왜 그 자리를 받아들였는지 아직도 그 이유를 모르겠다. 말했다시피 빌은 관리 업무를 싫어했다. 다른 데스크의 세일즈와 트레이더에게 욕을 퍼부었고 전화벨이 울리면 손날을 세워 자기 목을 거칠게 베는 시늉을 했다. '나 없다고 말해'라는 의미였다. 그러면 타이치나 내가 대신 전화를 받아야 했다.

민달팽이가 전화를 하면 다들 하나같이 피했다. 빌도 JB도 마찬가지였다. 돈을 번 사람이 없으니 성과급을 기대하는 사람도 없었고 당연히 민달팽이의 전화에 신경을 쓰는 사람도 없었다. 물론 나 말고 그랬다는 뜻이다. 나는 엄청나게 신경 쓰고 있었다.

그래서 민달팽이가 전화를 걸었을 때 그와 이야기하려는 사람은 언제나 나밖에 없었다. 대화는 대충 이런 식으로 흘러갔다.

"아, 상무님은 잠깐 자리를 비웠습니다. 혹시 뭔가 필요하시면 제가 할 수 있는 일이 있을까요?"

그러자 민달팽이가 씨티은행이 외환 거래량으로는 세계 최대의 은행이 되기를 원한다고 말했다. 그에 따라 나는 하루에 거의 1조 달러를 거래하기 시작했다.

해리는 마법사의 친구와 어떻게든 더 친해지려고 애썼지만 이렇다 할 돌파구를 마련하지 못하는 듯했다. 우리 넷이 함께 놀러 나갈 기회를 만들어달라고 점점 더 많이 요청하기 시작했고 어느새 우리는 2주에 한 번씩 주말마다 함께 시간을 보내게 되었다.

해리와 나는 어렸을 때 그런 식으로 같이 외출한 적이 한 번도 없었다. 우리는 주로 축구와 비디오게임을 했다. 해리가 합법적으로 술을 마실 수 있게 된 지 겨우 2년밖에 되지 않았기 때문에 실제로 밖에서 함께 제대로 술을 마셔본 적도 없었다. 결과적으로 그때서야 나는 해리가 술에 완전히 빠져있다는 사실을 알게 됐다. 해리는 내 체중보다 더 많이 마셨다. 왜소한 남자들이 그 정도 마신다면 목숨이 위험할 정도로 많이 마셨다.

해리는 일단 술에 취하면 왼쪽 눈의 시선이 삐딱해지면서 말을 할 때 거리를 두고 상대방을 쳐다보는 대신, 이마로 이마를 밀어내며 상대방의 머리 뒤쪽을 응시했다. 그런 다음 비틀거리며 무대로 걸어가 거기 있던 마법사의 동거인을 어색한 손짓으로 붙잡았다. 그러면 여자는 역겨운 표정으로 해리를 밀어내 버렸다.

나는 숫자 말고는 어떤 것에도 신경 쓰지 않았다. 거래량, 손익, ECB 경매, 그리고 7,000억 달러, 8,000억 달러, 9,000억 달러에 달하는 하루짜리 대출…. 나는 매일 새로 쏟아져 나오는 이런 숫자에만 신경을 썼다. 인턴십이나 졸업생 취업 프로그램에서 온 아이들이 두 명 또는 세 명씩 와서 내 뒤에 앉아 이런 질문을 던졌다.

"그 거래가 좋은 거래라는 건 어떻게 알게 됐어요? 그 거래에 처음 들어갈 때 가격이 얼마였어요?"

그럼 나는 이렇게 대답했다.

"그딴 가격은 알아서 뭐 하게? 다 지난 일이야. 난 오늘과 내일만 신경 써. 필요하지 않은 숫자는 머릿속에 남겨두지 않아."

그러면 아이들은 겁에 질려 점심을 핑계로 이리저리 흩어져 나갔다.

그 모습을 보고 타이치가 이렇게 말했다.

"인턴들에게 그렇게 못되게 굴지 말아요. 걔들은 게리를 전설이라고 불러요."

나도 알고 있었지만 별로 신경 쓰고 싶지 않았다.

"게리, 선배는 좋은 트레이더예요. 어쩌면 좋은 트레이더를 넘어 훌륭한 트레이더일지도 모르죠. 하지만 스스로 생각하는 만큼 똑똑하지는 않아요. 내가 봤을 때 선배는 시장의 고점과 저점을 간파해 내지만 그건 천재라서가 아니에요. 그냥 본능적으로 하고 있잖아요. 선배한테는 이게 그냥 게임이죠?"

나는 아무 말도 하지 않았다. 대답할 가치가 없었다.

"선배에게는 문제가 있어요. 상당히 큰 문제니까 그것부터 해결해요."

젠장, 또 논쟁의 시간이 시작됐다.

"그래, 그럼 그 큰 문제가 도대체 뭐야?"

"선배는 뭐랄까, **호모 호미니 루푸스**(Homo Homini Lupus)의 전형 같아요."

타이치는 항상 이런 식이었다.

"제기랄, 도대체 **호모 호미니 루푸스**는 또 뭐야?"

"라틴어로 '인간은 인간에게 늑대다'라는 뜻이에요."

나는 그 우스운 짓거리를 더 이상 참을 수가 없었다.

"타이치, 일어나서 주위를 둘러봐."

나는 일어서서 두 팔을 활짝 벌렸다.

"여기 이 사람들 좀 보라고. 이 망할 인간들 한 사람 한 사람이 다 내 주머니에 손을 넣고 있어. 다들 이미 내 돈을 훔치고 있거든. 그러니까 호모 호미니 루푸스 같은 얘기는 하지도 마. 우리 둘 다 이미 늑대에 둘러싸여 있으니까."

당시에는 내가 한 말이 더 설득력이 있다고 생각했다. 하지만 지금 생각해 보니 타이치가 한 말이 맞았던 것 같다. 그때는 내가 다른 이들에게 늑대였을지도 모르겠다.

하지만 내 말에도 어느 정도 일리가 있었다. 갑자기 나는 전 세계에서 손꼽히게 영향력 있는 트레이더가 되었고 어느 순간 주변의 모든 이들이 내게 달려들었다. 얼굴도 기억나지 않는 어린애들이 트레이딩 플로어에 나타나서 내 등을 두드리며 우리가 LSE에서 함께 보낸 시간에 대해 떠들어댔다. 민달팽이가 왔을 때는 그와 일대일로 점심을 먹어야 했다. 역겨웠다.

그리고 그중에 최고는 브로커였다. 미쳐버린 브로커들을 떼어내기란 불가능했다. 나와 거래할 수 있을까 싶어 내 전용 브로커로 준연예인급 인사를 고용한 중개 회사도 있었고(구글에서 그 유명 인사를 검색해 봤더니 그가 해변에서 빨대로 파인애플에 담긴 칵테일을 마시고 있는 사진이 나왔다) 나를 안다는 이유만으로 내 옛 고등학교 동창을 고용한 회사도 있었다. 브로커들은 식당, 축구 경기장, 여행지 등 어디서든 나를 쫓아다녔다. 그렇게 브로커들은 발진처럼 내 피부 위에서 점점 더 크게 자라났다. 나는 너무 신물이 나서 결국 다음과 같이 난도스(Nando's) 규칙을 도입했다. 나를 만나고 싶어요? 그러면 카나리워프에 있는 난도스로 오세요. 포르투갈식 닭요리 집 알죠? 식사비는 각자 냅니다. 하지만 얼마 지나지 않아 나는 닭고기를 더 이상 먹을 수 없을 정도로 많이 먹게 되었고 결국 이 규칙도 폐지했다. 그리고 그 후 나는 아무도 만나지 않게 되었다.

고위 경영진은 개구리를 보내 빌의 자리를 넘겨받게 했다. 결국 일어날 수밖에 없는 일이었다. 빌은 여전히 경기가 회복되리라는 생각에서 벗어나지 못하고 간신히 버티고 있었으며, 거기에 더해 빌과 JB는 둘 다 트레이딩 플로어에 있는 거의 모든 사람의 화를 돋우고 있었다. 따로 데스크를 관리하는 사람도 없어서 여전히 성과급을 받아야 하는 내가 어쩔 수 없이 관리 업무의 상당 부분을 대신 처리하고 있었다. 경영진 관점에서 스물네 살짜리가 데스크를 관리하는 것을 영원히 두고 볼 수는 없었던 것 같다.

하지만 개구리는 단순히 존재하는 것만으로도 나를 육체적으로 병들게 했다. 나는 개구리만 보면 속이 울렁거렸다. 그가 나를 엿 먹였던 일을 잊을 수 없었다. 개구리가 말을 걸 때면 온몸이 가려워졌다. 개구리는 런던에 오자마자 나를 회의실로 끌고 가서 자신이 JB의 장부를 맡게 될 것이라는 소식을 알렸다. 그 계획을 JB에게 말하지 않고 내게 했다. 그 말은 내가 한 달 내내 JB 옆에 앉아있으면서도 그가 곧 해고될 것이라는 이야기를 할 수 없다는 뜻이었다.

브로커들이 접대 장소로 불러내려고 한 사람은 나뿐만이 아니었다. 그들은 해리도 불러냈다. 해리를 이용해서 내게 접근하려고 했는지 아니면 그저 해리를 좋아해서였는지는 모르겠으나 결과적으로 해리와 브로커들은 천생연분이었다. 브로커들은 목표물의 약점을 잘 찾는다. 그들은 더러운 손으로 목표물을 탐색하고 마침내 취약한 부분을 발견하면 그 안에 두툼한 손가락을 쑤셔 넣어 목표물이 필요로 하는 것은 무엇이든 채워 넣는다. 그리고 해리는 취약한 부분이 많았다. 해리는 술집, 식당, 나이트클럽, 매춘 업소 등 어디든 갔고 내가 들어본 적도 없는 약물을 복용했다. 나는 해리가 최악의 마약인 메페드론을 할 때도 그 사실을 바로 알 수 있었다. 아침에 일어나면 내 전화기에 해석이 불가능한 문자 수십 통이 들어와 있었고 해리는 자기 방에 선 채로 온몸에 경련을 일으키고 있었다.

내가 JB를 보호해야 했을까? 그래야 했을 것 같다. 내가 그와 같은 상황이라면 JB는 나를 보호했을까? 100퍼센트 그랬을 것이다. 하지만 그때 나는 3,100만 달러가 넘는 돈을 번 상태였고 그에 합당한 성과급을 정말 간절히 받고 싶었다. 개구리가 친절하게만 부탁한다면 우리 엄마의 일을 뺏어가겠다고 해도 나는 그냥 가만히 있었을 것이다.

그렇게 개구리는 JB의 유로 장부를 가져갔다. 그 바람에 나는 개구리의 파트너 트레이더가 되었고 매일 그 옆에 앉아야 했다. JB는 모퉁이 자리로 옮겼다. 개구리가 자신을 해고할 타당한 이유를 찾을 때까지 거기서 호주 달러를 거래해야 했다.

그리고 JB 다음은 내 차례였다.

"게리, 문제가 생겼어. 알잖아, 자네는 뛰어난 트레이더이고 올해 성과도 훌륭하지만 데스크가 정말 어려움을 겪고 있어…. 은행 상황이 정말 힘들기도 하고… 그래서 자네에게 성과급을 줄 수 있을지 모르겠어."

나는 손과 머리에서 피가 솟구치는 것 같았고 약간 현기증까지 났다. 바닥에 침이 뱉고 싶어졌다.

나는 개구리를 쳐다봤다. 개구리의 체형은 이상했다. 잘못된 레고 조각으로 대충 조립한 듯 뭔가 균형이 맞지 않았다. 옷을 입었지만 체형이 워낙 이상해서 어떤 부분은 몸에 너무 달라붙고 또 어떤 부분은 너무 헐렁해서 흘러내릴 듯했다. 그런데 그 괴상한 체형을 가진 개새끼가 웃고 있었다.

도대체 이 개새끼는 뭐지? 입은 개구리처럼 쩍 벌어졌고 머리는 지저분하고 얼굴은 축 늘어진 개새끼가 오더니 지금 나한테 돈을 줄 수 없다고 말하고 있네. 이 개새끼는 내가 그 돈을 받기 위해 어떤 일을 겪었는지 알까? 아니, 저 새끼는 몰라. 저 새끼한테 이건 그냥 게임이야. 우리 집안이 스물다섯 세대에 걸쳐 번 돈보다 더 큰 금액을 갖고 저 개자식은 지금 장난을 치고 있어.

그런데 확실한 건 나한테 지금 상황은 게임도, 장난도 아니거든.

여기에 들어맞는 교훈을 어디선가 들은 적 있는데 뭐더라? 주변 사람들이 엿 먹고 있을 때 그들을 보호하라. 그렇지 않으면 네가 엿 먹을 때 너를 도와줄 사람이 없을 것이다. 뭐 그런 거였지.

웃기는 소리야. 나는 교훈을 얻으러 여기 오지도 않았고 누군가를 보호하지도 않을 거야. 누군가의 보호를 받을 필요도 없어. 이제까지 그랬듯 나는 내가 보호하면 돼.

해리는 더 이상 집에 오지 않았다. 어쩌다 집에 있을 때면 바닥에 침을 질질 흘리고 있었다.

거의 매일 저녁 나는 집에서 마법사와 단둘이서 스파게티를 만들어 먹고 영화를 봤다. 솔직히 말해서 내가 영화를 본 것은 그때가 난생처음이었다.

그러던 어느 날 나는 마법사에게 개구리에 관해 이야기했다. 어떤 뚱뚱한 개구리 같은 새끼가 나를 엿 먹이고 돈을 안 주려고 하지만 내가 가만있지 않을 것이라고 말하자 마법사가 이렇게 말했다.

"그 사람들은 그냥 너를 이해하지 못하는 거야. 나 말고 너를 이해하는 사람은 없어. 그런데 내가 거실 벽 한쪽을 칠하려고 갈색 페인트를 샀거든. 우리 집에 가서 같이 페인트칠이나 할래?"

그 당시에는 헤드헌터에게서 늘 전화가 왔다. 매주, 그것도 한 주에 몇 번씩 왔다. 그전에는 받자마자 끊었지만 나는 이제 통화를 하기 시작했다. 그리고 내 개인 이메일 계정, 내 별명을 딴 'Thegazman@hotmail.com'으로 이메일을 보내라고 이야기했다. 그러면 헤드헌터들은 철자를 불러달라고 했고 내가 불러주면 그 이메일이 맞는지 하나같이 되묻곤 했다.

"네, 맞아요. 이메일 주소에 무슨 문제라도 있어요?"

내가 이렇게 도로 질문하면 헤드헌터들은 약속이라도 한 듯 황급히 대답했다.

"아니요, 아뇨, 아뇨, 아뇨. 아무것도 아닙니다. 다 괜찮습니다."

그러고 나서 헤드헌터들은 나를 위해 면접 약속을 잡았다.

나는 바클레이즈은행(Barclays), 뱅크오브아메리카(Bank of America), 골드만삭스와 면접을 보았다. 골드만삭스에 갔을 때는 후드티에 운동화 차림 그대로 가서 그들이 제시하는 직무가 마음에 들지 않는다고 확실히 말하고 왔다. 그럼에도 나는 1차 면접을 통과했다.

나는 면접을 볼 때마다 상무이사의 명함을 반드시 받아 왔다. 그리고 명함을 사진으로 찍어서 그걸 개구리의 책상 위에 놓아두었다. 내 몫을 주지 않으면 어떤 결과를 초래할지 개구리에게 알릴 필요가 있었다.

나는 헤드헌터에게 트레이더가 받아야 할 정당한 몫이 얼마인지도 물어봤다. 답은 7퍼센트였다. 3,200만 달러의 7퍼센트, 그 금액이 내 몫이었다.

마침내 나는 그해 초에 해리를 통해 체결했던 달러 OIS 거래를 정리했다. 그 거래 한 건으로 900만 달러를 벌었다. 반대 거래도 해리를 통해 도이치뱅크의 트레이더, 원거래를 했던 바로 그 트레이더와 진행했다. 그런 다음 해리에게 손익을 계산하게 해서 내가 한 명을 상대로, 거래 한 건으로 얼마나 벌었는지를 보여주었다. 나는 해리에게 귀감이 될 만한 무언가를 보여주고 싶었다. 내심 다른 의도가 있었을는지도 모르겠다. 해리는 더 시티의 술집에 갈 때마다, 새로운 사람을 만날 때마다 나를 찬양하는 것을 잊지 않았다. 그리고 나는 그 사실을 알고 있었다. 그러니까 어쩌면 나는 성과급을 받기 전 해리를 통해 내 명성을 더 쌓고 싶었는지도 모르겠다.

한편 해리와 나의 개인적 관계는 점점 나빠졌다. 나는 해리와 함께하는 것이 점점 참기 힘들어졌다. 해리는 거의 항상 약에 취해있었으며 한밤중에 집에 들어올 때면 늘 정신이 나간 듯한 눈을 하고 있었다. 나는 인기척에 깨서 해리에게 이렇게 묻곤 했다.

"해리, 너 코카인 해?"

그러면 해리는 아니라고 대답했고 나는 이렇게 되받아쳤다.

"아니, 거짓말하지 마. 지금도 완전히 약에 취해있잖아. 네가 코카인 하는 거 아줌마가 알면 뭐라고 할까?"

그러고 나면 해리는 화제를 바꾸기 위해 더듬거리며 이렇게 말했다.

"형, 올해는 얼마나 받을 것 같아?"

"몰라, 2백만 달러?"

내 대답을 듣고 해리는 웃으며 내 가슴을 손가락으로 쿡 찔렀다.

"도대체 어떻게 그렇게 많은 돈을 받는 거야? 내가 형보다 열 배는 더 열심히 일하는데!"

"얼마나 열심히 일하는지는 중요하지 않아. 그런 게 중요한 적은 한 번도 없었어."

나는 이렇게 대답한 후 다시 침대로 돌아갔다. 해리가 자기 발에 걸려 넘어지든 말든 상관하지 않았다.

사무실 상황도 점점 참기 힘들어졌다. 개구리 옆에 앉아있자니 속이 울렁거렸다. 개구리가 아무리 끔찍한 농담을 해도 그냥 웃어넘길 수밖에 없었다. 그럴 때마다 시큼한 담즙이 위에서부터 시작해 심장을 지나 목구멍까지 역류했지만, 그 예리하고 찌릿한 통증을 삼키는 것 말고는 할 수 있는 일이 아무것도 없었다. 12월이 다가오고 있었고 내 수익은 3,500만 달러에 육박했다. 사소한 흠집 하나라도 잡히면 안 됐다.

JB는 개구리가 보낸 구석 자리에 여전히 그대로 있었다. 그런데 뭔가 문제가 있어 보였다. JB는 그동안 살이 많이 빠져 비쩍 말라있었다. 슬쩍 보니 입을 약간씩 움직이는 모양이 마치 조용히 혼잣말을 하는 것처럼 보였고 눈꺼풀이 바르르 떨리고 있었다.

언제부터인지 나는 더 이상 숙면을 할 수 없었다.

어느 밤 나는 새벽 1시 30분에 깨어났다. 거실에서 시끌벅적한 소리가 들려왔다. 방문을 열고 내가 마주한 것은 해리가 클래펌에서 온 듯한 한 무리의 얼간이들과 식탁에 앉아 코카인을 흡입하는 모습이었다. 해리 말고는 다 초면이었다.

해리가 바보 같은 표정으로 나를 올려다보더니 환히 웃었다.

"형, 안녕!"

나는 팬티만 입고 있었다. 브로커로 추정되는 다른 인간들은 해리보다는 덜 취한 상태였고 나를 보자 어색히 고개를 끄덕이며 눈길을 돌렸다.

나는 잠시 문간에 서있다가 그들 사이를 지나 부엌으로 들어갔다. 그리고 찬장에서 잔을 꺼내 조리대에 내려놓은 후 그 잔에 우유를 가득 따랐다. 그다음에는 잔을 거실 중앙으로 가져가 천천히 우유를 마셨다. 그렇게 얼간이들의 한가운데서 팬티 바람으로 한 명 한 명, 그 좆같은 얼굴들을 들여다봤다.

그제야 얼간이들이 저마다 외투를 찾기 위해 주위를 둘러보고 신발을 신으며 작별 인사를 건네기 시작했다.

"해리, 그런데 나는 가야 할 것 같아."

"아, 가지 말아요. 이제 막 시작했잖아요."

해리가 붙잡았지만 1분도 채 지나지 않아 얼간이들은 모두 사라졌고 나도 침대로 돌아갈 수 있었다. 그때 해리가 내 등 뒤에서 이렇게 소리쳤다.

"형은 왜 항상 분위기를 망치는 거야!"

다음 날에는 개구리가 자리를 비웠기 때문에 나 혼자 유로 장부 전체를 관리해야 했다. 나는 화가 난 상태라 타이치를 비롯해 그 누구와도 말을 섞지 않고 그냥 앉아서 일만 하고 있었다.

그런데 오후 2시쯤 IB 채트 창에 이런 메시지가 떴다.

'친구, 어젯밤에 네 여자친구를 만났어. 죽이던데. 부러워.'

메시지 옆에는 쿠엔틴 벤팅이라는 이름이 표시되어 있었다.

내가 아는 사람 중에 그런 이름을 가진 멍청한 개새끼는 없었다.

내가 화면을 거의 찌를 듯이 바라보고 있었는지 JB가 지나가다 알아채고서 말을 걸었다.

"친구, 대체 왜 그래? 무슨 일이야?"

나는 아무 말 없이 화면에 뜬 메시지를 가리켰다. 노안이 온 JB가 눈을 가늘게 뜨고 화면을 들여다보더니 이렇게 말했다.

"제길, 뭐 이딴 게 있어? 쿠엔틴 벤팅, 대체 이 새끼가 누군데?"

나는 고개를 저으며 나도 모른다고 대답한 후 메시지 화면을 확대했다. 쿠엔틴 벤팅이라는 이름 옆에 괄호가 있었고 그 안에 회사 이름, 아이캡 주식회사(ICAP PLC)라는 이름이 대문자로 표시되어 있었다.

우리 둘 다 잠시 아무 말도 하지 않았다. 그저 턱에 손을 댄 채 나란히 서서 무엇을 해야 할지 고민했다. 그때 JB가 몸을 숙여 내 스피커 박스에서 아이캡의 스위치를 켜고 이렇게 말했다.

"씨티은행은 지금부터 영구적으로 아이캡에 중개 업무를 맡기지 않습니다. 이유는 쿠엔틴 벤팅에게 물어보세요."

그리고는 돌아서서 데스크의 다른 트레이더들에게도 알렸다.

"다들 아이캡 스위치를 켜고 씨티은행 물량은 더 이상 없을 거라고 전해. 이유를 알고 싶다고 하면 쿠엔틴 벤팅에게 물어보라고 하고."

그다음에는 손나팔을 하고 트레이딩 플로어 전체에 대고 큰 소리로 외쳤다.

"씨티은행은 지금부터 아이캡에 중개 업무를 맡기지 않습니다. 아이 캡에서 이유를 알고 싶다고 하면 쿠엔틴 벤팅에게 물어보라고 하세요."

벌써 컴퓨터 화면 한편에 IB 채트 메시지가 폭포수처럼 쏟아지기 시작했다. 새 메시지 도착 신호음이 끝나기도 전에 다음 신호음이 들려왔다. JB는 내 목덜미를 가볍게 몇 번 두드리고 나서 코카인을 하기 위해 화장실로 사라졌다.

아이캡은 대형 중개 회사였다. 런던의 상위 2개 회사 가운데 하나로 모든 상품을 취급했다. 따라서 런던 트레이딩 플로어의 트레이더는 모두 적어도 한 명 이상의 아이캡 브로커와 연결되어 있었다. 내 컴퓨터 화면이 메시지로 폭발하던 그 순간 그 뚱뚱한 브로커 놈들은 극도로 화가 나서 다들 먹던 치즈버거를 내려놓고 쿠엔틴 벤팅이라는 작자의 자리로 행진하고 있었다. 그리고 벤팅의 바로 옆에는 어리디어린 해리가 엄청난 숙취와 긴장감에 짓눌린 채 앉아있었다.

나는 마법사에게 문자를 보냈다. 이야기를 들어보니 마법사는 어젯밤 친구와 술집에 갔고 그곳에서 해리와 그 브로커 패거리를 우연히 만난 듯했다. 그 후 두 사람이 집으로 돌아가려 하자 한 건물에 사는 해리를 핑계 삼아 무리가 다 같이 따라왔고 결국 다들 우리 집으로 오게 됐다고 했다. 하지만 두 사람은 오래 머물지 않아서 결국 내가 깼을 때 내 눈앞에는 코카인에 취한 뚱뚱보들만 남아있게 된 것 같았다. 그리고 그중 한 명이 바로 쿠엔틴 벤팅이었던 게 분명했다.

집에 도착했을 때 해리는 비탄에 잠겨있었다. 자기 발보다 한참 큰 신발을 신은 채 양손으로 머리를 감싸고 쉰 목소리로 흐느끼고 있었다.

"형, 대체 뭐 하는 거야? 뭐 하는 거냐고! 우리 잘릴 거야! 우리 둘 다

해고될 거야!”

“내가 뭘 하다니? 그게 무슨 소리야? 너야말로 대체 뭐 하고 다니는 거야? 그 개좆같은 쿠엔틴 벤팅은 또 뭐야? 됐어, 어쨌든 나는 아니야! JB가 그랬어.”

“그래, 그래도 형이 막을 수 있잖아. 빌어먹을, 제발 멈춰. 할 수 있잖아. 다시 풀어줘. 회선을 다시 열라고.”

“내가 왜 그 망할 회선을 다시 열어야 하는데? 그 망할 얼간이도 좀 당해봐야 뭔가를 배우겠지. 너도 마찬가지고. 너 대체 뭐 하고 다니는 거야?”

“무슨 말이야? 내가 하긴 뭘 해? 나는 아무 짓도 안 했어. 대체 내가 뭘 했다는 거야?”

나는 해리에게 얼굴을 들이밀며 소리쳤다.

“잘 들어, 이 멍청한 자식아. 이제 한 달만 있으면 나는 백만장자가 돼. 그래서 사소한 실수 하나라도 하면 안 되거든. 그런데 너는 대체 여기서 무슨 짓을 했지? 너는 새벽 한 시에, 그것도 주중에 좆같은 뚱뚱보 새끼 네 명을 집으로 데려왔어. 게다가 그 새끼들은 다 같은 업계에 있잖아. 언제든지 소문이 돌 수 있는데 너는 그 새끼들하고 내 식탁보에서 코카인을 흡입했어. 그게 바로 네가 하는 짓이야. 이래도 네가 멍청이가 아니야? 아니냐고?”

해리는 아무 말이 없었다. 우리는 코와 코를 맞댄 채 그냥 서있었다.

“아줌마가 어떻게 생각할까? 아줌마가 네가 하는 짓을 보면 뭐라고 생각할까? 네 짓거리를 내가 모른다고 생각하지 마. 다 알고 있으니까. 네가 밤마다 어디 가는지, 무슨 짓을 하는지 다 알아. 아줌마가 어떻게 생각할 것 같아? 아줌마가 지금 네 모습을 보면 어떻게 생각할까? 그리고 지금 내 모습을 본다면 뭐라고 생각할까? 우리를 자랑스러워하실까? 우리가 이렇게 지내는 걸 보면 어떠실까?"

해리가 내 가슴을 세차게 밀었고 나는 거의 넘어질 뻔했다.

"우리 엄마 얘기하지 마! 형이 우리 아빠라도 돼? 날 돌봐주는 건 형이 할 일이 아니야. 내 일은 내가 알아서 해!"

"오, 그래? 그래서 잘 되고 있어? 지금 네가 어떤데? 네 아빠는 대체 어디 있어? 누가 지금 너를 돌봐주고 있지? 누가 네 저녁을 차려주고 누가 공과금을 내주고 있냐고? 누가 네 그 빌어먹을 직장을 구해줬고, 누가 술에 취해서 침대에서 일어나지도 못하는 너를 회사까지 데려다줬어? 맞아! 바로 내가 그 망할 짓거리들을 다 했어. 내가 바로 너를 돌봐주고 돈을 벌어온 사람이야. 그런데 너는 전혀 도움이 안 되고 있잖아. 그냥 다 망치고 있다고!"

"그래, 맞아. 그런데 형, 왜야? 왜냐고? 그 망할 돈을 왜 버는 거야? 절대 쓰지도 않잖아. 뭘 사지도 않고 어디를 가지도 않잖아. 아무것도 안 해. 아줌마한테 전화도 안 하지? 아저씨와 마지막으로 오리엔트 경기를 보러 간 게 언제였어? 기억도 안 나지? 우리는 이제 아무 데도 같이 안 가고 아무것도 같이 안 해. 형은 친구들한테 연락도 안 하면서 대체 뭘 하고 있어? 이 모든 게 다 뭘 위한 거야? 형은 일퍼드가 엄청 중요한 것처럼 말하면서, 지금 일하는 것도 다 거기 사람들을 위해 하는 것처럼 말하면서 일퍼드에는 가지도 않아. 마지막으로 언제 갔었어? 형은 일퍼드 사람들하고는 말도 안 섞잖아. 아예 연락도 안 하잖아. 대체 왜 그러는 거야? 왜 그러는 거냐고?"

나는 거기에 대해 더 이상 할 말이 없었다. 그래서 해리를 그대로 둔 채 집을 나와 피트니스 클럽으로 갔다. 내가 돌아왔을 때 해리는 소파에 쓰러져 자고 있었고 바닥에는 해리의 입에서 흘러나온 침이 흥건히 고여 있었다.

다음 날 나는 쿠엔틴 벤팅의 상사에게 연락해 약속을 잡았다. 벤팅, 그 잘난 새끼와는 말도 섞고 싶지 않았다. 부둣가 쪽에서 나, 벤팅, 그의 상사, 이렇게 셋이서 만나기로 했다.

벤팅은 30대 중반이었고 그의 상사는 40대였다. 두 사람은 해리의 처지를 알고 있었고 나 역시 그들이 알면서도 그랬다는 것을 뻔히 알고 있었다. 두 사람은 해리가 가족이 없다는 것을, 그래서 해리를 더 잘 돌봐줘야 했다는 것도 알고 있었다.

나는 두 사람에게 말했다. 그 뚱뚱한 개새끼 둘에게 내가 아줌마에게 해리를 잘 돌보겠다고 약속한 사실을 이야기했다. 그리고 두 사람이 여자와 마약으로 그 애 인생을 시궁창으로 만든다면 그냥 가만히 보고 있지 않겠다고 경고했다. 그리고 스스로에 대해 어떻게 생각하는지 물었다. 다 큰 어른인 두 사람이 스무 살짜리 아이에게 한 짓에 대해 어떻게 생각하는지 물어봤다.

두 사람은 해리를 더 잘 돌보겠다고 약속했다. 그 후 실제로 그렇게 했는지는 모르겠다. 나는 다시 트레이딩 플로어로 돌아와 이렇게 외쳤다.

"아이캡 회선 재개합니다."

6장

성과급이 발표됐다.

그날에 대해 내가 기억하는 것은 숫자밖에 없다. 내 손익은 3,500만 달러를 살짝 넘었고, 내 성과에 대한 정당한 몫은 그 손익의 7퍼센트였다. 이 두 숫자가 그날 기억의 거의 전부를 차지한다. 면담을 했던 방, 성과급을 받은 순간. 개구리의 못생긴 얼굴은 기억나지 않는다.

내가 원하는 숫자를 달러 금액으로 정확히 알고 있었다는 것은 기억한다. 이젠 그 정확한 금액은 기억나지 않지만 3,500만 달러가 조금 넘는 금액의 7퍼센트였으니 245만 달러 정도였을 것이다.

나는 숫자가 기대치를 충족했다는 것을 확인하자마자 정확히 얼마였는지를 잊어버렸다. 그것은 이미 지나간 죽은 숫자에 불과했다. 나는 필요하지 않은 숫자는 머릿속에 남겨두지 않는다. 35 곱하기 0.7, 이것이 내가 받은 숫자였다. 내가 당연히 받아야 할 숫자였다.

모두가 행복했다.

목표 완료.

그날 저녁 나는 자전거를 타고 집으로 향했다. 1월의 밤이 선사하는 어둠과 추위를 뚫고 하얀 입김을 내뿜으며 언제나처럼 크리스프스트리트 시장을 통과했다. 그 시장에는 내가 정말 좋아하는 벽화가 있었다. 6층짜리 건물 한쪽을 가득 메운 커다란 벽화에는 언제나 그랬듯 거대한 치와와가 뒷다리로 서서 혀를 내밀고 있었고 건물 1층에는 이슬람식 프라이드치킨 가게가 어둠 속에서 열기를 뿜으며 빨갛게 빛나고 있었다. 그리고 그 가게 바로 옆 으슥한 구석에 한 백발의 노인이 있었다. 노인은 매트리스 커버에 낡아빠진 대형 매트리스의 가장자리 부분을 밀어 넣고 있었다. 매트리스 커버에서 광택이 났다. 매트리스 커버는 반짝이는 흰색으로 지금은 달빛을 받아 밝은 푸른빛으로 보였다. 포장을 갓 뜯은 것이 틀림없었다. 나는 그 모습을 바라보며 치킨 가게 옆 골목에 처박혀 있는 가난한 늙은이가 어떻게 새것 같은, 빛이 나는 흰색 매트리스 커버를 얻을 수 있었는지 의문이 들었다. 그러다 숨을 들이마시자 갑자기 런던의 차가운 공기가 몸 안으로 들어와 내 폐를 채우고 태워버리는 것이 느껴졌다. 그런 느낌은 난생처음, 25년 만에 처음이었다. 이유도 알 수 없었다.

나는 그날 집에 도착한 후 거실 한구석에 마련된 작은 사무 공간에 앉아 투자처를 고민했다. 엄청난 돈이 생겼으니 투자를 해야 했다.

그때 마법사가 들어왔다. 우리는 서로를 바라봤다. 나를 보는 마법사의 얼굴에 옅은 그늘이 드리워져 있었다. 나를 걱정하는 것 같았다. 내가 다시 컴퓨터 화면으로 시선을 돌리자 마법사가 다가와 내 머리를 쓰다듬었다.

"어땠어? 만족해?"

"나쁘지 않았어. 아주 좋았어. 당연히 받아야 했던 금액을 받았거든."

"그런데 별로 행복해 보이지 않네."

"음, 알다시피 금액이 많잖아. 이제 어디에 투자할지 고민해야 해. 스트레스를 받을 수밖에 없어."

그때 마법사가 손길을 잠시 멈추었다. 그리고 손은 여전히 내 머리 위에 둔 채 이렇게 말했다.

"있잖아, 내가 너만큼 돈을 많이 벌었다면 거실 구석에 혼자 앉아서 스트레스를 받고 있지는 않을 거야. 절대로 그러지 않을 거야."

듣자마자 나는 그 말이 맞다는 것을 알았다. 그리고 그 사실 때문에 마법사가 정말 미치도록 싫어졌다.

다음 날 사무실에선 모든 것이 그대로였다.

사람들, 소음, 분홍 셔츠, 흰 셔츠. 모든 것이 어제와 똑같았다.

똑같은 경제 상황, 똑같은 거래. 모든 것이 그대로였다.

나는 작년 연말 기준으로 포지션을 다 정리했지만 이제 새해가 되었으니 새로운 거래가 필요했다.

아니, 사실 나는 새로운 거래가 필요하지 않았다. 아무것도 변하지 않았기 때문이다.

똑같은 불평등, 여전히 심화되고 악화되는 불평등, 작년에 집을 잃었던 가족과 한 치도 다를 바 없는 똑같은 가족들이 똑같은 집을 잃고, 똑같은 소비 불능 상태에 빠져있었다. 그리고 작년과 똑같이 아무것도 없었다. 성장도, 빌어먹을 개선도 없었다. 나는 수화기를 집어 들고 전원을 도로 켰다. 그리고 작년에 이어 올해도 지속해서 재앙에 베팅하기로 했다.

그리고 어떻게 되었을까? 나는 그 결정으로 엄청난 돈을 벌었다.

나는 앞에서 향후 경제를 전망하며 부자들은 점점 더 부유해지고 나머지는 점점 더 가난해질 것이라고 주장했다. 그리고 그것은 곧 이자율이 영원히 0으로 유지된다는 뜻이고, 그 이유는 경제적 측면에서 물가를 유의미하게 올릴 만큼 소비력이 충분히 회복될 수 없기 때문이라고 설명했다.

하지만 여기서 물가는 **모든 것의** 가격을 의미하는 건 아니었다. 불평등이 심화될 때 물가가 오르기 힘든 이유는 부자들이 보통 사람들보다 소득 대비 현저히 낮은 비율로 상품과 서비스에 돈을 지출하기 때문이다. 그리고 그 이면에는 부자들이 보통 사람들보다 자산에 **훨씬 더 많이** 지출한다는 사실이 숨어있다. 그 당시에 부자들은 점점 더 빠른 속도로 돈을 쌓아가고 있었을 뿐만 아니라 이제 초저금리 대출도 이용할 수 있게 된 상태였다. 그 두 가지 요소가 결합하면 주식과 주택을 비롯한 자산의 가격은 필연적으로 크게 오르게 된다.

나는 얼마 전 엄청난 성과급을 받았지만, 집이 없었기 때문에 걱정이됐다. 그래서 사무실 근처 호화로운 부둣가에 지어진 근사한 아파트를 보러 갔다. 그리고 희망가보다 5퍼센트를 더 제시하고 그야말로 순식간에 아파트를 구매했다.

어느 밤 해리를 데리고 그 아파트를 보러 갔다. 우리는 발코니에 서서 부둣가의 보트들을 바라보고 있었다. 해리는 담배를 피우고 있었고 나는 피우지 않았다.

"나는 이 집을 살 거야. 해리, 그게 무슨 뜻인지 알지?"

"알아, 정말 멋질 거야! 우리 여기서 멋진 시간을 보내겠지! 집이 엄청나게 커. 빨리 이사하고 싶어!"

"아니야, 해리. 내가 이 집을 사는 거야, 네가 아니라. 내가 이 집을 사면 너는 원래 있던 집으로 돌아가야 해.”

그때 그 아이의 눈에 비쳤던 달의 모양이 내 기억 속에 아직도 선명히 남아있다.

이제 사무실에서 내가 신경 쓰는 것은 아무것도 없었다. 나는 아무에게도 말을 걸지 않았다. 심지어 타이치와도 거의 말을 하지 않았다. 타이치와 브로커들은 내 지시대로 꼭 필요한 최소한의 거래만 했지만 여전히 돈이 쏟아져 들어왔다. 내가 사무실에서 한 일이라고는 헤드폰을 끼고 앉아 신문을 읽는 것뿐이었다. 3월 말까지 나는 900만 달러를 벌었다.

개구리는 내게 어떻게 그토록 많은 돈을 벌 수 있는지 한 번도 묻지 않았다. 민달팽이도 마찬가지였다. 지금 생각해 보면 둘 다 만일의 경우를 대비해서 알고 싶어 하지 않았던 것 같다. 나는 더 이상 개구리의 농담에 웃지 않았다. 사실 꼭 필요한 경우가 아니면 개구리에게 말도 걸지 않았다. 그러자 개구리가 나를 회의실로 끌고 가 이렇게 말했다.

“게리, 우리는 자네를 걱정하고 있어. 팀플레이를 잘 못하지는 않을까 염려하고 있어. 우리는 자네가 우리 중 하나가 되기를 바라거든.”

나는 개구리의 말을 제대로 듣지 않고 있었다. 그런데 마지막 말이 내 주의를 끌었다.

“우리 중 하나요? 그게 무슨 뜻이죠?”

개구리는 공모라도 하듯 길쭉한 머리를 내 쪽으로 기울였다.

“게리, 자네는 뛰어난 트레이더야. 아주 똑똑해. 전망이 밝아. 장차 우리처럼 될 수 있어. 경영진이 될 수 있다고. 그런데 잘 모르겠지만… 뭐랄까 문제가 있어. 우리는 자네가 원하는 게 뭔지 정말 모르겠어.”

"네? 제가 원하는 거요?"

"글쎄… 돈이 동기 부여가 되는 것 같지도 않고… 내가 자네를 제대로 이해하고 있는지 확신이 안 서네. 나는 물론이고 나머지 고위 경영진들… 그러니까 우리는… 자네가 원하는 게 뭔지 알고 싶어."

지금도 확실히 기억한다. 나는 그 남자를 바라보며 이렇게 생각했다.

'내가 원하는 거? 당신이 이딴 멍청한 짓 좀 안 했으면 좋겠어. 정말 참기 힘들거든.'

하지만 나는 피곤했다. 정말 정말 피곤했다. 게다가 그 남자의 농담에 더 이상 웃지 않는데도 담즙으로 인한 속쓰림은 여전했다. 그리고 그 순간 느낀 통증은 어느 때보다 끔찍했다. 그래서 나는 주먹으로 가슴을 세게 누르며 이렇게 대답했다.

"저는 그냥 팀플레이를 더 잘하고 싶어요. 그렇게 해서 은행에 더 많은 수익을 안겨주고 싶어요. 그게 다예요."

다른 은행의 거물급 트레이더들이 나를 만나고 싶어 했다. 그 거물들은 빌의 브로커를 통해 빌에게 나를 술자리에 데리고 나올 수 있는지 물어봤다. 당시 나는 술자리에 거의 참석하지 않았지만 이야기를 꺼낸 사람이 빌이었기 때문에 나가기로 했다.

약속 장소는 천정이 낮고 어두웠다. 동굴 같은 방에 촛불이 켜져있었고 음식이 가득 차려진 직사각형 식탁이 방 뒤쪽을 점령한 채 길게 뻗어 있었다.

트레이더들은 식탁 양쪽에 줄줄이 앉아있었고, 빌과 내가 들어섰을 때는 다들 이미 식사를 하고 있었다. 우리를 등지고 앉은 트레이더들은 흰 셔츠의 등 부분이 팽팽해질 만큼 몸을 앞으로 구부린 채 고개를 푹

숙이고 음식에 빠져있었다.

그때 엄청난 덩치의 남자가 일어서더니 식탁 너머로 손을 내밀었다. 그가 손을 내밀자 모세의 기적이 행해지듯 그 맞은편에 있던 브로커 두 명이 홍해처럼 갈라졌다.

"내 이름은 칼로 렝궈라고 해. 크레디트스위스에서 선임 파운드 트레이더로 일하고 있어."

"게리, 게리 스티븐슨입니다."

나는 그와 인사했지만 빌은 아무 말도 하지 않았다. 그러고 나서 우리는 우리 자리로 갔다.

우리 자리는 식탁 오른편 끝이었다. 식탁 전체와 그 양편에 앉은 남자들이 한눈에 들어오는 자리였다.

그 남자들을 보면서 가장 인상 깊었던 부분은 바로 그들의 신체적 특징이었다. 그들은 풍부한 근육과 지방이 완벽히 조화를 이룬, 한마디로 일본산 암소 같았다. 참석자들의 풍만한 체구와 식탁을 가득 채운 인원수를 반영하듯 고기 접시는 겹겹이 쌓여갔고, 참석자들은 고기만큼 포도주도 엄청나게 마셔댔다. 식당의 종업원들은 거의 알아채지 못할 정도로 자연스럽게 포도주잔을 끊임없이 채워줬다.

나는 그날 모임의 주체가 칼로라는 것을 금세 알아챘다. 칼로는 식탁의 정중앙 자리에 앉아 큰 소리로 말했고 이따금 참석자 중에 몇몇을 골라 대화에 끌어들였다. 칼로는 먹고 마시며 말하고 대화를 주도했다. 그곳에서 나머지 사람들이 할 일이라고는 그를 지켜보는 것밖에 없었다. 어느 순간 빌이 계산대로 가더니 우리 둘이 마실 맥주 두 병을 사서 들고 왔다.

칼로는 돈을 많이 벌었다. **아주 많이** 벌었다. 그가 하는 모든 말과 행동이 그 사실을 암시했다. 칼로는 또한 세계 최고의 트레이더들에게 둘러싸이고 싶어 했다. 그는 앉은 순서대로 참석자들 한 명 한 명을 차례차례 소개했다.

나는 칼로에 대해 전혀 몰랐지만 칼로는 나를 알고 있었고 빌에 대해서도 알고 있었다. 우리가 맨 끝자리에 있다는 점을 고려해 칼로는 우리 두 사람이 트레이더로서 얼마나 대단한지를 특별히 더 큰 소리로 이야기했다. 그의 찬사에 빌과 나는 그저 고개를 끄덕이고 맥주병을 들어 보였다.

빌은 그날따라 술을 빨리 마셨다. 아주 빨리 마셨다. 그리고 한 시간도 채 지나지 않아 완전히 술에 취해버렸다. 빌은 자리에서 일어서더니 강한 리버풀 억양으로 욕설을 내뱉었다. 술에 취해 발음이 부정확한 것이 그나마 다행이었다. 나는 재빨리 일어서서 뭔가 말을 한 후(정확히 기억나지는 않지만 빌이 말한 것보다 훨씬 정중하고 알아들을 수 있는 말이었음은 분명하다) 빌을 식당 정문으로 데려갔다.

"빌어먹을… 망할… 염병할… 칼로 렝궈!!"

나는 빌의 휴대전화로 빌의 전용 택시 기사에게 연락했다. 빌은 그 막간을 이용해 미친 듯이 손가락질하며 춤을 추기 시작했다. 그리고 내 셔츠의 양쪽 깃을 움켜잡더니 이번에는 내 얼굴에 대고, 내가 자기 말을 제대로 이해했는지 확인하려는 듯 아까 했던 말을 반복했다.

"빌어먹을 칼로 렝궈! 망할 렝궈! 좆같은 렝궈! 저 자식은 빌어먹을 뚱보 로마 황제 같은 새끼야! 망할, 완전히 빌어먹을… 염병할… 얼간이… 개좆같은…"

빌은 마지막 문장을 완성하던 중 주의가 산만해졌다. 어둠 속에서 여우 한 마리가 휙 하고 지나가는 바람에 불행히도 욕설의 강도가 다소 둔

해지고 말았다. 하지만 여전히 내 옷깃은 꼭 잡고 있었다. 나는 빌의 뺨을 살짝 때리며 이름을 불러봤다.

"빌!"

다행히 빌이 어느 정도 제정신으로 돌아왔다. 그리고 훨씬 좋아진 발음으로 이렇게 말했다.

"잘 들어, 친구. 네가, 만약, 혹시라도 저 뚱보 로마 새끼처럼 된다… 그러면 내가 반드시 너를 죽일 거야, 내가 직접, 바로 이 손으로!"

그러고 나서 빌은 내 옷깃에서 자신의 두 주먹, 호빗족같이 작은 두 주먹을 떼더니 마구 흔들어댔다. 나는 그 모습을 보며 이렇게 생각했다. '그래, 별로 위협적이지는 않지만 뭐 조심 좀 해야겠네.'

마침내 택시 기사가 나타났고 나는 빌의 몸을 머리부터 차례로 뒷좌석에 집어넣었다. 그리고 빌은 오줌을 싸러 잉글랜드은행으로 출발했다.

나는 다시 동굴로 내려가 더럽게 많은 음식을 먹으며 우리 모두가 얼마나 대단한지에 관한 이야기를 들었다.

이런 상황이 누군가에게는 끔찍하게 들릴지도 모른다. 역겹게 들릴 수도 있다. 하지만 사실 그렇게 역겹지는 않았다. 그 무렵 나는 더 이상 어떤 것도 역겹게 여기지 않았다. 나는 그 모든 것을 그저 미칠 듯이 지루하게만 여겼다. 지루하고, 지루하고, 지루했다. 나는 거기 앉아 빌이 가버린 것을 아쉬워하며 집으로 돌아갈 시간만을, 마법사에게 돌아갈 시간만을 기다렸다.

드디어 밤 10시가 되었고 나는 그 시간이 자리를 뜨기에 적당한 시간이라고 생각했다.

"가지 마!"

칼로가 소리쳤다. 그는 이제 적당히 붉고 기름기가 돌아서 먹음직스러운 소고기 통구이처럼 보였다.

"칼로, 미안해요. 이제 정말 가야 해요. 아침부터 일해야 하는 거 잘 알잖아요."

칼로는 내 대답에 만족하지 않았다. 급기야 식탁에서 몸을 일으키더니 음식 더미들을 헤치고 휘청거리며 나를 향해 다가왔다. 얼마 지나지 않아 나는 칼로의 거대한 품에 푹 안겼다. 그의 품은 마치 두툼한 와규 소고기처럼 놀랍도록 따뜻하고 부드러웠다.

"가지 마, 게리."

칼로의 축축한 숨결이 귓가에 와 닿았다. 그는 이제 조용하면서 친밀한 말투로 이야기했다.

"들어봐. 사실 너한테는 이 얘기를 안 하려고 했거든. 그런데 여기서 몇 명은 조금 있다가 2차로 다른 곳에 갈 거야. 도버스트리트와인바(Dover Street Wine Bar)[4]에 갈 거야. 가본 적 있어?"

"아니요."

"잘 들어. 거기는 정말 환상적인 곳이야. 너도 꼭 가야 해. 이쁜이들이 바글거려. 애들을 점수로 따지면 10점 만점에 8에서 **8.5점**은 돼."

칼로가 나를 잡은 후 돌려세워서 이제 우리는 서로 마주 보고 있었다. 칼로는 내 눈을 거침없이 들여다보며 아버지가 아들에게 말하듯 이렇게 덧붙였다.

"과장이 아니야. 등급을 **엄격히** 매겼을 때 그 정도야."

---

4   런던의 부자 동네 중 하나인 메이페어 지역에 있던 술집. 1979년에 영업을 시작해 2014년에 문을 닫았으나 런던 밤 문화의 역사를 이야기할 때 여전히 빠지지 않고 등장하는 장소이다.

그날 밤 나는 칼로를 따라가지 않았다.

나는 열차를 타고 곧장 집으로 향했다. 그리고 한밤중에 열차에서 내려 역에서 집까지 걸어갔다. 그러다 길에 세워진 자동차의 사이드미러를 아무 이유 없이 부숴버렸다.

7장

해리와 내가 함께하는 마지막 날이 다가오고 있었다. 나는 해리에게 그 아파트를 떠나기 전 마지막으로 파티를 열자고 했다. 해리는 기뻐하며 우리가 아는 모든 사람을 초대했다. 옛 동네 친구들, 더 시티의 친구들은 물론이고 지나치게 신난 나머지 집 근처 프레타망제(Pret A Manger)[5]에서 일하는 여자애들까지 초대했다.

타이치를 비롯해 씨티은행에서 온 사람들도 여럿 있었다(씨티에서 왔다고는 했지만 솔직히 내가 이름조차 모르는 사람도 두세 명 있었다). 일퍼드에서는 애서드가 왔다. 잘페시, 에이든, 매시피크도 왔다. 마법사의 여동생은 차로 2시간이 훨씬 넘는 거리임에도 노리치에서 런던까지 왔다. 우리 형도 왔다. 형은 저녁 내내 부엌에서 차를 마셨다. 우리는 모든 문과 창문을 열어젖히고 밤늦게까지 음악을 큰 소리로 틀어놓았다. 이웃에서 불평이 쏟아졌지만 우리는 이미 짐을 다 빼고 다음 날 떠날 예정이었기 때문에 그런 불평은 그냥 무시했다.

---

5   영국의 간편식 및 샌드위치 전문 가맹점.

파티가 한창 진행 중일 때 내 주변의 모든 것이 다 괜찮아 보이는 순간이 있었다. 내가 자란 곳에서 온 사람들과 내가 일하는 곳에서 온 사람들이 다 함께 떠들고 술을 마시고 있었을 때, 그때는 모든 것이 정상으로 보였다. 애서드의 학교 친구들, 우크라이나 출신의 패션 스쿨 학생들은 전위적인 옷차림을 한 채 마약을 하며 춤을 추고 있었고 나는 마법사와 함께 발코니에서 차가운 밤공기를 맞으며 붉은 벽돌로 높이 쌓아 올린 원형 기둥을 바라보고 있었다. 나는 발코니 난간에 몸을 기댄 채 그 200년 된 성냥 공장 굴뚝을 올려다보며 우리 둘이 언젠가 다시 이 자리에 함께 있을 수 있을까, 그런 생각을 하고 있었다.

하지만 나는 늦은 밤 그 일이 일어나기 바로 전에 이미 무슨 일이 일어나고 있는지, 그리고 무슨 일이 일어날지 알고 있었다. 아이는 눈에 초점을 잃어가고 말을 더듬거리기 시작했다. 발을 바닥에 제대로 딛지도 못했다. 나는 그 모습을 모두 보았다. 그러면서 내가 곧 그 아이를 잃게 되리라는 것을 알게 되었다. 아니, 솔직히 말해서 나는 그 아이가 이미 사라졌다는 사실을, 내가 알던 아이는 이미 사라졌다는 것을 알고 있었다. 아이는 위스키병을 높이 들어 올리더니 병과 함께 바닥으로 쓰러졌다. 술병과 소년의 몸이 동시에 바닥에 세차게 부딪혔고 소년의 손에는 이제 갈색 유리 파편만이 남아있었다.

바닥에 깔린 양탄자에 피가 번졌지만 아이에게 달려 간 사람은 내가 아니라 마법사였다. 마법사가 주방 수건으로 아이의 손을 감싸려 하자 아이는 더듬거리며 필사적으로 마법사에게 매달렸다. 어느 정도 지혈이 되었을 때 나는 마법사의 손을 잡고 마법사의 여동생에게 데려갔다. 그리고 두 사람의 손을 잡고 말했다.

"이리 와. 당장 이 빌어먹을 곳에서 나가자."

그 후 나는 8년 동안 해리를 만나지도, 해리에게 연락하지도 않았다.

나는 새 아파트로 이사한 후 벽과 바닥 마감재, 마루, 조명, 변기, 세면대, 주방 개수대 등 모든 것을 뜯어냈다. 아무것도 남지 않을 때까지 모든 것을 제거했다. 회색 콘크리트와 흰색 석고만 남을 때까지 뜯고 또 뜯었다.

마침내 눈앞에는 회색 콘크리트 바닥과 흰색 석고벽으로 된 네모난 상자만이 남아있었다.

이제 건축업자들에게 연락해서 새 물건들로 아파트를 채워야 했다. 새 개수대, 새 마루….

하지만 나는 그러지 않았다. 이유는 모르겠다. 그냥 그럴 수가 없었다.

나는 콘크리트가 드러난 맨바닥에 TV를 놓았고 마찬가지로 침실에도 맨바닥에 매트리스를 놓았다. 그리고 매일 새벽 5시 30분에 일어나 그 콘크리트 바닥에서 이메일 500통을 읽었다.

어느 날 마법사가 와서 이렇게 말했다.

"뭐 하는 거야!? 이런 식으로 살 수는 없어!"

나는 소리 내 웃으며 대답했다.

"나는 살 수 있을 것 같은데."

마법사가 노트북을 켜고 프리사이클(Freecycle)[6]이라는 웹사이트에 들어가 무언가를 했더니 낡고 망가진 빨간 코르덴 소파가 집으로 배달되었다. 그 후로 나는 매일 오후 5시 30분이 되면 집에 돌아와 거실 TV 앞

---

6   영국의 자선 단체. 회원으로 가입하면 쓰지 않는 물건을 무료로 주고받을 수 있다.

에 놓인 그 소파에 쓰러져 그대로 잠이 들곤 했다. 그러다 한밤중에, 새벽 1시나 2시경에 잠이 깨면 커튼이 활짝 젖혀진 창문을 통해 달빛이 넓고 텅 빈 거실로 흘러 들어오는 광경을 볼 수 있었다. 어떤 때는 마법사도 그곳에서, 나와 함께 그 지저분한 빨간 소파에서 작은 공처럼 몸을 웅크린 채 잠들어 있었다. 그럴 때면 나는 머리를 쓰다듬어 마법사를 깨운 후 침대로 데려갔다.

인사부는 나에게 온갖 종류의 너저분한 일들을 시켰다. 그 너저분한 업무 중에는 연설도 포함되어 있었다. 취업 프로그램 참가자들을 비롯해 연설 대상은 다양했다. 망할, 이유는 모르겠다. 내가 만만해서였을까.

한번은 인사부가 지역 청소년들을 은행으로 초대하는 행사를 열었다. 그리고 나에게 학생들을 데리고 건물 꼭대기 층으로 가서 구경도 시켜주고 연설도 해줄 수 있는지를 물어왔다.

물론 나는 나같이 별 볼 일 없는 놈들이 늘 그렇듯 "당연하죠, 왜 안 되겠어요." 하고 대답했다.

그리고 약속 날짜로부터 불과 이틀 전 나는 그 행사 일자가 ECB 회의와 겹친다는 사실을 깨달았다.

유로 STIRT 트레이더들에게 ECB 회의만큼 중요한 행사는 없다. 따라서 지역 학생들에게 자신의 삶에 관해 이야기하느라 ECB 회의를 놓친다는 것은 말도 안 되는 일이었다. 젠장, 하지만 나는 이미 약속을 했다.

솔직히 말하면 나는 그날 ECB 회의에서 그다지 중요한 발표가 없을 것으로 예상했다. 그래서 내가 그 시간에 자리를 비워도 별일 없이 지나갈 것이라고 생각했다. 하지만 알다시피 STIRT 데스크의 유로 트레이딩은 두 사람, 나와 개구리가 담당했다. 개구리는 그 상황을 그렇게 넘어갈 사람이 아니었다. 내가 런던 포플러 지역의 학생들에게 긍정적인 남성상을 알려주러 행사장으로 가고 있을 때 개구리는 트레이딩 플로어가 떠나가도록 고함을 질렀다.

"대체 게리는 어디 간 거야?"

그 고함은 곧장 나에게 문자로 전달되었다.

나는 내가 생각할 수 있는 가장 정중한 어조로 개구리에게 답장을 보냈다.

'정말 죄송합니다. 제가 오늘 열리는 지역 빈곤층 학생들을 위한 행사에 참석하기로 인사부와 약속을 했었습니다.'

그러자 개구리는 다소 무례히 답장을 보냈다.

'뭔 개소리야! 당장 데스크로 돌아와!!!'

이러한 지시는 무례할 **뿐 아니라** 우리 지역 사회에서 명백히 드러나고 있는 높은 수준의 사회적 박탈감에 대해서도 무신경한 처사였다. 하지만 동시에 상당히 명확한 명령이기도 했다. 그래서 나는 선택의 여지 없이 한 명의 시민으로서 응당 가져야 할 책임 의식을 뒤로 하고 트레이딩 플로어로 돌아갔다.

그 빌어먹을 ECB 회의에서는 예상대로 아무 일도 일어나지 않았다. 그래서 나는 인사과에 다음과 같은 사과 이메일을 보냈다.

친애하는 XXX(만일의 경우를 대비해 이름은 생략했다)

애써 주선해 주신 행사에 갑작스럽게 불참하게 되어 죄송하다는 말씀을 드립니다.

이유를 설명하자면 지역 소외 계층의 학생들과 대화하는 것이 제 시간과 기운을 의미 있게 사용하는 방식이 아니라는 제 상사 〇〇〇(제 상사도 이메일의 참조로 넣었습니다)의 판단에 따라 참석할 수 없게 되었습니다.

항상 좋은 일만 있기를 바랍니다.
안녕히 계십시오.

게리

개구리가 소리를 질렀다. 소리를 지르고 비명을 질렀다. 온몸을 위아래로 흔들며 울부짖다가 등을 구부려 상체를 숙이더니 제자리에서 서성대며 팔도 휘둘렀다.

나는 개구리가 뭐라 하는지 제대로 듣지 않았다. 이따금 사려 깊은 표정으로 개구리를 쳐다보고 고개를 끄덕여 주면서 그냥 예의상, 그러니까 그의 마음을 이해한다는 시늉만 했다. 정말 약간의 신경도 쓰고 싶지 않았다.

개구리는 나를 상자같이 작은 방으로 끌고 가 소리를 질렀다. 그때 갑자기 학교로 돌아간 듯한 기분이 들었다.

나는 학창 시절 그와 비슷한 고함을 자주 들었다. 지각하거나 숙제를 안 했거나 선생님에게 말대꾸했을 때 흔히 듣던 소리였다. 딱 한 번뿐이었지만 마약을 팔았을 때도 들었다.

내가 그렇게 자주 지각했던 이유는 아침에 신문을 돌려야 했고, 그러고 나서 학교에 제시간에 도착하기 위해 2.5킬로미터가 넘는 거리를 전력 질주해야 했기 때문이다. 그리고 숙제를 자주 하지 않았던 이유는… 솔직히 말해 숙제를 할 수 있는 안정된 장소가 전혀 없었기 때문이다.

하지만 다들 알다시피 학교란 곳은 학생들의 처지나 뭐 그런 것에 별로 신경을 쓰지 않는다. 그래서 나는 선생님이 소리를 지르면 그냥 가만히 있었다. 연민 어린 눈으로 선생님을 바라보고 고개를 끄덕이며 이런저런 생각을 할 때도 있었다. 저렇게 소리를 지르는 것이 건강에 좋을 수도 있겠다는 생각도 하고, 저런 식으로 몸속의 나쁜 기운을 발산하는 것인지 궁금해하기도 했다.

하지만 대부분은 턱에 손을 대고 팔꿈치를 무릎에 얹은 채 선생님이 더 이상 소리를 지르지 않을 때까지 의자에 앉아 바닥만 내려다봤다. 그 작은 방에서 개구리와 함께 있었을 때도 마찬가지였다.

개구리는 고함을 치고 비명을 지르고 울부짖었고 나는 바닥만 내려다봤다.

그때 나는 무언가를 처음으로 발견했다.

내 신발에 구멍이 나있었다.

오니츠카타이거 운동화의 바깥쪽 모서리, 정확히 내 새끼발가락이 있는 위치에 구멍이 양쪽으로 한 개씩 완벽히 대칭을 이루며 뚫려있었다. 구멍의 지름은 각각 2센티미터 정도였으며 그 구멍으로 빨간색 오리엔트 양말에 감싸인 내 새끼발가락 두 개가 아우성치며 자신의 존재를 세상에 알리고 있었다.

제길! 이 운동화를 얼마나 오래 신었더라? 대학교 1학년 때부터였나. 젠장! 언제 구멍이 생겼지? 오래됐나? 진짜⋯ 난 신발에 구멍이 난지도 몰랐던 거네.

그러다 고개를 들어보니 개구리가 여전히 비명을 지르고 있었다. 나는 개구리의 눈을 빤히 쳐다보며 말했다.

"저⋯ 더는 못 하겠어요⋯. 그만둬야 할 것 같아요."

 트레이딩 게임

　그 말은 척의 수화기처럼 개구리의 머리를 날카롭게 강타했고, 나는 개구리의 갑작스러운 태세 전환에 피식 웃음이 나왔다.

　"방금 뭐라고 했어?"

8장

다시 볼 수 있으리라고 상상도 못 했던 남자가 거기 있었다.

엄청나게 큰 머리, 엄청나게 큰 어깨, 엄청나게 큰 손에 달린 엄청나게 큰 손가락, 바로 그 남자였다.

남자는 예전에 늘 그랬듯이 햇볕을 등지고 서있었다. 비록 지금은 창문이 예전보다 멀리 떨어져 있지만 그때 모습 그대로였다. 케일럽 저크먼이 그곳에 서있었다.

나는 당시 늘 그랬듯이 티셔츠에 달린 모자를 덮어쓰고 이어폰을 끼고 있어서 케일럽이 트레이딩 플로어로 들어서는 모습도, 데스크 쪽으로 걸어오는 모습도 보지 못했다. 아직 어리고 경험이 부족한 타이치는 이어폰까지는 따라 했지만 모자를 쓸 정도의 자신감은 없었다. 그래서 JB, 개구리, 스누피, 빌이 모두 일어서서 데스크 가장자리에 선 남자에게 달려들었을 때 상황을 알아챌 수 있었다.

타이치는 내 소매를 잡아당겼고 내가 이어폰 한쪽을 빼자 이렇게 물었다.

"저 남자, 누구예요?"

그제야 나는 몸을 돌려 타이치가 가리키는 쪽을 쳐다봤다. 데스크 끝에서 사람들이 서로 등을 두드리며 왁자지껄 떠들고 있었다. 마지막으로 본 지 3년이 지났지만 케일럽은 똑같아 보였다. 단지 예전보다는 조금 작아 보였다. 급성장기를 거친 후 할아버지를 만나면 할아버지가 예전보다 작아 보이는 그런 느낌과 비슷했다.

트레이더들은 모두 자리에서 일어서서 케일럽에게 갔다. 나와 그를 한 번도 만난 적 없는 타이치만 빼고 모두가 그의 옆에 있었다.

나는 일어서지 않았다. 그냥 의자를 돌려 그를 바라봤다. 신물이 올라와 내 가슴 여기저기에 구멍을 내는 것 같았다.

나는 케일럽에게 이유를 묻고 싶었다.

하지만 상대가 누구든 왜 돌아왔느냐고, 그렇게 대놓고 물을 수는 없다.

그것은 무례한 행동이다.

그런 질문을 한다는 것 자체가 남자가 떠났던 모험이 실패했다는 것을 암시한다. 케일럽 같은 남자에게는 그렇게 질문하면 안 된다. 질문을 교묘히 위장해야 한다.

마찬가지로 케일럽 역시 현재 씨티은행에서 가장 수익성이 높은 트레이더인 내게 왜 트레이딩을 그만두고 싶다고 했는지 직접적으로 묻지 않았다. 나는 고작 일주일 전에 개구리에게 일을 그만두겠다고 했고, 그렇게 심각한 결정을 내린 이유를 누군가 물었을 때는 내 신발에 난 구멍을 가리켰다(일반적으로 만족스럽게 받아들여지는 변명은 아니었다). 그 후 내 요구, 나를 즉시 해고해 달라는 요구는 안식 휴가로 그 강도가 빠르게 축소되었고 그 역시 공식적으로는 여전히 논의 중인 상황이었다. 대화의 달인이었던 케일럽은 그런 상황에 있는 나에게 직접적인 질문을 하는 것이 매우 무례할 수 있다는 점을 잘 알고 있었다.

그와 같은 이유로, 몇 시간 후 케일럽, JB, 빌, 나 이렇게 네 사람은 어느 일본 식당의 베란다에 앉아 늦은 저녁까지 많은 술을 마셨지만 서로에게 진짜 질문은 하지 않았다. 우리 네 남자는 템스강 너머로 떠오르는 달을 바라보며 따뜻한 여름 저녁을 함께 보냈지만 가슴속에 있는 가장 진실한 질문들은 결코 입 밖으로 꺼내지 않았다.

믿기지 않겠지만 일본인들은 쌀로 만든 술을 나무 상자에 담아 마신다. 정말이다. 일본인들은 네모난 나무 상자 안에 잔을 하나 넣고 잔이 넘치기 직전까지 천천히 술을 따른다. 그리고 잔을 채우고 난 후에도 멈추지 않고 계속 술을 따른다. 술이 넘쳐서 잔 옆면을 따라 흘러 나무 상자를 채우기 시작해도 멈추지 않는다. 그렇게 계속 술을 붓다가 잔과 나무 상자가 가득 차고 나서야 멈춘다. 나는 예나 지금이나 항상 그 방식을 좋아한다. 누군가 그렇게 술을 따라 주면 나 자신이 엄청난 환대를 받는다는 느낌이 든다. 하지만 그날 저녁 그 장면을 처음 목격한 나는 이후로도 그 방식을 마주할 때마다, 넘쳐흐르던 술과 달리 남자들의 가슴에서 흘러넘치지 못했던 그 질문들이 항상 떠올랐다.

세 명은 케일럽이 왜 돌아왔는지 알고 싶었고 (나를 비롯한) 네 명은 내가 왜 떠나고자 하는지 알고 싶었지만, 그 생각을 절대 입 밖으로 꺼내지 않았다. 그 대신 우리는 케일럽의 캘리포니아 생활, 빌과 내가 한 영웅적인 거래들, JB의 갓난아기에 관해 이야기했다. 개구리가 JB를 어떤 식으로 비겁하게 짓밟았는지, 그리고 당연히 JB가 앞으로 어떻게 복수할지도 이야기했다.

하지만 우리는 JB의 실패한 결혼 생활이나 그 순간에도 그의 혈관을 타고 솟구치고 있던 코카인에 대해서는 말하지 않았다. 우리 얼굴이, JB와 내 얼굴이 얼마나 수척해졌는지도 말하지 않았다. 우리는 케일럽의 눈에서 사라진 빛에 대해서도, 내가 그 사라진 빛을 생각하며 더 젊고

　　　　　　　　　　　　　　　　　　　　　　　트레이딩 게임

더 행복했던 지난날의 나를 떠올리고 있다는 것도 이야기하지 않았다.

우리는 그 따뜻한 밤, 템스강의 수면에 반사되는 더 시티의 반짝이는 불빛을 바라보며 그 질문들을 묻어두었다. 우리는 우리의 실패가 아니라 우리의 영광을 만끽했다. 우리의 실패는 아무도 듣지 못한 채로 강물에 가라앉게 내버려두었다.

하지만 내 가슴의 통증은 여전히 가라앉지 않고 있었다.

그때 우리는 모두 케일럽이 나를 데려가리라는 것을 알고 있었다. 너무도 분명했다. 씨티은행, 도이치은행, 아니면 다른 어디든 케일럽이 자신이 가는 곳에 나를 데려갈 것임이 확실했다. 그것이 그가 돌아온 이유였다. 개구리에게서 나를 데려가는 것이 그가 돌아온 이유였다.

하지만 나는 그 질문을 하지 않고는 그를 따라갈 수 없었다. 그래서 때를 기다렸다.

그러다 갑자기 기회가 찾아왔다. JB와 빌이 둘 다 술에 잔뜩 취해 서로의 눈을 바라보고 있을 때 나는 케일럽의 얼굴에 내 얼굴을 가까이 들이밀며 마음에 품었던 질문을 꺼냈다.

"캘리포니아에서 지낸 시간은 정말 어땠어요?"

잠시지만 우리 둘만 있는 것과 마찬가지였던 그 순간 케일럽이 내게 말했다.

"정말 좋았어. 집도 아주 크고 훌륭했어. 거대한 기둥들이 전면을 떠받치고 있고 집 뒤편의 문을 열어젖히면 바로 눈앞에 멋진 정원 풍경이 펼쳐지는, 아주 아름다운 집이었지. 우리가 하나부터 열까지 계획해서 지었거든. 일부러 도심을 벗어난 시골에 특별히 주문해서 그렇게 지은 거야. 정원도 엄청나게 커서 집 뒤쪽부터 수 킬로미터 넘게 이어졌어. 그 끝에는 거대한 나무들이 우거진 숲이 있었어. 여기는 그런 나무가 없을 거야. 아이들은 온종일 정원에서 뛰어놀고, 플로렌스가 우리 넷을 위해 저녁을 차리면 내가 밖으로 나가 아이들을 불러들였지. 날씨도 좋았어. 일 년 내내 화창하고 따뜻했어."

그 시점에서 케일럽이 멈칫했다. 아주 잠시지만 망설였다. 그리고 나는 예의 거대한 눈과 거대한 미소를 마주했다. 하지만 그 눈길과 미소에 굴하지 않고 똑바로 마주하며 아무 말 없이 대답을 재촉했다.

"하지만 문제가 있었어. 그 집을 지은 사람들 말이야, 나는 그 사람들이 정말 최고였는지 잘 모르겠어. 그 건축업자들, 처가 쪽 지인들이었거든. 처가에서 소개해 줬어. 그런데 집 설계에… 몇 가지 사소한 문제가 있었어…. 잘 모르겠지만, 내 생각에… 그 건축업자들이 썩 훌륭하지는 않았던 것 같아."

케일럽이 다시 멈칫하더니 시선을 돌렸고, 나는 더 말하라고 그를 압박했다.

"사소한 문제요? 그게 무슨 뜻이에요?"

"음, 내 말은… 예를 들면 온도 조절 장치에도 문제가 있었어. 그 사람들이 온도 조절 장치를 벽난로에 너무 가까이 설치했어. 그래서 겨울에 난로에 불을 붙이면 온도 조절 장치가 작동하면서 위층 난방이 자동으로 꺼지고 위층은 점점 추워졌지."

게리, 눈을 계속 쳐다봐. 너한테서 시선을 돌리게 하면 안 돼.

"그래서 업자들에게 다시 와서 온도 조절 장치를 옮겨달라고 했어. 하지만 문제는 계속됐어. 온도 조절 장치를 어디로 옮겨도 제대로 작동하지 않더라고."

케일럽이 말을 이어갔지만 나는 더 이상 듣지 않았다. 그 대신 환상에 빠져들었다. 거대하고 아름다운 집, 거대하고 아름다운 부엌, 뒷문을 열

   트레이딩 게임

면 그대로 연결되는 아름다운 정원이 눈앞에 펼쳐졌다. 정원에는 금발의 남자아이 두 명이 신나게 놀고 있었다. 황금빛 태양이 서서히 지기 시작하자 아이들 위로 이름 모를 거목의 그림자가 드리우고 그때 아름다운 어머니가 정원으로 향했다.

"티머시! 제이컵! 저녁 준비됐어! 어서 들어와!"

아이들과 어머니가 들어선 곳에는 거대한 부엌과 이어진 공간에 거대한 식탁이 있고 그 너머로 거대한 거실이 보였다.

거실 중앙에는 반짝이는 샹들리에 아래에 거대한 고급 안락의자가 놓여있고 그 의자에는 거대하고 부유하고 머리가 큰 남자가 앉아있었다.

남자의 눈은 벽에 있는 작은 무언가, 벽난로 위의 왼쪽에 있는 무언가에 고정되어 있었다.

남자는 한 마리 늑대처럼 그것을 보고, 보고, 또 보았다. 남자의 두툼한 손가락 하나가 의자 팔걸이에서 연신 까딱거렸다.

그 작은 것은 온도 조절 장치였다.

비로소 나는 케일럽이 트레이딩 플로어로 돌아온 이유를 알 수 있었다.

케일럽은 자신이 있어야 할 곳으로 돌아온 것이었다.

"할 말이 있어요."

내가 불쑥 내뱉은 외침에 JB와 빌이 자신들만의 세계에서 현실로 돌아왔다.

"내가 고등학교를 그만뒀다고 말했던 거 기억나요? LSE에 입학하는 데 더 도움이 될 것 같아서 그랬다고 했잖아요."

세 남자가 모두 고개를 끄덕였다.

"거짓말이었어요. 그런 일은 없었어요. 사실 퇴학당했어요. 마약을 팔다가 걸렸거든요."

　JB와 케일럽은 천천히, 아주 천천히 미소 짓기 시작했다. 그리고 미소가 점점 커지더니 두 사람의 얼굴이 환해졌다.

　하지만 빌은 나를 뚫어지게 바라볼 뿐 웃지 않았다. 내가 그의 눈을 들여다봤을 때 거기에는 두려움이 있었다.

내가 아주 어렸을 때, 정말 어렸을 때 동네 친구가 한 명 있었다. 그 친구의 이름은 제이미 실버먼이었다.

제이미는 모든 분야에서 최고였다. 축구, 자전거, 기어오르기, 침 뱉기 등 뭘 해도 최고였다. 아이들끼리 오줌 싸기 시합을 하면 제이미의 오줌 줄기는 거의 재활용 센터 벽을 넘을 만큼 멀리 그리고 높이 솟았다. 제이미는 공부도 잘해서 학교에서 항상 최고 성적을 받았다. 모두가 제이미를 사랑했다. 평범하지 않았던 우리 형이 괴롭힘을 당할 때 나는 너무 어리고 왜소해서 형을 도울 수 없었다. 그때 제이미가 우리 둘을 보호해주었다. 어린 시절 나에게 제이미는 존경의 대상이었다.

나이가 들면서 새로운 운동, 새로운 대회, 새로운 교과목, 롤러스케이트 같은 새로운 유행 등 새로운 것이 등장할 때마다 제이미는 항상 그 분야에서 최고가 되고 싶어 했고 별 어려움 없이 최고가 되었다. 제이미에게 어려운 일은 없었다. 운동, 특히 던지기를 잘해서 학교 대표를 넘어 지역 대표팀까지 들어갔지만 그렇다고 힘겹게 노력해서 그 자리를 차지한 것 같지도 않았다.

아이들의 관심이 여자에 집중될 때는 그 누구보다 여자를 많이 사귀었고, 마약이 대세일 때는 그 분야에서 최고가 되었다.

제이미는 나를 절대 빼놓지 않았다. 어디든지 항상 나를 데려갔고 자기가 무슨 일을 하든 내게도 가르쳐주었다.

열여섯 살에 퇴학당한 후 나는 평생 마약을 하지 않았지만, 제이미는 그러지 않았다. 제이미는 계속 많이, 더 많이, 점점 더 많이 했다. 마약에 있어서는 누구도 제이미를 따라잡을 수가 없었다. 정말 그랬다.

어느 순간부터 나는 제이미를 더 이상 볼 수 없겠다는 생각이 들기 시작했다. 제이미는 날이 갈수록 더 말라갔다. 우리가 만날 때마다 제이미는 지난번보다 더 살이 빠져있었고 그 때문인지 키는 더 커 보였다. 내가 찾아가면 제이미는 언제나 차량 기지나 누군가의 집 지붕에 기어올라가 담배를 피우고 있었다.

그리고 내가 제이미를 더 이상 보지 않으리라 생각하게 된 그 순간이 찾아왔다. 나는 여전히 제이미를 사랑했지만, 그냥 더는 보고 싶지 않았다. 볼 때마다 마음이 너무 아팠다.

몇 년 후 나는 제이미를 만나기 위해 포도와 꽃을 들고 병원에 찾아갔다. 내가 알던 그 소년은 이제 폐공기증에 걸려 해골처럼 보였고 코에 관이 꽂혀있었다(폐공기증은 심한 흡연으로 폐가 망가지는 병이다).

그래도 제이미는 여전히 옛날이야기를 하며 웃고 싶어 했다. 제이미는 내가 보러 갈 때마다 여전히 웃는다. 아무것도 변하지 않은 것처럼.

병원에서 깡마른 제이미를 보았을 때, 온몸이 노랗게 변한 채 튜브를 꽂고 있는 모습을 보았을 때, 내 머릿속에 떠오른 생각은 그 아이가 한때 그 빌어먹을 자치구 전체에서 던지기를 가장 잘했다는 것뿐이었다.

너무 안타깝고 너무 아까웠다.

10장

개구리가 나를 회의실로 불러 자리에 앉게 했다.

"민달팽이가 자네에게 안식 휴가를 줄 수 없다고 했어."

나는 아무 대답 없이 고개만 끄덕였다.

"예전에 누군가에게 안식 휴가를 준 적 있는데 그 사람이 돌아오지 않았대. 자네도 그럴까 봐 염려하더라고."

다시 고개를 끄덕였다.

"하지만 다른 선택지가 있어. 케일럽이 복직해서 도쿄 STIRT 데스크를 맡게 될 거야. 케일럽이 자네를 데려가고 싶어 해."

한 번 더 고개를 끄덕였다.

"어떻게 생각해?"

이번에는 한숨을 내쉬고 잠시 생각하는 척했다.

"솔직히 말하면 좋은 생각은 아닌 것 같아요. 저는 완전히 지쳤어요. 더 이상 이 일을 못 하겠어요."

이제 개구리가 한숨을 내쉴 차례였다. 개구리는 아래를 내려다보며 생각하는 척했다. 그러면서 내내 손가락 관절을 소리 내어 꺾고 있었다. 그리고 잠시 후 고개를 들더니 가뜩이나 못생긴 얼굴에 우거지상을 하고서 나를 바라보았다.

"게리, 이해가 가지 않겠지만 가야 해."

좋아.

그냥 그렇게 하지, 뭐.

세상이 다 그런 거니까.

나는 부모님을 더 시티에 있는 근사한 일본 식당으로 데려가서 내가 일본으로 간다는 사실을 이야기했다.

부모님은 교회에 가는 것처럼 옷을 차려입고 등받이가 없는 높은 의자에 앉아 어딘가 불편한 듯 쉴 새 없이 몸을 꼼지락거렸다.

"외국에 나가서 잘 지낼 수 있겠어?"

엄마가 물었다.

"물론이죠. 나는 항상 잘 지내잖아요."

부모님은 식사 내내 불편해 보였다. 내 생각에는 젓가락 사용법을 몰라서 그런 것 같았다.

"괜찮아요. 손으로 먹어도 돼요"

나는 손으로 스시를 하나 집어서 입에 넣었다. 하지만 아빠는 간장병으로 뭔가 이상한 짓을 하느라 내 말을 듣지도, 내 행동을 보지도 못했다.

나는 종업원을 불러 포크 두 개를 달라고 했다. 하지만 그 방법도 그리 도움이 되지는 않았다.

일본으로 떠나기 2주 전 나는 마법사에게 헤어지자고 말하려 했다.

내가 그 말을 꺼내려 했을 때는 푸른 달빛이 쏟아지는 깊은 밤이었고 우리는 함께 침대에 누워있었다.

"저기… 내가 일본 가는 거 알지?"

"응, 물론이지. 알고 있어."

나는 몸을 일으켜 침대 위에 앉아, 누워있는 마법사를 내려다보았다. 커튼은 모두 젖혀져 있었고 방은 온통 푸른빛으로 물들어 있었다. 나는 마법사가 한 말을 곱씹었다. 마치 그 단어들이 공중에 떠돌고 나는 그 단어들을 잡으려 애쓰고 있는 것 같았다. 그러다 내가 말해야 할 무언가, **해야 할** 무언가가 있었다는 것을 떠올렸다. 하지만 도대체 그게 무엇이었는지 도무지 기억이 나질 않았다. 그때 마법사가 어색한 분위기를 해결하려는 듯 침묵을 깨며 이렇게 말했다.

"나도 갈 거야. 알지? 내가 일본에 갈 거라는 거 알고 있지?"

그 말들은 다른 방에서 들려오는, 어쩌면 꿈속에서 들려오는 것 같았다. 나는 그 말에 문득 정신을 차리고 마법사를 내려다보았다. 내가 하려고 했던 말이 기억났다.

'너는 나한테 과분해. 그러니까 네가 다른 사람을 찾는 편이 나을 것 같아.'

하지만 내가 실제로 한 말은 완전히 달랐다.

"내 생각에… 나는… 네가 필요해. 네가 나와 같이 갔으면 좋겠어."

내가 계획과 달리 왜 그런 말을 했는지는 지금도 모르겠다. 아마도 그 날 나는 그냥 내 진심을 말했던 것 같다.

나는 2012년 9월 하순에 씨티은행 런던 트레이딩 플로어를 떠났다. 나는 가방을 쌌고 몇몇 사람이 내 등을 두드렸다. 내가 자리에서 일어나 걸어가기 시작할 때 JB가 스피커 박스의 확성기 버튼을 누르고 소리쳤다.

"게리 스티븐슨이 지금 나가고 있어!"

내가 트레이딩 플로어를 벗어나는 동안 사람들이 모두 일어서서 환호하고 손뼉을 쳤다. 나는 걸어가는 동안 그 소리를 들을 수 있었고 사람들이 통로마다 양쪽에 늘어선 모습도 곁눈질로 모두 볼 수 있었다. 흰 셔츠, 흰 셔츠, 분홍 셔츠, 파란 셔츠….

하지만 나는 돌아보지 않고 그냥 문밖으로 걸어 나갔다.

5부

東京
밑으로 내려가기

1장

도쿄는 우울해지기에 아주 좋은 곳이다. 가을에는 더욱 그렇다.

도쿄의 은행들은 마루노우치(丸の內, 일본 도쿄도 지요다구에 있는, 일본의 월스트리트로 불리는 지역)라는 지역에 몰려있다. 마루노우치라는 이름을 그대로 풀이하면 '원의 안쪽'이라는뜻이다. 한때 전체 지역이 황궁의 외(外)해자 안에 속한 적이 있어서 그런 이름이 붙었다고 한다. 그 해자가 현재 어디에 있는지는 모르겠다. 내 나름대로 찾아보려 했지만 실패했다.

마루노우치에는 고층 건물을 짓는 것이 오랫동안 불법이었다. 누군가 건물에서 황궁 안을 내려다보며 석궁 같은 것으로 천황을 암살할 수 있어서 그랬다는데 정확히는 모르겠다. 하지만 1980년대에 마루노우치의 토지 가격이 너무 높아지면서 예외가 생겼고 내가 도착했을 때는 이미 지역 전체에 50층 높이의 건물들이 즐비했다. 전통과 천황도 중요하지만 돈도 중요했던 것 같다.

나는 점심시간이면 씨티은행 사옥인 검회색 신마루비루에서 나와 서쪽으로 걸어갔다. 그렇게 걷다 보면 황궁의 바깥 정원인 고쿄가이엔(皇居外苑)이 나왔다. 이 정원을 한 문장으로 표현하면, 완벽히 다듬어진 거대한 공간이라 할 수 있다. 정원은 번잡한 도로 두 개를 기준 삼아 세 구역으로 나뉘어 있고 각 구역에는 백만 그루쯤 되는, 독특하지만 결국은 똑같은 형태의 나무가 한 치의 오차 없이 7, 8미터 간격으로 심겨있다.

나무는 하나같이 키가 작다. 성인 남자보다 약간 큰 정도이며 내가 영국에서 본 적 없는 매우 복잡한 형태를 띠고 있다. 처음 이 정원에 왔을 때 나는 나무들의 이름이 분재인 줄 알았다. 하지만 나중에 알고 보니 분재는 나무를 작게 키우는 일본의 예술 형식을 일컫는 말이었다. 분재가 나무의 종 이름이 아니니 그 나무들에는 분명 다른 일본 이름이 있었을 것이다.

독특하지만 똑같은 나무들을 지나 10분 정도 정원을 걸으면 오래된 석조 다리가 나타났다. 그 다리는 내(內)해자를 가로질러 황궁 내부로 이어진다. 다리 끝까지 가면 문이 하나 있지만 늘 닫혀있어서 안으로 들어갈 수는 없었다.

나는 종종 그 문 근처까지 갔다. 그리고 자갈밭에 마련된 작은 계단에 앉아서 고개를 돌려 마루노우치를 바라보았다. 그 자리에서는 도쿄의 두 가지 모습을 한눈에 볼 수 있었다. 도쿄의 파란 하늘로 무리 지어 솟아오른 고층 건물들이 보이고 바로 눈앞에는 고쿄가이엔의 초록 풀밭과 나무들이 보였다.

마루노우치는 카나리워프와 다르다. 카나리워프에는 고층 건물이 그렇게까지 많지 않을뿐더러 건물들이 생길 때도 한 번에 하나씩 건설되었다. 그래서 내게 그 건물들은 각각이 다른 존재로 다가왔다. 어린 시절 건물이 올라가는 모습을 직접 목격했던, 카나리워프의 중심부에 있는 세 건물, 씨티그룹 센터, HSBC 타워, 그리고 피라미드 돔이 있는 카나리워프 타워는 더욱 특별했다. 반면 마루노우치에는 고층 건물이 너무 많았다. 고층 건물이 차지한 면적이 그렇지 않은 면적보다 훨씬 더 크고, 적어도 30층 이상, 대부분 40층 이상의 고층 건물들이 군집을 이루며 솟아있어서 지역 전체가 하나의 거대한 건물처럼 보인다. 또한 도쿄는 여름과 겨울의 날씨 차가 매우 심하지만 내 기억 속의 도쿄 하늘은 사시사철 항상 화창하고 푸르렀다. 내가 처음 도쿄에 도착했을 때, 그러니까 2012년 9월 말의 하늘이 그랬기 때문에 그렇게 기억하는 것일지도 모르겠다.

황궁 밖에 있는 작은 계단에 앉아 마루노우치를 볼 때 나는 항상 같은 생각을 했다.

'세상에, 창문이 정말 많네.'

고층 건물이 많으니 층도, 창문도 무척 많았다. 그리고 각각의 창문 뒤에는 수많은 남녀가 줄줄이 앉아 자신들처럼 줄지어 배치된 컴퓨터 앞에서 매일 이른 아침부터 해가 떨어진 뒤까지, 밤낮으로 일하고 있었다.

사람들이 그렇게 열심히 밤낮으로 일하는데 세상의 문제들은 왜 아직도 해결되지 않는 걸까?

나는 자리에서 일어나 바지 엉덩이 부분에 묻은 하얀 돌가루를 털어내고 사무실로 돌아갔다. 그리고 사무실에 도착하면 나는 다시 세상의 종말에 베팅했다.

2장

그때 나는 도쿄든 어디든 떠나서는 안 됐었다. 도쿄로 옮길 당시 내 몸무게는 그 몇 달 전부터 줄기 시작해서 60킬로그램 밑으로 떨어진 상태였다. 본래 왜소한 내게도 그 몸무게는 문제가 있었다.

나에게 문제가 있다는 사실을 내가 자각하고 있었는지는 잘 모르겠다. 소파를 살 수 없었을 때, 그러니까 병적으로 어떤 가구도 살 수 없었을 때, 잠깐이지만 그 상태가 정상은 아닐 수 있겠다고 생각한 적은 있었다. 하지만 나는 그동안 그런 의심스러운 순간을 수없이 흘려보냈듯이 그 순간도 그냥 흘려보냈다. 그렇게 무시하지 않았다면 상황이 그처럼 빨리 악화되진 않았을지도 모르겠다. 하지만 나에게는 이자율 같은 당장 해결해야 할 다른 중요한 문제들이 있었다.

나는 속쓰림을 치료하기 위해 'PPIs'라는 알약을 복용했다. 위산은 본래 산성화가 되어야 하지만, 이 약을 먹으면 위산의 산성화를 막을 수 있다고 했다. 그로부터 약 1년 전 처음 복용했을 때는 약이 꽤 효과가 있어서 통증이 바로 가라앉았었다. 하지만 일본으로 이주했을 때 이미 3차로 복용 중이던 약은 더 이상 잘 들지 않았다. 나는 당시 의사에게 이렇게 물었다.

"다른 방법은 없어요? 평생 이 약만 먹어야 해요?"

의사는 내게 처방전을 건네며 미소 지었다.

"현재로서는 그런 것 같네요."

나는 그 모든 고통 속에서도 트레이딩을 했다. 트레이딩, 트레이딩, 트레이딩…. 트레이딩은 내게 남은 하나뿐인, 진정한 친구였다. 객관적이고, 냉정하고, 신뢰할 만한 친구였다.

이 친구, 트레이딩의 장점은 언제나 거기에 있다는 것이다. 알다시피 시장은 멈추지 않는다.

뭐, 엄밀히 말해 시장은 주말에 멈추지만 그래도 경제는 주말에도 여전히 돌아간다.

경제를 향한 나의 사랑은 일종의 강박관념이 되어 속쓰림을 유발하는 산을 뚫고 기름이 유출되듯 퍼져나갔다.

나는 이제 사무실에서 무슨 일이 일어나든 정말 약간의 신경도 쓰지 않았다. 하지만 경제는, 경제에 대한 사랑은 절대 사라지지 않았다.

경제가 망가졌다는 사실, 그리고 상황이 매년 점점 더 악화될 것이라는 사실을 처음 깨달았을 때 나는 경제에 대해 그렇게 깊이 생각하지 않았다. 아니, 생각하긴 했다. 물론 그랬다. 하지만 그것이 무슨 **의미**인지는 한 번도 자문해 본 적이 없었다.

그것은 내 일에 불과했다. 무슨 말인지 알겠는가? 대다수는 경제에 대해 이렇게 말할 것이다. 올해는 경제가 어떻게 될까? 경기가 좋을까, 나쁠까? 내년에는 어떻게 될까? 조금 단순화해서 설명한 것이지만 결국 이자율 트레이딩을 대하는 내 태도도 이 범주에서 벗어나지 않았다. 이자율 트레이딩도 내 일에 불과했다.

예를 들어 누군가의 직업이 수영장의 깊이를 측정하는 것이라고 가

정해 보자. 그 사람이 수영장 깊이를 측정하고 나서 '이것이 무슨 **의미**일까?'라고 자문하지는 않을 것이다. 어떤 사람이 소파 수리공이라고 해서 주변 친구들에게 '이 소파가 무슨 **의미**일까?'라고 물어보지는 않을 것이다.

경제가 영원히 점점 더 나빠지리라는 것을 깨달았을 때 나는 확신에 차있었다. 그 예측에 크게 베팅할 만큼 자신감이 있었다. 나는 경제의 지속적 악화가 일어날 수밖에 없는 구조적 원인뿐만 아니라 숙련된 경제 전문가들 대부분이 그 구조적 원인을 간과하는 이유도 정확히 알고 있었다. 그 모든 것이 내 눈에는 명확하게 보였다. 지금도 마찬가지다. 하지만 나는 '이것이 무슨 의미일까?' 하고 자문한 적은 없었다.

예측에 따라 거래를 한 것이 내가 한 전부였다. 나는 그저 나에게 주어진 일을 했다.

하지만 그 거래 덕분에 씨티은행의 전 세계 외환 부서를 통틀어 가장 수익성이 높은 트레이더로 발돋움했을 때, 나는 점차 그 예측이 단순한 이론이 아니라는 사실을 깨닫기 시작했다. 예측은 현실이 되었고 거래의 성공으로 이어졌다.

그 예측 덕분에 나는 엄청난 돈을 벌었으며 그 돈으로 투자도 할 수 있었다. 그 돈을 투자할 때, 어느 순간 스스로에게 다음과 같은 질문을 한 적은 있다.

'나는 지금 무엇을 위해 투자하고 있지? 언젠가는 투자한 돈을 쓸 수 있을까? 아마 그러지는 않겠지.'

그 후엔 이렇게 생각했다.

'음, 그렇다면 나는 지금 내 아이들을 위해 투자하고 있는 거네.'

그다음 아주 잠깐 이런 생각도 했다.

'그런데 내 예측이 맞는다면 어떻게 될까? 내 아이들은 어떤 세상에 살게 될까?'

그러나 나는 그 생각을 떨쳐버리고 곧바로 다시 투자에 집중했다. 나는 투자와 숫자를 좋아한다. 숫자에 빠져있으면 늘 안전감을 느낀다.

하지만 그런 순간들이 있었다. 아주 짧지만 분명 그런 순간들이 있었다. 비유적으로 표현하면 머리 위를 덮고 있던 울창한 나뭇가지들이 걷히면서 깜깜한 밤하늘에서 빛나는 별들을 잠깐이나마 볼 수 있는, 그런 순간들이 있었다. 그 순간이 찾아오면 나는 그만두고 싶다는 생각을 했다. 그날 개구리와 함께 회의실에 있었을 때도 그 순간이 찾아왔던 것 같다. 한순간 정신이 번쩍 들면서 하늘이 보였다. 그리고 스물다섯 먹은 백만장자가 신발에 구멍이 난 채로 일하는 것, 마루가 없는 집에서 사는 것은 옳지 않다는 것을 깨달았다. 저녁마다 망가진 빨간 소파에 쓰러져 잠이 드는 것, 그러다 한밤중에 추워서 깨어나는 것, 끊임없이 숫자에 대한 꿈을 꾸는 것, 가슴에 찌르는 듯한 통증을 느끼고 때로는 먹지 못하는 것, 그 모든 것들이 정말 옳지 않다는 것을 깨달았다. 아마 그래서 그 순간 그만두고 싶다고 말했던 것 같다.

하지만 그만두는 것에는 한 가지 문제가 있었다. 말장난 같지만, 그만둘 수 없다는 것이 문제였다. 그 회의실에 들어섰을 때 사실 나는 수갑을 찬 상태였다. 2012년 초 씨티은행에서, 금액은 정확히 기억나지 않지만 내게 엄청난 성과급을 주었을 때 경영진은 나를 모니터 벽에 가둬 두기 위해 꽤 신경 써서 계획을 세웠다. 경영진은 내 성과급 일부는 미리 지급했지만(나는 이 돈을 투자에 사용했다) 나머지 금액의 지급은 상당 기간 후로 이연했다. 2013년 25퍼센트, 2014년 25퍼센트, 2015년 25퍼센트, 2016년 25퍼센트. 이렇게 4년이 지나야 나는 잔액을 전부 받을 수 있었다. 그러니까 그 시점에 나는 정말로 그만둘 수 없었다. 은행으로부터 받아야 할 돈이 100만 파운드가 넘는데 그만두면 나는 그 돈을 전부 포기해야 했다.

그래서 그날 나는 회의실에서 신발이 망가지고 위가 망가지고 시큼한 담즙이 심장에 구멍을 내고 기분이 시궁창의 쥐처럼 더럽게 바닥을 치는데도 개구리가 도쿄로 가야 한다고 말했을 때 가만히 앉아 그러겠다고 대답했다. 나에게 그런 변화를 감당할 기운이 없다는 것을 알면서도 그렇게 대답했다. 내겐 아무것도 없었다. 거절할 힘도 없었다. 게다가 내게는 족쇄가 채워져 있었다.

하지만 알다시피 쥐도 이빨이 있다. 그리고 나도 마찬가지다. 나는 남는 시간에 조사를 시작했다.

만약 트레이더들이 수갑 때문에, 족쇄 때문에 떠날 수 없다면 2009년에 케일럽은 어떻게 떠날 수 있었을까? 어떻게 저택을 지을 수 있었을까? 멋진 숲속의 그 멋진 집을 무슨 돈으로 지을 수 있었을까?

나는 여기저기 알아보고 주변 사람 몇 명에게 물어보기도 했다. 맞다. 사실 그냥 빌에게 물어봤다.

빌은 계약서에 조항이 하나 있다고 했다. 그 조항을 활용하면 돈을 들고 무사히 은행을 빠져나갈 수 있다고 말했다. 그 조항에는 돈을 지키려면 퇴사한 후 자선 단체에서 일해야 한다는 내용이 명시되어 있었다. 그 조항을 아는 사람은 많지 않았지만 케일럽은 알고 있었고, 어떻게 했는지는 몰라도 그 조항을 발효하는 데 성공했다. 그런데 케일럽은 자선 단체에서 일한 적이 없었다. 그 사실을 모두가 알고 있었다. 하지만 어쨌든 민달팽이는 그를 보내주었다. 정확한 이유를 아는 사람은 없었다. 그 내막을 확실히 아는 사람은 아무도 없었다. 어쩌면 케일럽이 민달팽이의 치명적인 비밀을 알고 있었을지도 모르겠다.

나는 홀로 탑승한 도쿄행 비행기에서의 여정 내내 이런 생각을 했다. 케일럽이 돈을 가지고 떠났다면 나도 분명 그럴 수 있어. 게다가 나는 앞으로 케일럽 밑에서 일하잖아. 일이 끔찍이 잘못되더라도, 만사가 다 꼬이더라도 다음 성과급까지 기다렸다가 떠나면 돼. 그리고 자선 단체에서 일하면 돼. 케일럽은 분명히 내 상황을 이해할 거야. 그러지 않을까?

물론 이해할 거야. 케일럽은 그럴 거야. 이런 가능성을 가느다란 탈출용 밧줄인 양 여정 내내 품에 안고 있었다.

나는 도쿄로 가는 비행기에 정말로 혼자 탑승했다. 마법사도 내 옆에 없었다. 마법사는 약속대로 일본에서 살기로 했지만 내가 갈 때 함께 가지는 않았다. 마법사는 스스로 알아서 일본행을 준비했고 무슨 이유인지 도쿄가 아닌 곳에 직장을 잡았다. 그리고 그 일은 2013년 1월에야 시작될 예정이었다.

그래서 내가 도쿄로 가져간 것은 거의 아무것도 없었다. 은행은 내가 원하는 물건을 가져갈 수 있도록 항공 화물용으로 8세제곱미터 규모의 공간을 확보해 주었다. 거기에 무엇을 넣어야 할까? 좋아하는 가구라도 넣으라는 건가? 하지만 내가 가진 것 중 배낭에 넣을 수 없는 물건은 거의 없었다. 그래서 나는 운송 담당자에게 자전거만 보내달라고 요청했다. 결국 자전거는 도쿄까지 도착하는 데 2주가 걸렸고 내가 도쿄에 도착했을 때 가진 건 배낭 하나, 그리고 시장뿐이었다.

그 당시(그리고 지금도) 나는 시장을 바라볼 때 더 이상 숫자들을 보지 않았다. 나는 시장에서 세상에 대한 예측을 보았다. 사람들이 일기예보를 보고 무슨 일이 일어날지 확인하는 것과 같은 이치였다. 이자율 예측은 각 경제가 정확히 언제, 얼마나 빨리 회복될지를 명확히 보여주었고 일기예보처럼 매일 달라졌다. 이자율이 내려간다는 것은 경기 전망이 더욱 비관적으로 바뀌었다는 의미일 수도 있고, 중앙은행이 기준 금리를 인상하지 않을 것이라고 공공연히 말했다는 의미일 **수도** 있다. 어느 쪽이 맞을까? 이 질문에 대한 답은 주식 시장을 보면 알 수 있다. 첫 번째가 이유라면 주가가 하락할 것이고 두 번째가 이유라면 주가가 상승할 것이다.

이렇듯 진짜 트레이더들은 뉴스를 보지 않고 시장을 본다. **경제 전문가, 《파이낸셜타임스》, 《월스트리트저널(The Wall Street Journal)》**, 이들이 하는 말은 싹 다 개소리다. 트레이더들에게 필요한 것은 시장뿐이다. 시장만이 진짜 예측을 보여준다.

그런데 이러한 시장도 틀릴 때가 있다. 시장은 경제 전문가들과 달리 현실을 반영한 진짜 예측을 하지만 그 예측이 더 이상 맞지 않을 때가 있다. 그리고 나는 여전히 그 정확한 이유를 알아내지 못하고 있었다. 당시는 내가 경제를 제대로 예측한 지 1년 반밖에 되지 않았을 때였다. 나는 내가 세운 이론이 정말 맞는지 확인해야 했다. 그래서 시장을 자세히 관찰하고 경제가 죽어가는 것을 좀 더 지켜볼 필요가 있었다.

그것이 내 계획이었다. 내게 남은 것은 반만 채워진 배낭뿐이었지만 나는 여전히 쉴 새 없이 거래할 수 있었고 돈을 벌 수 있었다. 나는 내 예측이 들어맞는지 한 해 더 지켜보고 싶었다. 내 예측이 맞든 시장이 맞든 그 진정한 결과를 보고 싶었다.

그것이 내가 원했던 전부였다. 다른 것은 없었다. 오직 시장뿐이었다.

분홍 셔츠는 도쿄에서 인기가 없다. 적어도 내가 도쿄에 있을 때는 그랬다. 파란 셔츠도 마찬가지다. 도쿄는 대부분 흰 셔츠다. 흰 셔츠가 대세다. 몸에 붙는 검은색 정장으로 감싸인 흰 셔츠들이 아침 8시에서 9시 사이에 지하철역 출구에서 위쪽의 현실 세계로 폭포수처럼 쏟아져 나온다. 그 물결 속에 있는 남녀들은 강을 거슬러 오르기 위해 싸우는 잉어들과 흡사하다. 그 잉어들은 우산을 펴고, 휴대전화를 확인하고, 깔끔하고 단정한 직사각형 서류 가방을 들고, 작은 흰색 손수건으로 이마를 닦는다.

나도 그들 중 하나였다.

씨티은행이 나에 관한 모든 것을 처리해 주었다. 그리고 푸르덴셜 타워 30층에 있는, 흰색과 크림색이 섞인 깔끔한 아파트가 내게 배정되었다. 그 고층 건물은 사실 주거용이 아니라 보험 회사의 사옥이었지만 맨 꼭대기 층 일부는 주거용으로 설계되어 있었다. 그 꼭대기 층에는 나와 같은 용감한 모험가들이 살았다. 매일 밤 그 모험가들은 하늘과 수평을 이루는 침대에서 잠이 들고 아침이면 창문으로 후지산을 바라보았다. 하지만 창문을 열 수 없는 구조라 그 높은 곳의 공기를 들이마시지는 못했다.

푸르덴셜 타워는 구식 스시 가게, 잘 포장된 좁은 골목길, 치솟는 임대료의 대명사 격인 고급 상업지구 아카사카에 자리 잡고 있으며, 도쿄 중심부인 아카사카 안에서도 그 중심부에 있는 아카사카미쓰케역과 말 그대로 직접 연결되어 있었다.

그 덕분에 나는 침실 밖 복도에서 엘리베이터를 타고 역까지 한 번에 내려가 광대하고 복잡하지만 매우 효율적인 도쿄 지하철 시스템에 곧장 편입될 수 있었다. 그곳에서 마루노우치선(丸ノ內線)[1] 지하철을 타면 도쿄역까지 8분 만에 도착했고 도쿄역에서도 사무실로 한 번에 올라가는 직통 엘리베이터를 탈 수 있었다. 그렇게 침대에서 출발해 하늘을 한 번도 보지 않고 트레이딩 플로어까지 갈 수 있었다. 정말 편리했다. 음, 일본인들이라면 '벤리데스네(便利ですね)'라고 말했을 것이다.

도쿄 트레이딩 플로어는 새 마루노우치 건물이라는 뜻을 지닌 신마루비루의 24층에 있었다. 트레이딩 플로어 자체는 작지 않은 규모였지만 나에게는 작게 느껴졌다. 머리를 출입문에 기대고 등을 꼿꼿이 세우고 서면 트레이딩 플로어 뒤쪽, 오른쪽, 왼쪽이 한눈에 들어왔다. 그랬다. 나에게는 작게 느껴졌다. 어쩌면 실제 크기가 작아서가 아니라 천장이 낮고 조용해서 그런 느낌이 들었던 것 같다.

트레이딩 플로어에 들어서면 사무실이 고층에 있는 데다가 두 방향이 마루노우치의 고층 건물들을 마주하고 있지 않아 창문으로 바깥 풍경

---

1   도쿄 지하철, 즉 도쿄 메트로의 4호선으로 도쿄 메트로 중 유일하게 도쿄역에 정차하는 노선이다.

을 넓고 멀리까지 볼 수 있었다.

이유는 모르겠지만 사무실에서 보낸 첫날부터 나는 도쿄의 하늘이 유난히 높다는 느낌을 받았다. 유난히 높고 조용해서 압도당하는 느낌마저 들었다. 사무실도 너무나 조용했다. 두꺼운 양탄자만 없다면 바늘 떨어지는 소리도 들릴 것 같았다.

트레이딩 플로어에는 분홍 셔츠를 입은 사람도 있었다. 그들은 내게 약간의 위안과 친숙함으로 다가왔다. 왜 그랬을까? 도쿄의 트레이더들이 다른 일본인들에 비해 특이할 정도로 모험적인 패션 감각을 지녀서가 아니었다. 트레이딩 플로어에 **가이진**이 많았기 때문이다. **가이진**은 외국인, 특히 백인과 미국인을 의미한다. 이 명칭은 일반적으로 폄하하는 의미로 쓰이진 않지만 가끔은 그렇게 쓰일 때도 있다.

트레이딩 플로어의 약 3분의 1은 **가이진**이었고 가이진의 3분의 2는 미국인이었다. 나머지 3분의 1은 어쩌다 길을 잃어 거기까지 흘러온 유럽인들이었다. 그러니까 나 같은 사람들이었다. 트레이딩 플로어 전체에서 내가 아는 사람은 케일럽과 2년여 전 세계 여행 중에 만났던 트레이더 두 명, 히사 와타나베와 조이 가나자와뿐이었다.

도쿄 STIRT 데스크는 트레이딩 플로어의 맨 뒤쪽, 그러니까 출입구에서 가장 먼 창가에 있었다. 그 말은 내가 원하면 언제든지 창가로 가 황궁을 내려다볼 수 있다는 의미였다. 그렇더라도 나는 석궁이 없었기 때문에 문제가 발생할 소지는 없었다. 사실 도쿄 STIRT 데스크라는 명칭은 다소 잘못된 표현이었다. 데스크 인원이 나를 포함해 세 명뿐이었고, 우리 중 단 한 명만이 트레이딩을 했기 때문이다.

당시 씨티은행의 아시아 지역 STIRT는 도쿄와 시드니로 나뉘어 있었다. 그리고 도쿄에서는 일본 엔만을 거래했고 시드니에서 나머지 통화 모두를 거래했다. 따라서 도쿄에는 이론상 엔 트레이더 한 명만이 필요했다. 하지만 실제로는 조직도의 가느다란 직선상에 세 명의 트레이더가 있었다. 히사 와타나베, 아서 커파우스키, 그리고 그 둘 사이에 내가 있었다.

와타나베는 내가 오기 전 정말 오랫동안 엔 트레이더로 일해왔다. 그 기간이 너무 길어서 이전 담당자가 누구였는지 기억하는 사람이 없을 정도였다. 와타나베는 체구가 작고 내성적이었으며 이유는 모르겠지만 1920년대 뉴욕 갱단의 억양이 배인 영어를 구사했다. 그리고 무엇보다도 매우 형편없는 트레이더였다. 아니, 그 표현은 그에게 과분하다. 와타나베는 트레이더가 아니었다. 작은 가게에 앉아 회계장부나 관리하고 서류작업이나 해야 할 그런 사람이었다.

와타나베는 그의 일이 내게로 넘겨졌을 때 해고됐어야 했다. 하지만 해고당하지 않았다. 그 대신 수직이 아닌, 말 그대로 수평으로 승진했다. 그의 일은 내가 맡게 되었고 그는 원래 있던 자리에서 오른쪽으로 옮겨 내 상사가 되었다. 단 한 사람, 바로 나를 관리하는 관리자가 되었다. 내가 도쿄에 도착했을 때 와타나베는 아내와 우는 아기를 데리고 공항으로 마중을 나왔다. 나는 그 환영 의식이 무슨 의미인지 그때 알아차렸어야 했다. 그 후 6개월 동안 그 남자는 조언을 한답시고 결정적 순간에 끊임없이 내 트레이딩을 방해했다. 한 마디로 똥구멍에 깊숙이 박힌 치질처럼 굴었다.

내 왼쪽에는 호주에서 온 아서 커파우스키가 앉아있었다. 아서의 아버지는 광산 재벌이었던가, 유명 성형외과 의사, 아니면 언론계 거물이었던가, 아무튼 정확히 무슨 일을 했는지는 모르겠지만 부자일 뿐만 아니라 알게 모르게 상당한 영향력도 있었던 것 같다. 그리고 그 부와 영향력을 바탕으로 자기 아들을 호주의 보수 정당, 미국 공화당에 필적하는 그런 보수 정당의 차기 지도자가 될 인물로 키워낸 듯했다. 아서는 당시 나이가 분명 스물다섯은 넘었을 테지만 외관상으로는 세계에서 가장 키가 크고 가장 명망 있는 열다섯 살 소년처럼 보였다. 비유하자면 건장한 체격까지 겸비한 재러드 쿠슈너(Jared Kushner)처럼 보였다. 어쨌든 트럼프의 맏사위 쿠슈너보다는 훨씬 더 좋은 개인 트레이너를 두었던 것 같다. 이렇듯 아서는 내가 개인적으로 아는 사람 중 가장 우파적이었지만 그래도 멋지고 정말 재미있는 사람이었다.

아서가 도쿄에 있을 합당한 이유는 전혀 없었다. 루퍼트 홉하우스(맞다. 클래펌 출신 중 가장 뛰어난 늑대 인간, 바로 그 루퍼트다.)가 여전히 STIRT 아시아 데스크의 책임자였고 체스판의 말처럼 부하 직원들을 이리저리 옮기기를 좋아했다는 이유 말고는 전혀 없었다. 물론 내가 도쿄 데스크에 잘 정착하는 데 도움을 주려고 아서를 보냈을 수도 있다. 아니면 그냥 케일럽에게 으스대려고 자유세계의 차기 지도자가 될 운명을 타고난 사람을 STIRT의 보조 트레이더로 고용했던 것일지도 모르겠다. 다행히, 도쿄가 여자친구가 있는 뉴욕과 더 가깝다고 말한 것으로 미루어봤을 때 아서 본인도 도쿄에 있는 것을 좋아하는 듯했다.

다시 한번 정리하자면 도쿄 STIRT 데스크에는 트레이더 한 명, 트레이더의 상사, 트레이더의 보조 트레이더, 이렇게 총 세 명의 트레이더가 있었다. 요리 재료도 별로 없는데 망할 요리사만 세 명이나 있었다.

한 가지 일에 이미 세 명이나 달라붙어 있는데 그것만으로 부족하다는 듯, 8,000킬로미터나 떨어진 곳에 있는 내 또 다른 상사 루퍼트는 자기 책상과 내 책상을 이어주는 모니터를 설치하라고 고집을 부렸다. 그 말은 곧 내 소중한 모니터 중 하나가 이제 루퍼트의 일상적 순간들을 온종일 실시간으로 방송하는 데 영구적으로 할애된다는 뜻이었다. 나는 루퍼트가 자기 책상에서 빠른 속도로 국수를 먹어치우는 모습, 넥타이를 연신 고쳐 매는 모습을 실시간으로, 시도 때도 없이 시청해야 했다. 어린 시절의 끔찍한 악몽이 어른이 되어서도 반복적으로 되살아나 괴롭히듯 루퍼트가 갑자기 자기 모니터에서 음소거를 해제하고 "유로 지역 CPI(Consumer Price Index, 소비자 물가 지수)가 얼마야?"라고 외치는 그 고함도 들어야 했다.

우리 왼쪽에는 나머지 외환 부서 직원들이 앉아있었다. 도쿄 외환 부서는 부서 내 여러 데스크를 둘 만큼 규모가 크지 않았다. 그래서 우리는 중년의 일본인 세일즈 두 명과 같은 데스크로 분류되어 있었다. 두 사람은 딱히 나무랄 데도 인상 깊은 점도 없는 매우 무난한 성격의 소유자들이었다. 내 일본어 실력이 향상되면서 나는 두 사람이 점심으로 무엇을 먹을지 의논하고 점심을 먹은 뒤에는 음식이 어땠는지 철저히 평가하며 하루를 보낸다는 사실을 알게 되었다. 세일즈 옆에는 FX 트레이더 두 명이 앉아있었다. 둘 중 한 명이 바로 상당한 명성을 가졌을 뿐만 아니라 무서울 정도로 활기 넘치는 조이 가나자와였다. FX 트레이더들의 옆이자 맨 끝에는 외환 및 이자율 부서의 총책임자로 임명된 크고 건장한 케일럽 저크먼의 자리가 있었다. 케일럽은 그 자리에서 거대한 책꽂이처럼 얼기설기 세워진 조직을 무너지지 않도록 단단히 받치고 있었다. 그리고 그로 인해 나를 직접적으로 관리하는 상사는 와타나베, 루퍼트에 이어 케일럽까지 세 명으로 늘어났다. 상사가 세 명이나 있으니 세 배의 도움을 받을 수 있을까? 정말 그럴까?

일본에는 **오모테나시**[2]라는 개념이 있다. 이유는 모르겠지만 일본인들은 이 단어를 말할 때 한 번에 한 음절씩 발음할 뿐만 아니라 각 음절을 발음할 때 각기 다른 재미있는 손짓을 한다. 내가 알기로 **오모테나시**는 일본의 환대 정신을 의미한다. 녹차와 관련이 있다는 말도 들은 것 같다.

내가 도쿄에 도착했을 때 가나자와도 일본식으로 나를 환대해 주었다. 하지만 내 생각에 그것은 오모테나시가 아니었다. 무언가 색다른 것이었다.

가나자와는 작은 체구에 강렬한 눈빛을 지녔으며 불필요한 움직임이 전혀 없었다. 가나자와는 현물환 트레이더(spot trader),[3] 즉 순수한 외환

2 　일본 특유의 손님을 환대하는 관습을 말한다. 일본에서는 이 관습을 일반적으로 일본 다도(茶道)와 관련지어 설명하고 있다.

3 　국내에서 외환 딜러 또는 외환 트레이더라고 불리는 트레이더는 주로 현물환과 선물환을 거래한다. 그중에서도 현물환, 즉 통상적으로 거래 당일(거래일+0), 익일(거래일+1영업일), 익익일(거래일+2영업일)에 결제가 되는 외환 거래를 담당하는 트레이더를 현물환 트레이더, 또는 스폿 트레이더라고 한다.

트레이더였다. 현물환 트레이더는 가장 단순한 거래, 복잡함과는 거리가 먼 거래를 하며 천박하고 멍청한 것으로 정평이 나있다. 트레이더들은 FX 트레이더를 원숭이라 부르고, FX 트레이더들은 현물환 트레이더를 원숭이라 부른다. 따라서 현물환 트레이더는 원숭이 중의 원숭이라 할 수 있다. 하지만 가나자와는 그렇지 않았다. 냉정하고 세련됐으며 조용했다.

가나자와는 내가 출근한 첫날 나에게, 아니 사실 그 누구에게도 말을 걸지 않았다. 그런데 일과가 끝날 무렵인 정확히 6시 30분에 절제되고 유려하고 정확한 한 번의 동작으로 자리에서 일어서더니 의자를 부드럽게 책상 아래로 밀어 넣고 오른쪽으로 세 걸음 걸어간 후 갑자기 일본어로 고함을 질렀다.

그러자 내 주위에 있던 일본 남자 세 명, 즉 와타나베와 점심 전문가 두 명이 마치 군국주의 시대의 군인인 양 한목소리로 크게 아, 하는 감탄사를 내뱉었고 그 신음은 길게 숨을 내쉬는 듯한 쉬이이, 하는 소리로 이어졌다. 그리고 다 같이 일어서서 의자를 책상 밑으로 밀어 넣었다.

남자 네 명의 동작이 너무 똑같아서 발레의 군무처럼 보였다. 충격과 감동을 동시에 받은 나는 몸을 돌려 가나자와의 얼굴을 응시했다.

가나자와는 나를 향해 완벽한 직선으로 오른팔을 뻗었다. 손바닥은 안쪽으로 향하고 엄지, 검지, 중지는 쭉 뻗은 것이 명백히 총을 겨누는 모양새였다. 그 자세로 아주 잠깐 내 눈을 응시했는데 그의 눈은 굉음이라도 날 듯 강렬히 이글거렸다. 그리고는 손가락 총을 발사하듯 공중으로 튕겨 올렸다.

손짓은 언어의 장벽을 뛰어넘을 정도로 명확하고 단호했다. 나는 책상 밑을 더듬거려 배낭을 찾아낸 후 가나자와를 따라 도쿄의 밤으로 들어갔다.

9월 말 도쿄는 그 시간에 이미 어두웠고 하늘에는 파란색의 마지막 흔적만이 아스라이 남아있었다.

시간이 흐를수록 하늘은 검게 변하고 거리에는 점점 더 많은 네온사인이 불을 밝혔다. 하늘의 별들이 땅으로 떨어진 것 같았다.

지금 생각해 보니 그날 우리는 긴자 거리를 걷고 있었다. 긴자는 마루노우치 동쪽에 있는 지역으로 도쿄에서 최대 규모를 자랑하는, 사실상 전 세계에서 몇 손가락 안에 드는 거대한 쇼핑가로 알려져 있다.

하지만 그때 나는 지금 아는 것을 알지 못했다. 당시 내 눈에는 웅장하고 넓은 차도와 우리가 걷고 있는 보도만이 들어왔다. 보도 한쪽에는 완벽히 다듬어진 가로수가, 나머지 한쪽에는 고층 건물이 줄지어 서있었다. 그리고 그 우뚝 솟은 건물들 측면에서는 내가 읽을 수 없는 네온사인들이 폭포처럼 쏟아지고 있었고 그 아래로 일본 남자 넷이 흰 셔츠와 검은 정장을 입고 두 사람씩 쌍을 이루어 걸어가고 있었다. 나는 찢어진 흰 운동화를 신고 톱맨에서 산 얇은 검은색 반외투를 입은 채 주위를 두리번거리다 간혹 위를 올려다보기도 하며 그 뒤를 따라갔다.

나는 그날 무엇을 기대한 것일까? 도쿄에서의 첫날 그 무더운 저녁에 흰 셔츠를 입은 일본 남자 네 명을 따라 도쿄의 밤으로 들어서며 무엇을 기대했을까? 나는 **오모테나시**를 기대했던 것 같다. 일본인의 환대 정신, 모든 것을 싸 들고 일본으로 이주하는 어리석은 백인 소년들이 기대하는 것은 바로 그런 것이 아닐까? 새롭고 색다른 장소의 품에 안기는 것, 따뜻이 맞아주는 분위기에 안기는 것, 그런 것이 아닐까?

네 사람은 갑자기 오른쪽으로 방향을 틀더니 둘이 나란히 걷기에도 힘겨운 좁은 골목길로 들어섰다. 그리고 골목 안 어느 작은 식당에서 네 사람은 강렬한 빨간색 카운터석에 앉아 완벽한 화음을 자랑하며 후루룩후루룩 국수를 먹었고 나는 그 옆에서 국수를 바닥에 연신 떨어뜨렸다. 내가 와타나베에게 '카운터'를 일본어로 어떻게 말하는지 묻자 그는 '가운타아'라고 답했다. 식당에서 나와 조금 걸어가니 두 번째 골목길이 나왔다. 우리는 골목길에 있는 한 건물로 들어가 승강기를 탔다. 나를 포함해 남자 다섯 명이 겨우 들어갈 수 있는 작은 승강기였다. 그 누구도 나에게 목적지를 알려주지 않았다. 그리고 그때부터 뭔가 일이 잘못되기 시작했다.

호스테스 바, 소푸란도,[4] 호스테스 가라오케, 이 장소들을 어떻게 표현할 수 있을까? 나는 그 장소들에 관해 이 책을 읽는 독자들의 궁금증을 채우고도 남을 만큼 많이 알고 있다. 하지만 정작 그 장소를 묘사해보라고 하면 그냥 '여자들이 많았다'라는 말밖에는 생각나는 것이 없다. 정말 여자들이 많이 있었다(다시 한번 분명히 말하지만, 사전에 그 누구도 나에게 목적지를 알려주지 않았다).

나이 많은 여자도, 젊은 여자도 있었다. 정말 많았다. 마법사 또래의 여자들도 있었다. 화려한 장식이 있는 커다란 방들이 있었고 그보다 작은 개인실도 있었다. 그리고 여자가 할당됐다. 할당 과정은 계속 이어졌다. 그리고 그때마다 내게도 한 명이 할당됐다.

여자들이 담뱃불을 붙여주고 술을 이것저것 뒤섞어 잔에 부어주었다.

---

4   ソープランド, 소프랜드(soap land). 퇴폐 목욕탕을 가리키는 명칭으로 일본 성매매 업소 중 하나이다.

그리고 다들 농담을 주고받으며 음흉하게 웃기 시작했다. 미안한데 나는 일본어를 못해요. 여자가 키득거리며 웃더니 내 허벅지를 만지작거렸다.

그런 상황에서 정상적인 사람이면 어떻게 해야 할까? 그럴 때는 그냥 집에 가는 것이 맞았을 수도 있다. 하지만 나는 그러지 않았다. 왜 안 그랬을까?

나는 정신을 부여잡고 술을 천천히 마시려 했지만 잔이 늘 가득 채워져 있어서 얼마나 마셨는지 가늠하기가 어려웠다. 점심 감별사들은 이제 넥타이를 머리에 매고 있었다. **후렌도, 후렌도, 구 여자눈, 아다루토 무비 스타야.**

사방이 흐릿하게 보이기 시작할 무렵 우리는 구겨지듯 택시에 타고 다음 장소로 이동했다. 그곳에서 와타나베는 영국 밴드 오아시스(Oasis)의 〈원더월(Wonderwall)〉을 불렀고 가나자와는 자리에서 벌떡 일어나 한 마리 짐승처럼 셔츠의 가슴 부위를 부여잡더니 북 하고 찢어버렸다. 그 와중에 내 옆에 앉은 젊은 여자는 자기 어깨를 자꾸 내 겨드랑이로 밀어 넣고 있었다. 여자는 스무 살쯤 돼 보였고 아주 예뻤다. 미안한데 나는 일본어를 못해요.

내가 애써 벗어나려 하자 여자가 출입문에 난 작은 창을 초조한 표정으로 쳐다봤다. 시선을 따라가 보니 한 남자가 우리를 지켜보고 있었다. 몇 분 후 문이 열리더니 그 여자가 나가고 나를 위해 다른 여자가 들어왔다.

"있잖아요, 당신은 정말 정말 사랑스럽고, 음, 흠잡을 데 없어요. 그런데… 정말 미안해요, 내가 일본말을 할 줄 몰라서… 그런데 그냥 내가 하고 싶은 말은 나는 괜찮다는 거예요. 나는 아무도 필요 없어요. 그래서… 네, 이게 어떻게 돌아가는지는 잘 모르겠지만, 그러니까… 그냥 하고 싶은 대로 하셔도 돼요. 원하시면 집에 가셔도 돼요."

내 말은 여자에게 전달되지 않았다. 안 그래도 음악 소리가 큰데 점심 감별사들이 마이크에 대고 일본 전통 발라드인가 뭔가를 목청껏 불러대는 통에 잘 들릴 리가 없었다. 그래서 나는 몸을 숙여 여자의 귀에 대고 똑같은 말을 했다. 그리고 다시 얼굴을 쳐다봤을 때 여자는 미소를 지으며 내 어깨에 손을 올리더니 고개를 살짝 옆으로 기울였다. 그 후로 여자가 네 번 더 바뀌었다.

그리고 그러는 동안 내 영혼의 일부분은(남은 영혼이 있기는 했는지 모르겠지만) 새로운 여자들이 끊임없이 나타나는 그 일종의 컨베이어 벨트 위에서 서서히 죽어갔다. 마침내 영어를 약간 할 수 있는 여자가 내게 할당됐다. 가게에서는 왜 진작에 그 여자를 나한테 보내지 않았을까?

"제발, 제발, 제발 당신이 다른 사람으로 바뀌지 않게 해주세요."

"그러려면 단신이… 더… 마니… 핸보크해져야 돼요."

그 순간 나는 깨달았다. 나는 단 한 번도 행복해지려고 노력한 적이 없었다. 그와 동시에 이미 너무 늦은 것은 아닐까 하는 생각도 들었다.

   트레이딩 게임

5장

"그래서 어떻게 그렇게까지 많은 돈을 벌 수 있었어요?"

아서는 내가 함께 일했던 다른 트레이더들과는 여러모로 달랐다. 이 질문이 그 대표적인 예였다. 나는 지난 2년간 씨티은행에서 몇 손가락 안에 드는 트레이더였지만 내게 그런 질문을 한 사람은 단 한 명도 없었다.

"쉬워. 그냥 이자율이 영원히 0퍼센트로 유지된다는 데 베팅했어."

"하!"

아서가 큰 소리로 웃음을 터뜨렸다. 짧고 아주 날카로운, 호주 사립학교 출신들의 전형적인 너털웃음이었다.

"이자율이 영원히 0퍼센트로 유지되는 것은 불가능해요."

아서는 멍청한 질문도 많이 하고 대담한 발언도 많이 했다. 나는 그 점이 좋았다. 아서가 그런 질문이나 발언을 한 이유는 경제학을 공부한 적이 없기 때문이다. 아서는 음악을 공부했다. 이전 직업이 콘서트 피아니스트인가 뭐 그런 거였다. 보수가 워낙 좋으니 이제 피아니스트들마저 트레이더가 되고 싶어 하는 건가?

요즘 학생들은 경제학을 공부하지만 자기가 배우는 내용을 제대로 이해하지 못한다. 이전에는 경제학을 전공하는 학생이었고 지금은 경제학을 가르치는 교수들이 그 내용을 제대로 이해하지 못했기 때문이다. 드물지만 자기의 무지를 깨닫는 학생도 있다. 그런 학생은 자신의 이해가 부족한 걸 깨달을 만큼 똑똑할 뿐만 아니라 그 부분에 대해 교수에게 질문할 만큼 용감해지기도 한다. 그리고 그러한 질문을 받으면, 자기 과목을 자신도 제대로 이해하지 못한다는 사실을 지난 수년간 알면서도 무시하거나 잠재의식 속에 억누르고 지내왔을 교수들은 잠깐이지만 심리적으로 고통을 느끼게 된다. 한편으로는 아버지가 자기를 결코 자랑스러워한 적이 없었다는 쓸쓸한 과거도 불현듯 떠오를지 모른다. 그러고 나면 교수들은 그 억압된 감정을 다시 잠재의식이라는 금고에 도로 밀어 넣고 잠금장치로 안전히 가두어버리기 위해 상대방에게 수치심을 주거나 상대방이 포기할 정도로 길고 지루한 답변을 한다(이는 지적으로 탄탄하지 못한 사람들이 곤란한 질문을 받았을 때 흔히 하는 행동들이다). 결국 경제학을 공부하는 사람들은 그 과정을 겪으면서 멍청한 질문을 절대 하지 않게 된다. 물론 여기서 멍청한 질문이란 반드시 물어야 할 매우 중요한 질문일 경우가 대부분이다.

아서는 그런 과정을 거치지 않은 덕분에 멍청한 질문을 서슴없이 했고 피아노도 아주 잘 칠 수 있게 되었다. 다행이었다. 정말 운이 좋았다.

"당연히 이자율은 영원히 0퍼센트로 유지될 수 있어. 왜 불가능하다고 생각해?"

"음…."

이 부분에서 아서가 잠시 생각에 잠겼다. 나는 아서가 좋았다. 생각하는 것이 눈에 빤히 보였다.

"글쎄요, 현재 상황은 일시적이니까요. 국가 부채로 인한 위기잖아요.

트레이딩 게임

경제가 회복되면 이자율도 다시 제자리로 오겠죠.”

“똑똑하네. 그런 건 어디서 읽었어? 그런데 경제는 지옥으로 떨어질 거야.”

“하!”

아서는 자주 웃었다. 그것도 정말 큰 소리로 웃었다. 웃음만이 아니었다. 사실 뭘 하든 소리가 컸다. 도쿄의 트레이딩 플로어는 내가 여태껏 가본 트레이딩 플로어 중 가장 조용했다. 그래서 아서가 말을 하면 모든 사람이 들을 수 있었다. 하지만 아서는 개의치 않았다. 그럴 이유가 없었다. 아서는 자유세계의 차기 지도자가 될 사람이었다.

“경제가 지옥으로 떨어진다니, 도대체 그게 무슨 말이에요?”

“무슨 뜻인지 모르겠어? 경제는 절대 나아지지 않아. 일시적 현상이 아니야. 이제는 돌이킬 수 없어. 지금부터 그냥 내리막이야. 매년 점점 더 나빠질 일만 남았어.”

“뭐가 내리막이라는 거죠? 이자율? 주식 시장?”

“뭐? 주식 시장? 아서, 너 이것보다는 똑똑한 거 아니었어? 5년 동안 잠만 퍼질러 잤어? 경제가 망하면 주식 시장에는 좋은 거야. 주가가 하늘까지 급등해.”

내가 한 말은 정확했다. 내 이론은 점점 더 현실에서 증명되고 있었다. 아서는 내가 한 말을 잠깐 곱씹더니 이렇게 말했다.

“그런데 왜 경제가 망하죠? 그런 말을 하는 사람은 없어요. 단 한 사람도 없어요. 왜 경제가 망해요?”

“젠장, 아서! 남들이 믿는 것만 믿으면 평생 한 푼도 못 벌걸. 시장의 일부분이 돼버리면 시장을 이길 수 없지. 돈은 남들이 틀렸을 때 버는 거야.”

아서가 내 대답에 완전히 당황한 듯한 표정을 짓는 동안 나는 그가 지금 내 옆에 앉아있는 대신 콘서트장으로 돌아가는 편이 낫지 않을까 하는 생각을 하고 있었다.

"좋아, 그러면 조금 더 설명해 줄게. 문제는 불평등이야. 중요한 건 불평등이라고. 거기에 베팅하면 너도 백만장자가 될 수 있어."

아서는 마지막으로 한 차례 더 너털웃음을 터뜨렸지만 이내 내 말이 진심임을 깨달았다.

"불평등요?"

"맞아, 불평등, 부자들은 자산을 얻고 가난한 사람들은 빚을 지는 그런 불평등을 말하는 거야. 가난한 사람들은 달랑 집 한 채 있는데 그 집에서 계속 살려면 월급 전부를 부자들한테 갖다 바쳐야 해. 부자들은 그 돈으로 중산층이 보유한 자산을 더 사들일 테고, 문제는 매년 더 심각해지겠지. 그러다 보면 경제 구조에서 중산층도, 소비력도 영원히 사라질 거야. 부자들은 훨씬 더 부자가 되고 가난한 사람들은, 글쎄, 그 사람들은 그냥 죽겠지."

아서는 내가 한 말을 잠시 곱씹었다. 아서의 머릿속에서 톱니바퀴가 부지런히 움직였다.

"그러면, 그렇다면 이자율은 어떻게 될까요?"

"0퍼센트로 유지되겠지."

"음… 그러면 유로달러를 사야 한다는 말이에요?"

아서는 보기보다 똑똑했다.

우리의 대화가 흥미로워 보였던 것 같다. 늘 그렇듯 모니터를 통해 우리 두 사람을 볼 수 있던 루퍼트가 모니터의 음소거를 제거한 후 큰 소리로 내 이름을 불렀다. 안타깝게도 당시 루퍼트는 이 행위를 무척 좋아해 습관처럼 자주 했다.

"게리! 다행히 아서와 잘 지내는 것 같네. 그런데 방금 무슨 이야기를 한 거야?"

그 무렵 나는 표정에서 루퍼트에 대한 경멸을 숨기기가 점점 어려워졌다. 그렇지만 확신하건대 루퍼트는 그 사실을 전혀 눈치채지 못했을 것이다. 루퍼트는 사람들의 표정이 다 그런 줄 알았을 것이다. 내가 눈과 입술에 경련이 나기 시작해 아무런 대답을 하지 않자 아서가 그 침묵을 깨고 큰 소리로 대답했다.

"경제학요!"

"아…. 경제학! 나도 경제학을 무척 좋아해! 나는 게리가 훌륭한 경제 전문가가 될 줄 처음부터 알고 있었어. 그래서 게리를 채용한 거야. 그런데 게리, 네 생각에 씨티은행에서 최고의 경제 전문가는 누구야?"

당시 루퍼트 말고도 자신이 나를 채용했다고 주장하는 사람은 여섯 명이 더 있었다. 따지자면, 어쨌든 루퍼트는 나를 라스베이거스로 데려갔으니 그의 주장이 그중에서는 그나마 신빙성이 있는 편에 속했다. 나는 간신히 눈의 경련을 진정시키고 짧게 대답했다.

"빌 상무님요."

루퍼트는 충격을 받았다.

"빌은 경제 전문가가 아니야!"

루퍼트는 내 말이 농담이라고 생각했다.

"좋아요. 그러면 나예요. 내가 최고의 경제 전문가예요."

루퍼트와 아서는 내 대답이 마음에 들었는지 둘 다 신나게 웃었다. 내 모니터는 두 화면을 동시에 담고 있었다. 주 화면으로는 루퍼트를 볼 수 있었고 모니터 모퉁이에 있는 작은 화면으로는 우리 두 사람의 모습을 볼 수 있었다. 그 작은 화면으로 아서의 아름다운 진줏빛 미소가 보였다. 루퍼트는 호주로 옮겨 간 후 치아 성형을 받았다. 그 덕에 그의 치아도 이제 피아노 건반처럼 완벽했다.

그때 갑자기 작은 화면 속 내 모습 뒤로 케일럽의 얼굴이 나타났다. 그리고 동시에 내 어깨에 그의 묵직한 손이 느껴졌다.

"루퍼트, 잘 지내? 그런데 다들 무슨 일로 그렇게 즐거운 거야?"

"안녕, 케일럽! 게리와 이야기 좀 하고 있었어. 게리가 말하길 자기가 은행 최고의 경제 전문가라는데."

케일럽도 나머지 두 사람과 마찬가지로 그 대답이 재미있다고 생각했는지 이제는 세 사람 모두가 이를 드러내고 광대뼈를 올려가며 활짝 웃기 시작했다.

"음, 그런데 그 말은 사실이잖아. 게리는 탁월한 경제 전문가야. 나는 처음부터 알았어. 트레이딩 게임을 할 때부터 알고 있었거든. 그래서 게리를 채용했지."

그러고 나서 케일럽은 잠시 말을 멈추더니 자세를 다시 가다듬은 후 좀 더 진지한 어조로 말을 이어갔다.

"나는 게리에게 첫 번째 성과급을 준 날을 잊을 수가 없어. 얼마를 주든 게리에게는 엄청난 금액이리라는 것을 알았지만 나는 게리가 인정받는 기분을 느끼길 바랐어. 그리고 5만 파운드를 주었을 때 게리가 어떤 표정을 지었는지 알아? 난 그 표정을 절대 잊지 못할 거야."

세 남자가 모두 따뜻이 미소 지으며 나를 쳐다보는 동안 나는 그저 모니터만 들여다봤다. 5만 파운드가 아니라 1만 3,000파운드였다. 나는 케일럽이 당사자를 앞에 두고 왜 그토록 뻔뻔하게 거짓말을 하는지 궁금했다. 세 사람 모두 아주 완벽한 미소를 지었지만 나는 전혀 웃지 않

트레이딩 게임

았다. 빛나는 세 사람 사이에서 나는 시커먼 쥐새끼처럼 보였다.

그 무렵 전 세계 이자율이 마지막으로 한 차례 더 하락하면서 나는 상당한 돈을 벌었고 동시에 아서의 영원한 충성심도 얻었다. 하지만 이윽고 나에게 일어날 수 있는 최악의 사태가 벌어졌다.

시장의 이자율 전망이 0퍼센트로 떨어지면 모든 사람이 더 이상 틀리지 않게 된다. 모두가 맞는 판단을 하게 된다는 의미다. 그런데 마침내 내가 그 포지션을 잡은 지 거의 2년 만에 처음으로 모두가 내 의견에 동의하기 시작했다. 경제는 영원히 망**했고** 경기 회복도, 이자율 정상화도 **없을 것이라는** 전망이 시장의 대세가 되었다. 이렇듯 모든 사람이 맞는 판단을 하고 내 의견에 동의하는 것이야말로 내게는 최악의 상황이었다. 이제 돈을 벌 방법이 사라져 버렸다.

몇 달 전만 해도 나는 전 세계에서 손꼽히게 영향력 있는 트레이더였다. 요동치는 시장에서 매일같이 수천억 달러를 거래했다. 하지만 그 시절은 이제 끝나버렸다. 나는 이제 엔 트레이더였다. 일본 은행이 아닌 미국 은행의 엔 트레이더였다. 일본 이자율은 절대 움직이지 않았고 시장은 죽었다는 표현이 모자랄 정도로 완전히 죽어있었다. 게다가 나는 내가 한 호가를 와타나베가 취소해도 그러한 행동에 반격할 기운도 없었다.

그게 다였다. 트레이딩 게임을 지속할 고객도 없었고, 경제가 이미 죽었기에 경제가 망할 것이라는 데 베팅할 수도 없었다. 아무것도 없는 상황에서 아서, 와타나베, 나, 그리고 온종일 점심에 관해 이야기하는 두 남자만 있었다.

나는 더 이상 트레이딩을 하지 않았다. 정말 오랜만에 겪는 상황이었다. 나는 마우스와 키보드 위에 놓인 손을 내려다봤다. 그리고 그제야 내 양손이 얼마나 텅 비었는지를 깨달았다. 왜 이렇게 됐을까?

슬쩍 오른쪽을 봤다. 와타나베가 있었다. 와타나베는 작은 골판지 그릇에 담긴 국수를 젓가락으로 후루룩거리며 먹고 있었다. 소리가 역겨웠다. 솔직히 와타나베를 너무 미워하고 싶지는 않다. 와타나베가 조언을 핑계로 내 거래를 모두 취소했지만, 나는 그가 왜 그랬는지 이해한다. 나는 그곳에서 그가 하던 업무를 했고 일도 별로 하지 않았는데 그가 이제껏 벌었던 것보다 더 높은 수익을 올리고 있었다. 그 모든 것이 그에게는 달갑지 않은 일이었다. 게다가 그에게는 그가 받는 트레이더 급여를 보고 결혼을 결심한 아내가 있었다. 그는 그 급여를 반드시 지켜야 했다. 그렇다고 해서 그의 처지가 특별했다는 말은 아니다. 그런 곤경에 직면했던 트레이더는 그전에도 많이 있었다. 어쨌든, 개자식이었지만 나는 여전히 그가 잘되기를 바란다.

이번에는 왼쪽을 봤다. 아서가 있었다. 아서는 우리가 세상의 종말에 베팅해서 돈을 벌었을 때 무척 기뻐했다. 나는 그전에 더 큰돈을 벌었을 때도 아서가 기뻐한 것처럼 그런 식으로 기뻐하진 못했던 것 같다. 세상의 종말이 오면 아서의 부모님이 아니라 우리 부모님 같은 사람들이 고통받을 것이 분명했기 때문이다.

이번에는 고개를 들어 왼쪽 위에 있는 모니터를 들여다봤다. 루퍼트, 공교롭게 그 남자도 작은 골판지 그릇에 담긴 국수를 먹고 있었다. 그의 모니터가 음소거 상태여서 정말 다행이었다. 나는 난생처음 내가 루퍼트를 증오한다는 것을 깨달았다. 증오가 아니라 경멸이었나? 지금도 여전히 모르겠다. 그런데 증오나 경멸이나 그게 그것 아닌가? 나는 내가 자신을 증오한다는 사실을 루퍼트가 알고 있는지 궁금해졌다. 한편으로 내가 그를 증오하는 이유도 생각해 보았다. 루퍼트가 내 경력에 많은 도움을 주었다는 것은 엄연한 사실이다. 그런데 루퍼트가 내게 더 많은 도움을 줄수록 나는 그를 더 증오했다. 정확한 이유는 모르겠다. 그냥 그렇게 되어버렸다.

다시 왼쪽을 바라보았다. 아서 옆에는 점심 감별사들이 있었다. 두 사람은 점심으로 먹은 덴푸라덮밥이 맛있었다며 칭찬하고 있었다. 두 사람이 나에게도 같은 덴푸라덮밥을 사다 주었기 때문에 나도 그 사실을 이미 알고 있었다. 맞다. 두 사람의 잘못은 아니었다. 그들은 누군가의 미움을 살 만한 사람들이 아니었다.

이제, 두 사람 옆에 있는 가나자와를 쳐다보았다. 가나자와는 잔뜩 긴장한 상태로 시선을 모니터에 고정하고 있었다. 가나자와의 탓도 아니었다. 그는 나를 자신들의 한 명으로 받아들이기 위해 최선을 다했다.

그리고 그 맨 끝에는 내가 태어나서 처음으로 보았던 트레이더, 케일럽 저크먼이 있었다. 케일럽은 어떻게 내가 이곳에 적응할 수 있다고 생각했을까? 여기에는 시장도, 고객도, 진짜 트레이더도, 전투도, 승리도 없는데, 왜 이런 곳에 나를 데려왔을까? 그때 처음으로 한 가지 생각이, 어쩌면 내가 모든 걸 잘못 알고 있었는지도 모른다는 생각이 스쳐 지나갔다. 케일럽이 정말 내 인생에서 처음 본 트레이더였을까? 케일럽이 정말 트레이더였을까?

나는 다시 모니터 쪽으로 시선을 돌렸다. 그리고 주머니에서 휴대전화를 꺼내 화면을 빠르게 훑어보았다. 아무도 없었다. 거기에는 가족, 옛 친구, 전 여자친구처럼 내가 밀어낸 사람들밖에 없었다. 마법사에게는 언제든 문자를 보낼 수 있었다. 마법사는 나를 이해하는 유일한 사람이었다.

하지만 나는 그러지 않았다. 휴대전화를 옆에 치워놓고 기다렸다. 게리, 기다리다 보면 언젠가 다시 기회가 올 거야. 다시 트레이딩을 할 수 있을 거야. 어쩌면 나는 이미 이때부터 미쳐가고 있었던 것 같다.

지금 생각해 보면 당시 내가 썩 괜찮은 상태가 아니라는 것을 이미 눈치챈 사람이 있었던 듯하다. 어느 날 고위 경영진이 쿠스케 타무라라는 어린애를 내 보조 트레이더로 데려왔다. 이제 한 명이 할 일을 네 명이 하게 됐다. 까도 까도 계속 나오는 빌어먹을 러시아 인형 같았다. 물론 타무라는 할 일이 없었기 때문에 온종일 거대한 스프레드시트를 만들고 STIRT의 모든 시장을 분석하며 시간을 보냈다.

어느 오후 나는 타무라가 스프레드시트 전체를 선택하고 전부 삭제한 다음 처음부터 새로 시작하는 모습을 우연히 보게 됐다. 그래서 다음 날 와타나베가 없는 틈을 타 타무라를 한쪽으로 불러내 아주 조용히 물어 보았다.

"있잖아, 어제 스프레드시트 전체를 삭제했지?"

타무라는 이스터섬의 모아이 석상처럼 무척 진지한 표정으로 한 치의 망설임도 없이 고개를 끄덕였다. 나는 당황해서 다시 물었다.

"뭐? 젠장, 도대체… 왜 그랬어?"

타무라는 양쪽 어깨 너머로 뒤쪽을 슬쩍 살피더니 내 눈을 빤히 쳐다 봤다.

"작업을 끝내면 안 돼요. 절대 끝내면 안 돼요. 일을 빨리 끝내면 일을 더 많이 줘요."

솔직히 말하면 나도 타무라와 비슷한 문제를 안고 있었다. 하지만 내 경우는 진짜 문제였다. 나는 거의 1년 동안 아무 일도 하지 않았다. 런던을 떠나기 전 마지막 9개월 동안에도 마찬가지였다. 나는 거의 트레이딩을 하지 않았다. 그때는 타이치가 나 대신 대부분의 일을 처리했다. 그런데 이제는 일하고 싶어도 거래 자체가 없었다.

내가 게을러서가 아니었다. 어찌 된 영문인지 능력이 사라졌다. 일할 능력도, 무언가에 신경 쓸 능력도 잃어버렸다. 하다못해 소파조차 살 수 없었다. 3시간 동안 아무것도 먹지 않으면 속에서 불이 난 듯 위가 쓰리기 시작했다. 그렇지 않았다면 나는 식사도 그만뒀을 것이다. 매일 샤워를 하는 것조차 힘든 일이 되었다.

그래도 여태까지는 돈이라도 벌었다. 항상 벌었다. 유일하게 쉬운 일이었다. 재앙에 베팅하기만 하면 됐다. 경제의 종말, 세상의 종말에 베팅하는 것이 나를 다른 사람들과 연결해 주는 마지막 끈이었다. 그런데 이제 갑자기 나는 그 끈조차 잃어버렸다.

나는 아침 8시에 출근했다. 할 일이 전혀 없는데도 모든 사람이 아침 8시에 출근했다. 시장의 모든 중요한 움직임은 런던과 뉴욕의 거래 시간대, 즉 도쿄 기준으로 늦은 오후부터 다음 날 이른 새벽까지 이루어진다. 빌어먹을 물고기 말고는 도쿄 시각으로 아침 8시에 깨어 활동하는 존재는 이 망할 금융 시장 어디에도 없다. 그래도 우리는 여전히 출근해야 했다.

아주 작디작은 거래들이 있었다. 아주 소규모지만 엔 FX 스와프 물량이 있었다. 나는 그 물량을 20분이면 처리할 수 있었지만 최대한 천천히 하면 오전 10시까지도 할 수 있었다. 그 후에는 할 일이 뭐가 있었을까? 아무것도 없었다. 아서와 타무라를 상대로 경제와 관련한 잡다한 이야기를 나누고 점심 감별사들과는 일본어를 연습했다. 사실 그들도 하나

같이 나만큼 한가했지만 일하는 척하는 데 매우 탁월한 재능이 있었다.

안타깝게도 나는 그런 재능이 없었다. 그래서 오전 10시 이후에는 잠을 잤다. 책상에 양발을 올려놓거나, 어떨 때는 그대로 바닥에 둔 채 낮잠을 청했다. 속이 미치도록 쓰라려오면 그때야 잠에서 깨어 국수를 사러 뛰어갔다. 런던 데스크의 손익명세서를 화면에 띄우고 타이치가 내 예전 업무를 맡아 얼마나 잘하고 있는지를 확인할 때도 있었다. 작은 봉지에 1엔 동전 300개 정도가 모이면 그 돈으로 1층에 있는 구내식당에 가서 이름 모를 일본 과자 몇 개와 녹차를 사 오기도 했다. 그것 말고는 정말 아무것도 없었다. 젠장, 정말이다. 할 일이 아무것도 없었다.

그런데 와타나베가 그 상황을 싫어했다. 와타나베는 내가 하는 모든 것을 증오했다.

일본에는 누군가에게 화가 났을 때 그 사실을 말하지 않는, 적어도 직접적으로는 말하지 않는 이상한 문화가 있다. 일본 사람들은 그 불편한 감정을 말로 표현하는 대신 신체적 고통으로 드러낸다.

예를 하나 들어보겠다. 초급 일본어 교재를 펼치면 맨 앞쪽에 나오는 단어 중 하나가 '아니요'를 뜻하는 '이이에(いいえ)'이다. 엄밀히 말해 이 단어는 사전에 등재된 정식 단어이지만 실제로 사용하는 사람은 아무도 없다. 왜 그럴까? 간단하다. 실생활에서 '아니요'라고 **말하는** 사람이 없기 때문이다. 사람들은 직접적으로 말하는 대신 코로 신음 비슷한 소리를 낸다. 그 소리가 통상적으로 '아니요'라는 의미로 받아들여지며 그마저도 친구들 사이에서만 쓸 수 있다. 결과적으로 일본인들은 매우 가까운 사람에게만 '아니요'라는 의사를 표현하고 그렇지 않은 사람에게는 '아니요'라는 말을 전혀 하지 않는다.

그렇다면 토요일에 같이 놀자는 제안을 받았을 때 하필 그날 중요한

트레이딩 게임

데이트가 있다면 어떻게 해야 할까? '아니요'라고 말해야 할까? 당연히 그러면 안 된다. 그때는 마치 치통에 시달리는 것처럼 고개를 옆으로 갸우뚱한 채 얼굴을 찡그린 후 이를 악물고 그 사이로 급격히 숨을 들이마셔야 한다. 그러면 상대방은 그 고통스러운 표정을 '아니요'라는 뜻으로 해석하고 물러서게 된다.

와타나베도 이런 유형의 행동을 반복하기 시작했다. 문제는 내가 그 행동을 이해하지 못했다는 것이다. 내가 책상 위에 발을 올려놓으면 와타나베는 마치 내가 그의 발을 밟기라도 한 것처럼 이 사이로 쉬익, 하는 소리를 냈다. 내가 고개를 돌려 어리둥절한 표정으로 와타나베를 쳐다봤다가 다시금 고개를 돌려 졸기 시작하면 이제 와타나베는 로마 황제로부터 화살형을 받은 성 세바스티안(Saint Sebastian)처럼, 등 뒤에 박힌 화살을 뽑아내듯 몸을 뒤틀고는 잔뜩 목쉰 소리로 천천히 숨을 내쉬곤 했다. 그러면 나는 눈치 없이 한쪽 눈을 슬쩍 뜨고 걱정스러운 표정으로 그를 쳐다봤다. 그처럼 자신의 불쾌감을 전달하는 데 계속 실패하자 와타나베는 행동의 강도를 점점 높여갔다. 급기야 모든 장기가 망가진 것처럼 행동하기 시작했다. 나 역시 그의 기이한 행동을 보며 서서히 미쳐갔다. 그리고 참다못해 화장실에 가서 양치질을 한다는 핑계로 자리를 비우기 시작했다. 하지만 사람이 하루에 양치질을 할 수 있는 횟수는 한정되어 있다. 양치질을 핑계 삼을 수 있는 횟수도 마찬가지다.

결국 나는 달리 할 일이 없어서 다른 사람들이 하는 일, 오늘날에도 모든 고층 건물의 창문 너머에서 사람들이 여전히 하고 있을 일을 해보기로 했다. 나는 자리에 앉아 일하는 척하기 시작했다.

결과는 좋지 않았다. 속쓰림이 더 심해졌고 가뜩이나 없던 살이 더 빠졌다. 나는 PPIs를 좀 더 처방받기 위해 비싼 비용을 내고 민간 의료 기관에 등록해야 했다.

정신을 딴 데로 돌려보려고 요리도 시도했다. 하지만 런던에서 요리를 많이 해봤는데도 일본에서는 요리를 시도할 때마다 늘 뭔가 잘못됐다. 소고기를 샀는데 알고 보면 돼지고기를 샀다거나 반대로 돼지고기를 사려고 했는데 소고기를 사는 등 모든 게 꼬이기만 했다. 대체 왜 일본 소고기는 돼지고기처럼 보이는 것일까?

그렇게 저녁을 만들다가 실패하면 나는 굶주린 유령처럼 음식을 찾아 아카사카 뒷골목을 헤매었다. 아카사카는 고급 상업지구여서 식당이 엄청나게 많았다. 하지만 어느 식당에 가도 영어를 할 줄 아는 사람도, 영어 메뉴판도 없었다. 그렇게 이리저리 떠돌다 결국 아무 스시 가게로 들어가 말없이 어깨를 으쓱하면 어쨌든 종업원이 내게 자리와 먹을 것을 내주었다. 그런 가게에서 먹는 음식은 비싼 가격임에도 양이 충분한 적이 한 번도 없었다. 그런 날에는 결국 집으로 돌아오는 길에 빅맥으로 남은 허기를 채워야 했다.

수면의 질도 점점 나빠졌다. 나는 사무실에서 다시 졸기 시작했고 그 영향인지 밤에 숙면하는 것이 더욱 힘들어졌다. 잠이 들더라도 새벽 두세 시에 식은땀을 흘리며 깨어나곤 했다. 그렇게 깨어나면 나는 운동화를 신고 고쿄가이엔까지 달려갔다. 약 5킬로미터에 달하는 황궁 둘레길을 한 바퀴 다 돌 때까지 계속 달렸다. 그래야 그나마 한 시간 정도는 더 잘 수 있었다. 건물 꼭대기 층의 피트니스 클럽이 열려있으면 러닝머신에서 5킬로미터를 달렸다. 어느 순간 나는 5킬로미터를 거의 18분 안에 완주할 수 있는 수준까지 도달하게 됐다. 그러던 어느 새벽 나는 18분의 벽을 깨기 위해 속도를 내어 달리다가 도중에 멈춰야만 했다.

그리고 곧장 방으로 돌아가 구토를 했다. 어느 날부터인가는 잇몸에서 피가 나기 시작했다. 병원에 가니 의사가 내게 양치질을 너무 세게 하지 말라고 했다.

사람들이 나를 걱정하기 시작했다. 내 몸무게는 이제 55킬로그램까지 떨어졌다. 케일럽도, 경영진도 나를 걱정했다. 그들이 내 몸무게의 변화를 알아차렸는지는 알 수 없지만 직업윤리적 측면에서 내 불성실한 태도로 인해 모두가 당혹한 것은 확실했다. 케일럽은 자기 상사들에게 점심시간에 햄버거 100개를 배달하는 그런 아이를 데려오겠다고 약속했는데 정작 나는 대부분의 시간을 자거나 양치질을 하며 보내고 있었다.

케일럽이 나를 집으로 초대했다. 케일럽은 도쿄의 요요기 지역에 살고 있었다. 케일럽의 집은 무척 아름다웠으며 근처에는 도쿄에서 가장 큰 신사인 메이지신궁(明治神宮)과 도쿄에서 가장 큰 공원인 요요기공원(代々木公園)이 있었다. 나는 케일럽의 가족들, 그러니까 그 잘못 설치된 온도 조절 장치 때문에 케일럽과 고난의 시간을 함께했던 아름다운 아내와 아이들을 만났다.

다들 친절했다. 정말 모두가 사랑스럽고 친절했다. 우리는 함께 저녁을 먹고 술을 마셨다.

하지만 중요한 무언가가 빠져있었다. 내가 점점 사라지고 있는데도 그 사실을 알아채는 사람이 없었다. 내가 그 자리에 없다는 것을 눈치챈 사람이 아무도 없었다.

나는 그날 밤 케일럽에게서 무언가, 중요한 무언가를 찾으려고 애썼다. 힘겹게 대화를 시도하며 케일럽에게서 내가 붙잡을 수 있는 무언가,

인간적이면서도 내게 의미 있는 무언가를 찾으려고 애썼다.

하지만 아무것도 없었다. 결국 케일럽도 그렇게 나에게서 사라진 존재가 되었다.

6장

　그 후로도 내 기운을 북돋기 위한 몇 번의 시도가 더 있었다. 개중에 가장 주목할 만한 시도는 플로렌트 르버프였다.

　이전에 서로 단 한 번도 만난 적이 없었음에도 플로렌트는 자신이 내 LSE 동급생이라는 이유만으로 한 치의 의심 없이 우리가 오랜 친구 사이라고 믿고 있었다.

　플로렌트는 꾀죄죄한 곰 인형 같았다. 체격은 땅딸막하고 자세는 끔찍이 나빴으며 옷매무새도 깔끔하지 못했지만 언제나 자신만만하고 활기찼다. 도쿄의 대다수 **가이진**과 마찬가지로 플로렌트도 되도록 많은 여성과 잠자리를 하겠다는 분명한 야망을 품고 일본으로 옮겨 왔다. 그러나 한편으로는 일본 매춘부들이 자기 정자를 훔치려 한다는 심각한 편집증에 시달리고 있었다. 나는 그 일종의 시적 대칭, 플로렌트가 품은 야망과 공포 사이의 균형감을 꽤 좋아했다.

　플로렌트는 내 기운을 북돋우려면 무엇을 해야 하는지 자신이 잘 알고 있다고 확신했다. 어느 저녁 플로렌트는 젊은 **가이진** 트레이더들을 불러 모았고 그들은 합세하여 나를 롯폰기로 끌고 갔다.

　아카사카의 바로 남쪽에 있는 롯폰기는 도쿄의 밤 문화를 대표하는 지역 중 하나이다. 롯폰기에 들어서면 거리 위를 가로지르는 거대한 고가도로가 가장 먼저 눈에 들어온다. 그 고가도로 아래에서는 일본판 허슬러들이 여자와 케밥을 쉴 새 없이 팔고 있으며 롯폰기 거리 끝에는 에펠 탑을 본뜬 커다란 주황색 도쿄 타워가 그 모든 광경을 내려다보듯 하늘 높이 솟아올라 있다.

롯폰기는 **가이진**으로도 유명하다. 다시 말해 롯폰기는 **가이진**이 가는 곳이다. 내가 도쿄에 살았을 때 일본인은 (지금도 그렇지만) 대부분 영어로 말하기를 부담스러워했고 그 때문인지 사실상 외국인을 상당히 피하는 편이었다. 하지만 롯폰기에 가면 그 문제는 자연히 해결됐다. 도쿄를 포함한 수도권의 인구가 3,800만 명에 달하고, 그중에 외국인에 대한 페티시즘적 집착을 가진 젊은 여성이 0.01퍼센트라고 쳐도 그 수가 3,800명이나 된다. 그리고 그 3,800명이 모두 롯폰기로 모여들었다.

그날 저녁은 작은 술집에서 시작됐다. 그 술집은 특이하게도 내부가 기차의 객차처럼 꾸며져 있었다. 술집의 고객층은 롯폰기 어디에서나 볼 수 있는 흔한 유형들, 외국인처럼 보이는 은행원들(물론 나도 그들 중 하나였다)과 어딘가 위태로워 보이는 일본인 여성들로 이루어져 있었다.

우리는 오는 길에 편의점에 들러 자몽 맛 **스트롱**을 한 캔씩 마신 상태였고(스트롱은 도쿄 어디에서나 볼 수 있는 흔한 알코올음료로, 강하다는 뜻의 이름과 어울리게 도수가 꽤 센 편이다) 그 술집은 2차였다. 플로렌트는 주문한 술이 오기를 기다리는 동안 나에게 자신만의 전략을 전수했다.

"저기, 저 여자 둘 보이지? 저 여자들을 건지면 돼. 음, 그러니까 하나, 둘 중 하나를 낚으면 돼. 어느 쪽이 마음에 들어? 선택권은 너한테 있어. 어쨌든 그냥 가서 인사만 하면 돼. 웃으면서 고개를 아주 살짝 숙이고 '안녕'이라고 말하는 거지. 눈을 마주치면서 네 소개도 하고. 이름을 알려주고 술을 사줘도 될지 물어봐. 두 사람한테 다 술을 사주는데 네 마음에 든 여자한테 말을 더 많이 걸도록 해. 그러다가 그 여자 팔을 쓰다듬으면서, 저기, 저쪽 구석 보이지? 저기로 가자고 해. 그러고 나면 그냥 직행이야. 그 길로 집에 데려가서 **끝내주는** 밤을 보내는 거지.”

내가 요청한 가르침은 아니었지만 나는 그 설명을 들으며 거의 점묘화에 가까운 플로렌트의 상세한 묘사력엔 감탄할 수밖에 없었다. 술집에서 2차를 한 후 3차로는 **개스패닉**(Gas Panic)이라는 나이트클럽에 갔다. 그리고 그곳에서 트레이더 중 한 명이 플로렌트가 공들여 만든 전략이 무색하게 처음 보는 여자에게 다가가 아무 사전 작업 없이 곧바로 여자와 애정 행각을 벌이기 시작했다.

나는 약간 속이 울렁거렸다. 상태가 얼굴에 드러났는지 플로렌트가 묵직한 팔로 내 어깨를 감싸더니 이렇게 말했다.

“친구, 걱정하지 마. 그럴 필요 없어. 마음을 편안히 가져. 이번에는 스트립클럽에 갈까?”

“우리가 뭔가 해야 할까?”

타무라가 새로운 보조 트레이더로 오면서 아서는 시드니로 돌아가야 했다. 안타깝게도 아서는 여자친구가 있는 곳에서 다시 멀어지게 됐다. 도쿄에서의 마지막 날을 하루 앞두고 아서는 투명한 플라스틱 용기에 담긴 스시를 먹고 있었다.

“무슨 말이에요?”

아서가 입을 크게 벌리고 큰 소리로 말했다.

“잘 모르겠지만… 그러니까… 경제 말이야.”

“우리는 이미 했어요. 유로달러를 샀잖아요.”

"맞아. 너도 샀고 나는 이미 그전에 샀지. 지금 수준에서는 더 살 필요가 없어. 그런데 내 말은 그 뜻이 아니야."

"그럼 무슨 뜻이에요?"

아서는 용기에 남은 밥풀들을 나무젓가락으로 삽질하듯 한데 모아 입에 넣고 있었다.

"나는 지금 **경제** 이야기를 하는 거야. 우리가 **경제**에 대해 뭔가 조처를 해야 한다고 생각 안 해?"

스시를 다 먹은 아서는 젓가락을 반으로 잘라 플라스틱 용기에 넣고 뚜껑을 닫았다.

"무슨 말인지 이해가 안 가는데요."

갑자기 내 왼쪽 관자놀이를 뭔가가 찌르는 것 같았다.

"아서, 나는 경제 얘기를 하는 거야. 우리가 경제에 대해 무언가 대책을 세워야 할지 묻고 있잖아. 도대체 이해하지 못할 게 뭐가 있어?"

아서는 내 말을 잠시 곱씹은 후 자기 의자를 내 쪽으로 끌어왔다. 그리고 나와 마약 거래라도 하는 듯 몸을 숙였다.

"그러니까… 우리 지금 유로달러 이야기하는 거… 아니죠?"

"제발, 아서, 그 **망할** 유로달러 이야기 좀 그만해! 그 이야기 아니라고! 지금 경제가 완전히 망해가고 있어. 끝없이, 영원히 나빠지고 있는 거라고. 우리가 뭔가 해야 한다고 생각하지 않아?"

아서는 의자를 1미터쯤 뒤로 물리더니 내 흥분이 가라앉길 기다리는 듯 나를 가만히 응시했다. 그리고 잠시 머뭇거리며 어색한 미소를 지었다. 잠시지만 생각에 잠긴 듯한 표정이었다.

"지금 정말 진지하게 말하는 거죠?"

"그래, 진짜 진지해. 우리가 이 **빌어먹을** 경제를 위해 뭔가 해야 한다고 생각 안 해? 그러니까 이 망할….”

잠시 뜸을 들이며 웃을 준비를 했던 것인지 아서가 평소보다 훨씬 큰 소리로 너털웃음을 터뜨렸다.

“뭘 할 건데요? 빌어먹을 총리라도 되려고요? 전 세계를 구해보려는 거예요?”

“젠장, 나도 모르겠어. 어떻게 하면 좋을 것 같아? 그냥 여기 앉아서 아무것도 하지 말까?”

“아… 다 괜찮을 거예요. 우리가 **아무것도** 안 한 게 아니잖아요. 유로 달러를 매수해서 돈을 엄청나게 벌었어요. 걱정할 필요 없어요. 선배 는 억만장자가 될 거라고요. 이 모든 걸 예측하고 전략을 짠 당사자잖아 요!”

“그래, 하지만….”

뭔가 반박하려 했지만 그냥 머릿속을 스쳐 지나갔다. 나는 금세 아서 의 말이 맞다는 것을 깨달았다.

“나는… 그냥… 나도 모르겠어. 그냥… 뭔가 잘못된 것 같아. 마음이 불편해.”

“말도 안 되는 소리 좀 하지 말아요. 대체 무슨 말을 하는 거예요? 선 배 말이 옳다 쳐도 대체 무슨 일을 할 수 있는데요?”

“모르겠어. 대학으로 돌아갈까? 그곳에 있는 교수, 연구자에게 그들 의 예측이 틀렸다는 걸 증명하는 거야.”

그 말과 동시에 나는 대학들에 대해 생각해 보았다. 그곳에서는 괴짜 교수들이 세상과 단절된 채 창문도 없는 작은 방에 처박혀 선형 대수학 을 연구하고 있다. 잠깐이더라도 그런 사람들이 세상을 바꿀 수 있으리 라 생각했다니, 갑자기 웃음이 나왔다.

그 후 아서는 시드니로 돌아갔다. 아서는 여전히 트레이더로 살아가고 있을 것이다. 그리고 아직은 아니지만 1,000만 파운드나 1,500만 파운드를 벌고 나면 결국에는 자유세계의 지도자가 될 것이다.

아서가 떠난 후 겨울이 찾아왔다. 날씨가 추워지면서 나무들은 앙상한 가지만 남았다. 도쿄의 겨울은 런던과는 사뭇 달랐다. 맑은 하늘에 온종일 태양이 떠있었다.

아서가 떠나자 내게는 타무라만 남았다. 타무라는 전형적인 모범생 같은 아이였다. 성실하고, 정직해 보였고, 열심히 일했다. 일본 소년 만화의 주인공처럼 평범하지만 끈기 있고 강단도 있어 보였다. 같은 스프레드시트를 지웠다가 다시 만들기를 아무리 반복하더라도 그 일을 절대 포기하지 않을 것 같았다.

나는 타무라를 더 알아가고 싶었다. 타무라는 적어도 미치광이는 아닌 것 같았다. 당시 내 인생에서 그런 정상적인 사람을 만난 것은 매우 드문 일이었다. 하지만 문제가 있었다. 타무라는 영어를 거의 하지 못했다. 그래도 다행히 내 일본어 실력이 향상되면서 우리는 점점 더 많은 이야기를 나눌 수 있었다. 그러던 어느 날 타무라가 다소 충격적인 이야기를 했다. 알고 보니 타무라는 지난 15년간 매일 다섯 개씩 새로운 영어 단어를 외우고 있었다. 깜짝 놀란 나는 타무라에게 그날 외울 영어 단어를 보여달라고 했다. 목록의 첫 번째 단어는 'notwithstanding(~에도 불구하고)’였다. 그제야 나는 타무라의 영어가 사실 완벽했다는 것을 알게 되었다. 진짜 영어 실력이 억양 뒤에 숨어있었을 뿐이었다.

일단 언어 문제가 해결되자 우리의 의사소통 수준이 빠르게 향상됐다. 나는 타무라의 영어, 즉 모든 음절에 강세를 두는 가타카나식 영어에 적응했을 뿐만 아니라 내가 말할 때도 그 방식을 차용했다. 이로써 나는 타무라뿐만 아니라 다른 일본인과의 의사소통에도 획기적인 돌파구를 마련할 수 있었다.

외국인이 영어로 말을 걸면 일본인은 대부분 자신이 영어를 못한다고 말한다. 하지만 그 외국인이 가타카나식으로 영어를 발음하면 일본인도 그 말은 이해할 수 있다. 가타카나는 일본어의 두 가지 표음 문자 중 하나로, 이를 활용하면 영어 단어를 일본어처럼 들리게 할 수 있다. 예를 들어 ‘택시’가 아니라 ‘타-쿠-시’, ‘테이블’이 아니라 ‘테-이-부-루’라고 발음해야 한다. 카페에서 ‘블랙커피’를 달라고 하면 종업원이 당황한 표정을 짓겠지만 ‘부-랏-쿠-코-히’를 달라고 하면 ‘테-이-부-루’에 즉시 가져다줄 것이다.

타무라와 제대로 대화할 수 있게 된 것은 내게 정말 다행스러운 일이었다. 정신 나간 사람들에게 둘러싸인 채 상당한 시간을 보내고 나서야 나는 정신이 멀쩡한 사람들과 대화를 나누는 것이 얼마나 중요한지 알게 되었다. 나는 타무라에게 저녁을 같이 먹자고 했다.

타무라는 나를 자신이 나고 자란, 도쿄 동쪽의 **시타마치**라는 오래된 동네로 데려갔다. 우리는 거기에서 오코노미야키를 먹기로 했다. 오코노미야키는 양도 많고 맛있는, 일종의 일본식 팬케이크 같은 음식이다. 주재료는 양배추인 듯하고 가격은 환산해서 5파운드 정도 된다. 런던에서 오코노미야키를 먹으려면 25파운드 정도는 나갈 것이다.

우리는 큰길을 벗어나 작고 좁은 목조 계단을 올라갔다. 그 계단 끝에 가게가 있었다. 목제 미닫이문을 열자 은색 종이 울리고 '이랏샤이!'라는 환영의 외침이 들려왔다. 우리는 고개를 숙이고 천 가림막을 젖히며 안으로 들어섰다.

부드러운 조명 빛으로 감싸인 가게 내부는 온통 목조로 이루어졌으며 벽마다 오래된, 짐작건대 1950년대쯤의 일본 영화 포스터가 빽빽이 붙어있었다. 손님들은 모두 좌식 탁자에 앉아있었고 탁자 위에는 모락모락 김이 나는 커다란 오코노미야키가 금속 접시에 담겨있었다.

타무라는 사무실에서 항상 조용하고 침착했다. 그런데 여기에서는 자리에 앉자마자 귀를 찌를 듯이 괴성을 질렀다. 그러자 어디선가 불쑥 여종업원이 나타났다. 너무도 조용히, 재빠르게 나타나서 마치 고양이 같았다. 타무라가 먼저 맥주부터 주문했다.

"토리아에즈 비이루."

나는 하고 싶은 말이 무척 많았다. 먼저 마법사 이야기를 했다. 런던에 여자친구가 있었는데 그녀도 일본으로 올 예정이었지만 아직 오지 않았다고 설명했다. 나는 여자친구가 있다는 사실을 누구에게도 숨긴 적이 없었다. 그럼에도 도쿄 사무실에 있는 모든 사람이 낯선 여자들을 내게 붙여주려 안달이 나있었다. 타무라는 맥주를 한 모금 크게 들이켜더니 내 이야기에 공감한다는 듯 중간중간 다양한 콧소리를 냈다.

나는 와타나베 이야기도 했다. 와타나베가 계속 몸을 비틀고 얼굴을 찡그리며 나를 감시하는 것을 참을 수 없다고 말했다. 타무라는 특히 이 부분에 깊이 공감했다. 그리고 와타나베는 누가 봐도 '매우 속 좁은 남자'라는 의견에 동의했다.

나는 한 걸음 더 나아가 케일럽에 관해서도 이야기했다. 케일럽이 한

때 나의 훌륭한 멘토이자 우상이었으며, 나는 우리 관계를 회복하고 싶었으나 어찌 된 일인지 그가 예전과 너무 달라졌다고 하소연했다.

이 내용은 언어의 차이로 완벽히 전달은 안 된 것 같았지만 어쨌든 타무라는 공감을 표시했다. 그 공감이 무척 진지하고 깊이 있게 다가와서 나는 그 순간 이제 계획을 실행해야겠다고 생각했다.

사실 내가 타무라에게 저녁을 먹자고 청했던 이유는 누구에게라도 그만두겠다고 말하고 싶어서였다. 이번에는 진짜였다. 나는 정말 떠날 생각이었다. 1월 성과급이 발표되고 돈이 계좌에 입금되면 케일럽에게 가서 결심했다고, 나가겠다고 말하려 했다. 그러고 나서 성과급으로 받은 이연 주식을 모두 지켜내기 위해 자선 단체에서 일할 계획이었다. 케일럽도 과거에 똑같은 일을 한 적이 있으니 분명 나를 보내주리라 믿고 있었다.

일본인의 본심을 읽기는 쉽지 않다. 얼굴에 감정을 드러내지 않기 때문이다. 하지만 그날 타무라는 나를 바라보며 적당한 말을 찾기 위해 애를 쓰고 있었다. 나를 걱정하는 기색이 역력했다.

런던에서 자전거가 도착한 후 나는 별일 없으면 주말 내내 자전거를 탔다.

자전거를 타고 남쪽으로 갈 때면 도쿄 타워까지 갔다. 에펠 탑보다 9미터 높은 도쿄 타워의 1층에는 훼미리마트, 아무나 들어가서 우유 한 통을 사는 그런 평범한 편의점이 있었고 타워 바로 옆에는 당시 내가 다니던 병원도 있었다. 도쿄 타워 바로 아래쪽으로 가면 공원이 하나 나오고 그 안으로 들어가면 조조지(增上寺)라는 이름의 오래된 절을 볼 수 있었다. 경내에서 간혹 스님들의 염불 소리가 들릴 때도 있었다. 거기서

트레이딩 게임

밤이 오고 도쿄 타워의 조명이 켜지기를 기다렸다가 절의 모습이 화려한 주황색 조명 속에서 검고 선명한 그림자로 되살아나는 광경을 지켜보기도 했다.

자전거를 타고 서쪽으로 향해 메이지신궁의 웅장한 **토리문**[5]이나 북적이는 쇼핑가 타케시타도리, 아니면 요요기공원 입구의 넓고 확 트인 광장까지 가기도 했다. 일요일에 요요기공원의 광장에 가면 엘비스 프레슬리처럼 머리를 자른 중년 남성들이 낡은 휴대용 스테레오 주변에 모여 죽기 살기로 댄스 경연을 벌이는 모습을 볼 수 있었다.

동쪽으로는 매립지이자 이제는 버려진 옛 번화가인 시오도메 지역까지 갔다(듣기로는 사람들이 본래 해안 습지대였던 시오도메를 산꼭대기에서 파온 흙으로 메워 땅으로 만들었다고 한다). 거기서는 바로 위쪽에 있는 츠키지(築地) 어시장에 가서 양동이에 겹겹이 쌓여있는 커다란 참치 머리들을 구경했고 그 다음에는 근처 하마리큐정원(浜離宮恩賜庭園)에 있는 작은 찻집으로 갔다. 그리고 그곳에서 500엔을 내고 나이 지긋한 일본 숙녀분이 내주는 작고 예쁜 군것질거리와 녹차를 즐기곤 했다.

북쪽으로 달릴 때는 우에노공원(上野公園)이나 도쿄에서 가장 오래된 절인 센소지(浅草寺)로 갔다. 우에노공원에 가면 큰 연못이 있는데 그곳에서 거북이와 잉어에게 먹이를 주기도 했다. 센소지로 갈 때면 그 절의 명물인 커다란 향로뿐만 아니라 백발의 노인들이 자신의 운세를 알아보려 주름진 손으로 작은 나무통을 흔드는 모습을 구경하기도 했다.

때로는 도쿄만 한가운데 있는 거대한 가짜 섬, 오다이바(お台場)까지

---

5   신사 입구에 세운 기둥형의 문.

갔다. 자전거로는 다리를 건널 수 없어서 시간이 오래 걸렸다. 오다이바에는 수영할 수 없는 가짜 바다를 긴 가짜 해변이 있었고, 가짜 자유의 여신상도 있었다. 나는 가짜 해변 옆에 있는 작은 나무 기둥에 앉아서 도시 위로 해가 지는 모습을 지켜보다 레인보부릿지[6]에 조명이 켜지면 그제야 집으로 돌아오곤 했다.

12월 말 나는 크리스마스를 보내기 위해 런던으로 돌아갔다. 런던에 있는 2주 동안은 호텔에서 지냈다. 호텔은 스트랫퍼드의 웨스트필드(Westfield) 쇼핑센터 안에 있었는데 전 세계에서 가장 끔찍한 곳이었다. 쇼핑센터도 호텔도 그 지역도 다 최악이었다. 마침내 마법사가 나를 만나러 호텔에 왔고 나를 안아주었다. 그리고 그때 힘겹게 버티던 내 두 다리가 떨리기 시작했다.

---

6   오다이바와 쓰쿠시마를 연결하고 도쿄만을 가로지르는 현수교.

8장

2013년이 되었다. 심판의 날이 다가오고 있었다. 나는 그날이 가까이 왔다는 것을 알고 있었다.

2013년 성과급 발표일과 관련해 내가 기억하는 것은 개구리가 커다란 비디오 모니터를 통해 내게 숫자를 알려주었다는 것, 그리고 케일럽이 회의실에 나와 함께 있었다는 것밖에 없다. 엔으로 적혀있어서 숫자 자체가 엄청나게 컸다는 것도 기억난다. 그리고 그 숫자가 얼마였는지는 전혀 기억나지 않지만 내 손익은 여전히 기억하고 있다. 2012년 트레이딩을 중단하기 전까지 나는 1,800만 달러를 벌었다. 그러면 내가 얼마를 받았을까? 18 곱하기 0.07, 126만 달러, 그 정도 받았던 것 같다.

발표일은 1월 하순이었다. 2월 초의 언제가 될지 몰랐지만, 나는 그날부터 은행에 돈이 입금될 날을 손꼽아 기다렸다. 매일 계좌를 확인했다. 마침내 목요일에 입금이 되었고 계획대로라면 그다음 날인 금요일에 케일럽에게 가서 이야기해야 했다. 하지만 나는 그러지 않았다. 뭐라고 말해야 할까? 그냥 내가 겁쟁이라서 그랬던 듯싶다.

그리고 정말 힘겨운 주말을 보내야 했다. 말 그대로 속이 뒤집히는 느낌이 들었고 뭔가가 내 살갗 밑에서 꿈틀거리며 돌아다니는 것 같았다.

그때쯤엔 마법사도 일본에 있었지만 도쿄가 아니라 히가시오사카시에서 살고 있었다. 그곳에서 중학교 영어 교사로 일하고 있었다. 오사카 동쪽에 있는 도시라는 뜻을 지닌 히가시오사카시는 나라시와 가까웠으며 내가 있는 곳에서는 서쪽으로 약 500킬로미터 떨어져 있었다. 마법사가 왜 도쿄에서 그렇게 먼 곳으로 갔는지는 지금도 잘 모르겠다. 나는 마법사에게 스카이프로 전화를 걸어 일을 그만둘 거라고 말했다. 항상 내가 일을 그만두기를 바랐던 마법사는 매우 기뻐했다.

월요일이 됐다. 면담을 요청하자 케일럽이 자기 사무실로 나를 불러들였다. 케일럽은 은행에 돌아오는 조건으로 자기 사무실을 요구했다. 평범한 사무실이 아닌 전망 좋은 널찍한 고급 사무실을 고집했다. 지난여름 템스강을 바라보며 술을 마시던 그날 밤 케일럽이 나, JB, 빌에게 이야기해 줘서 나도 그 사실을 알고 있었다. 케일럽의 사무실에 들어서자 서쪽과 남쪽의 풍경이 한눈에 들어왔다. 두 방향으로 수 킬로미터 떨어진 곳까지 볼 수 있었다. 사무실에는 튼튼한 목제 탁자 하나와 탁자만큼 튼튼해 보이는 목제 의자 두 개가 있었고 그 뒤로 멀리, 키 큰 나무들에 가린 황궁이 보였다.

방에 들어선 순간 나는 케일럽의 얼굴에서 전에 본 적 없는 경계심과 진지함을 발견했다. 돌이켜 생각해 보면 케일럽은 시기가 시기인지라 내가 무슨 말을 할지 알고 있었던 것 같다.[7] 하지만 당시 나는 왠지 그런 생각을 전혀 하지 못했다. 그저 케일럽의 눈과 입이 평소와 달리 굳어있다는 생각만 했다. 눈과 입의 근육들이 움직이는 도중에 갑자기 얼어붙

---

[7] 실제로 금융권 종사자들은 퇴사를 결심하면 대부분 성과급이 입금되자마자 사표를 낸다.

  트레이딩 게임

은 것처럼 보였다. 체스나 포커 선수, 아니면 먹잇감을 노리는 늑대처럼 한곳에 집중하며 무언가를 계산하는 것처럼 보였다.

나는 자리에 앉았다. 늘 그랬듯 케일럽은 아래를 내려다보고 나는 위를 올려다보았다.

케일럽은 정말 내가 무슨 말을 할지 알고 있었을까?

어쨌든 나는 케일럽에게 내 의사를 전달했다.

본래 계획적인 성격이 아니라 무슨 말을 어떻게 할지 세세히 계획을 세우거나 미리 연습하지는 않았지만 대략적인 큰 틀은 미리 만들어두었다. 그 틀에는 내가 반드시 말해야 하는, 다음과 같은 몇 가지 중요한 사항이 있었다. 떠나기로 했고 이렇게 돼서 미안하게 생각한다고 말하기, 앞으로 (아마도 불평등과 관련된) 자선 단체에서 일할 계획이라고 말하기, 케일럽과 은행이 나에게 해준 모든 것에 감사하고 그래서 올해 남은 기간은 성과급을 받지 않고 일하겠지만 그 후에는 정말 떠나겠다고, 이번에는 정말 떠나겠다고 말하기. 이 내용들만은 반드시 이야기해야 했다. 성과급 없이 앞으로 1년을 일하겠다는 건 2009년에 케일럽이 민달팽이에게 했던 제안과 정확히 일치했다. 따라서 그 부분은 사실 실질적 제안이라기보다 극적 효과를 노린 보여주기식 제안에 가까웠다.

하지만 계획을 세웠음에도 나는 중요한 부분을 빠뜨리고 말을 더듬고 옆길로 빠지기도 했다. 내 위와 심장 상태에 관해 쓸데없이 길게 이야기하고 계획에 없던 이야기들을 했다. 내 운동화, 개스패닉, 심지어 쿠엔틴 벤팅에 대해서도 이야기했다. 지금 생각해 보면 그때 나는 그냥 제정신이 아니었던 것 같다.

내가 눈앞에서 무너져 내릴 때 케일럽이 안타까워했던가? 내가 아프다고 말했을 때 케일럽의 눈에 눈물이 맺혔던가? 솔직히 모르겠다. 나는 거기에 있었지만 실제로는 없었던 것 같다. 그 순간에 대한 내 기억은 내가 횡설수설 늘어놓았던 이야기만큼이나 모호하고 흐릿하다. 내가 무슨 말을 했는지도 솔직히 기억나지 않는다. 흐릿한 기억 속 파편처럼 흩어진 단어들을 주워 모아, 아마도 당시에 이런 이야기를 하지 않았을까 추측할 뿐이다.

하지만 내가 말을 마치자 케일럽이 자세를 고쳐 앉았던 것은 분명히 기억한다. 그 몸짓에는 연민처럼 보이는 무언가가 있었지만, 나는 그것이 진짜가 아니라는 사실을 바로 알아챘다. 진정한 연민이라면 손에 잡힐 듯 생생히 느껴져야 하지만 케일럽이 보여준 표정이나 몸짓에는 내가 부여잡을 수 있는 것이 전혀 없었다.

이제 케일럽의 차례였다. 케일럽은 일단 유감이라고, 정말 유감이라고 말하고 지금 상황이 내게 매우 힘들 것이라며 위로했다. 자신도 젊은 시절 도쿄로 옮겨 온 적이 있어서 여기가 얼마나 힘든 곳인지 알고 있을뿐더러 이곳이 내게 얼마나 외롭고 싸늘하게 느껴졌을지 이해한다고 말했다. 하지만 결국, 은행은 내가 떠나기를 원하지 않으니 다시 생각해 보라고 했다. 다들 내가 들인 노력, 내가 한 일을 높이 평가하고 있으니 서두르지 말라고 했다.

"시간을 두고 생각해 봐. 서두르지 말고. 절대 서두르지 마. 급한 거 없잖아. 급히 결정해서는 안 돼. 나중에 다시 이야기하자. 2주 동안 생각해 보고 다시 이야기하자."

나는 만화 속 등장인물이 된 것 같았다. 건물에서 뛰어내렸지만 하필 트램펄린으로 떨어지는 바람에 튕겨 올라 원래 서있던 자리로 도로 돌아오는 그런 장면의 주인공이 된 것 같았다. 그렇게 나는 뛰어내렸지만 튕겨 올라 다시 STIRT 데스크로 돌아왔다.

하지만 나는 더 이상 예전의 내가 아니었다. 정확히 말하면 내 안의 무언가가 바뀌었다.

모래시계가 뒤집히면서 내 안에서 뭔가가 새롭게 시작됐다. 당시 내 뇌는 인지하지 못했지만 내 뼛속 깊숙한 곳에서는 그 변화를 감지하고 있었다.

케일럽과의 면담 후 나는 무언가 잘못 돌아가고 있다는 것을 본능적으로 느꼈지만 그것이 무엇인지는 정확히 알지 못했다. 나는 일단 인사부에 이메일을 보내 면담을 요청했다. 케일럽이 내 이연 주식을 취소하고 내 탈출 경로를 폐쇄하지 못하게 막고 싶었다.

약속한 날짜에 나는 인사부로 몰래 내려갔다. 내가 케일럽을 의심한다는 사실을 드러낼 수는 없었다.

창문 없는 방으로 들어서니 고드름같이 차가워 보이는 여자가 조각상처럼 앉아있었다. 고드름은 스위스인인지 스웨덴인인지 확실치 않았지만 키가 크고 금발이었으며 차림새나 행동거지 등 모든 면에서 흠잡을 데 없이 완벽했다. 그런 고드름이 길고 가느다란 손가락으로 서류를 뒤적이며 내 눈을 살피듯 바라봤다.

"경영진이 제 이연 주식을 회수할 수 있나요?"

"아뇨, 당연히 불가능합니다."

"은행을 그만두더라도 자선 단체에서 일하면 이연 주식을 계속 보유할 수 있나요?"

"들어본 적은 없는데 한 번 알아볼게요. 게리, 그런데 괜찮으세요? 불안해 보여요. 말해보세요. 지금 상태가 안 좋아 보여요. 말해도 돼요. 우리는 당신을 보호하기 위해 여기 있는 거예요.”

고드름은 나를 안심시키려 하는 듯했지만 그다지 효과는 없었다.

그 후 2주간의 시간은 때마침 불어닥친, 살을 에는 겨울바람처럼 순식간에 지나갔다. 나는 마법사를 만나러 갔다. 도쿄에서 일본 서부로 향하는 열차를 타고 히가시오사카에 있는 효탄야마역까지 가야 했다. 도쿄역에서 신칸센을 타고 가다 교토역에서 내려 열차를 갈아타고 야마토사이다이지역에서 한 번 더 열차를 갈아타야 했다.

내가 갔을 때 마침 나라시에서 야마야키라는 축제가 열렸다. 마법사는 그날 일을 해야 해서 나는 혼자 축제를 보러 갔다. 산을 태운다는 뜻의 축제 이름에 걸맞게 사람들은 와카쿠사산(若草山) 전체를 불태웠고 나라의 오래된 사원들도 도쿄의 조조지처럼 주황색 불빛 속에서 더욱 선명한 검은색으로 빛나고 있었다.

산 전체가 불타고, 불꽃놀이가 벌어지고, 거대한 군중이 모여들고 연기가 피어오르는 광경은 무척 인상적이었다. 산 전체를 태우는 것은 분명 위험한 일일 테지만 다행히 근처 소방차들이 모두 그곳에 모여있는 듯했다. 게다가 불이 번지지 않도록 산 주위의 마른풀이 모두 베어진 상태였다.

나는 뭘 했지? 주변의 마른풀을 모두 베었나? 위기가 닥치면 소방차들이 나를 구하러 올까?

2주가 순식간에 지나갔다. 나는 다시 데스크로 돌아왔다. 그리고 두 번째 회의가 시작됐다.

어떤 이유에서인지 케일럽은 두 번째 회의를 자기 사무실에서 하지 않았다. 천황의 눈에 띄고 싶지 않았던 걸까? 케일럽은 나를 건물 깊숙이 숨겨진, 전에 와본 적 없는, 창문 없는 하얀 방으로 데려갔다.

"2주 동안 생각해 보니까 어때? 여전히 떠나고 싶어?"

그동안 무엇이 달라질 수 있을까? 뭐가 바뀔 수 있었을까?

"네."

"알겠어. 음…. 그런데 은행을 나가서 자선 단체에서 일하는 부분 말이야. 그거 내가 좀 살펴봤거든. 이런 말 해서 미안한데 그 조항은 은행 경영진의 승인을 받아야 하더라고. 한데 경영진은 승인하지 않을 거야."

케일럽이 미소 지었다. 피아노 건반처럼 완벽히 하얀 치아가 빛났다. 그 시점에 은행은 내게 대략 150만 파운드가 넘는 빚을 지고 있었다. 어쩌면 200만 파운드에 육박했을지도 모른다. 금액이 어느 수준을 넘으면서 나는 숫자를 더 이상 세지 않았다. 그냥 엄청나게 많다는 정도로만 기억하고 있었다.

케일럽의 의도는 분명했다. 나는 떠날 수 있지만 돈은 포기해야 한다는 의미였다.

마음에 들지 않았다. 그렇다. 전혀 마음에 들지 않았다. 은행을 터는 강도는 돈을 포기하지 않는다.

뼛속 깊이 박혀있던 깨달음이 마침내 뇌로 밀려들었다.

좋아, 그렇다면 전쟁이다. 그들이 원하는 것은 전쟁이다.

트레이딩 게임

나는 생각했다. 문제없어. 이런 전쟁을 처음 겪는 것도 아니잖아.

그 이후 일어난 일을 어떻게 한 문장으로 표현할 수 있을까? 내 인생 전체가 형편없는 코미디로 전락했다는 표현이 가장 적절할 것 같다. 나는 스스로 '회의의 시대'로 명명한 시기로 들어섰다. 내 인생의 한 시기가 오직 회의로만 채워졌다.

갑자기 나는 매일 서너 개의 회의에 불려 갔다. 항상 서너 번은 아니었다. 어떤 날은 두 번, 또 다른 날은 다섯 번일 때도 있었다. 어쨌든 회의가 내 인생의 구성 요소로서 트레이딩을 대체했다는 사실에는 변함이 없었다.

기본적으로 모든 회의는 경영진과 진행되었지만 조합은 매우 다양했다. 예를 들어 아침에 와타나베와 일대일로 회의를 하면(와타나베는 웃으며 내 등을 토닥였다) 이른 오후에는 루퍼트와 개구리, 이렇게 두 사람과 화상 회의를 했다. (두 사람은 나의 잘못된 선택과 그 여파에 대해 엄숙하고 심각하게 설명했다. 그 연설이 진행되는 동안 나는 발을 내려다보며 고개를 끄덕였다.) 저녁에는 회의실에 케일럽이 있고 화면에는 민달팽이가 있었다. (민달팽이는 연신 "우리는 자네를 믿어! 자네는 이겨낼 거야!"라고 말했다.)

와타나베, 루퍼트, 케일럽, 개구리, 민달팽이는 물론, 내가 한 번도 만난 적 없는 수많은 관리자가 갑자기 그 과정의 일부가 되고 싶어 하면서 새로운 조합이 끝없이 생성되었다. 그에 따라 개인별 또는 조합별로 추구하는 전략도 매우 다양해졌다. 루퍼트와 개구리가 선택한 전략은 '지혜의 전달'이었다. 다른 말로는 '자기 자신에 대해 말하기'라고 표현할 수 있다. 와타나베와 민달팽이는 '지지와 격려'를 선택했고 그 덕분에 회의 분위기는 대체로 꽤 괜찮은 편이었다. 놀랍게도 케일럽은 알렉스

퍼거슨(Alex Ferguson) 감독의 광팬이었으며 '좋은 경찰, 나쁜 경찰' 전략도 즐겨 사용했다.

개중에서 내가 가장 좋아한 전략은 '고함지르기'였다. 고함지르기는 언제나 상당한 재미를 보장했다. 케일럽이 이 전략을 가장 많이 사용했는데 맨체스터 유나이티드(Manchester United) 감독 시절 퍼거슨 감독이 선수들의 머리칼이 날릴 정도로 고함을 쳤듯이 내게 소리를 지르고 또 질러댔다.

"우리가 너한테 얼마나 잘 해줬어!"

"어떻게 네가 감히 이럴 수 있어!"

이 외에도 매우 다양한 고함을 그에게서 들을 수 있었다. 고함지르기는 직접 대면하는 회의에서 더 효과적이었다. 상대방이 손가락을 내 코앞까지 들이밀 수 있어야 진가를 발휘했기 때문이다. 사람들이 자칫 마이크를 음소거 상태로 둘 수 있는 화상 회의에서는 영향력이 대폭 줄어들었다. 그럴 때면 나는 반감된 영향력을 만회하기 위해 더욱 과장된 반응을 보였다. 맞다. 나는 고함지르기 전략을 좋아했다. 고함을 들으면서 어린 시절을 떠올렸다. 알다시피 어른이 되면 누군가가 내게 고함을 치는 상황은 자주 일어나지 않는다. 한편으로 나는 고함지르기가 과연 진짜 효과가 있기는 할지 궁금해했다. 누군가가 자기 얼굴에 대고 고함을 지른다고 해서 마음이 정말 바뀔 수 있을까? 실제로 그런 일이 일어날까?

이렇듯 다양한 전략이 펼쳐졌지만 모든 회의에는 공통점이 있었다. 다들 내게 남자답게 책임감 있는 결정을 내리라고 했다. 그렇다면 나는 남자답게 책임지고 일을 계속해야 할까, 아니면 결단력 있게 퇴사해야 할까?

까다로운 선택이었다.

그 상황에서 내게 가장 도움이 된 전략은 지혜의 전달이었다. 개구리와 루퍼트가 함께한 회의에서 나는 일반적인 사람들의 사고방식을 엿볼 수 있었다. 런던에 있는 개구리는 화상 통화로 설령 내가 이연 주식을 모두 가지고 떠날 수 있더라도(이 부분에서 물론 그런 일은 불가능하다고 다시 한 번 강조했다) 그 정도 액수로는 오래 버티지 못한다고 내게 솔직히 말했다.

"세금 제하고 얼마나 벌었냐고요?"

"그래, 얼마야?"

"200만 파운드 정도 될걸요."

개구리는 그 숫자를 듣고 큰 소리로 웃었다.

"그 돈으로는 5년도 못 버텨! 그때 돌아와서 무릎 꿇고 엎드려 빌어봤자 소용없어!"

우리는 둘 다 웃었다. 그리고 나는 다시 고개 숙여 내 신발을 내려다봤다.

루퍼트도 재미있었다. 나는 루퍼트와 하는 회의를 꽤 즐겼다. 루퍼트는 자기 아버지 이야기를 많이 했다. 군 복무 경력이 있는 아버지를 자랑스러워하는 것 같았다. 자신이 성과급에 관해 불만을 토로했다가 아버지에게서 남자답게 그리고 책임감 있게 행동하라는 말을 들었다는 일화도 들려주었다. 나는 그 이야기가 내 상황과 무슨 관련이 있는지 확실히 이해는 가지 않았지만 루퍼트가 내게 남자답고 책임감 있게 행동하라고 간접적인 조언을 한 것으로 받아들였다.

하지만 그 모든 전략 가운데 최고는 의심의 여지 없이 '역할의 비일관성'이었다. 그 전략은 사실 은행 내부에서 통상적으로 사용하는 방법은 아니라서 여기 언급되기에 부적절할지도 모르겠다. 하지만 그 전략은 너무도 경이롭고 무엇보다 나에게 살아갈 의지를 심어주었다. 그 전략 덕분에 지루한 회의가 진정 다채롭고 극적인 요소가 넘쳐나는 한 편의 잘 만든 연극으로 탈바꿈했다. 나는 그 연극의 다음 장면에서 어떤 인물이 어떻게 등장할지 짐작조차 할 수 없었다. 케일럽의 '나쁜 경찰' 연기가 끝나면 바로 민달팽이가 '좋은 경찰' 연기로 극을 이어갔다. 드물었지만, 운 좋게 케일럽이 두 역할 모두 연기하는 모습을 본 적도 있었다. 겨우 두어 번에 지나지 않았어도 두 역할이 병치되며 발생하는 극적 대조는 그야말로 아름다웠다. 으르렁거리는 늑대에서 푸근한 곰 인형으로 순식간에 변신하는 케일럽의 모습을 보며 나는 인류에 대한 희망을 품게 되었다. 그리고 그런 비일관성에 조금이라도 신경을 쓰는 사람은 전혀 없었다. 체스판에서는 어떤 전략을 구사해도 무방하다. 말을 어떻게 움직여도 꼼수를 부린다고 비난받지 않는다. 게다가 그런 꼼수를 알아차린 사람은 나밖에 없었던 것 같다. 그렇다면 꼼수를 유일하게 알아차린 나는 그 꼼수, 그 비일관성에 대해 어떻게 생각했을까? 음, 옳고 그름을 떠나서 나는 그 전략을, 그 비일관성을 정말 사랑했고 진심으로 즐겼다.

이런 다양한 전략에 직면해서 나는 나만의 전략을 세웠다. 전략의 제목은 '가능한 한 오랫동안 아무 말도 하지 않기'였다. (나는 이미 어릴 때부터 이 전략을 완벽히 구사했다.) 제목에서 알 수 있듯 전략의 목표는 간단하다. 회의 내내 말을 해서는 안 된다. 간혹 음 또는 끙 하는 앓는 소리만 허용된다. 나는 이 전략 덕분에 꼬리에 꼬리를 무는 회의를 그나마 견딜 수 있었다. 하지만 가끔은, 예를 들어 개구리나 루퍼트와 갖는 일대일 회의 같은 경우는 너무 쉽게 목표가 달성되어 실망스럽게도 전략이 선사하는 재미를 전혀 느낄 수가 없었다. 대조적으로 케일럽과 치르는 회의에서는 전략이 제대로 진가를 발휘했다. 적대적인 분위기가 감도는 회의에서 눈빛만으로 의사소통을 하는 것은 여간 힘든 일이 아니었다.

방식은 달랐어도, 모든 회의에선 어떤 식으로든 끊임없이 나에게 퇴사하느냐, 머무르느냐는 양자택일을 요구했다. 다른 선택지는 없었다. 당연히 나는 한 번도 선택하지 않았다. 말도 안 되는 소리였다. 좆같은 소리였다. 돈을 포기하고 떠나라니 내겐 있을 수 없는 일이었다. 그렇다고 더 이상 그 개새끼들을 위해 일하고 싶지도 않았다. 나에게 가장 좋은 결과는 해고였다. 그러면 내가 받아야 할 돈을 가지고 떠날 수 있었다. 그 자식들이 무슨 짓을 하든 다 헛짓거리였다. 절대, 절대 나를 막을 수는 없었다. 엿이나 먹어라, 개새끼들.

개새끼, 개새끼, 개새끼, 다 개새끼였다.

그리고 그 개새끼들이 아무리 죽일 듯이 고함을 질러도 바뀌는 것은 아무것도 없었다.

내가 어떤 선택도 하지 않고 게다가 말 그대로 아무 말도 하지 않았기 때문에 결국 이른바 최종 대회의가 열리게 되었다. 그 회의에는 고위 경영진이 모두 참석했다. 일부는 직접 참석하고 나머지는 화상 통화로 참석했다.

민달팽이가 사회를 맡았다. 그 말은 곧 회의 분위기가 아주 괜찮을 것이라는 의미였다.

민달팽이는 주요 인사들을 모두 모아놓고 내게 진심 어린 호소를 했다. 민달팽이는 내가 아프다는 것을 안다고, 내 말을 믿는다고 말했다. 내가 아프다는 것을 전혀 의심하지 않는다고 거듭 강조했다. 또한 은행이 나를 돕기 위해, 그리고 내가 나을 수 있도록 의료 지원, 실질적 지원,

정서적 지원 등등 나에게 필요한 지원은 무엇이든 다 할 것이라고 약속했다. 그리고 자신이 내게서 원하는 것은 직업적 헌신뿐이라고 했다. 그러니까 결국 원래 있던 곳에서 트레이딩을 하고 돈을 벌라는 소리였다. 그리고 마지막으로 이렇게 말했다.

"마음을 편히 가져야 해. 긴장을 풀고 너무 애쓰지도 말게. 스트레스도 받으면 안 돼. 필요한 만큼 얼마든지 시간을 가지도록 해봐. 걱정할 필요 없어. 다 잘될 거야. 자네가 도움이 필요할 때마다 우리가 모두 적극적으로 도울 테니까."

그 후 민달팽이는 경영진 한 명 한 명에게 발언의 기회를 주었다. 그들은 하나같이 나를 신뢰하며 높이 평가한다고 이야기했다. 정말 멋졌다. 영혼이 풍요로워지고 마음이 따뜻해지는 시간이었다. 케일럽은 말하면서 눈에 눈물까지 고였다.

그 후 나는 새로운 전략을 시도했다. 나는 민달팽이를 완벽히, 전적으로 신뢰했다. 따라서 그가 한 말을 곧이곧대로 받아들여서 건강을 되찾기 위해 나 자신을 돌보는 데 필요한 만큼 충분히 시간을 가지기로 했다.

나는 근로 계약서에 기재된 시간 동안만 일하기 시작했다.

그 시간은 오전 9시부터 오후 5시까지였다. 일본 근로자들의 근무 시간도 마찬가지였을 것이다.

하지만 9시부터 5시까지만 일하는 사람은 아무도 없었다.

모든 고위 경영진의 전폭적이고 확고한 지지를 기반으로 나는 맡은 업무에 대해 좀 더 여유롭고 균형 잡힌 접근 방식을 취하기로 했다. 일단 매일 점심시간에 한 시간씩 자리를 비우기 시작했다. 심지어 1시간 30분 동안 비울 때도 있었다. 그리고 도쿄의 겨울 공기를 맞으며 고쿄가이엔까지 걸어가서 그곳의 나무가 몇 그루인지 하나하나 세어보았다.

업무를 하다가 졸리면 더 이상 졸음과 싸우지 않았다. 후드티에 달린 모자를 뒤집어쓰고 그대로 잠에 빠져들었다.

근사한 한 주였다. 정말 편안했다. 내가 이제껏 도쿄에서 보낸 시간 중 최고의 한 주였다. 그리고 그 주가 내 트레이더 경력의 마지막 한 주였다.

그다음 주 월요일 오전 9시가 막 지났을 때 케일럽이 내게 다가와 아주 부드럽게 내 어깨를 만졌다. 그러고는 다음 날 자기와 저녁을 같이 먹을 수 있는지 물었다.

그리고 그다음 날 저녁 식사를 할 때, 바로 그때 그 일이 벌어졌다.

10장

2013년 2월 중순, 춥고 어두컴컴한 화요일 저녁 마루노우치의 모 쇼핑센터 6층에 있는 모 식당에서 거대하고 매우 부유하고 소시지처럼 두꺼운 손가락을 지녔으며 위치를 잘못 잡은 온도 조절 장치에 대한 증오심을 품은 한 남자가 나를 앞에 두고 내 미래를 그려주었다.

그가 그려준 미래에는 내가 수년간 계획하고 실행한 은행 강도질은 물거품이 되어 사라졌고 법정 싸움과 빈곤만 남아있었다.

그 잔인한 미래의 배후엔 세계에서 손꼽히는 대기업이라는 막대한 권력이 숨어있었다.

다른 사람들은 이럴 때 어떤 생각이 들까? 신문 배달로 주급 12파운드를 벌던 무산층 출신이 스물여섯의 나이에 세계 굴지의 은행에서 전 세계 지점을 통틀어 몇 손가락 안에 드는 수익을 내는 트레이더가 되었다면, 그리고 한때 자신의 우상이었던 남자가 식탁 맞은편에 앉아 라멘 그릇 두 개를 앞에 두고 자신의 눈을 뚫어지게 바라보며 이렇게 말한다면 어떤 생각이 들까?

"좋은 사람에게도 나쁜 일이 일어날 때가 있거든. 우리는 네 삶을 상당히 어렵게 만들 수 있어."

믿고 의지했던 남자가 마치 깡패처럼, 마치 마피아 두목처럼 말한다면 어떤 생각이 들까?

다른 사람들은 이럴 때 무슨 생각을 할까?

그날로부터 10년 전에 나는 학교에서 퇴학당했다. 나는 마약상도, 그 비슷한 것도 아니었다. 하지만 그곳은 상위 5퍼센트의 학생들이 모이는 학교, 일종의 상류층 학교였고 거기 아이들은 내가 마약을 구할 수 있다는 것을 알고 있었다.

맞다. 나는 정말 마약을 **구할 수 있었다**. 그 아이들이 맞았다. 그것은 사실이었다. 내가 마약을 쉽게 구할 수 있었던 이유는 내 주변에 마약상들이 있었기 때문이다. 그것도 꽤 많았다. 그 아이들이 사는 동네에는 마약상이 없었지만 우리 동네에는 마약상들이 있었다. 그것이 바로 상류층 아이들이 내게 마약을 구해달라고 부탁한 이유였고 내가 퇴학당한 이유였다.

그리고 알다시피 마약상들에겐 나를 비롯해 그 학교에 다니던 아이들이 가졌던 선택지가 없었다. LSE에 갈 수도, 트레이딩 게임에 참가해 투자은행의 인턴이 될 수도 없었다. 다시 말해 빈곤에서 벗어날 수 있는 확실한 방법이 없었다. 그래서 그 대안으로 결국 마약을 팔았다. 마약 판매만이 아니라 사기, 절도 등 다른 범죄를 저지를 때도 있다. 그렇게 돈을 버는 아이들도 있고 못 버는 아이들도 있다. 감옥에 가는 아이들도 있고 가지 않는 아이들도 있다. 그렇게 살아가다 정말 나쁜 일을 당할 때도 있다. 칼에 찔릴 때도 있고 심지어는 살해당하기도 한다. 나이트클럽 근처에 차를 세우고 때를 노리는 사람들이 있다. 그 사람들은 사냥감이 나이트클럽에서 나와 길을 건널 때까지 기다리다 차로 돌진한다. 그렇게 차에 치인 아이는 길바닥에 쓰러져 온몸을 덜덜 떨며 경련을 일으킨다.

그날 저녁 그 라멘 식당에서 나는 우리가 똑같다는 것을 깨달았다. 우리는 모두 똑같다. 마약상, 은행가, 트레이더, 현재의 나, 과거의 나, 케일럽, 새러번, 브래샙, 루퍼트, 제이미, 이브란, JB, 우리는 모두 똑같다. 유일한 차이점은 우리 아버지들에게 얼마나 돈이 있었는지뿐이다. 만약 마약상들이 명문고인 이튼(Eton), 세인트폴(St Paul's), 루퍼트가 다녔던 그 망할 기숙학교에 갔다면 그들도 나처럼 트레이딩 플로어에서 아서 옆에, JB 옆에 앉아있었을 것이다. 빌어먹을 유로달러를 매수했을 것이다. 내 옆에 있던 트레이더들이 이스트 런던의 어느 병원, 내가 태어났고 축구 선수 보비 무어(Bobby Moore)와 존 테리(John Terry)가 태어났고 쉬는 시간에 학교에서 1페니짜리 과자를 파는 수많은 어린 허슬러가 태어난 공공 병원에서 태어났다면 그들도 길모퉁이에서 마약을 팔았을 것이다. 우리는 똑같다. 모두 똑같다. 똑똑하든 멍청하든 모두가 젊고 야심만만하다. 다들 대단한 사람이 되고 싶어 한다. 하지만 그 방법을 모르기에 자신이 무엇을 좇고 있는지도 모른 채 무언가를 좇아갈 따름이다. 그렇게 무언가를 향해 무작정 달려가다 결국 도망치기도 한다.

우리는 모두 똑같다. 길이 다를 뿐이다. 마약을 팔든 채권을 팔든 돈과 성공에 굶주린 어린 허슬러들은 주어진 길을 달려갈 뿐이다. 우리는 모두 똑같다. 조금도 다르지 않다. 드물기는 하지만 신도 실수를 저지를 때가 있다. 어딘가에 있는 사원에 생뚱맞게 나타나 엉뚱한 나무통을 흔들 때가 있다. 그러면 나 같은, 빌 같은 사람이 나무통에서 튕겨 나와 엉뚱한 길, 엉뚱한 게임, 엉뚱한 판에 얼굴부터 떨어져 처박히는 것이다.

우리는 모두 똑같다. 그 누구도 다른 사람보다 나을 것이 없다. 정말이다. 처음부터 두 가지 다른 길을 걸었을 뿐이고 다른 게임을 했을 뿐이다. **처음부터, 태어날 때부터 그렇게 정해졌을 뿐이다.**

물론 그 순간 그곳에서 이 모든 생각을 하지는 않았다. 이런 생각은 잠을 잘 때 잠재의식 속으로, 머릿속으로 물밀듯이 들어온다. 하지만 깨어있을 때는 눈앞의 상황에 집중할 수밖에 없다. 나 역시 그때 그곳에서는 맞은편에 있는 커다란 얼굴에 시선을 고정한 채 이런 생각을 했다.

'이봐요, 진짜 깡패가 아니라면 그딴 식으로 말하지 마요.'

그리고 그와 동시에 내가 맞서 싸우리라는 것을 깨달았다.

그것은 선택이었지만 한편으로는 선택이 아니었다. 선택의 여지가 전혀 없었기 때문이다. 살다 보면 어쩔 수 없이 악마와 정면으로 맞서야 할 때가 있다.

그것이 현명한 선택이었을까? 씨티은행과 싸우는 것이 현명한 선택이었을까? 세계 굴지의 대기업과 싸우는 것이 현명한 선택이었을까?

글쎄, 모르겠다. 현명한 선택이 아니었을지도 모른다. 하지만 솔직히 상관없다. 어차피 나는 내가 현명한 사람이라고 말한 적이 한 번도 없다.

그날 밤 나는 단 1초도 잠을 잘 수 없었다. 곧장 집에 가서 속에 있는 것을 모두 게워냈다. 그리고 변기 안에 쏟아진 것은 음식 찌꺼기들이 아니라 연한 오줌 색깔의 담즙뿐이었다. PPIs 때문에 신맛도 안 나는 신물만 넘어왔다. 입가를 닦고 나서 서성거리기 시작했다. 서성거리고 또 서성거렸다.

나는 망했다. 정말 완전히 망했다. 아무런 계획도 없으면서 일부터 저질렀다. 지금 이 시점에 나는 도대체 뭘 할 수 있을까?

이미 인사부에도 확인했다. 케일럽이 말한 내용은 모두 사실이었다. 경영진이 승인하지 않는 한 자선 단체로 간다고 해서 내 돈을 지킬 수는 없었다.

나는 그 돈 없이 절대로 떠날 수 없었다.

하지만 지금은 그게 문제가 아니었다. 이제 훨씬 더 많은 것이 걸려있었다. 상황이 완전히 바뀌었다. 이제는 내가 공격받는 상황이 됐고, 방어 태세를 갖추어야 했다.

그들이 지금 당장 나를 고소할까? 대체 무슨 죄목으로 고소를 할까?

그날 케일럽은 나를 상대로 쓸 무기에 관한 아무런 정보도 보여주지 않았다. 나에게 불리한 패를 갖고 있었다면 분명 보여줬을 것이다. 하지만 그 사실이 내가 망했다는 것을 더욱 여실히 증명했다.

다시 말해 케일럽에게 그런 패는 필요 없었다는 의미다. 그딴 것은 필요 없었다. 2009년 정치인들이 은행세를 부과하겠다고 했을 때 다들 신나게 웃었던 것처럼 그들은 자신들이 실권자임을 잘 알고 있었다. 그들은 아마 법원에 대해서도 똑같은 생각을 하고 있었을 것이다. 그것이 바로 씨티은행이었다. 그들, 그러니까 씨티은행은 누구든 마음에 안 들면 고소할 수 있었다.

하지만 아무리 씨티은행이라고 해서 고소가 쉽게 이루어지지는 않는다. 뭔가가 있어야 한다. 그렇다면 **무엇**이 있었을까? 그럴 가능성이 있을까? 나를 걸고넘어질 수 있는 뭔가가 그들에게 있었을까?

빌에게 정말 감사한다. 꼬리를 남기지 말라던 그의 조언에 정말 감사한다. 나는 빌의 조언대로 최근에 정말 조심, 또 조심했다. 나는 깨끗했다. 확신했다. 아무것도 없었다. 깨끗하게 거래했다. 처음부터 그랬다.

그랬나?

무언가 있지는 않았을까? 뭔가 있었을 수도 있다. 이제까지 체결한 거래가 얼마나 되지? 젠장, 수백만 건은 했을 텐데. 채팅은 얼마나 많이 했을까? 브로커와 얼마나 많은 통화를 했지? 그 모든 것들이 하나하나 빠짐없이 기록되고 검증되고 정리되어 은행 어딘가에 전부 보관되어 있었다. 그러면 내가 가진 것은 무엇이었을까? 무엇으로 나 자신을 보호할 수 있을까? 아무것도 없었다.

그들은 언제든지 그 모든 증거를 이리저리 꿰맞추어 새로운 그림을 그려낼 수 있었다. 젠장, 젠장, 젠장, 젠장!

어떻게 해야 할까?

그 순간 그들이 판을 잘못 읽었을지도 모른다는 생각이 들었다. 어쩌면 그들은 내게 실제보다 더 많은 뭔가가 있으리라 착각했을 수도 있다. 그래서 경영진 중 그 누구도 나에게 어떻게 그토록 많은 돈을 벌었는지 물어보지 않았던 것은 아닐까? 그들은 내 손익 이면에 무언가 수상한 비밀이 있다고 지레짐작했을지도 모른다. 괜히 물어봐서 자기 손에 피가 묻지는 않을까 걱정했을지도 모른다. 나아가 나 같은 아이들은 마약을 팔거나 더러운 술수 없이는 그 빌어먹을 돈을 벌 수 없다고 생각했을지도 모른다. 어쩌면 **자신들**이 그랬기 때문일 수도 있다. 자신들이 그렇게 살아왔기 때문일지도 모른다. 기름으로 뒤덮인, 돈과 성공을 향한 사다리를 오르는 내내 서로를 모함하고 엿 먹였을지도 모른다.

아니, 아니야, 게리, 이런 비생산적인 생각으로 시간을 낭비하면 안 돼. 죽여주는 계획을 세워야지.

맞아. 바로 그거야. 네가 먼저 움직이는 거야. 지금 당장 미친 속도로 움직여야 해.

병원이 몇 시에 문을 열지? 병원이 도쿄 타워에서 가까웠지? 검색해 보자. 오전 9시. 좋았어. 오전 9시가 되자마자 병원에 전화해서 가능한 한 제일 이른 시간으로 예약하고 의사를 만났을 때 네가 미쳐가고 있다고 말하는 거야. 약간 과장을 하는 게 좋겠어. 먹지도, 자지도 못하고, 몸무게도 줄었다고 말하자. 어, 그런데 그건 조금도 과장하는 게 아니네. 전부 사실이야. 그래도 거기에 뭔가 조금, **뭐라도 좀** 더해야 해. 그래야 병가를 받을 수 있어. 병원 문을 나설 때는 반드시 의사의 소견서를 손에 들고 있어야 해. 그런 다음 즉시 이메일로 모두에게, 그러니까 케일럽, 인사부, 민달팽이한테 보내는 거야. 당장 보내야 해. 일단 네가 병가 신청을 하면 은행이 너를 대놓고 공격하기는 어려워져. 물론 허위 고소 자체도 문제가 될 수 있지만 스트레스로 병가를 신청한 사람을 허위로 고소한다는 건 차원이 다른 문제야. 병가 신청에 대한 보복 조치로 보일 수 있거든. 너는, 뭐더라, 장애법인가 뭔가로 보호받을 수 있어. 무슨 개소리야! 게리, 네가 장애법에 대해 뭘 알아? 쥐뿔도 모르잖아. 잠깐, 화부터 내지 말고 생각해 보자. 그러면 이거 말고 다른 선택지가 있을까?

아니, 없었다. 아무것도 없었다. 병가가 유일한 계획이자 내가 실행할 수 있는 일이었다.

누군가에게 조언을 구해야 할까? 지금 몇 시지? 새벽 2시, 런던은 오후 5시네. 아직은 다들 깨어있겠지. 누구에게 조언을 구할 수 있을까? 빌? 스누피?

아니, 이건 내 문제야. 내 문제니까 내가 맞서 싸워야 해. 그리고 이겨야 해.

새벽 2시 30분에 나는 단 한 명, 타무라에게만 문자를 보냈다.

'타무라, 좆같은 일이 생겼어. 우리 최대한 빨리 만날 수 있을까? 내가 문자 보낸 거는 아무한테도 말하지 마.'

상사들에게는 새벽 5시에 문자를 보내기로 했다. 문자로 밤새 토해서 출근할 수 없다고 알릴 작정이었다. 그렇게 세 시간의 여유 시간이 생겼고 나는 곧장 황궁으로 갔다.

  트레이딩 게임

나는 손가락과 얼굴에 겨울바람을 그대로 맞으며 황궁 둘레길을 미친 듯이 빠른 속도로 달렸다. 저녁 식사의 기억이 계속 머릿속을 맴돌았다. 거의 모든 부분이 생생하게 떠올랐지만, 마지막에 케일럽이 악수를 청했을 때 내가 악수를 했는지 안 했는지는 전혀 기억이 나질 않았다.

그건 아마 내가 그 빌어먹을 악수를 했다는 뜻이겠지.

새벽 5시, 문자를 보냈다. 답장이 안 오네. 좋았어.

지금이 5시니까 9시까지 시간이 많이 남았는데 혹시 잠을 잘 수 있을까? 알람을 맞추자. 아니야, 잠이 안 와. 다시 달리기나 하러 가자. 게리, 그런데 너 마지막으로 식사를 한 게 언제야?

오전 9시, 병원에 전화할 시간이다. 그 병원은 외국인 전용이라서 접수 담당자가 영어를 할 수 있었다.

"가장 이른 시간이 언제죠?"

"10시 30분입니다."

10시 20분, 도쿄 타워에 도착했다. 파란 하늘 아래 거대한 주황색 탑이 우뚝 솟아있다. 10시 28분, 접수 담당자가 잠시 앉아서 기다리라고 말한다. 그리고 정확히 10시 30분에 진료가 시작됐다. 게리, 자리에 앉아. 그리고 미친 사람처럼 행동해. 음, 이미 미친 사람처럼 보이기는 하지만 좀 더 미친 사람처럼 보일 수는 없을까?

그래, 의사에게 모든 것을 털어놓는 거야.

"상사가 나를 죽이겠다고 협박하고 있어요."

아니야, 그건 너무 나갔어. 그 말은 취소해.

"아, 죄송해요. 제 말은 상사가 나를 고소하겠다고 협박하고 있어요. 정말 무서워요. 살도 정말 많이 빠졌어요."

의사는 대머리에 키가 큰 일본인이었으며 흰 가운을 입고 있었다. 그리고 왼쪽 눈으로만 나를 한참 바라봤다. 마치 왼쪽 눈만 보이는 것 같았다.

의사가 처방전과 소견서를 써주었다. 항불안제 2주 치, 병가 한 달, 이 내용이 작고 하얀 종이 위에 아름다운 파란색으로 쓰여있었다. 그 정도면 충분했다.

게리, 이제 집으로 돌아가서 이메일을 보내자. 병원에 갔고, 의사가 네 상태에 대해 걱정했고, 그래서 항불안제를 처방하고 한 달간의 병가가 필요하다는 소견서를 써주었다고 적는 거야. 다음으로는 남은 일주일은 쉬어야 한다고 말해. 네 상태가 엉망이라서 그럴 수밖에 없다고 해. 그러고 나서 블랙베리를 꺼버려.

그러고 나서 이제 자자, 게리. 자는 거야.

잠에서 깼을 때 정확히 몇 시인지는 알 수 없었지만, 한밤중이었다. 옷을 입은 그대로 커튼을 활짝 열어젖힌 채 잠들었는데 깨었을 때는 방 안이 이미 깜깜했다.

나는 블랙베리를 켜지 않았다. 빌어먹을, 더 이상 블랙베리는 필요 없었다. 하지만 시간도 확인할 겸 휴대전화는 확인했다. 그때가 밤 11시쯤이었는데 타무라에게서 문자가 와있었다.

'무슨 일이에요? 대체 무슨 일이에요? 저는 오늘 저녁도 괜찮고 내일 만나도 돼요.'

타무라가 문자를 보낸 것은 한낮이었다. 오늘 만나기에는 이미 너무 늦은 시간이었다. 나는 타무라에게 내일 만나자고 문자를 보냈다.

다음 날 나는 전에 갔었던 오코노미야키 가게 앞에서 타무라를 만났다. 그 자리에 나가기 전에 이미 내 몰골이 좋지 않으리라 짐작은 했지만 나를 맞는 타무라의 표정을 보고 나서야 내 모습이 그야말로 처참했다는 것을 알게 되었다.

맥주를 마시며 타무라에게 화요일 저녁의 일을 이야기할 때는 몸까지 조금씩 떨리기 시작했다.

타무라는 입을 크게 벌렸다. 내 말을 믿기 어려운 눈치였다. 케일럽에 대해 말하자면, 그는 한마디로 진짜 좋은 사람이다. 정말, 정말 좋은 사람이다. 누구라도 그를 만나면 금세 좋아하게 된다. 정말이다. 다들 그럴 것이다. 그리고 실제로 다들 그랬다.

내가 이야기를 마쳤을 때 타무라는 아무 말도 하지 않았다. 그저 멍하니 입을 벌리고 앉아있었다.

한참을 그러다 마침내 자신이 뭐라도 말해야 한다는 것을 깨달았다.

"그건 불법입니다!"

타무라는 그 말을 세 번 외쳤다.

"타무라, 나도 그게 불법이라는 건 알아. 그런데 그건 전혀 문제가 안 돼. 아무도 신경 안 써. 상대는 씨티은행이야. 세계에서 몇 손가락 안에 드는 은행이라고. 그 사람들은 자기가 원하는 건 뭐든지 할 수 있어."

"아니, 그럴 수 없어요! 여기는 일본입니다! 규칙이 있습니다! 법을 어기는 것은 결코 용납되지 않아요."

"타무라, 내가 알기로 법을 어기지 않아야 한다는 건 일본만이 아니라 대부분 국가에서 통용되는 규칙이야. 그래도 그들을 막을 수는 없었어. 그런 사례가 없어."

타무라는 화를 냈다. 분개했다. 하지만 대놓고 드러내지는 않았다. 그 대신 자신의 조국 일본과 내 조국 영국에서 흔히 볼 수 있는 방식을 선택했다. 타무라는 분노를 속으로 삭이고 억누르며 이렇게 말했다.

"녹음해야 해요. 반드시 해야 합니다. 녹음기를 사세요. 그리고 그 사람이 그 말을 다시 하게 만들어요."

타무라는 자기가 말한 대로 녹음기를 사러 요도바시카메라[8]로 갔고 이튿날 저녁 늦게 파란색 자전거를 타고 푸르덴셜 타워 앞에 나타났다. 그리고 작은 휴대용 녹음기를 내게 건네며 다시 한번 이렇게 당부했다.

"모든 걸 기록해야 해요. 그 사람이 그 말을 다시 하게 만들어요."

타무라를 어떤 말로 표현할 수 있을까?

타무라는 좋은 아이였다. 정말 좋은 아이였다.

그 후 며칠 동안 나는 물에 빠진 듯 숨조차 쉴 수 없었다. 그리고 월요일이 되자 다시 사무실로 복귀했다.

나는 엔 장부에서 제외됐다. 현명한 처사였다. 엔 장부는 이전 담당자였던 와타나베에게 돌아갔다. 이 결정 또한 탁월했다. 이로써 내가 출근한 이유는 케일럽과 회의를 하는 것 말고는 아무것도 남지 않게 되었다.

나는 회의에서 새로운 전략을 선보일 계획이었다. 전략의 제목은 '가능한 한 화를 돋우어서 케일럽이 정신 나간 말을 하게 하고 그 말을 녹음하라'였다. 이상하게 들릴 수 있지만 나는 회의를 고대하고 있었다. 나는 회의의 형식 측면에서 그 전략이 큰 변화를 불러오고 회의가 더욱 흥미로워지리라 생각했다.

나는 주말에 녹음기를 몇 번 시험해 보았다. 녹음기는 원통형으로 길이가 기껏해야 10센티미터 정도였으며 몸체에 빨간 녹음 버튼이 달려

---

8   일본의 대형 양판점으로 주로 전자제품을 판매한다.

                    트레이딩 게임

있었다. 회의 도중에 녹음기를 꺼내 사용할 수는 없었다. 그래서 미리 화장실로 가서 버튼을 누른 후 주머니에 넣어두었다. 집에서 몇 번 시험했으나 여전히 불안했다. 혹시나 허벅지에 버튼이 눌려 녹음기가 꺼지는 않을까 계속 두려웠다.

트레이딩 플로어를 지나 케일럽의 사무실로 들어갔다. 자, 게임이 시작됐다.

처음부터 케일럽은 차분하고 침착했다. 그가 화요일 저녁에 펼쳤던 멋진 스토리텔링이 모두 사라졌다. 너무 안타까웠다. 케일럽은 그날 밤 식당에서 보았던 남자와는 거리가 너무 멀었다. 나는 그때의 케일럽이 필요했다.

포기하지 마! 살짝 찔러봐! 아무것도 나오지 않았다. 돌에서 피를 뽑는 것 같았다. 빌어먹을! 식당에서 저녁을 먹기 전에 왜 이 생각을 못 했을까? 왜 그때 녹음하지 않았을까?

어쩌면 케일럽이 눈치를 챈 건가? 게리, 네가 평소와 달리 말을 많이 하니까 네 행색을 유심히 지켜보다가 불룩한 주머니를 발견했을지도 몰라.

아니야, 그딴 거 신경 쓰지 말고 계속 진행해. 젠장, 더는 잃을 것도 없잖아.

"이렇게 돼서 정말 유감이야. 자네가 이런 결정을 하다니 정말 안타까워."

"아뇨, 안타깝지 않잖아요. 나한테 전혀 신경도 안 썼잖아요. 나한테 한 번도 기회를 주지 않았어요! 처음부터 내 엉덩이에 와타나베를 박아넣었어요! 와타나베가 그런 식으로 내 뒤에 버티고 있는데 내가 어떻게 트레이딩을 해요? 그 사람은 내가 화장실 가는 시간까지 통제했어요.

무슨 생각으로 와타나베를 계속 잡아둔 거죠? 그 사람을 해고해야 한다는 거 다들 알았잖아요."

"대체 무슨 소리야!"

케일럽이 소리를 질렀다. 침착함에 금이 가기 시작했다. 드디어 기회가 왔다!

"나한테 기회를 주지 않은 건 바로 너야. 너는 여기 온 첫날부터 단 한 번도 진지하게 일한 적이 없었어. 그저 떠날 생각만 했지. 성과급을 받은 다음 날 나타나서 그만두겠다고 말했잖아. 그게 바로 자네가 도쿄에 도착한 첫날부터 세운 계획이었어! 그리고 내가 한 번 더 생각해 보라고 그렇게 부탁했는데 완전히 무시했어! 내 말이 맞지? 내 사무실에서 곧장 인사부로 갔잖아. 네가 도쿄로 와서 정말 완벽히 아무 일도 안 하는 바람에 내가 어떻게 된 줄 알아? 내가 너를 여기로 데려오기 위해 얼마나 노력한 줄 알아? 그런데 너 때문에 나는 이제 완전히 바보가 됐어. 알아? 알고 있냐고! 내가 너한테 한 일을 생각해 봐. 너를 고용하고 네 현재 위치를 만들어줬어. 그 전에 너에겐 아무것도 없었어. 우리가 너한테 준 돈을 생각해 보라고!"

계획대로라면 케일럽이 계속 폭발하도록 내버려뒀어야 했지만 나는 그러지 못했다.

"돈? 지금 내가 돈을 빚졌다는 말이에요? 잘 들어요. 내가 씨티은행에서 돈을 1달러 받을 때마다 씨티은행은 내 덕에 10달러를 벌었어요. 빌어먹을, 알잖아요. 그게 사실이라는 거, 누구보다 잘 **알잖아요**. 그리고 내가 없었다면 상무님도 **절대** 이 자리까지 올 수 없었어요."

이 말에 케일럽은 전의를 상실했고 입을 다물었다. 그리고 내 계획이 그의 입을 열게 하려던 것임을 기억해 내기 전까지 나는 잠깐이지만 자부심을 느꼈다. 우리는 그렇게 잠시 침묵 속에 앉아있었다.

"그래서…. 병가는 어떻게 되는 거죠?"

케일럽은 곧장 처음 모습으로 돌아갔다. 회의를 시작할 때의 그 모습, 차분하고 냉정하고 프로다운 모습으로 돌아가 있었다. 빌어먹을, 내가 다 망쳐버렸어.

"우리는 권한이 없어. 회사 전담의가 있어. 그 의사가 결정할 거야."

11장

좀 어이없지만 나는 다시 STIRT 데스크로 돌아왔다. 예전처럼 와타나베와 타무라 사이에 앉았지만 말 그대로 할 일이 전혀 없었다. 그래서 일본어 교재를 꺼내 일본식 한자인 간지를 공부하기 시작했다.

나는 회의에서 원했던 결과를 얻지 못해 화가 났다. 회사 전담의를 생각하면 걱정되기도 했다. 회의에서 들은 바를 종합해 보면 인사부는 이미 케일럽의 편이었다. 전담의도 마찬가지일 것 같았다. 전담의가 내 병가를 승인해 주지 않으면 나는 더 이상 희망이 없었다. 계속 여기에 있어야 한다면 난 그야말로 죽을 수도 있었다.

잠깐 기다려봐. 잠깐, 잠깐이면 돼. 잠깐 생각 좀 해보자. 어쩌면 여기서 뭔가 건질 수도 있겠는데. 케일럽이 뭐라고 했더라.

'내 사무실에서 곧장 인사부로 갔잖아.'

케일럽과 인사팀이 그렇게 한통속이 되면 안 되는 것 아닌가? 규정 위반이겠지. 그런 거 아닌가? 게리, 퇴사와 관련해 첫 면담을 하고 나서 네가 곧장 인사팀으로 갔다는 사실, 케일럽이 그 사실을 알았다는 것은 뭔가 잘못됐다는 뜻이야. 케일럽은 그 사실을 알면 안 돼. 그렇지 않아? 그런 일은 기밀로 처리돼야 해. 그렇지? 와, 어쩌면 이걸로 뭔가 할 수 있을 것 같은데.

나는 일단 의사와 진료 시간을 잡는다는 핑계로 인사부에 이메일을
보냈다.

친애하는 고드름 씨,
병가 신청과 관련해 면담을 요청해도 될까요?

부디 평안하시기를 바라며 이만 줄입니다.
게리 스티븐슨

다시 한번 창문 없는 방에서 면담이 진행됐다. 이번에는 반드시 녹음
을 해야 했다.

늘 그렇듯 고드름은 차갑고 무표정했다. 자세도 더할 나위 없이 곧았
다. 표정도 자세도 너무 곧아서 나는 그 앞에서 더욱더 볼품없는 쥐가
된 것 같았다.

쳐다보는 사람도 없는데, 쥐같이 보여도 사실 상관없었다. 그리고 이
번에는 전과 달랐다. 이번에는 적어도 단계별 계획이 있었다.

"한 가지 물어봐도 될까요?"

1단계다.

"물론입니다. 무슨 질문이죠?"

"우리 면담 내용은 기밀인가요?"

고드름에게는 예상치 못한 질문이었다. 그때 고드름의 표정이 약간
흔들렸었나? 뭐, 그랬더라도 눈 깜빡할 사이에 스쳐 지나갔을 것이다.

"상황에 따라 다르죠."

"상황에 따라요? 그게 무슨 뜻이죠?"

"말 그대로 상황에 따라 다르다는 말이에요."

"상황? 그래서 그 빌어먹을 상황이란 게 대체 뭔데요?"

고드름은 자신의 완벽한 두 손을 고급스러운 재질의 공책 위에 올려 놓았다. 혹시나 해서 하는 말인데, 인사부 직원에게는 절대 비속어를 사용하면 안 된다.

"기밀로 하는 대화도 있고 그렇지 않은 대화도 있어요. 그러니까 게리, 정말 상황에 따라 달라요."

나는 점점 화가 나기 시작했다.

"좋아요. 그러면 기밀로 하는 대화는 뭐고 그렇지 않은 대화는 뭐죠?"

"음, 예를 들어 당신이 자해를 암시하는 듯한 말이나 행동을 하면 저로서는 어쩔 수 없어요. 상부에 보고해야 해요."

"오, 제발…. 이건 자해에 관한 이야기가 아니잖아요. 2월 초에 제가 퇴사를 하고 자선 단체에서 일하는 것에 관해 물어보려고 여기 왔었죠? 그러고 나서 케일럽에게 그 이야기를 했어요?"

"아니요, 안 했어요."

고드름이 빠르게 대답했다. 지나치게 빠르게 대답했다.

"확실해요?"

"네, 그 면담에 대해 케일럽에게 이야기하지 않았어요."

잠시 침묵이 흘렀다. 다음 단계로 갈까? 그래, 해보자.

"알겠어요. 그런데 제가 방금 케일럽과 회의를 했거든요. 그러면 왜 케일럽이 당신한테서 그 이야기를 들었다고 말했을까요? 설명 좀 해주실래요?"

아까보다 훨씬, 훨씬, 훨씬 더 긴 침묵이 흘렀다. 사실 나는 침묵이 정확히 얼마나 지속됐는지 알고 있다. 녹음된 내용을 여러 번 다시 들었기

  트레이딩 게임

때문이다. 47초였다. 일대일 면담에서 보기 드문 긴 침묵이었다.

침묵이 흐르는 동안 고드름은 꼼짝도 하지 않았다. 조각상처럼 완벽히 꼼짝도 하지 않았다. 그 길고 가느다란 손가락으로 공책이라도 두드릴 법하건만 조금의 움직임도 없었다. 입가도 전혀 떨리지 않았고 눈동자도 움직이지 않았다. 생각은 했을까? 장담컨대 고드름은 그 시간 동안 눈도 깜빡이지 않았다.

그 시간에 나는 약간 떨고 있었다. 눈에 확연히 띄지는 않았겠지만 연신 떨고 있었다. 고드름을 지켜보며 이런 생각도 했다.

'바람이 불면 저 여자의 머리카락이 조금이라도 움직일까?'

마침내 고드름이 입을 열었다.

"게리, 말씀하신 이연 주식과 퇴사 후 자선 단체에서 일하는 부분을 자세히 살펴봤어요. 당신이 그렇게 하고 싶다면 아무도 막을 수 없어요. 은행 권한 밖의 사안입니다."

뜻밖의 대답에 나는 할 말을 잃어 더 이상의 질문을 할 수 없었다. 하지만 어쨌든 고드름이 한 말은 시궁창에 빠진 쥐에게도 아직 승산이 있다는 소리였다.

그 후 나는 전담의를 만나러 갔다. 진료실은 트레이딩 플로어에서 세 층 아래에 있었다. 조명이 환히 켜진 작은 진료실에는 친절해 보이는 일본인 의사가 있었다. 머리가 희끗희끗한 중년의 남자는 자신의 풍만한 배에 양팔을 올린 채 작은 플라스틱 의자에 앉아있었고 그 뒤에는 간호사복을 입은 젊고 예쁜 일본인 여성이 서있었다.

내가 자리에 앉자 의사가 내게 어디가 아프냐고 물었다. 일상적인 질문이지만 왠지 나를 걱정하는 것 같았다.

좀 망설여지긴 하지만, 그날 무슨 일이 있었는지 여기서 솔직히 말해야 할 것 같다. 사실 그날 나는 잠시 말을 하다 그냥 무너져 내렸다. 그 의사와 간호사, 전에 한 번도 만난 적 없는 두 사람이 당시 내가 얼굴을 마주한 채 울음을 터뜨릴 수 있는 유일한 사람들이었다.

그때까지만 해도 나는 내가 얼마나 망가졌는지 깨닫지 못했던 듯싶다. 그 모든 것이 전략이고 게임일 뿐이라고 스스로에게 되뇌기는 했지만, 사실은 게임이 아니었던 것 같다. 어쩌면 그 모든 것이 내 인생 자체였던 것 같다.

의사는 나에게 3개월의 병가가 필요하다는 소견서를 써주었다.

나는 잠시 멈칫했다. 그리고 몸을 부르르 떨고 나서 더 이상 움직이지 않았다.

나는 다시 한번 실내 중정의 맨 꼭대기 가장자리에 서있었다. 그곳에서 아래를 내려다봤지만 뛰어내리지는 않았다.

나는 마침내 병가 소견서를 손에 넣었지만 병가를 신청하지는 않았다.

진료실에서 나온 후 나는 트레이딩 플로어로 돌아갔다. 그리고 배낭을 챙겨 들고 집으로 갔다.

그날 어느 순간에 기밀이 새어나간 것이 분명했다. 고위 경영진만 공유했던 나의 근황이 다른 사람에게도 전해지면서 런던 데스크 사람들에게서 문자가 오기 시작했다.

스누피는 이런 문자를 보냈다.

'포기하지 마! 네가 이길 수 있어! 그 개자식들보다 네가 훨씬 똑똑해!'

타이치도 보냈다.

'은행을 떠난다니 정말 유감이에요. 나는 선배가 언젠가 여기에서 은

　　　　　　　　　　　　　　　　　　　트레이딩 게임

행장이 될 줄 알았어요.'

내 기대와 달리 빌은 저녁 늦게서야 문자를 보냈다. 내용은 다음과 같
았다.

'친구, 괜찮아? 경영진 말로는 네가 은행을 떠나려고 한다던데. 경영
진이 나보고 너를 설득하라고 하네. 스트레스로 병가를 신청했다는 말
도 하던데. 친구, 대체 무슨 일이야? 괜찮은 거야?'

나는 빌에게만 답장을 보냈다.

'대장, 걱정하지 마세요. 난 항상 잘 지내잖아요.'

그 답장은 거짓말이었다.

그런데 나는 왜 병가를 신청하지 않았을까?

그때 나는 병가가 위험하다고 생각했다. 병가를 신청하는 순간 은행
이 내게 법적 조치를 취할 것만 같았다.

그런데 진짜 그랬을까? 정말 그런 위험이 존재하기는 했을까? 병가를
신청했다는 이유로 은행이 직원을 고소할 수는 없는 것 아닌가?

돌이켜 보면 그 이유가 전부는 아니었다. 나는 병가를 낸다는 게 무슨
뜻인지 어느 정도 알고 있었던 것 같다. 그것은 더 이상 내 인생에서 손
익도, 트레이딩 플로어에 울리던 레게 음악도 사라진다는 의미였다. 야
심 찬 청년들에게서 받던 선망의 시선도 사라진다는 의미였다.

나는 루퍼트와 회의를 했다. 회의는 아직도 이어지고 있었다. 그날 회
의에는 루퍼트와 나 말고는 아무도 없었다. 나는 하늘이 바로 보이는 케
일럽의 밝은 사무실에 앉아 화상 통화로 루퍼트와 회의를 했다.

언제나처럼 나는 자리에 앉아 신발을 내려다봤다.

"게리, 있잖아, 아무도 너를 믿지 않아. 네가 아프다는 걸 믿는 사람이

아무도 없어. 다들 네가 돈을 더 받기 위해서 수작을 부린다고 생각하고 있어. 네가 이연 주식을 챙겨서 결국 골드만삭스로 갈 거라고 말하는 사람들도 있어."

나는 아무 말도 하지 않았다. 그저 아래만 내려다보며 고개를 끄덕였다. 간간이 암산으로 나눗셈을 하기도 했다.

"하지만 나는 네 말을 믿어."

그 말이 내 주의를 끌었다. 나는 고개를 들고 화면을 쳐다봤다.

"게리, 너는 지금 어디에 있고 싶어? 선택권이 있다면 어디로 가고 싶어?"

나는 잠시 생각하다가 솔직히 대답했다.

"아무 데도요. 가고 싶은 곳이 딱히 없어요. 솔직히 말해서 나는 이제 어디를 가도 상관없어요."

"해리는 잘 지내?"

"해리요? 잘 지내요…. 네, 잘 지내요."

물론 루퍼트는 우리가 헤어졌다는 사실, 내가 거의 1년 동안 해리와 연락도 하지 않았다는 사실을 전혀 몰랐다.

"네가 자란 거리, 일퍼드에서 해리와 축구를 하면 어떨까? 거기는 가고 싶어?"

우리가 함께 축구를 하기 시작했을 때, 그때 해리가 몇 살이었더라, 기껏해야 대여섯 살이었던 것 같다. 그러면 그때 나는 아홉 살이나 열 살이었겠지. 해리의 축구 실력이 나를 따라잡았을 때, 그때는 해리가 몇 살이었지?

"네. 네, 그런 것 같아요. 맞아요. 그런 것 같아요."

일퍼드에서 보낸 시절은 이미 과거의 일이다. 가로등, 전신주, 재활용 센터의 활처럼 휘어진 벽, 그 모든 것은 이제 아주 아주 먼 곳에 있었다. 축구를 하다 공이 재활용 센터 안으로 넘어가면 우리는 센터 옆쪽으로 빙 돌아서 공을 찾으러 가야 했다. 커다란 철교를 건너서 어느 가정집의 정원을 통과하고 나서야(그 집에 살던 노인은 우리가 지나갈 때마다 창밖으로 고함을 질렀다) 재활용 센터 안으로 들어갈 수 있었다. 그리고 6미터 높이로 쌓여있는 낡고 더러운 신문들 사이에서 간신히 공을 찾아 센터 밖으로 걸어찬 후에는 왔던 길을 되돌아갔다. 그리고 나서 다시 축구를 시작했다. 겨울에는 해가 저물고 나서도 한참이나 계속 축구를 했다. 누군가의 엄마가 나와서 저녁 먹을 시간이라고 소리를 지를 때까지 계속 축구를 했다. 그 엄마는 우리 엄마일 때도 있었고 해리의 엄마일 때도 있었다. 우리는 함께 먹을 때도 있었고 각자 먹을 때도 있었다.

"게리, 갈 수 있어. 그곳으로 돌아갈 수 있어."

아니, 그럴 수 없어. 빌어먹을, 나는 다시는 해리와 연락도 하지 않을 거라고.

"괜찮아. 다 괜찮아질 거야. 그냥 마음 단단히 먹고 버티기만 해. 괜찮아질 거야."

뭐지? 루퍼트가 왜 이러는 거지?

"고마워요. 정말 고마워요. 고마워요."

"괜찮아, 괜찮아질 거야."

통화가 끝났다.

나는 사무실에 홀로 앉아 황궁을 내다봤다. 휴대전화로 문자가 왔다. 루퍼트였다.

'병가 신청해. 은행은 아무것도 할 수 없어. 아무것도 찾아내지 못했어.'

그렇게 나는 병가를 신청했다.

12장

3개월….

3개월은 그리 긴 시간이 아니다. 하지만 나에게는 그 시간이 영원처럼 느껴졌다.

열아홉 살 이후로 나는 그렇게 긴 시간을 쉬어본 적이 없었다. 그런 시간이 생기면 대부분 쿠션을 부풀리며 보냈다.

3개월이라는 자유 시간이 주어지자 숨통이 트이는 것 같았다.

제일 먼저 효탄야마로 가기 위해 고속 열차를 탔다. 교토역에서 열차를 갈아타고 야마토사이다이지역에서 한 번 더 열차를 갈아탔다.

마법사는 학교에서 제공한, 작은 상자 같은 싸구려 아파트에서 살았다. 사다리를 타고 올라가 누우면 코가 천장에 닿을 듯한 선반에서 잠을 잤다. 일본 젊은이는 대부분 그런 집에서 산다. 제대로 된 주방도 없고, 창문이 있지만 반투명해서 그 창문으로는 밖을 내다볼 수도 없다.

유일한 난방 장치는 냉난방 공용의 작은 에어컨뿐이었다. 그래서 겨울에는 아파트 안에 있어도 몸이 꽁꽁 얼 정도로 추웠다. 그래도 그곳은 우리만의 공간이었다. 다른 사람과 공유할 필요 없이 우리만 있을 수 있었다.

내가 도착했을 때 마법사는 놀랐지만(지금 생각해 보니 마법사에게 내가 갈 것이라고 미리 알리지 않았던 것 같다) 예상했다는 듯 그렇게 많이 놀라지는 않았다.

우리는 사다리를 타고 선반으로 올라가 거기에 있던 요를 바닥으로 던졌고 나는 그곳에 있는 동안 바닥에 깔린 그 요 위에서 많은 시간을 보냈다. 마법사는 컵라면에 뜨거운 물을 부으며 속사포처럼 이런저런 이야기를 쏟아냈다. 내게 최근에 본 좋은 영화가 있느냐는 질문도 했다.

날씨가 추웠지만 우리는 따뜻이 옷을 입고 근처에 있는 작은 공원에 가곤 했다. 공원에 가면 마법사는 가져온 작은 담요를 바닥에 깐 뒤 그 위에 엎드렸고, 나는 마법사의 허리를 베고 옆에 누웠다. 우리는 둘 다 그냥 그렇게 몸을 누인 채 책을 읽었다. 나라에 있는 큰 공원으로 가서 거대하고 오래된 목조 사원을 구경하고 그곳에 있는 사슴에게 먹이를 주기도 했다.

그 와중에도 회의는 계속됐다. 내가 병가 중이었지만 회의는 멈추지 않았다. 달라진 점이라고는 이제 내가 휴대전화로 회의에 참석한다는 것밖에 없었다. 나는 휴대전화를 스피커폰으로 전환한 후 요 위에 올려놓고 그 옆에, 그러니까 바닥에 그대로 누웠다. 그 자세 그대로 불가사리처럼 온몸을 쭉 뻗고는 머리 위쪽을 올려다봤다. 그리곤 반투명한 창문을 통해 세상을 거꾸로 바라보았다. 경영진의 재잘거리는 소리를 배경 음악 삼아 위아래가 바뀐 파란 하늘이 천천히 어두워지는 모습을 감상했다.

마법사가 내 옆으로 와서 앉을 때도 있었다. 그럴 때면 마법사는 내 전화기를 집어 들고 여지없이 꺼버렸다.

"게리, 이제 그만하면 할 만큼 했어."

나는 엄마를 만나러 런던행 비행기를 탔다. 이유는 모르겠지만 엄마와 나의 관계는 진정으로 가까웠던 적이 한 번도 없었다. 나는 첫 성과급으로 마련했던 소형 베스파에 엄마를 태우고 런던 중심부를 지나 리젠트공원(Regent's Park)까지 갔다. 우리는 정원을 산책하고 호수 주변을 한 바퀴 돌았다. 나는 엄마에게 왜 기타를 배우지 않았느냐고 물었다.

엄마가 나를 이상하다는 듯 쳐다봤다. 별일 아니었다. 당시에는 다들 나를 그런 식으로 쳐다봤다.

"게리, 너 괜찮니?"

나는 대답했다.

"아, 네, 네, 그럼요. 나는 괜찮아요. 알잖아요. 나는 항상 잘 지내잖아요."

도쿄로 돌아오는 비행기 안에서 나는 난생처음 폴 뉴먼(Paul Newman)이 나오는 영화를 보았다. 영화 제목은 〈폭력 탈옥(Cool Hand Luke)〉이었다. 영화에서 뉴먼은, 이유는 정확히 모르겠지만, 무언가 말썽에 휘말려 감옥에 갇히게 된다.

뉴먼은 감옥에서 한 무리의 죄수들과 같은 사슬에 묶여 노역을 했고 그러던 중 그 무리의 우두머리가 뉴먼에게 결투를 신청한다. 다들 상대보다 몸집이 훨씬 작은 뉴먼이 절대 이기지 못하리라 생각했다. 예상대로 뉴먼은 악당에게 맞고 또 맞았다. 하지만 뉴먼은 맞아서 쓰러져도 다시 일어났다. 온몸이 멍투성이가 되어도 수백 번, 수천 번 다시 일어났다. 결국 그 악당이 지쳐 포기했다.

나는 영화를 보며 뉴먼이 정말 대단한 사람이라고 생각했다. 뉴먼은 세계 최고의 미남이라는 칭호에 걸맞게 경이로울 정도로 잘생겼다.

트레이딩 게임

그 시기에 나는 잠시지만 땅에 발을 붙이지 못한 채 부유하는 느낌으로 살았다. 수면 습관도 식사 습관도 엉망이었다. 낮에는 잠을 자고 한밤중에는 먹을 것을 찾아 이곳저곳을 뒤지며 돌아다녔다.

다행스럽게도 그런 내게 도쿄는 최고의 장소였다. 진심으로 그렇게 생각했고, 지금도 그렇게 생각한다.

도쿄에는 외톨이가 먹을 수 있는 음식이 넘쳐흘렀다. 봄이 오면서 날씨도 따뜻해지기 시작했다.

당시 내가 살던 건물 근처에는 작은 라멘집이 있었는데 돼지고기 라멘과 닭고기 라멘을 팔았다. 그곳의 라멘은 정말 맛있었다. 국물은 맑고 깔끔했으며 진한 식초 맛이 났다. (안타깝게도 그 가게는 최근에 문을 닫았다.)

하지만 그 라멘집의 영업시간은 그리 길지 않았고 나는 보통 그 시간에 잠을 잤다. 그래도 내겐 요시노야(吉野家)가 있었다. 밤의 여왕 요시노야. 요시노야의 밝은 주황색 창문은 어느 시간에 가도 나를 결코 실망시키지 않았다. 요시노야는 24시간, 연중무휴로 쇠고기덮밥을 팔았다. '빠르다! 맛있다! 싸다!'라는 회사 방침을 철저히 지켰으며 더군다나 분홍색 생강 절임도 무제한으로 제공했다. 때로는 장어덮밥도 팔았다.

물론 일본에서 쉽게 먹을 수 없는 것들도 있었다. 이를테면 완두콩은 적어도 내가 가던 곳에서는 쉽게 볼 수 없었다. 그래서 완두콩이 정말 먹고 싶을 때가 있어도 참아야 했다. 그러던 어느 날 마침내 사이제리야(サイゼリヤ)에서 완두콩을 발견했다. 누가 봐도 일본 식당이지만 이탈리아 식당을 표방하는 사이제리야는 음식들이 싸고 푸짐해서 학생들에게 인기가 많았다. 나는 완두콩이 먹고 싶을 때면 사이제리야에 가서 완두콩 요리를 먹었다. 정확히 설명하면 완두콩과 베이컨을 섞은 후 그 위에 거의 익지 않은 달걀을 얹은 요리였다.

항상 패스트푸드만 먹지는 않았다. 가끔이기는 했지만 적절한 시간에 일어나면 난 도라노몬에 있는 프랑스 식당까지 가서 스테이크 같은 고급 음식도 먹었다. 그때도 씨티은행은 여전히 내게 월급을 주고 있었다.

도쿄에서는 돈을 많이 내지 않아도 왕처럼 먹을 수 있었다. 스시는 공짜나 다름없었다. 나는 일주일에 세 번 이상 카미야초역 근처에 있는 스시잔마이(すしざんまい)에 갔다. 그리고 카운터석에 앉아 츠케동(절인 참치를 얹은 덮밥)을 먹으며 요리사와 이런저런 농담을 주고받았다. 츠케동은 대짜를 시켜도 가격이 똑같았다. 미소국과 녹차까지 해서 500엔만 내면 됐다. 게다가 갈 때마다 식당에서 100엔짜리 할인 쿠폰을 주기 때문에 결과적으로 400엔만 내면 츠케동을 먹을 수 있었다. 환산하면 겨우 2.5파운드였다.

특별한 음식이 먹고 싶을 때면 이자카야[9]에 가서 우메보시오차즈케를 주문했다. 매실장아찌를 얹은 밥에 녹차를 부어 먹으면 기분이 절로 상쾌해졌다.

프레시니스버거(Freshness Burger)에 가서 햄버거도 먹었다. 라멘도 먹었다. 맛있는 순서를 매기면 미소라멘, 시오라멘, 쇼유라멘, 톤코츠라멘 순이었다. 하지만 뭐니 뭐니 해도 라멘은 간다역 근처에서 파는 가라시비라멘이 최고였다. 대학들이 몰려있는 다카다노바바의 뒷골목에 가서 베트남식 샌드위치인 반미를 먹을 때도 있었다. 편의점에 가면 세븐일레븐에서는 갈색 소스가 들어있는 냉소바와 참치마요오니기리를 먹고 훼미리마트에서는 파미치킨이라는 프라이드치킨을 먹었다. 롯폰기 근처

---

9   일본식 선술집.

                                                                트레이딩 게임

주택가인 아자부주반에 가서 교자도 먹고 아침 식사로는(절대적 시간이 아니라 잠에서 깨자마자 먹는 첫 끼니라는 상대적 시간에 근거해 정의했다) 참치덮밥을 먹었다. 그 외에도 라멘 가게 후운지(風雲兒)에서는 라면을 소스에 찍어 먹는 쓰케멘을 먹고, 일본 가정식 식당인 야요이켄(やよい軒)에서는 고등어구이를 먹었다.

여기서 말한 장소들은 모두 늦게까지 영업을 했고 혼자 온 외로운 남자들로 가득했다. 라멘집과 요시노야는 특히 더 그랬다. 요시노야는 아주 깊은 밤에도 영업을 했다. 외로운 남자들은 나란히 줄지어 앉아 맛있는 음식을 단숨에 들이마시듯 먹어치웠다. 어깨와 어깨를, 팔꿈치와 팔꿈치를 서로 맞대고 그릇을 향해 연신 젓가락질을 하다 600엔을 낸 후 총총히 떠나갔다.

우울해지기에 이보다 더 좋은 곳이 대체 어디 있을까?

어느 날 나는 한낮에 옷을 다 입은 상태로 잠에서 깨어났다. 휴대전화를 확인해 보니 낮 12시 37분이었고 부재중 전화 127통이 와있었다. 모두 해리에게서 온 전화였다.

나는 침대에서 일어나 앉아 잠시 생각에 잠겼다. 그러고 보니 그 전날이 해리의 생일이었다.

13장

좋아, 이제 다음 단계로 나아갈 시간이 된 것 같아. 상대의 반격을 가만히 앉아서 기다리면 안 되잖아.

그래, 맞아. 라멘도 먹을 만큼 먹었으니 이제 변호사를 구해야지.

나는 사가르 말데에게 문자를 보냈다. 맞다. LSE 동급생, 케냐에서 온 남자애, 바로 그 친구에게 연락했다. 사가르는 2008년 리먼브러더스가 파산하기 전 두 달 동안 그곳에서 일했고 당시 리먼브러더스를 고소한 사람들을 개인적으로 알고 있었다. 나는 그런 일을 다뤄본 전문가가 필요했다. 그래서 사가르에게 그 전문가들을 소개해 달라고 부탁했다.

그렇게 나는 영국, 미국, 일본에 각각 한 명씩 총 세 명의 변호사를 선임했다. 당연히 비용이 많이 들었다. 다행히 일본으로 옮기면서 내 연봉이 12만 파운드로 인상되었기에 그 모든 것을 감당할 수 있었다. 사실 어떤 면에서는 내가 변호사를 선임할 수 있었던 것도, 스시와 라멘을 먹을 수 있었던 것도 다 씨티은행 덕분이었다. 그건 지금 생각해도 정말 감사할 일이다.

변호사들은 내가 스스로 파악한 내용 이상의 것을 알려주지 못했다.

"당신이 열심히 일하지 않았다고 은행이 당신을 고소할 수 있냐고요?"

"음, 물론 법적으로는 그러지 못하죠. 하지만 그런 전례가 없었다고는 못 하겠네요."

"제가 자선 단체에서 일하면 이연 주식을 계속 보유할 수 있을까요?"

"엄밀히 말해 서류상으로는 가능해요. 하지만 실제 상황에서는 세상에 어떤 서류가 씨티은행에 불리하게 작용할까요?"

"그러면 제가 먼저 은행을 고소해야 할까요?"

"그런 방법도 있죠. 하지만 법정에서 족히 몇 년은 보내셔야 할 겁니다. 게다가 은행이 당신에게 줄 돈이 200만 파운드라면서요. 일단 고소하면 몇 년간은 그 돈을 받을 방법이 없어요. 신중해질 필요가 있어요."

흠, 법정 싸움이 영원히 계속되면 어떡하지. 게리, 그렇게 되면 어떡할 거야? 너, 그런 상황을 될 수 있는 한 피하려 했던 거 아니야?

이런 상황에서 어떤 선택을 할 수 있을까? 정말 할 수 있는 일이 없네. 그저 기다리는 수밖에 없어. 나머지 병가 기간은 그냥 가만히 있어야지. 오후까지 늦잠이나 자면서 시간을 보내는 거야. 체중이나 좀 늘려야겠어. 3개월이 돼서 다시 돌아가면 자선 단체에 가입하자. 그러려면 적당한 자선 단체부터 찾아야겠지. 이 방법이 통해야 할 텐데.

물론 그 방법을 쓴다고 해서 성공이 보장되지는 않았지만 달리 방법이 없었다.

그때는 부의 불평등에 관해 이야기하는 사람이 거의 없었지만 나는 다행히 인터넷에서 그에 관한 동영상 하나를 발견했다. 당시 LSE에서 인류학을 가르치던, 남아프리카 출신의 교수님이 만든 동영상이었다. 나는 교수님에게 부의 불평등을 연구하는 자선 단체에서 일하고 싶다는 내용의 이메일을 보냈고 그 후 교수님의 주선으로 한 자선 단체와 내 상황에 관해 대화를 나눌 수 있었다. 그들은 내가 은행을 떠날 수 있도록 도와주겠다고 했다.

그것이 내가 병가 동안 했던 유일하게 의미 있는 일이었다. 그러고 나서 내가 한 일은 그냥 기다리는 것밖에 없었다.

변호사들의 상담을 받고 자선 단체와 대화하고 체중이 늘면서 나는 조금 자신감이 생겼다. 이제 나는 계획이 있었다. 그러면서 상황이 다시 게임으로 느껴졌다. 하지만 뱃속과 심장이 두근거리는 감각은 사라지지 않았다. 아마도 그날 저녁 느꼈던 두려움 때문일 것이다. 허벅지에도 둔탁한 통증이 느껴졌다.

나는 바닥에 자주 엎드렸다. 창문 옆 햇볕이 들어오는 지점에 배를 깔고 엎드렸다. 어릴 적, 그러니까 퇴학당한 후 집에 있었을 때도 그랬다. 창문 옆 바닥에 엎드려서 작은 나무판 위에 책을 올려놓고 수학 문제를 풀었다.

사실을 인정하기 쉽지 않지만, 솔직히 말하면 나는 돌아가는 것이 두려웠다. 3개월이 지나 은행으로 돌아가야 하는 것이 두려웠다.

하지만 나의 두려움에 상관없이 오래지 않아 3개월이 끝나버렸다. 병가가 끝나자마자 내가 제일 처음 만난 사람은 전담의였다. 나는 진료실로 들어가서 내가 얼마나 두려움에 떨고 있는지 솔직히 털어놓았다. 나는 돌아간다는 생각만으로도 공포감에 휩싸였다. 의사는 내 눈을 들여다보며 고개를 끄덕였고 병가를 3개월 더 연장하는 소견서를 써주었다.

그때가 5월 하순이었다. 도쿄에서 지내기에 더할 나위 없이 좋은 시기가 바로 5월 하순이다. 일본인은 대부분 이 시기를 좋아하지 않는다. 우기가 시작되기 때문이다. 도시는 매우 빠르게 뜨거워지고 태양은 뜨거운 열기를 한껏 축적한다. 공기가 뜨거울 뿐만 아니라 엄청나게 습해

  트레이딩 게임

져서 집 밖으로 나가 세상으로 들어서는 순간 어깨에 뜨거운 수건이 떨어지는 것 같은 느낌이 든다.

나는 그런 것들이 좋았다. 농담이 아니라 무척 좋았다.

비 오는 시기, 즉 우기를 표현하는 일본어는 '쓰유(梅雨)'이며 직역하면 매실 비라는 뜻이 된다. 나는 영국에서 그런 비, 뜨거운 매실처럼 후드득 쏟아지는 그런 비를 본 적이 없었다. 굵고 뜨거운 비는 마치 바다에서 밀려오는 파도처럼 두꺼운 벽을 타고 쏟아져 내렸다.

비가 어찌나 거세게 내리는지 자전거를 타고 가다 폭우를 만나면 10초 안에 온몸이 흠뻑 젖어버렸다. 나는 여분의 옷 한 벌을 비닐봉지에 단단히 싸서 배낭 안에 넣고 다녔다. 그러다 폭우를 만나면 가능한 한 어디든지 들어가서 속옷부터 겉옷까지 완전히 갈아입었다. 개중에서 내가 가장 좋아했던 것은 강풍을 동반하는, 뜨거운 비가 얼굴을 강타하는 비바람이었다.

두 번째 3개월짜리 병가를 받았을 때는 당연히 이런 생각이 들었다.

'영원히 이런 식으로 살 수 있을까?'

3개월마다, 계절이 바뀔 때마다 병가를 받으며 계속 이런 식으로 살 수 있을까? 영원히 아프기만 하면 다시는 일을 하지 않아도 될 것 같았다. 계절이 바뀌듯 세상은 꾸준히 그리고 무심히 앞으로 나아가지만 나는 평생 폭우를 맞으며 자전거나 타고 다니면 될 것 같았다.

그렇다면 결과적으로 그것은 내게 어떤 의미를 지닐까? 일을 안 해도 돈을 받으니 결국 좋은 일이고 좋은 전략일까? 무엇보다 그것이 과연 가치 있는 삶일까?

나는 밤에 자전거를 더 많이 타기 시작했다. 밤이 되면 그렇게 미친 듯이 덥지는 않았다. 내가 자전거를 타고 즐겨 찾던 장소는 신주쿠와 시부야였다. 신주쿠와 시부야는 화려한 네온사인에 휩싸인 궁전과 같았다. 빗속에서 바라보면 네온 불빛이 빗물에 번지듯 아련히 퍼져나갔다. 한번은 자전거를 타고 신주쿠의 가부키초로 간 적이 있다. 그곳에는 작은 술집들이 많이 있었고 술집마다 술 취한 일본인들로 가득했다. 일본어를 연습하기에 완벽한 장소였다.

나는 신주쿠의 남쪽 끝, 프린스 호텔(新宿プリンスホテル)과 가깝고 술집과는 멀리 떨어진 곳에 자전거를 주차했다. 나보다 더 외로운 남자들을 만나기 전 네온 불빛으로 가득한 북적이는 골목길을 걷고 싶었다.

나는 호텔과 마주한 널찍한 인도의 난간에 자전거를 단단히 고정했다. 호텔 앞의 대로는 택시로 가득했다. 택시들은 세 줄로 정차한 채 그르렁, 하는 얕은 엔진 소리를 냈고 옆쪽 철교 위로는 야마노테선(山手線)[10]의 녹색 열차가 요란스레 지나갔다. 사방에 높이 솟은 고층 건물과 거대한 네온사인이 즐비했다. 내가 서있는 길가를 중심으로 오른쪽, 그러니까 서쪽으로는 고층 건물들이 군집을 이루며 하늘을 뒤덮고 있었다. 그중에서도 거미줄에 갇힌 듯 하얀 금속망에 휩싸인 검은 고층 건물 하나가 유독 눈길을 사로잡았다. 도로 건너편에서는 요시노야가 주황색 조명을 환히 켠 채 변함없이 열심히 쇠고기덮밥을 팔고 있었다. 요시노야 바로 위에는 거대한 LED 광고판이 있었다. 집 다섯 채만 한 크기의 LED 광고판에서 현란한 동영상들이 화려한 빛을 발산하며 끊임없이 흘러나왔다. 나는 거기 서서 캬리-파뮤파뮤(きゃりーぱみゅぱみゅ)[11]가 커다

란 빨간 리본을 머리에 매고서 춤을 추는 동영상을 잠시 감상했다.

그때 또 다른 열차가 지나갔다. 뜨거운 바람이 훅하고 내 얼굴을 향해 강하게 불어왔다.

그 순간 문득 이곳에 정착해야겠다는 생각이 들었다.

그 후로 나는 이것저것 더욱 많이 시도했다. 일본어를 더 열심히 공부하고 친구들을 사귀려고 노력했다.

일본어 선생님도 구했다. 중년의 선생님은 친절했으며 이름은 요코 우에노였다. 선생님은 사시사철 마스크를 썼다. 봄에는 꽃가루 때문에, 여름에는 습기 때문에, 가을에는 감기와 독감 때문에, 겨울에는 너무 건조해서 마스크를 썼다.

그때쯤 영어 회화 카페에 대해서도 알게 됐다. 영어 회화 카페를 한 문장으로 표현하자면 정신 나간 도쿄 사람들이 외국어를 연습하기 위해 가는 장소라 할 수 있다. 나는 그 카페에 가서 차를 마시며 괴짜들과 이야기를 나눴다. 그 당시 나에게는 더할 나위 없는 장소였다.

내가 가장 좋아했던 영어 회화 카페는 신주쿠 북쪽의 대학가, 다카다 노바바에 있었다. 나는 학생들을 관찰하는 것이 정말 즐거웠다. 여름이 되면 학생들은 떼로 몰려다니며 앞이 안 보일 때까지 술을 마셨다. 앞이 안 보이니 결국 길에 넘어지고 그러다 누군가는 바닥에 그대로 쓰러져 드러누워 버렸다. 친구들이 그를 일으켜 세우려 하지만 당사자는 길바닥에 누워 자신은 괜찮다고 소리만 질러댔다. 일종의 게임 같았다. 온 힘을 다해 그 자리에 그대로 있어야 하는, 길바닥에 계속 누워있어야 이길 수 있는 게임 같았다. 보통은 친구들이 어찌어찌 일으켜 세웠지만, 친구들이 실패하면 당사자는 길바닥에 누워 날이 샐 때까지 잠을 잤다.

나는 점점 나아지고 있었다. 나는 내가 나아지고 있다고 생각했다. 하지만 그때 나는 5개월 동안 일을 하지 않은 상태였다. 다시 사무실로 돌아간다면 어떻게 될까?

시간이 지날수록 다시 예전으로는 돌아갈 수 없을 것 같다는 느낌이 더욱 강해졌다. 마법사와 병가가 끝나가는 것에 대해 이야기만 나눠도 숨이 막히는 듯했다. 왼쪽 눈가에 아주 살짝 찌릿찌릿한 통증이 느껴졌고 팔에도 가벼운 경련이 일어났다.

그럴 때면 마법사가 내 손에 자기 손을 얹고서, 내 팔이 얼마나 떨리고 있는지는 절대 언급하지 않으면서 이렇게 말하곤 했다.

"왜 그 사람들과 싸우려고 해? 싸우지 않아도 돼. 그 정도 벌었으면 충분하잖아. 그냥 떠나면 안 되는 거야?"

마법사는 무언가 잘못 알고 있었다. 내가 은행을 위해 번 돈에 비해 그 돈은 충분하지 않았다. 나는 절대 떠날 수 없었다. 그렇게 떠나서 그들에게 승리감을 안겨줄 수는 없었다.

14장

두 번째 병가가 끝나가고 있을 때 나는 병가가 다시 연장될 것이라고 확신했다. 내 상태는 여전히 좋지 않았다.

하지만 의사와의 면담을 일주일 앞두고 카일 짐머먼에게서 이메일이 왔다.

카일은 미국인이었고 고드름의 상사이자 도쿄 지사의 인사부장이었다. 카일의 생김새는 볼품없었다. 작은 체구였고, 어찌 보면 쥐와 비슷했다. 나와 비슷했다. 나는 그를 보면서 그 당시의 나, 한 마리 쥐새끼에 불과했던 내 모습을 떠올렸다. 그리고 그런 유사성 덕분에 일종의 안도감을 느낄 수 있었다. 왠지 상황이 전보다는 좀 더 평등해진 것 같았다.

카일은 이메일에서 내 이연 주식과 관련해 법률적인 세부 사항을 아주 상세히 설명했다. 그의 메일엔 엄청나게 많은 서류가 첨부되어 있었지만 요약된 설명만으로도 모든 상황을 명확히 이해할 수 있었다.

그 메일은 6개월 이상 안식 휴가를 쓰면 전체 이연 주식이 취소된다는 내용을 담고 있었다.

내 기준에서 봤을 때 병가는 안식 휴가가 아니었지만, 그 점을 신경 쓰는 사람은 나 말고는 아무도 없는 듯했다.

나는 진료실로 들어가 의사와 이야기를 나눴다. 의사는 내게 업무에 복귀하면 안 된다고 아주 분명히 말했고 나는 내게 결정권이 없다고 대답했다. 나는 돌아가야만 했다. 선택의 여지가 없었다.

의사는 나에게 마지막으로 말을 건네면서 일본인으로서는 아주 드문 행동을 했다. 그는 내 어깨에 손을 올리고 잠시 나를 쳐다봤다. 그리고 이렇게 말했다.

"그렇다면 어쩔 수 없겠군요."

마법사가 도쿄로 왔고 나는 마법사에게 현재 상황을 알렸다.

마법사는 내가 겁에 질려있다는 사실을 알고 있었다. 나는 마법사가 내 상태를 알고 있다는 것도, 그리고 그로 인해 아파한다는 것도 알고 있었다.

"가지 마. 제발 돌아가지 마."

우리 둘 다 그 순간의 내 모습을 볼 수 있었다. 잠을 전혀 자지 못하고 체중이 더 빠져버린 내 모습이 마법사의 초록빛 눈동자에 반사되고 있었다.

"그런 문제가 아니야. 이건 **선택의** 문제가 아니야. 이건 내가 **해야 하는** 일이야."

"아니, 너는 선택할 수 있어. 돌아가지 않아도 돼. 그런데도 너는 지금 돌아가려고 하는 거야. 네가 해야 할 일은 아무것도 없어. 이미 벌 만큼 벌었고 할 만큼 했잖아. 언제든지 그만둘 수 있다고! 도대체 왜 이렇게 스스로를 괴롭히는 거야? 대체 왜 그러는 거야?"

"그건 중요하지 않아. 내가 나에게 무슨 짓을 하고 있는지는 중요하지 않아. 이건 내가 해야 하는 일이야."

마법사는 나를 바라보며 금방이라도 울 것 같은 표정을 지었다. 하지만 울지 않았다. 입술을 꼭 닫고 하려던 말을 삼켜버렸다. 그때 마법사는 무슨 말을 하려고 했던 것일까? 나는 아마 평생 이 질문에 대한 답을 궁금해할 것이다.

그날 오후 우리는 헤어졌고 나는 일주일 후 은행으로 돌아갔다.

은행으로 복귀하기 바로 전날 저녁 이상한 일이 일어났다. 그 무렵 나는 푸르덴셜 타워에서 나와 아타고라는 지역에 살고 있었다. 그 지역에는 아주 유명한 신사가 있다. 그리고 산꼭대기에 있는 그 작은 신사에 가려면 매우 길고 가파른 계단을 올라야 한다. 듣기로는 옛날에 한 사무라이가 산꼭대기에 있는 매화를 꺾기 위해 그 계단을 말을 타고 오른 적이 있었는데 올라갈 때는 1분이 걸렸지만 내려올 때는 45분이나 걸렸다고 한다.

새로 이사한 건물에서 나는 더 이상 30층에 살지 않았다. 하지만 여전히 높은 층수인 8층에 살았다. 새 아파트가 아래로는 묘지를, 위로는 언덕을 마주하고 있어서 창문 너머로 온갖 나무들의 꼭대기 부분을 볼 수 있었다. 나는 그 전망이 무척 마음에 들었다.

내가 살던 곳은 기업 고객들이 주로 입주하는 고급 아파트 건물이었으며 최상층엔 구내식당이 있었다. 음식 가격이 놀랄 만큼 저렴해서 나는 그 식당에 꽤 자주 가는 편이었다. 물론 내가 식당 영업시간에 깨어 있을 때 그랬다는 이야기다.

나는 항상 똑같은 음식, 연어와 아보카도를 얹은 덮밥을 먹었다. 그 덮밥을 시키면 동그란 형태의 음식 중 세상에서 가장 시고 맛있는 음식인 우메보시가 함께 나왔다. 우메보시가 얼마나 시던지 먹을 때마다 얼굴이 저절로 찌푸려질 정도였다. 그 식당에는 20대 후반에서 30대 초반으로 보이는 여종업원이 있었는데 그 종업원에게는 내 찡그린 표정이 무척 흥미로웠던 것 같다.

은행으로 복귀하기 전날 내가 식당에서 저녁 늦게 밥을 먹은 후 집으로 돌아왔을 때 문 아래 작은 손 편지가 놓여있었다. 편지에는 이렇게 적혀있었다.

'식당에서 우연히 봤는데 당신 얼굴이 무척 슬퍼 보였어요. 별일이 아니기를 바라요. 그래도 혹시 대화 상대가 필요하면 이 주소로 연락 주세요. 마키.'

다음 날 나는 다시 은행으로 돌아갔다.

총 6개월의 병가 기간이 끝나자 더 이상 아무도 내게 연락하지 않았다. 케일럽도, 민달팽이도 연락하지 않았다. 경영진 회의도 더 이상 없었다.

나는 이제 명백히 인사부 소관이 되었다. 카일 짐머먼, 인사부의 막강한 쥐새끼가 내 관리자가 되었다. 내 전략이 잘 먹혀서인지 고드름은 이제 게임에서 제외된 것 같았다.

내가 입사한 지 얼마 안 되었을 때 빌이 나에게 인사부와 상의하면 결과가 안 좋다는 조언을 해준 적이 있었다. 그런데 나는 그 조언을 완전히 무시했고 일을 망쳐버렸다.

카일의 사무실은 인사부의 구석 자리에 있었다. 따라서 카일을 만나려면 인사부 직원들이 앉아있는 구역을 통과해야 했다. 나는 가는 길에 고드름에게 눈인사라도 하려고 했지만 고드름은 내내 고개를 들지 않았다.

사무실은 작았다. 창문이 하나 있었고 잘 정돈되어 있었다. 한쪽 벽면은 서랍장이 거의 메우다시피 차지하고 있었고 책상은 단출했다. 책상 위에는 공책 한 권과 값비싼 볼펜 한 자루 말고는 장식적인 요소가 거의 없었다. 내가 문을 열고 들어서자 카일의 눈에 순간 생기가 돌았다. 카일은 미소 지으며 나를 반갑게 맞이했다.

물론 나는 그 모든 것을 녹음하고 있었다. 상대의 실책을 유도하기 위해 케일럽에게 했던 것처럼 소리를 지르고 비난의 화살을 던질 생각도 해보았다. 그러면 카일이 당황한 나머지 은행 측의 잘못을 시인할 수도 있다고 생각했다. 하지만 그러기에는 그들의 계획이 너무 궁금했다. 그래서 그냥 듣기만 했다. 어쨌든 나를 다시 STIRT 데스크로 보낼 수는 없겠지.

카일은 부드러우면서도 활기차게 이야기했다. 말 한마디 한마디가 효율적이면서 생동감이 있었다. 제일 먼저 카일은 내가 회복된 모습을 보니 기쁘다고 말했다. 그 발언이 꽤 웃겨서 나는 가까스로 웃음을 참아야 했다. 다음으로 카일은 내게 새로운 업무를 맡길 수 있어서 매우 기쁘다고 말했다. 그 말도 상당히 웃겼다. 나는 카일의 그런 블랙코미디 같은 면이 마음에 들었다. 내가 치렀던 그 일련의 회의들에 그가 참석했더라면 좋았을 텐데, 정말 아쉬웠다.

카일은 나를 데리고 위층으로 올라가 트레이딩 플로어 쪽으로 걸어갔다. 솔직히 말하면, 나는 심장이 두근거렸다. 데스크의 모든 사람이 보였기 때문이다. 특히 저 멀리 모퉁이에 있는, 육중한 덩치로 여유 있게 움직이는 케일럽의 모습이 눈에 박힐 듯이 들어왔다.

STIRT 데스크가 내 정면에 있었지만 우리는 거기로 가지 않았다. 오른쪽으로 걸어가다 다시 오른쪽으로 돌아서 계속 걸어갔다. 그렇게 모퉁이를 돌고 프린터들을 지나 구석진 곳으로 들어갔다. 그곳에서 나는 제럴드 건트를 만났다.

나는 트레이딩 플로어뿐만이 아니라 내가 거쳐온 어떤 곳에서도 이제껏 제럴드만큼 따분한 사람을 만나본 적이 없다. 제럴드의 눈은 그가 쓰고 있는 안경보다 생기가 없었으며 그의 영혼은 죽음을 갈망하는 듯했다.

제럴드를 보자마자 나는 농담이 아니라 정말 이렇게 생각했다.

'내가 최상의 상태가 아니란 건 인정하지만 진짜로, 지금… **이 사람이 내 상대라는 거야?**' 오랜만에 손가락 끝까지 피가 도는 느낌이 들었다.

'이 게임은 내가 이길 수 있겠는데.'

그 무렵 나는 마지막으로 승리감을 느껴본 지 꽤 오랜 시간이 지났던 터라 그런 생각을 하는 것만으로 약간 기분이 좋아졌다. 나는 손을 내밀어 제럴드의 손을 단단히 잡았다.

"안녕하세요. 저는 게리라고 해요."

경영진은 나를 '비즈니스 매니지먼트(Business Management)'라는 부서로 옮길 것을 결정했다. 비즈니스 매니지먼트가 무엇인지 궁금해하는 사람이 없었으면 좋겠다. 나 역시 그게 무엇인지는 그때도 몰랐고, 지금도 모른다. 그것이 제럴드의 부서라는 것 말고는 아는 바가 전혀 없다. 그 부서의 사람들은 스프레드시트를 만들었고 서류작업도 했다. 이것이 내가 아는 전부다.

제럴드는 웃지 않았다. 나는 제럴드가 웃는 모습을 그 후로 단 한 번도 본 적이 없다. 제럴드는 시선을 바닥으로 향하더니 안경을 콧등 위로 밀어 올렸다. 그리고 마지막 남은 의지력을 짜내고 짜내어 천천히 의자에서 몸을 일으켰다. 제럴드가 걷기 시작했고 나는 그를 따라 세계에서 가장 우울한 사무실로 걸어갔다.

제럴드의 사무실을 밝히는 조명은 병적일 정도로 푸른 할로겐전구 하나뿐이었다. 벽에 붙은 그 전구는 지지직거리며 곧 꺼질 듯 죽음의 고통을 호소하고 있었다. 천장의 조명은 고장 난 상태였다. 나와 제럴드의 모습 같았다.

제럴드의 어조는 느리고 지루하고 밋밋했다. 너무 지루했기에 그 지루함에서 힘이 느껴질 정도였다. 그리고 제럴드의 목소리에는 슬픔이 담겨 있었다. 길을 잃고 외로워하는 고래의 신음처럼 깊은 울림이 있었다.

그는 내가 할 일을 설명했다. 하지만 나는 그의 말을 듣지 않았다. 그 대신 사무실 안을 둘러보았다. 지옥의 대합실로 사용하면 딱 좋을 공간이었다. 사람들이 지옥에 가기 전 일종의 행정 지연으로 그곳에서 대기하고 있는 모습이 절로 그려졌다. 사무실 안에는 장식이 전혀 없었지만 그나마 개인의 취향이 느껴지는 물건이 딱 하나 있었다. 책상 위에 액자가 하나 놓여있었다. 그 액자에는 제럴드와 짐작건대 그의 아내가 함께 찍힌 사진이 있었다.

사진 속 제럴드의 아내는 20대 중반 정도로 어려 보였다. 일본인이었고 매우 예뻤다. 그리고 제럴드도 아내도 웃고 있었다. 사진 속 제럴드 또한 아내와 비슷한 나이로 보였다. 맙소사, 제럴드는 현재 몇 살일까? 정확한 나이를 가늠하기가 거의 불가능했다. 제럴드, 대체 무슨 일이 있었던 거죠? 왜 이렇게 됐어요? 대체 어떤 길을 걸어온 거예요? 혹시 중간에 엉뚱한 길로 갔던 건가요?

거기에 앉아 그 사진을 얼마나 오래 들여다봤는지는 정확히 모르겠지만 그동안 제럴드의 설명이 끝났으니 분명 긴 시간이었을 것이다. 나는 진심을 담아 제럴드를 향해 미소 지었다. 그리고 최선을 다해 그의 손을 부서질 듯 꽉 잡았다.

제럴드의 긴 독백에서 나는 내가 해야 할 일에 대한 어떠한 단서도 얻지 못했다. 사실 당시 나는 그의 설명을 모두 녹음했다. 하지만 한 번 들을 때마다 몇 년은 더 늙어버릴 것 같아 그 녹음을 그때는 물론 평생 듣지 않았다

그래서 제럴드가 회의 후 내가 할 일을 요약한 이메일을 보내왔을 때 적어도 업무적 측면에서는 조금 안심이 되었다.

내가 할 일은 길고, 고되고, 세밀한 스프레드시트 작업이었다. 전적으로 타당한 업무 배치였다. 제럴드가 바로 그 길고, 고되고, 세밀한 스프레드시트를 다루는 사람이었기 때문이다. 하지만 이메일을 간단히 훑어보기만 해도 나에게 할당된 업무의 양이 엄청나다는 것을 알 수 있었다. 몇 달은 아니더라도 몇 주는 걸릴 양이었다.

드디어 감을 잡았다. 복귀에 대한 공포, 그 지난한 두려움 끝에 내가 그들로부터 받은 것은 그것뿐이었다. 그들이 가진 무기는 그것이 전부였다. 나를 재활용 쓰레기통 옆 구석에 처박고 평생 스프레드시트에 줄을 만들고 그 줄을 채우게 하는 것, 그들에게는 그 방법밖에 없었다. 그리고 그들은 그 구금에 대한 대가로 내게 1년에 12만 파운드를 지급해야 했다. 좋아, 엿 먹으라지. 나는 학교에서 이런 벌을 수없이 받았지만 그 어떤 조치도 내가 막 나가는 것을 막지는 못했었다.

나는 새 스프레드시트를 열고 제럴드가 시킨 일을 15분 만에 다 해버렸다.

그로부터 2주 후 제럴드가 나를 사무실로 부르더니 작업한 스프레드시트를 보여달라고 했다. 내가 손꼽아 기다리던 순간이었다.

나는 면담 전에 이미 내 스프레드시트를 제럴드에게 이메일로 보냈었다.

제럴드는 내가 보낸 스프레드시트를 열자마자 완전히 당황했다.

"이게 뭡니까? 어디 있는 겁니까? 이제까지 일한 게, 이게 다예요?"

나는 제럴드의 생기 없는 회색 눈을 바라보며 미소 지었다.

"네, 맞아요. 그게 전부예요."

"하지만 여기에 아무것도 없잖아요? 작업한 게 없어요!"

나는 이마를 찡그리고 머리를 긁적였다. 그리고 정말 염려하는 듯한 표정을 지었다.

"죄송해요. 그런데 무슨 말인지 잘 모르겠어요. 제가 한 작업에 무슨 문제라도 있나요? 분명 시킨 대로 했는데요."

그러고 나서 내가 한 번 더 미소 짓자 나의 승리가, 제럴드의 패배가 확정됐다. 온유한 자는 복이 있나니, 그들이 땅을 기업으로 받을 것임이요. 마태복음 5장 5절이 증명되는 순간이었다.

그 후로 제럴드는 나에게 단 한 번도 일을 주지 않았다. 다른 사람도 마찬가지였다. 내게 일을 주는 사람이 한 명도 없었다.

사실 나한테 말을 거는 사람도 없었다. 나는 정말 할 일이 아무것도 없었다. 매우 드물지만 타무라가 내 자리에 온 적은 있었다. 타무라는 아무도 보는 사람이 없는지 주변을 살핀 후 몰래 내 책상 위에 오니기리 하나를 놓고 가곤 했다. 트레이딩 플로어와 화장실 사이에는 긴 복도가 있었다. 나는 여전히 양치질을 하러 화장실에 자주 갔다. 그러다가 마침 화장실 쪽으로 걸어오는 타무라와 마주칠 때도 있었다. 그럴 때면 타무라는 깜빡하고 출입증이라도 두고 온 것처럼 갑자기 홱 돌아서서 트레이딩 플로어 쪽으로 급히 사라졌다.

상황 파악이 어느 정도 끝난 후 나는 카일에게 이메일을 보내 내 누적 휴가 일수를 물어봤다.

나는 트레이더로서 일하면서 휴가를 그리 많이 쓰지 못했다. 정말이다. 그리고 이전 6개월간의 휴가는 엄밀해 말해 휴가가 아닌 병가였다. 나는 카일에게서 휴가가 50일이 넘게 남았다는 답장을 받았고 그 즉시 6주짜리 휴가를 신청했다.

휴가가 시작될 때는 가을이었고 나는 여행을 떠났다. 교토는 마법사와 이미 여러 번 간 적이 있어서 이번에는 좀 더 멀리, 히로시마로 가기로 했다. 히로시마에서 파는 오코노미야키에는 도쿄와 달리 국수가 들어가 있었다.

나는 은행으로 복귀해서 그렇게 편히 지낼 수 있을 줄 몰랐다. 경찰이 회사 측 변호사들을 대동하고 나를 곧장 감옥에 넣을 만반의 준비를 한 채 기다리고 있을 줄 알았다. 할 일도 전혀 없고 언제든지 프린터기를 사용할 수 있는, 게다가 돈도 많이 주는 업무가 나를 기다리고 있을 줄은 정말 몰랐다. 그게 무슨 의미였을까?

은행이 정말로 나에 대해 아무것도 찾아내지 못해서 그랬던 것일까? 열심히 찾아보았으나 아무것도 발견하지 못했다는 뜻일까?

앞서 말했듯이 나는 다카다노바바에 있는 영어 회화 카페에 자주 갔었고 거기서 다양한 사람들과 이야기를 나눴다. 대화 상대가 일본인일 때도 있었지만 그 카페는 지구 곳곳에서 온 악당들과 떠돌이 사기꾼들이 모이는 곳이기도 해서 다양한 국적의 사람들과 대화를 나눌 수 있었다. 한번은 네덜란드에서 온 중년 남자를 만난 적이 있었다. 옅은 갈색 머리에 우뚝 솟은 코를 지닌 남자는 젊은 시절 일본 여자를 만나 결혼했다가 현재는 이혼한 상태였다. 그리고 이후 성직자가 되어 계속 도쿄에 살고 있었다.

나는 두어 시간 동안 차를 마시며 나도 모르게 그 남자 앞에서 나에 관한 이야기를 하고 또 했다. 이야기하다 보니 내 모든 이야기가 쏟아져 나왔다. 나는 이전까진 누구에게도 내 이야기를 전부 털어놓은 적이 없었다. 내게 수백만 파운드가 있다는 말을 한 적도 없었다. 내가 한 시간 넘게 떠드는 동안 그 자칭 성직자는 맥주를 몇 잔 마시며 고개만 끄덕이고 있었다. 마침내 내가 이야기를 마쳤을 때 그가 네덜란드 억양이 확연한 말투로 이렇게 말했다.

"빌어먹을! 친구, 정말 힘들었겠어."

여동생이 나를 만나러 도쿄에 왔다. 홀로 떠났던 이전 여행이 정말 좋았기 때문에 이번에도 여동생과 함께 히로시마로 갔다. 나는 히로시마에 있는 미야지마섬, 때로는 이쓰쿠시마섬(厳島)이라고도 불리는 성스러운 섬으로 여동생을 데려갔다. 우리는 바다로 나가 거대하고 붉은 토리문을 보고(거기서 나는 옷을 벗은 후 바다에 뛰어들어 그 문을 헤엄쳐 지나갔다) 해가 지고 나서는 사슴에게 먹이를 주었다.

하는 일이 잘 되고 있는지 동생이 물었을 때 나는 내가 그린 그림 몇 점을 보여주었다. 사무실에서, 내 책상에서 그린 그림들이었다. 존 레넌(John Lennon)을 그린 것도 있었고, 폴 매카트니(Paul McCartney)를 그린 것도 있었다.

나는 동생에게 내 상황을 제대로 설명한 적이 없었다. 동생은 눈을 가늘게 뜨고 그림들을 보더니 그 눈 모양 그대로 나를 쳐다봤다. 그리고 내가 괜찮은지 물었다. 나는 웃으며 대답했다.

"응, 괜찮아. 나는 항상 잘 지내잖아."

그러자 동생이 웃었다. 내 말이 사실이라고 믿었던 것 같다.

나는 늦가을에서 초겨울로 넘어가는 시점에 사무실로 돌아갔다. 그리고 일본어를 공부하고 간지를 공부하고 비틀스(The Beatles)를 그리는 데 전념했다.

꾸준한 연습 덕에 내 그림 실력은 실제로 꽤 좋아졌다. 어느 날 지나가던 한 젊은 직원이 아마도 내 구금 상태에 대한 자세한 이유와 내막을 몰랐는지 내게 말을 걸었다.

"와! 정말 멋진데요. 정말 잘 그렸어요. 링고 스타(Ringo Starr)죠, 맞죠?"

"아, 고마워요. 링고 스타 맞아요."

"정말 잘 그렸네요. 실력이 대단해요. 그런데 그림은 왜 그리는 거예요?"

"글쎄요…. 창의성 개발, 뭐 그런 거 아닐까요? 이 사진과 될수록 똑같이 그려보려고요."

나는 그에게 링고 스타의 사진을 보여주었다. 그는 약간 혼란스러워 보였다.

"네…. 그런데… 무슨 **용도**로 그리는 거죠? 우리가 이걸로 뭔가 하는 건가요?"

나는 아무 말도 하지 않았다. 그의 질문에 나도 혼란스러워졌다. 우리는 그렇게 짧게나마 서로 같은 감정, 혼란이라는 감정을 공유했다. 잠시 후 그는 고개를 끄덕이더니 천천히 뒤로 물러났다.

그렇게 몇 주가 흐른 후, 나는 말 그대로 해야 할 실제 업무가 전혀 없었기 때문에 남는 시간이 꽤 많다는 사실을 깨달았다. 그래서 사무실에서 나와 함께 일하는 모든 사람의 동의를 얻고 내 근무 시간을 하루

한두 시간으로 줄이기로 결정했다. 사무실에서 나와 함께 일하거나 내게 말을 거는 사람이 한 명도 없었기 때문에 나 하나만 찬성하면 될 일이었다.

나는 10시쯤 출근해서 공부하거나 그림을 그렸다. 가끔 내 변호사들이 서류를 보내오면 바로 옆에 있는 프린터기를 이용해 서류를 출력할 때도 있었지만, 그게 전부였다. 더 이상의 할 일은 없었다. 그러다 12시쯤 되면 밖으로 나가 점심을 먹고 곧장 퇴근했다. 내가 제일 좋아하는 점심 장소는 간다역 근처에 있는 키칸보(鬼金棒)였다. 그 라멘 가게에 가면 흰 셔츠를 입은 회사원들이 연기가 자욱한 어두침침한 공간에서 미친 듯이 매운 가라시비라멘을 먹으며 땀을 뻘뻘 흘리고 있었다. 그 틈에 끼어 매운 라멘을 먹고 나면 정말 피곤해져서 낮잠을 잘 수밖에 없었다.

나는 그런 식으로 그 후 몇 주 동안을 보냈다. 저녁에는 영어 회화 카페에 갔고 주말에는 새로 사귄 귀여운 일본 여자를 만났다. 그 여자는 비틀스 곡을 연주하는 술집에서 종업원으로 일하고 있었지만, 영어를 전혀 할 줄 몰랐다. 내 일본어 실력이 점점 좋아지고 있어서 큰 문제는 없었다. 여자는 내가 사는 아파트로 오면 소파 대신 바닥에 앉았다. 그리고 어느 날 나를 돌아보며 이렇게 말했다.

"일을 거의 안 하는데 어떻게 이런 큰 집에서 살 수 있어요?"

그 말을 듣고 나니 내가 세상에서 제일 좋은 직업을 찾은 것은 아닐까 하는 생각이 들었다.

2013년 12월에 카일이 나를 자기 사무실로 불렀다. 나는 내가 해고될지도 모른다는 희망, 궁극적인 승리를 거둘지도 모른다는 희망을 품고 사무실로 들어섰다.

카일은 나에게 의자에 앉으라고 한 후 미소를 지었다. 볼품없는 쥐새끼치고는 정말 멋진 미소였다.

"하는 일은 어때요? 잘 되고 있어요?"

카일이 물었다.

"네, 좋아요. 아주 좋아요. 부장님은 어떠세요?"

"네, 나도 다 잘 되고 있어요. 다 좋아요."

그리고 다음 순간 카일의 얼굴에서 미소가 사라졌다.

"그런데 왜 자선 활동 신청을 하지 않았어요?"

"자선 활동요?"

"네, 자선 활동을 하는 선택지가 있잖아요. 고드름 말로는 신청하고 싶어 했다던데."

"아! 네, 맞아요. 그랬어요."

"정말 좋은 생각인데 왜 아직 안 했어요?"

"글쎄요, 아시잖아요. 그냥 해야 할 일이 너무 많아서요."

"무슨 일요? 지금 무슨 일을 하는데요?"

"이해하실지 모르겠지만, 음⋯ 이게 정말 창의적인 일인데요⋯."

카일은 다시 미소 지으며 컴퓨터 쪽으로 몸을 돌렸다. 그리고 내게 퇴사에 필요한 서류를 보냈다.

다들 짐작하겠지만 나는 그 변화에 매우 만족했다. 드디어 돌파구가 열렸고 나는 그냥 거기로 들어가기만 하면 됐다.

그런데 내가 정말 떠나고 싶었을까?

돌이켜 보면 당시 내가 처한 상황이 특별히 정신 건강에 좋았다고는 할 수 없다. 엄밀히 말하면 나는 자유롭지 않았으며 행여 고소당하지는 않을까 늘 두려움 속에 살고 있었다. 경영진들은 여전히 나를 노려보곤 했고 그럴 때마다 나는 현명히 대처해야 했다. 그 차가운 눈길을 되받아치지도 못하고 그냥 받아들여야 했다.

그 모든 것이 나를 괴롭혔지만 어떻게 보면 내 삶의 질은 정말 훌륭했다. 나는 처음으로 일본인 여자친구를 사귀기 시작했고 일본어 실력이 폭풍처럼 늘고 있었다. 회화 카페를 통해 친구 비슷한 지인들도 꽤 많이 생겼으며, 믿기지 않겠지만 나만의 맛집 목록도 있었다. 게다가 크리스마스가 다가오고 있었다. 나는 좀 더 시간을 갖기로 했다.

일본인은 크리스마스에 대해 잘 모른다. 산타 할아버지와 KFC 할아버지도 구분 못 하는지 크리스마스가 되면 다들 KFC를 먹는다. 크리스마스 날 나는 회화 카페에서 알게 된 괴짜들과 함께 가라오케에 갔다.

나는 그때도 여전히 가라오케를 좋아하지 않았다. 사실 그렇게 노래를 못 부르지는 않았지만 예전에는 남의 시선을 정말 많이 의식했다. 내가 노래를 마치자 백발이 성성한 60대 노인 히로시가 나를 옆에 앉게 하더니 이렇게 말했다.

"그거 알아요? 가라오케에서는 내가 노래를 잘 부르느냐 못 부르느냐는 중요하지 않아요. 내가 초대한 사람들이 즐겁게 시간을 보내느냐 아니냐가 중요해요."

그 후로 나는 가라오케를 훨씬 더 좋아하게 되었다. 어쩌면 히로시가 한 말 역시 평생 잊지 말고 지켜야 할 교훈일지도 모르겠다.

나는 새해 전야도 그 괴짜들과 함께했다. 우리는 자정에 하나조노신사(花園神社)에 가서 참배를 했다.

거기에는 많은 일본인이 있었다. 새해 전야 자정에 신사 참배를 하는 전통을 지키기 위해 다들 추위와 어둠 속에서 길게 줄을 서 있었다. 그중에는 전통 복장을 한 사람들도 있었다.

17세기에 세워진 하나조노신사는 도쿄 최대 홍등가인 가부키초에 자리하고 있다. 그리고 가부키초에는 신주쿠골든가이라 불리는 유명한 술집 골목이 있다. 주당들을 위한 작은 술집들이 다닥다닥 붙어있는 그 골목에 가면 술, 섹스, 맛있는 음식을 즐길 수 있는 곳이 사방에 넘쳐난다.

나는 바로 그 작은 술집들 중에서도 특히 내가 가장 좋아했던 술집, 낡고 허름하지만 늘 나를 따뜻이 맞아주던 '캥거루코트디시전(Kangaroo Court Decision)'에서 내 일본어를 연마했다(캥거루 법원의 결정, 즉 불법 재판에서 내린 결정이라는 뜻을 지닌 술집 상호가 당시 내가 처한 상황과 절묘하게 맞아떨어지기는 하지만 딱히 의도하고 그곳에 간 것은 아니었다). 그곳에 가면 나는 항상 자몽을 섞은 소주칵테일을 주문했다. 그러다 자몽 재고가 서서히 바닥을 보이기 시작하면 내가 주문하는 칵테일에서 소주의 양이 점점 많아졌고 마침내 자몽이 바닥나면 주인장이 자몽을 사기 위해 세븐일레븐으로 달려가야 했다.

나와 회화 카페 패거리들은 하나조노신사에 들어가기 위해 오랫동안 줄을 섰다. 일본인들은 보통 가족과 함께 새해 전야를 보낸다. 그러니까 그날 밤 거기 그 신사에 있던 우리는 하나같이 가족이 없는, 춥고 외로운 사람들이었다.

드디어 내 차례가 됐다. 작은 목제 상자에 5엔 동전을 던지자 동전이 몇 번 튕기면서 상자 안으로 미끄러져 들어갔다. 목재에 금속 물질이 부딪히는 소리를 들으며 나는 두껍고 무거운 밧줄을 잡고 흔들었다. 땡그랑 종이 울렸다. 나는 고개 숙여 두 번 절하고 손뼉을 두 번 친 후 잠시 기다렸다. 그 순간 불현듯 차가운 공기가 폐 안으로 들어오는 것이 느껴졌다. 런던에서 한밤중에 들이마셨던 바로 그 차갑고 축축한 공기였다. 하지만 이번에는 그 공기가 내 폐를 태우지는 않았다.

'이제 집으로 돌아가야 할 때가 된 것 같네.'

나는 1월 말이 되어서야 서류 준비를 마쳤다. 솔직히 말해 서두르지는 않았다. 그때는 앞서 말한 자선 단체로부터 이미 일자리 제안을 받은 후였다. 단체 측에서는 자신들은 미국에 있지만 내가 런던에서 활동하며 불평등에 관한 글을 써도 무방하다고 했다. 그 시기에도 여전히 세계 경제는 느리지만 꾸준히 붕괴하고 있었다. 나는 일본에 살면서 그러한 현실을 어느 정도 잊고 있었지만 세계 경제는 오랜 기간 저성장을 이어갔고 사람들의 평균 생활 수준도 점점 하락하고 있었다. 은행에서 내 포지션을 유지하고 있을지 아니면 전부 청산했을지, 가끔이지만 내 포지

  트레이딩 게임

션이 어떻게 됐을지 궁금할 때도 있었다. 결과적으로 그 포지션을 계속 유지하는 편이 좋았겠지만 그랬을 것 같지는 않았다.

이유는 모르겠지만 은행을 떠나 자선 단체로 가기 위해 준비해야 하는 서류의 양은 엄청났다. 나는 그 방대한 서류들을 모두 살펴보고 꼼꼼히 준비한 후 신청서를 제출했다.

그리고 한 달이 지나서야 이메일로 답장이 왔다.

'귀하의 신청이 거부되었습니다.'

그런 이메일을 받았다면 누구라도 나처럼 반응했을 것이다.

'젠장, 이럴 거면 대체 왜 나한테 신청하라고 했지?'

어리석은 질문이었다. 물어볼 필요 없이 답은 뻔했다. 그들은 내게 돌파구는 없다는 것을 보여주려 그런 제안을 했다.

내가 원하기만 하면 빌어먹을 도쿄에서 교자란 교자는 다 먹을 수 있지만 절대 떠날 수는 없다는 것을 보여주려 그런 제안을 했다. 나는 몇 달이고 원하는 만큼 자전거를 타고 도쿄 이곳저곳을 누빌 수 있었다. 현지의 비틀스 팬들과 흥겹게 시간을 보내고 새해 전야에 종을 울리고 오래된 신사들을 탐방할 수 있었다. 내가 원하기만 하면 그 모든 것을 할 수 있었다. 하지만 떠날 수는 없었다. 집으로 돌아갈 수는 없었다.

이연 주식을 전부 현금화할 수 있으려면 얼마나 더 있어야 하지? 3년 인가? 그때쯤이면 내 나이가 서른이 되겠네. 안 돼, 말도 안 돼. 빌어먹을, 빌어먹을 개자식들. 대체 그자들은 뭐 하러 그런 게임을 한 거지?

나는 항상 가지고 다니던 녹음기를 꺼내 빨간 버튼을 누른 후 다시 주머니에 넣었다. 그리고 예고도 없이 카일에게 미친 듯이 달려갔다.

"이봐요, 대체 뭐 하는 거예요?"

카일은 아주 행복해 보였다. 어찌나 행복해 보이던지 나까지 행복해질 뻔했다.

"게리! 다시 보니 정말 반갑네요. 우리가 만날 약속을 했던가요? 일단 자리에 앉아요."

나는 자리에 앉았다.

"제기랄, 대체 뭐 하는 거예요?"

"무슨 말이에요? 갑자기 왜 이러는 거죠?"

"왜 이러는지 알잖아요! 대체 뭐 하는 거냐고요?"

"게리, 미안하지만 나는 무슨 말인지 전혀 모르겠어요. 이 면담도 미리 약속한 건 아닌 것 같은데, 맞죠? 무슨 문제라도 있나요? 무슨 일이죠?"

"왜 자선 단체 신청을 거절했어요?"

"아, **자선 단체!**"

카일은 미소 지으며 의자에 등을 기댔다.

"이제 알겠네요. 당신이 무슨 일로 여기까지 왔는지 알겠어요. 그런데 정확히 문제가 뭐죠?"

"왜 신청을 거절했어요?"

"음, 어디 한번 봅시다."

카일은 컴퓨터 쪽으로 몸을 돌려 한참 화면을 들여다보았다. 물론 내 쪽에서는 그 화면이 보이지 않았다. 카일은 화면을 보며 흥겹게 콧노래를 불렀다. 일본 노래였는지 모르겠지만 나로서는 처음 듣는 곡조였다.

"좋아요, 이제 알겠어요. 안타깝게도 지원한 자선 단체가 미국에 공식적으로 등록된 단체가 아니에요. 그러니까 신청 요건을 충족하지 못한 겁니다. 미안하지만 당신은 그 자선 단체에서 일할 수 없어요."

우리는 서로를 빤히 쳐다봤고 카일은 다시 미소 지었다. 쥐새끼치고는 정말 멋진 미소였다.

"나는 당신들이 뭘 하는 건지 알아요."

"미안한데, 지금 무슨 말을 하는 건지 모르겠어요."

"당신도, 고드름도, 케일럽도 나에게 거짓말을 했어요. 게다가 이전에 고드름은 비밀로 해야 했을 면담에 대해서도 케일럽에게 알려줬어요. 그건 불법이었죠. 그 일에 대해서는 어떻게 생각해요?"

"미안해요, 게리. 나는 그 일에 대해 아무것도 몰라요. 대체 지금 무슨 말을 하는 거죠?"

"아니, 당신은 내가 무슨 말을 하는지 알고 있어. 젠장, 다 알잖아! 당신들은 처음부터 한통속이었어. **알면서도** 그런 짓을 했다고. **당신들이 한 일에 대해서 어떻게 생각해?** 제기랄, 한번 말해보라고!"

소용없었다.

카일은 미끼에 걸리지 않았다. 그를 도발하고 그의 본심을 드러내게 할 방법이 없었다. 그는 오히려 그 상황을 즐겼다. 완벽히 즐기고 있었다. 돼지가 오물을 뒤집어쓰고 기뻐하듯 그는 그 난장판을 즐기고 있었다.

"미안합니다. 게리, 정말 미안해요. 하지만 나는 정말 당신이 무슨 말을 하는지 전혀 모르겠어요."

카일이 정말 멋지게 미소 지었다. 거짓말이 아니라 그 쥐새끼가 나를 향해 눈웃음까지 치려 했다.

더 이상 내가 할 수 있는 일이 없었다. 나는 자리로 돌아와서 인사부에 이메일을 보냈다. 자선 단체의 정의가 무엇인지, 씨티은행 인사부에서 내린 공식적인 정의가 무엇인지 알려달라고 요청했다. 인사부는 그 후 3주가 지나도록 답장을 보내지 않았다. 그리고 메일을 보낸 뒤 그 주말에 나는 일본인 여자친구와 헤어졌다. 내 인생이 잿더미로 변해가는 모습을 눈물 흘리며 지켜보는 여자를 또 만들고 싶지 않았다. 나는 다시 황궁 둘레길을 달리기 시작했다. 몸에서 지방을, 빌어먹을 지방을 다 없애버렸다. 안 그래도 없던 지방을 남은 한 방울까지 없애버렸다. 내 인생에 불필요하다고 생각되는 모든 것을 던져버렸다.

정말 빠져나갈 수 없다면 그다음 단계는 무엇일까? 내가 무엇을 할 수 있을까? 젠장, 은행을 고소해야 하나? 아니면 『크리스마스 캐럴』에 나오는 과거의 유령처럼 3년 더 트레이딩 플로어를 헤매고 다닐까? 그러면 나는 어떻게 될까? 어떻게 변할까? 다 포기하고 케일럽처럼 되돌아갈까? 그러면 제럴드 건트처럼 우울하게 늙어가게 될까?

수면 장애가 다시 찾아왔고 나는 또다시 야행성 동물이 되었다. 계절은 겨울의 끝자락으로 접어들었지만 밤에는 여전히 무척 추웠다. 나는 그 추위 속에 자전거를 타고 성애 같은 입김을 내뿜으며 거리를 돌아다녔다. 음식을 찾아 네온 불빛 사이를 헤매었다.

그러던 어느 날 경찰이 내 자전거를 훔쳐갔다.

일본에는 도둑이 없다. 물건을 훔치는 사람이 아무도 없다. 지갑을 바닥에 내던지고 사흘 후에 돌아와도 지갑도, 그 안의 현금도 그 자리에 그대로 있다. 하지만 경찰은 다르다. 방심하면 경찰이 자전거를 훔쳐 갈 테니 다들 조심해야 한다. 이를테면 자전거를 역 앞에 주차하면 절대 안 된다.

나는 아파트 건물 안내대에 가서 경찰에게 자전거를 돌려받는 방법을 물어봤다. 안내대에서 주소를 알려줬고 나는 그 주소지로 갔다. 빌어먹을, 자전거가 없어서 열차를 타야 했다.

도착한 곳에는 확신하건대 세계에서 가장 큰 자전거 보관소가 있었다. 한 장소에 그렇게 많은 자전거가 있는 광경을 이전에는 본 적도, 상상한 적도 없었다. 자전거로 이루어진 세계, 아니 우주였다. 역사를 통틀어 도쿄 경찰보다 더 탐욕스러운 자전거 도둑은 없을 것이다. 정말이지 도쿄 경찰들은 자전거를 훔칠 시간에 뭔가 더 생산적인 일을 해야 한다.

직원이 나를 데리고 내 자전거가 있는 곳으로 데려갔다. 그 수많은 자전거의 정확한 위치를 알다니 현대 공학의 기적이라는 말밖에는 달리 표현할 길이 없었다. 자전거가 워낙 많아서 내 자전거가 있는 위치까지 걸어가는 데만 15분이 걸렸다.

그런데 바퀴가 부러져 있었다. 어쩌다 부러졌는지는 잘 모르겠다. 그 후에 고치려고 해봤지만 고객 맞춤형 크기인가 무언가 그런 이유로 수리할 수 없었다. 자전거에 맞는 바퀴를 새로 주문 제작해야 했다. 그 자전거는 오랫동안 나와 함께했었다. 그때까지 만나왔던 어떤 여자친구보다 더 오랫동안 내 옆에 있었다. 내가 런던을 떠날 때 항공편으로 부쳤던 유일한 물건이었다. 어찌 보면 단 하나 남은 오랜 친구라 할 수 있었다.

나는 자전거를 끌고 가서 역 밖에 두고 왔다. 처음 자전거를 잃어버렸던 바로 그 역에 두고 왔다. 거기 놔두면 도쿄 경찰이 다시 훔쳐 갈 테니 따로 신경 쓸 필요가 없었다. 그러고 나서 나는 요요기공원 뒤편 조용한 주택가에 있는 오래된 중고 자전거 가게로 갔다. 케일럽의 집과 가까운 곳이었다. 가게 안에는 등이 굽은 노인 한 명이 앉아있었다. 나는 노인에게 일본어로 가게에서 가장 싼 자전거를 보여달라고 했다

노인은 나를 작은 바구니와 벨이 달린 노란색 자전거 앞으로 데려갔다. 주부들이 장을 보러 갈 때 타는, 작고 좀 우스꽝스러운 자전거였다. 나는 벨을 울려보려 했지만 벨이 약간 부서져 있었다. 내 모습 같았다.

가격을 묻자 노인이 5천 엔이라고 답했다. 5천 엔은 당시 환율로 약 30파운드였다. 나는 돈을 낸 뒤 그 자전거를 타고 집으로 돌아갔다. 살다보면 이렇듯 오랜 친구를 떠나보내야 할 때가 있다.

어느덧 2014년에도 봄이 찾아왔다. 벚꽃이 피었지만 전쟁은 여전히 끝나지 않았다. 이메일을 주무기로 세상에서 가장 느리게 진행되고 있었다.

인사부는 3주가 지나서야 자신들이 정의하는 자선 단체가 무엇인지 알려줬다. 나는 내가 지원하고자 하는 자선 단체가 그들이 제시한 정의에 부합한다고 사실상 확신했다. 따라서 그 사실을 명확하게 보여주기 위해 아무리 사소하더라도 관련 서류란 서류는 모두 모아 정리했고 그 모든 서류를 두 번째 신청서와 함께 카일에게 보냈다. 그리고 한 달 뒤 받은 답장에는 내가 신청서 중 한 장에서(36쪽인가 그랬던 것 같다) 잘못된 위치에 서명했다는 내용이 담겨있었다.

그들의 전략이 무엇인지는 꽤 분명했고 그 상황이 오랫동안 지속될 수 있다는 것도 분명했다. 나는 그 상황이 영원히 지속될지, 그래서 제럴드 옆에 앉아있는 대가로 그들이 앞으로도 내게 계속 월급을 줄지 궁금했다. 어느덧 벚꽃이 지기 시작했다.

그 후로 내 정신 건강은 상당히 빠르게 악화되었다. 고드름과 마지막으로 만난 이후, 고드름에게서 나의 퇴사를 막을 수 있는 것은 아무것도 없다는 말을 들은 이후 나는 내게도 탈출용 밧줄이 있다고 느꼈다. 물론 그 밧줄이 얼마나 튼튼한지에 관한 정보는 전혀 없었지만 나는 밧줄이 내 곁에 있다고 늘 생각했다. 그러한 확신이 있었기에 나는 처음으로 늑대 무리에서 벗어날 수 있다는 희망을 품었고, 오랜만에 조금이나마 숨

통이 트이는 기분이 들었다. 하지만 결국 나는 다시 은행으로 돌아왔다. 그리고 이제는 정말 탈출할 수 없을 것만 같았다.

나는 할 일이 거의 없었지만 사무실에서 더 많은 시간을 보내기 시작했다. 이전에 하던 일들을 해도 더 이상 즐겁지 않았기 때문에 남는 시간에는 달리기만 했다. 벚꽃은 모두 사라졌고 이제 다시 우기가 시작됐다.

그때 씨티은행이 다음 행보를 시작했다. 씨티은행은 더 이상 내 주거비를 지급하지 않기로 했다.

내가 일본으로 온 이후 씨티은행은 내 주거비를 전액 지급했다. 일본으로 파견된 금융권 종사자는 대부분 이런 혜택을 받는다. 나도 마찬가지였다. 높은 급여(다행히 이 부분은 계속 유지되고 있었다)와 더불어 엄청난 주거 수당이 내가 일본에 오기로 결심한 주된 이유 중 하나였다.

나는 그 아파트를 좋아했다. 발코니에서 묘지가 보이는 전망도, 우메보시를 파는 꼭대기 층의 구내식당도 마음에 들었다. 발코니 난간 너머로 몸을 기울인 후 고개를 옆으로 죽 내밀면 도쿄 타워 끝자락도 살짝 볼 수 있었다. 게다가 42층에 있는 구내식당은 사람들을 관찰하기에 최적의 장소였다. 한번은 한 미국인 은행원이 일본인 부부를 앞에 두고 한 시간 동안 소설 『모비딕』에 대해 이야기하는 것을 지켜본 적이 있었다. 일본인 부부는 간간이 음, 하는 콧소리를 내고 고개만 끄덕일 뿐 내내 한마디도 하지 않았다. 은행원은 식당을 나서면서 나를 향해 활짝 웃으며 고개를 까딱했다. 반면에 그의 뒤에서는, 바로 그의 어깨 너머에서는 그 일본인 부부 중 남편이 두 손으로 머리를 감싸고 있었다.

저녁이면 대개 식당에 아무도 없었다. 그래서 불꽃놀이의 계절인 여름에는 어두운 식당에 나 혼자 앉아 멀리 도쿄만 너머에서 펼쳐지는 불꽃놀이를 구경한 적도 있었다.

이제 내 인생에서 그런 불꽃놀이는 사라졌다. 도쿄의 임대료는 정말 비쌌다. 은행이 대신 내주지 않고 게다가 내가 금융 업계를 떠나게 된다면, 내가 가진 돈으로는 두 달 치 임대료도 버거울 것 같았다. 무엇보다 건강 상태가 문제였다. 당시 내 건강은 심각한 상태였다. 앞으로 몇 년 동안은 다시 일하기 힘들 정도로 망가져 있었다. 따라서 나는 다시 일할 수 있을 만큼 건강을 회복하지 못할 것이라는, 어쩌면 남은 평생 회복하지 못할 것이라는 가정하에 예산을 세우기 시작했다.

당시 내게는 일퍼드에서 멀지 않은, 에식스의 롬퍼드에서 온 친구가 한 명 있었다. 그 친구는 어린 시절부터 꿈이었던 영화 〈파워 레인저(Power Rangers)〉의 스턴트맨이 되기 위해 일본으로 건너왔다. 그리고 한인 타운인 신오쿠보의 허름한 아파트에서 허름한 방 하나를 빌려 살고 있었다. 신오쿠보는 도쿄 중심부의 빈민가라 할 만큼 환경이 열악했지만 직장인 영어 회화 카페와 가깝다는 장점이 있었다. 내가 문자로 그의 방에서 함께 지낼 수 있을지 물어보자 그는 내 부탁을 흔쾌히 들어주었다.

나는 내가 포기하고 걸어 나갈 때까지 씨티은행이 계속 이런 식으로, 이렇게 마구잡이로 나를 괴롭힐지 궁금했다. 하지만 이내 이렇게 생각했다.

'좋아, 그러면 그냥 나를 괴롭히게 놔두지, 뭐. 어쨌든 나는 포기하지 않을 테니까. 이런 일 당하는 거 처음도 아니잖아.'

 트레이딩 게임

그 후 날씨가 매우 덥고 습해졌다. 그리고 나는 다시 한번 미쳐가기 시작했다.

어느 날 나는 그냥 앉아 기다리는 것에 진절머리가 나서 새로운 전략을 시도하기로 했다.

나는 매일 여러 사람에게 이메일을 보내기 시작했다. CEO에게도 여러 번 메일을 보냈고, 본점의 인사 책임자에게도 메일을 보냈다. 이 메일 보내기는 내 변호사들이 제안하지도, 승인하지도 않은 나만의 전략, 내가 생각해 낸 소소하지만 창의적인 접근 방식이었다.

내가 이메일에 어떤 내용을 썼는지는 정확히 기억나지 않지만 가끔은 내가 지어낸 멋지고 참신한 별명으로 수신자를 지칭하거나 뭔가 비밀스러운 이야기를 모호하게 풀어냈던 것 같다. 하지만 케일럽, 고드름, 카일이 저지른 일에 대해서는 구체적으로 적시하기도 했다. 그런 내용이 신문에 실리면 보기 안 좋을 것이라고 은근히 위협하기도 했다. 쾌활히 농담을 던지거나 재미있는 일화를 들려주거나 음식에 관해 이야기할 때도 있었다. 본점 인사 책임자가 모르몬교 신자라는 것을 알고 나서는 그에게 보내는 메일에 모르몬교의 성구를 짤막이 넣기도 했다. 나는 이 모든 것이 상당히 괜찮은 접근 방식이라고 생각했다.

그로부터 약 2주 후 여름 무더위가 한창 기승을 부릴 때 카일이 나를 자기 사무실로 호출했다.

나는 카일이 나를 보고 행복해하리라는 것을 알았다. 그는 항상 그랬다.

그때쯤 나는 카일의 사무실에 무척 익숙해진 터라 그가 자기 책상에 전에 없던 가족사진을 올려놓았다는 것을 금세 알아차렸다. 제럴드처럼 카일의 아내도 일본인이었으며 부부 사이에는 반은 일본인의 피가 흐르고 있을 세 명의 아이들이 있었다. 나는 사무실에 들어가자마자 제일 먼저 허리를 굽혀 아주 아주 아주 오랫동안 그 사진을 자세히 들여다봤다. 그러고 나서 카일을 올려다봤다.

카일은 평소와 달라 보였다. 늘 그렇듯이 웃고 있었지만 입술이 아니라 눈으로 웃고 있었다.

뭔가 잘못되었다. 평소와는 정반대였다. 카일은 거꾸로 뒤집혀 있었다.

나는 그 뒤집힌 모습에 매료된 상태로 카일의 앞에 앉았고, 우리는 한동안 아무 말 없이 그냥 서로를 쳐다봤다.

그러고 나서 우리는 긴 대화를 나누었고 그 대화를 기점으로 모든 것이 바뀌었다.

인생을 살아갈 때도 그렇지만, 이야기를 풀어나갈 때도 우리가 말할 수 없는 일이 일어나는 때가 있다. 우리는 모두 그런 순간을 알고 있다. 나뿐만 아니라 우리가 모두 그런 일을 겪어보았기 때문이다.

그런 일이 일어날 수 있는 이유는 다양하다. 누군가는 연인이나 아주 가까운 친구처럼 다른 이가 자신을 향해 가진 신뢰나 좋은 기억을 망치고 싶지 않아서 말을 아꼈을 수도 있다. 그 순간 느꼈던 감정이 너무 깊어서 그 일을 말로 표현하지도 못하고, 그 감정에 이름조차 붙이지 못한

   트레이딩 게임

것일 수도 있다.

내가 40만 파운드를 받았을 때 엄마에게 말하지 않은 것처럼, 말할 수 없는 이유가 마음이 아니라 머리에서 올 때도 있다.

내면적인 요인을 넘어서 외부적 요인 때문에 말하지 않을 때도 있다. 이를테면 나를 둘러싼 집단이 내 이름을 종이에 적고 그 종이를 구겨 공 모양으로 만든 다음 내 입에 구겨 넣었을 수도 있다.

나에게는 어떤 일이 일어났을까? 무슨 일이 일어나기는 했을까?

이 질문에 대한 답은 말할 수 없다. 미안하지만, 정말 미안하지만 대답할 수 없다. 알다시피 사람들은 자기 몸을 묶은 밧줄을 자르다가 때로는 자기 피부를 베기도 한다.

나는 면담이 끝날 때 카일이 지었던 그 행복한 표정을 결코 잊지 못할 것이다. 카일은 행복한 척하지 않았다. 행복하게 보이려 애쓰지도 않았다. 정말로, 진심으로, 순수하게 행복해했다. 우리가 마지막으로 악수를 할 때 나는 카일의 얼굴에서 자부심을 보았다. 그는 마치 아들을 자랑스러워하는 아버지 같은 표정을 짓고 있었다.

'웃기고 있네. 당신은 그냥 쥐새끼야. 망할 쥐새끼라고. 나와 똑같은 쥐야, 쥐라고.'

그리고 그게 끝이었다. 나는 자유를 얻었다.

18장

♠

나는 어떻게 이겼을까? 어떻게 그 전쟁에서 이겼을까?

솔직한 마음으로는 내가 미쳤기에 이길 수 있었다고 말하고 싶다. 내가 똑똑하고 용감했기 때문에, 더 나아가 독창성이 있었기 때문에, 내가 창의적이면서 무모했기 때문에 이겼다고 말하고 싶다. 마지막으로, 나를 구속하는 인위적 제약에서 벗어나 완전히 미치기로 마음먹었기 때문에 이겼다고 말하고 싶다.

하지만 글쎄, 그 이유는 아니었던 것 같다.

내가 자유의 몸이 되기 일주일 전 그러니까 내가 최고 경영진에게 정신 나간 이메일을 보내고 있을 때, 바로 그때 민달팽이가 해고됐다. 이유는 잘 모르겠다. 내 존재가 적어도 그 이유 중 하나였으리라 생각하고 싶지만 역시나 그랬을 것 같지는 않다.

몇몇 소식통에 따르면 민달팽이는 해고를 통보받고 화상 회의를 마련했다. 그 회의에는 씨티은행의 글로벌 세일즈 및 트레이딩 부서에 속한 모든 사람이 참가했으며 민달팽이는 회의에 참석한 모든 사람에게 진심 어린 감사의 마음을 전했다. 사람들이 이제껏 자기 밑에서 그 모든 일을 해준 것에 감사하다고 말한 다음에는, 그다음에는 눈물을 흘렸다.

바로 그 회의에서, 모든 사람 앞에서 눈물을 흘렸다. 그러자 그 회의에 참석한 모든 고위 경영진이, 그들 한 명 한 명이, 민달팽이를 증오했던 사람들 모두가 자신의 눈에서 애절하지만 차가운 눈물을 닦아냈다.

이 두 가지 별개의 사건이 같은 시기에 일어나면서, 즉 같은 시기에 민달팽이가 해고되고 내 개인적 광기가 완전히 새로운 국면으로 접어들면서, 누구 덕분에 내가 자유로워졌는지 알 수 없게 되었다. 나 때문이었을까? 아니면 민달팽이 덕분이었을까?

내가 겪었던 일련의 회의들에서 민달팽이는 늘 친절한 역을 맡았다. 그래서 나는, 다소 순진하게도, 그 모든 일의 배후에는 민달팽이가 아니라 케일럽이 있다고 추측했다. 케일럽이 나를 은행에 붙들어 두었고, 주거비와 12만 파운드의 연봉을 미끼로 나를 공개적으로 모욕하고, 이제 자기 소관을 벗어났음에도 끝까지 내 탈출을 막고 있을지도 모른다고 생각했다.

하지만 내 추측이 틀렸을 수도 있다. 어쩌면 케일럽이 아니었을지도 모른다. 어쩌면 그 모든 것이 잘 짜인 연기였을지 모른다. 민달팽이가 나를 그곳에 붙들어 두었고, 그가 떠나자 케일럽이 그냥 나를 보내주었던 것일 수도 있다.

잘 모르겠다. 앞으로도 알 수 없을 것이다. 나는 내가 어떻게 그 게임에서 이겼는지를 영원히 알 수 없을 것이다.

하지만 다 그런 것 아니겠는가? 게임에서 이긴 이유를 정확히 아는 것은 불가능하다. 어디까지가 운이었고 어디까지가 능력이었는지를 알 수 없다는 뜻이다. 1966년에 진짜 러시아인도 아니었던 그 러시아인 선심이 그날 그 세 번째 골을 인정하지 않았다면 잉글랜드는 월드컵에서 우승하지 못했을 것이다. 2008년 존 테리(내가 태어난 병원에서 태어난 바로 그

존 테리)가 모스크바에서 열린 챔피언스리그 결승에서 그날 그렇게 미끄러져 넘어지지 않았더라면 에이브럼 그랜트(Avram Grant)는 지금쯤 위대한 감독의 반열에 올랐을 것이다. 2002년 10월 그날, 일퍼드 카운티 고등학교(Ilford County High School)가 나를 경찰에 신고했다면 나는 전과 기록을 얻었을 것이고 길모퉁이에서 마약을 파는, 선택의 여지가 없는 아이 중 한 명이 되었을 것이다. 그랬다면 이 책에서 이야기한 일들은 절대 일어나지 않았을 것이다. 아무도 알 수 없다. 그렇지 않은가? 어디까지가 운이었고 어디까지가 능력이었는지에 관해선 그 누구도 알 수 없다.

물론 내가 씨티은행을 압도했을 수도 있다. 내가 씨티은행의 허를 찔렀을 수도 있다. 내가 정말 훌륭한 경기를 펼쳤을 수도 있다. 하지만 그 셋 다 틀렸을 수도 있다. 내가 미남 배우 폴 뉴먼처럼 얼굴을 맞고 또 맞아도 계속 일어났기에 결국 승리했던 것일지도 모른다. 이렇듯 우리의 승리와 패배 중 어떤 것이 운에서 비롯되고, 어떤 게 능력에서 비롯되는지는 도무지 알 방법이 없다.

트레이딩도 마찬가지다. 물론 나는 2011년과 2012년에 세계 경제의 붕괴에 베팅하여 돈을 벌었다. 평범한 사람들, 평범한 가정의 생활 수준이 느리지만 꾸준히, 확실하게 무너져 내리고 결국 전 세계적으로 수억 가구에 달하는 수많은 가정이 피할 수 없는 빈곤에 빠지리라는 예측에 베팅했고 그 예측이 실제로 실현되었다. 하지만 그 사실이 곧 내가 맞았다는 의미일까?

내가 매년 소파에서 또는 침실에서, 지금까지, 즉 2023년까지 경제 붕괴에 계속 베팅한 것도 사실이고, 그동안 경제 붕괴가 계속된 것도 사실이다. 매년 점점 더 많은 가정이 점점 더 극심한 빈곤에 빠져 대출금을 갚지 못하고 아이들을 먹일 수 없게 된 것도 사실이다. 그런데 그 모든

트레이딩 게임

것이 능력 때문일까? 아니면 그저 운의 문제일까?

아무도 답을 모른다. 우리는 끝끝내 그 답을 알 수 없을지도 모른다. 그렇다면 어떻게 해야 할까? 그런 일이 일어나도록 내버려두어야 할까, 아니면 일어나지 못하게 막아야 할까? 눈 딱 감고 그 모든 것이 게임일 뿐이라고 말해야 할까? 스스로에게 그 모든 것은 그냥 운 때문이라고 되뇌어야 할까?

그뿐만이 아니다. 부유한 경제 전문가들, 세련된 정장을 입고 세련된 억양을 구사하지만 공감 능력은 떨어지는 부유한 경제 전문가들은 자신들이 옳다고 확신하고 있다. 경제 전문가들은 우리에게 상황이 좋아질 것이라고, 우리가 직면하고 있는 문제들이 지속되지 않을 것이라고 나만큼이나 자신 있게 이야기한다. 물론 그들의 예측은 2008년 이후 매년, 한 해도 빠짐없이 틀렸다. 그리고 그동안에도 그들과 그들이 속한 계층은 점점 더 부유해졌고 현재도 더 부유해지고 있다. 다시 말해 그들의 예측은 계속 틀렸지만 그들은 계속 더 부유해지고 있다. 이러한 모든 것이 우연히 이루어진 일일까? 단지 운 때문일까?

우리는 결코 그 내막을 알아낼 수 없다. 누가 맞는지 누가 틀리는지를 알 수 없으며, 우리가 무엇을 해야 하는지, 우리가 뭐라도 해서 상황을 바꿔야 하는지도 알 수 없다. 그냥 지켜볼 수밖에 없다. 그렇지 않은가?

아서가 했던 말, 우리가 할 수 있는 일이 **아무것도** 없다던 그 말이 맞을지도 모른다. 잠깐, 아서는 그렇게 말하지 않았다. 맞다. 아서는 우리가 무언가 할 수 있다고 말했다. 우리가 할 수 있다고, 베팅을 할 수 있다고, 세상의 종말에 베팅할 수 있다고 말했다. 우리는 이자율이 늘 물가상승률보다 낮을 것이라는 예측에 베팅할 수 있고 경제가 지속해서 무너질 것이라는 예측에 베팅할 수 있다. 집값, 주가, 금값이 오른다는 데 베팅할 수 있다. 이렇듯 자산 가격이 상승하면 임금이 정체되는, 실질적으로는 하락하는 상황에서도 부자들은 전보다 더 부자가 된다. 우리는 그렇게 할 수 있다. 우리는 모두 그렇게 할 수 있다. 그리고 그렇게 하면 우리는 모두 부자가 될 수 있다. 왜 안 되겠는가? 우리가 운이 좋다면 그렇게 할 수 있다. 그렇게 우리는 세상의 종말에서 모두 부자가 될 수 있지만 종말을 막을 수는 없다. 그저 세상이 무너지는 것을 지켜볼 수밖에 없다.

내가 어렸을 때 친구가 하나 있었다. 친구는 아버지가 없었고 어머니만 있었다. 친구의 집은 우리 집보다 훨씬 가난했다. 친구의 어머니는 아이들이 더 먹게 하려고 종종 식사를 거르곤 했다. 그리고 아이들이 그 사실을 눈치채지 못하리라 생각했다. 하지만 아이들은 알고 있었다. 친구가 내게 말해줘서 나조차도 그 사실을 알고 있었다.

잘 모르겠지만 게임이란 그런 것 같다. 이길 때도 있고 질 때도 있는 것 같다. 그렇다면 게임에서 이기는 것보다 더 중요한 것이 있을까? 있다면 무엇일까? 잘 모르겠다. 나로서는 딱히 머릿속에 떠오르는 것이 없다.

19장

나는 카일에게 2주를 달라고 했다.

솔직히 그때 왜 2주를 달라고 했는지는 기억나지 않는다. 아직 마음의 준비가 되지 않았던 것 같다. 그날 나는, 내가 자유를 얻을 줄 몰랐다. 그래서 숨 돌릴 시간이 좀 필요했던 듯싶다.

나는 그 2주 동안 매일 출근했고 근무 시간 내내 자리를 지켰다. 여기서 근무 시간은 내가 애초에 계약했던 근무 시간, 그러니까 9시부터 5시까지를 의미한다.

왜 그랬을까? 잘 모르겠다. 나는 그저 소리를 듣고 싶었던 것 같다. 물론 도쿄의 트레이딩 플로어는 나의 트레이딩 플로어가 아니었다. 내가 이름을 알린 트레이딩 플로어가 아니었으며 내가 어린 시절 꿈에 그리던 트레이딩 플로어도 아니었다.

하지만 여전히 트레이딩 플로어였다. 사람들이 서로 경쟁하는 곳이었다. 다들 돈을 벌려고, 맞는 판단을 하려고, 남보다 더 나은 예측을 하려고, 그래서 문 대신 벽이 회전하는 아파트를 사려고 애쓰는 곳이었다. 그렇다고 해서 그런 모든 꿈이 다 이루어지는 곳은 아니었다.

하지만 여전히 젊고 야심 찬 아이들이 난데없이 나타나 갑자기 세상에서 최고가 될 수 있는 곳이었다. 그런 일은 거의 일어나지 않지만, 그런 희망이 있는 곳이었다. 그리고 그런 일이 일어나면 그곳의 늙은 부자들과 젊은 부자들은 화장실로 걸어가다 그 재능 넘치는 아이들을 멀찍이 바라보며 하나같이 이런 생각을 한다.

'저 촌스러운 셔츠 좀 봐. 톱맨에서 샀나 보네. 저런 애가 나보다 더 트레이딩을 잘할 리가 없잖아.'

앞서 언급했듯 어쩌면 그 생각이 맞을 수도 있다. 어디서 갑자기 나타난 어린애가 최고의 수익을 올렸다면 그 모든 것이 정말 운이 좋아서일 수도 있다.

나는 지금도 모든 것이 운 때문이었기를 바란다. 그렇지 않다면 미래는 정말이지 암울할 것이다.

마침내 트레이딩 플로어에서의 마지막 날이 왔다. 작별 인사를 나눌 사람이 많지는 않았다. 나는 먼저 플로렌트에게 갔고 우리는 웃으면서 그가 최근 업데이트한 여자를 낚는 방법에 관해 이야기했다. 마지막으로 그는 다음에 런던에 들르면 연락하겠다고 말했지만, 그 후로 내게 연락한 적은 한 번도 없었다.

그다음으로 나는 점심 감별사들에게 갔다. 우리는 점심으로 무엇을 먹었는지에 대해 잠시 이야기를 나누었고 그들은 내 일본어 실력을 칭찬해 주었다.

나는 마지막으로 타무라에게 갔다. 내가 그동안 정말 고마웠다고 말했더니 타무라는 미소 띤 얼굴로 자기 코 바로 앞에서 손을 흔들며 일본어로 연신 괜찮다고만 말했다. 그 후로 우리가 다시 만난 적은 없었다.

   트레이딩 게임

트레이딩 플로어를 나설 때 박수갈채는 없었다. 하지만 나는 예전과
달리 이번에는 딱 한 번 멈추고 뒤를 돌아보았다.

나는 밖으로 나가서 은행 건물 옆 가로등에 묶어두었던 작은 노란색 자전거의 자물쇠를 풀었다. 그리고 가방을 자전거에 올려놓은 후 줄무 늬가 있는 흰색 셔츠를 벗어 뚤뚤 뭉쳐서 가방에 넣었다. 밖은 몹시 무 더웠다. 나는 마법사가 일본에 도착하자마자 내게 선물했던 회색 세븐 일레븐 조끼를 꺼내 입었다(그 조끼를 입은 내 모습을 본 세븐일레븐 직원들은 다들 어김없이 웃었다). 그리고 그날은 자전거를 타지 않고 다시 한번 고쿄가이 엔을 거쳐서 집까지 걸어가 보기로 했다.

집에 도착하기까지는 꽤 오랜 시간이 걸렸다. 나는 피부를 뜨겁게 달 구는 뙤약볕 아래서 작은 노란색 자전거를 끌고 백만 그루의 똑같은 나 무 사이를 걸어갔다. 걸으면서 나무가 몇 그루인지 세어보려 했지만 집 중할 수가 없었다.

나무를 세다가 뜬금없이 내가 떠난다는 것이 어떤 결과를 가져올지 궁금해졌고, 누가 맞고 누가 틀렸는지도 궁금해졌다.

내 돈이 바닥날 것이라는 개구리의 말이 옳았을까? 내가 결국 기어서 다시 돌아올 것이라는 그 말이 옳았을까?

세상이 무너지면 우리가 할 수 있는 일이 없다는 아서의 말이 맞았을까? 우리가 할 수 있는 일이라고는 돈을 벌면서 지켜보는 것밖에 없다는 그 말이 맞았을까?

내가 옳았을까? 경제가 계속 **무너질 것이라는**, 삶이 점점 더 나빠질 것이라는 그 말이 맞았을까?

그렇다면 나머지 사람들은 어땠을까? 우리 중에서 누가 옳았을까? 사무실에서 동전을 쌓고 집으로 가다 길을 잃었던 척이 옳았을까? 케일럽이 옳았을까? 떠났다가 다시 돌아왔던 케일럽이 옳았을까? JB, 해리, 스누피는 옳았을까? 우리는 무엇을 하고 있었을까? 우리 중 누가 옳았을까?

너무 많은 질문이 두서없이 떠올라서 나는 나무를 제대로 셀 수도 없었고 세더라도 번호를 이어갈 수가 없었다. 그때 뙤약볕이 내 목덜미와 어깨를 사정없이 태우는 것이 느껴졌다. 가방에서 셔츠를 도로 꺼내 입어야 할지도 모른다는 생각이 들었다.

하지만 불현듯 이런 생각이 들었다.

'아니, 아니야. 그냥 놔두자. 내가 언제 이곳에, 이 태양 아래에 다시 돌아올 수 있을지도 모르잖아.'

그렇게 일본의 태양이 내 어깨를 태워버리는 동안 나는 애써 생각을 멈추고 매미 소리를 따라 계속 걸어갔다. 그리고 그곳의 축축하고 뜨거운 공기를 만끽했다.

그 후 나는 어쩌면 내가 이길 수 없는 게임, 부의 불평등을 막을 방법을 찾기 위해 런던으로 돌아왔다.

그러면서 이번에는 내가 이기든 지든 상관없지만, 혼자서 게임을 하는 것만은 그만해야겠다고 생각했다. 그리고 나와 도전을 함께할 사람을 찾아 나섰다.

여러분도 이 게임에 동참하실래요?

그렇다고요? 그렇다면 이 게임에 참여하는 사람들, 나와 여러분에게 행운이 함께 하기를.

다음은, 오랜 시간이 흐른 후 윌리엄 더글러스 앤서니 게리 토머스가 하트퍼드셔주 하펜든에 있는 멋진 동네 술집에서 알딸딸하게 취해 평소보다 더 경쾌한 리버풀 억양으로 들려준 이야기를 그대로 옮긴 내용이다.

네가 떠난 날 전화 회의가 있었어. 너 때문에 열린 건 아니고 그냥 정기적인 월례 회의였는데 하필이면 네 퇴사일과 겹친 거지. 뉴욕, 런던, 도쿄, 시드니에 있는 STIRT 트레이더와 경영진이 전원 참석했어. 척도 참석했어. (척은 죽지 않았다. 척은 종양을 제거한 후 '승진'이라는 명목으로 싱가포르로 옮겨 갔다.) 다 합쳐서 스물여섯, 아니면 스물일곱 명 정도 참석했을 거야.

그리고 항상 하던 이야기들을 했지. 거래 이야기도 하고, 시장 이야기도 하고…. 그런데 회의 막바지에 케일럽이 이렇게 말하는 거야.

"공지 사항이 있습니다. 오늘 자로 게리 스티븐슨이 씨티은행을 떠납니다."

그리고 나서 다들 아무 말도 안 했어. 그냥 가만히들 있었지. 그런데 그때 척이 불쑥 이렇게 물었어.

"그러면 누가 이긴 겁니까? 게리? 씨티은행?"

이번에는 지직하는 소음이 잠깐 들리더니 딸칵하면서 케일럽이 자기 전화기에서 음소거를 해제하는 소리가 났어. 그러고 나서 케일럽이 한 말은 이게 다야.

"게리가 이겼어요."

그 후로는 다들 아무 말도 하지 않았지만 사실 모두 바빴어. 음소거 상태가 아니었던 사람들이 각자 전화기 설정을 바꾸느라 엄청 바빴지. 딸칵하는 소리만 적어도 열 번 이상은 들렸어. 그리고 음소거가 된 걸 확인한 후에 다들 오줌을 지릴 정도로 웃었어. 개구리까지 웃었다니까.

끝

감사의 글

이 책이 나오기까지 결정적 역할을 한 세 사람이 있습니다. 크리스 웰비러브, 루이즈 더니건, 데버라 스티븐슨, 이 세 사람이 없었다면 이 책은 세상에 나오지 못했을 겁니다.

먼저 제 에이전트 크리스 웰비러브는 저에게 처음으로 책을 써보라고 제안한 후 제 원고를 읽더니 아주 정중히 홱 던져버렸으며, 다음으로 루이즈 더니건은 제가 사실상 포기하고 있을 때 그 원고가 사실 그렇게까지 나쁘지는 않다고 저를 설득했습니다. 마지막으로 제 여동생 데버라 스티븐슨은 제가 책의 형태를 잡고 이야기의 구조를 짤 수 있다는 사실을, 숫자밖에 모르는 수학 바보도 책을 쓸 수 있다는 사실을 가르쳐주었습니다.

또 제가 집필하는 동안 제 원고를 읽고 제 원고가 책다운 책이 되는데 도움을 준 모든 사람에게 감사하고 싶습니다. 편집자 톰 펜과 폴 휘트래치, 그리고 출근길 열차에서 구글 문서에 접속해 제 원고를 읽어주었던 친구들, 특히 애너스테이저 더로져와 리처드 패러스램에게 감사의 마음을 전합니다.

실제 내 삶에서 영감을 준 사람들에게도 감사하고 싶습니다. 빌, 케일럽, 스누피, 타이치, JB, 루퍼트, 홍고, 척, 아서, 슈펭글러, 타무라, 카일, 제럴드, 제이미, 고드름, 개구리, 민달팽이, 그리고 무엇보다도 해리와 마법사에게 감사하고 싶습니다. 여러분들은 정말 멋졌고 끔찍했고 경이로웠어요. 그런 여러분이 있었기에 제가 책을 쓸 수밖에 없었어요.

마지막으로 끔찍한 일에 베팅하기는 쉽지만 그 일을 막기는 어렵게 만든 신 또는 그 누군가에게 감사를 표하고 싶습니다. 당신이 없었다면 저는 지금쯤 뙤약볕이 비치는 어느 바닷가에서 지루함에 몸부림치고 있었을 거예요.

트레이딩 플로어에서
불평등을 깨닫기까지

2008년 9월 15일, 굴지의 글로벌 금융기관 리먼브러더스가 파산했다는 소식이 전 세계로 전해졌다. 이 소식은 일개 은행의 도산을 넘어 전 세계 금융 시스템의 균열을 알리는 신호탄이었다. 금융 시장은 순식간에 얼어붙었고, 수십 년간 축적된 금융 공학과 위험 관리 모델은 공포 앞에서 무력해졌으며, 세계 경제는 그 방향을 가늠하기 어려운 혼란 속으로 빨려 들어갔다.

이 책의 저자이자 주인공 게리 스티븐슨은 바로 그 격변의 한복판, 런던의 더 시티에 있었다. 그리고 그때 갓 스물을 넘겼던 그에게 금융 위기는 위협이자 동시에 인생의 방향을 바꾸는 결정적 계기가 된다.

이 책은 수학적 재능 말고는 아무것도 가진 것 없는 한 평범한 젊은이가 어떻게 씨티은행의 트레이더가 되었는지, 게다가 사상 초유의 금융 위기 속에서 어떻게 은행을 통틀어 가장 높은 수익을 낼 수 있었는지, 그리고 끝내 왜 그 세계를 떠났는지에 관한 이야기를 담고 있다.

게리는 이 책의 제목이기도 한 '트레이딩 게임'에서 쟁쟁한 배경을 지닌 경쟁자들을 물리치고 그야말로 극적인 우승을 거두며 런던의 월스트리트, 더 시티로 들어갈 기회를 얻는다. 그리고 3번의 인턴십을 거친 후 여전히 FX 스와프가 뭔지도 모르는 상태로 FX 스와프 트레이더가 된다. 이스트 런던의 빈민가에서 더 시티의 화려한 불빛을 올려다보며 자신도 그 초고층 건물들에 들어갈 수 있기를 꿈꾸던 어린 소년이 마침내 그 번쩍이는 돈의 탑에서도 가장 좋은 층에 자리 잡은 트레이딩 플로어에 진입하게 된 것이다. 하지만 게리가 더 시티 전체에서 가장 어린 트레이더가 된 지 석 달도 채 지나지 않아 대규모 금융 위기가 전 세계를 휩쓸기 시작한다.

여기서 잠시 2008년 금융 위기에 어떻게 그 금융 위기를 초래한 당사자들 가운데 하나라고 할 수 있는 씨티은행에서, 특히 FX 스와프 데스크가 그렇게 큰돈을 벌 수 있었는지를 되짚어 보자.

은행마다 차이가 있겠지만 일반적으로 외환 부서, 즉 FX 데스크에 속하는 FX 트레이더들은 주로 현물환(FX Spot), 선물환(FX Forward), FX 스와프(FX Swap)를 거래한다. 그리고 책에서 설명되었듯이 씨티은행처럼 규모가 큰 은행이라면 FX 데스크 아래 FX 스와프만을 담당하는 STIRT 데스크를 따로 두기도 한다. 세 상품 모두 두 개의 통화를 교환하는 FX 거래에 해당되지만, STIRT(단기 이자율 트레이딩)라는 데스크 명칭에서 알 수 있듯이 FX 스와프는 환율에 베팅하는 현물환이나 선물환과 달리 두 통화의 이자율 차이에 베팅하는 상품이다.

이 대목에서 1997년 아시아 금융 위기와 2008년 세계 금융 위기의 차이점을 엿볼 수 있다. 1997년 우리나라에 금융 위기가 닥쳤을 때 원·달러 환율이 1달러당 800원대에서 1,964원까지 치솟았다. 당시 금융 위기가 아시아 국가들에서 시작했고 우리나라가 그중 하나였기에 원·달러 환율의 급등은 당연한 결과라고 할 수 있다. 그리고 이렇게 환율 변동성이 커지면 환율에 베팅하는 트레이더, 현물환이나 선물환 트레이더들의 역할이 중요해지고 그들이 큰돈을 벌 확률도 높아진다.

하지만 2008년 금융 위기는 1997년과는 상당히 다른 양상을 띠었다. 2008년 금융 위기는 아시아가 아닌 미국에서 비롯되었는데도 이전까지 900원대에서 안정적으로 유지되던 원·달러 환율이 리먼브러더스의 파산을 기점으로 1,500원대로 급등했다. 또다시 원화 가치가 하락한 것이다. 물론 당시 런던 외환 시장의 주요 통화인 유로와 파운드의 가치도 달러 대비 상당히 하락했으나 원화 가치의 하락은 그와 비교할 수 없을 정도였다.

이러한 현상에는 여러 이유가 있겠지만 가장 큰 이유는 투자자들의 안전 자산 선호 현상에 있었다. 금융 위기의 원인이 어디에 있든 투자자들은 상대적으로 위험 자산으로 분류되는 한국을 비롯한 신흥 시장의 자산을 처분해 그 자금을 미국 달러라는 안전 자산으로 이동시켰고 그 결과 소위 선진국의 외환 시장은 상대적으로 변동성이 그리 크지 않았다. 따라서 2008년 당시 런던 금융 시장의 주역은 현물환이나 선물환 트레이더 같은 순수 FX 트레이더가 아니라 모두에게 달러가 절실할 때 달러를 조달할 수 있는 FX 스와프 트레이더일 수밖에 없었다. 그중에서도 씨티은행은 미국의 대표 은행으로 달러를 싼값에 언제든지 쉽게 조달할 수 있는 위치에 있었다. 게리의 동료 슈펭글러가 이야기했듯 한마디로 게리 주변으로는 눈먼 돈이 넘쳐흐르고 있었다.

이렇듯 10년에 한 번 올까 말까 한 절호의 기회가 왔을 때 게리는 남들보다 조금 늦었지만 다행히 생애 첫 포지션을 잡을 수 있었고 이듬해인 2009년에는 1,200만 달러의 수익을 달성하며 아버지의 20년 치 연봉에 달하는 성과급을 받는다. 별다른 전략 없이 그저 선배 트레이더들이 하는 대로 달러를 빌려주는 거래를 지속한 결과였다. 그러나 금융 위기의 여파가 잦아들면서 눈먼 돈을 벌 기회도 점차 사라졌다. 이 시점에서 게리의 진가가 드러난다. 게리는 다른 트레이더들과 완전히 다른 전략을 펼치기 시작했다. 게리는 사회 전반적으로 심화되는 경제적 불평등이 경기 회복을 늦추고 그 결과 시장이 예상하는 것보다 훨씬 더 오랫동안 이자율이 낮게 유지될 것임을 직감했다. 그리고 그렇게 세계 경제가 재앙을 면치 못하리라는 예측에 베팅하면서 마침내 2011년 3,500만 달러라는 막대한 수익을 창출한다.

하지만 환희의 시간은 그리 오래가지 않았다. 강도 높은 업무에서 오는 스트레스 때문인지 그는 언제부턴가 잠을 제대로 잘 수 없었고 실적과 성과급에 대한 집착과 강박관념으로 인해 동료, 친구들과의 관계도 극도로 나빠졌다. 무엇보다 세계 최고의 트레이더가 되겠다는 목표에 가까워질수록 시스템에 대한 환멸도 커져갔다. 금융 위기 당시 중앙은행들이 시행한 저금리 정책으로 부유층은 더욱 부유해지는 반면 보통 사람들은 빈곤층으로 전락했다. 이러한 상황에서 자신이, 그리고 은행이 이득을 취하는 것에 대한 도덕적 갈등이 끊임없이 그를 괴롭혔다. 자신의 예측이 계속해서 성과를 거둘수록 게리는 더 고립되고 파괴되어갔다. 그리고 결국 트레이딩이 자신의 정신을 갉아먹고 자신의 가치관에 반한다는 사실을 깨닫고 금융계를 떠나기로 결심한다.

이 책은 상당 부분을 한 평범한 젊은이, 게리 스티븐슨의 성공담에 할애하고 있다. 게리가 자신이 담당한 상품이 뭔지도 모르는 풋내기에서 최고 트레이더로 성장하는 과정을 상세하면서도 흡입력 있게 전개하는

트레이딩 게임

한편 일반 독자들에게 생소할 수 있는 외환 시장과 화려한 장막에 가려진 트레이더의 세계도 상당히 현실적으로 그려낸다. 안 그래도 금융 위기라는 범상치 않은 상황에서, 하나같이 범상치 않은 선배 트레이더들에 둘러싸여 게리가 부자가 되겠다는 목표를 이루기 위해 고군분투하는 일화들은 그 자체로 웬만한 소설보다 흥미롭다.

대형 금융기관의 트레이더는 영국만이 아니라 금융 시장이 형성되어 있는 어느 나라에서든 젊은이들이 선망하는 직종 가운데 하나이다. 역자가 국내의 금융기관에서 근무할 때도, 이후 아시아의 금융 중심지로 알려진 싱가포르에서 일할 때도 주위의 학생들이나 사회 초년생들이 금융업계, 궁극적으로 트레이딩 업계에 진입하는 방법을 질문하곤 했다. 하지만 그렇다고 해서, 그 과정이 아무리 흥미진진하다고 하더라도 일개 트레이더, 길게 봐줘도 겨우 5년여의 트레이딩 경력을 지닌 젊은 트레이더의 이야기에 도대체 어떤 특별한 점이 있는 걸까?

이 책이 여타 자기계발서나 성장 드라마와 확연히 다른 점은 후반부에서 드러난다. 이야기가 후반부에 접어들면서 게리는 금융계의 유해하고 무모하며 냉소적인 본질을 폭로할 뿐만 아니라 금융 시스템이 부유층에게 유리하게 작용하고 그 결과 미래에 부의 불평등이 지속되고 심화될 것이라고 명확히 그리고 반복적으로 주장한다. 물론 실제 현장에서 이러한 문제점을 체감하는 방식은 현재 속한 조직과 시장, 그리고 각자의 위치에 따라 저마다 다를 수 있다. 예를 들어 금융 시스템이 불평등을 초래한다기보다 이미 존재하는 불평등을 어느 정도 증폭시키는 역할을 한다고 해석할 여지도 충분하다. 다시 말해 게리가 책에서도 언급했듯 '의견은 의견일 뿐'이고 게리의 주장도 하나의 주장에 지나지 않을 수 있다.

그럼에도 그러한 주장이 의미 있게 다가오는 이유는 게리가 던지는 질문과 그에 따른 해석이 금융계에 실제 몸담았던 내부자의 시선에서 출발했기 때문이다. 게리는 내부자의 시선으로, 어쩌면 역자를 비롯한 업계 종사자들이 애써 회피해 왔을지도 모를 문제점, 금융 시스템과 경제 불평등의 관계를 솔직하고도 날카롭게 분석하고 비판했다. 독자는 그의 해석에 고개를 끄덕일 수도, 일정 거리를 두고 비판적으로 받아들일 수도 있다. 책은 그런 판단의 여지를 의도적으로 남긴 채, 트레이더의 성공 서사에서 좀처럼 등장하지 않던 불편한 질문에 대한 궁극적인 해결책을 끝내 제시하지 않은 채로 마무리된다.

역자는 한 명의 독자로서 책을 읽고 난 후 과연 이 책을 어떻게 정의할 수 있을까 고민했다. 형식 면에서 이 책이 회고록임은 분명하지만 내용 면에서 이 책을 한마디로 정의하기는 쉽지 않았다. 앞서 설명했듯 중반부까지는 트레이더로서 성공하는 과정과 방법을 알려주는 성공담이자 어찌 보면 전략서의 성격도 띠었으나 후반으로 넘어가면서 그러한 성격이 완전히 바뀌기 때문이다.

분명 게리는 이 책을 통해 현재 금융 시스템이 부의 불평등 문제를 고착 및 심화한다는 고발성 메시지를 독자에게 전하고자 했다. 그리고 그러한 메시지는 실제로 영국에서 많은 독자에게 공감을 샀을 뿐만 아니라 국내에서도 현재 소득 정체와 경제 위기를 몸소 겪고 있는 많은 이들에게 시의적절하게 다가갈 것임은 분명하다. 하지만 일부 독자에게는 게리가 성공하기까지의 이야기와 지난한 싸움 끝에 결국 받아낸 성과급의 액수가 그가 전하고자 하는 메시지보다 더 매력적으로 다가갈지도 모른다. 다시 말해 독자들이 이 책을 읽고 게리처럼 현재의 금융 시스템에 환멸을 느낄지, 아니면 오히려 더욱 매력을 느끼고 그 시스템에 합류하기를 원할지는 쉽게 예측할 수 없다는 뜻이다.

이처럼 이 책은 독자에게 결코 단일한 감정을 강요하지 않는다. 게리가 경험한 성공과 고통, 성취와 환멸은 독자의 위치와 현실에 따라 전혀 다른 의미로 해석될 수 있다. 어떤 독자에게는 금융 시스템의 냉혹함을 고발하는 기록으로 남을 것이고, 또 다른 독자에게는 매혹적인 세계에 대한 생생한 증언으로 읽힐지도 모른다. 그러나 어느 방향으로 읽히든 한 가지 사실만은 확실하다. 이 책은 개인의 성장 드라마와 금융 시스템에 대한 고발적 메시지가 절묘하게 결합한 보기 드문 기록이다. 흥미진진한 개인사를 넘어, 금융계와 현재의 경제 불평등에 관한 질문을 향해 독자를 자연스럽게 이끌어가는 힘을 가진 작품이다. 그리고 그 질문 앞에서 어떤 선택을 하게 될지는 이제 이 책을 읽는 독자 한 사람, 한 사람에게 달려있다.

2025년 12월,
옮긴이 강인선

트레이딩 게임

어느 트레이더의 고백

발행일　2026년 1월 31일 초판 1쇄

지은이　게리 스티븐슨
옮긴이　강인선
편집　박성열, 신수빈
디자인　박은정
인쇄　재원프린팅
제본　라정문화사

발행인　박성열
발행처　도서출판 사이드웨이
출판등록　2017년 4월 4일 제406-2017-000041호
주소　서울시 영등포구 선유로 114, 양평자이비즈타워 705호
전화　031)935-4027　팩스　031)935-4028
이메일　sideway.books@gmail.com

ISBN　979-11-91998-60-3　03320

- 잘못 만들어진 책은 구입처에서 바꾸어 드립니다.
- 이 책의 전부 또는 일부 내용을 재사용하려면 사전에 도서출판 사이드웨이의 동의를 받아야 합니다.